U0947689

北京市社会科学理论著作出版基金重点资助项目

吴晗全集

第6卷
历史卷（6）

吴晗 著　　常君实 编

中国人民大学出版社
· 北京 ·

20 世纪 50 年代后期吴晗在民盟一次会议中作报告。

吴晗夫妇和女儿小彦。

天真的姐弟俩：吴小彦、吴彰。

吴晗和女儿小彦。

1951 年，北京市人民政府市长、副市长、政府委员合影。

吴晗、袁震和女儿小彦在北京家中。

1951 年初夏，吴晗夫妇与华岗、胡愈之同游青岛崂山的合影。右起：吴晗、袁震、胡愈之、华岗。

吴晗、费孝通与友人在一起。

吴晗陪同彭真等视察定陵发掘现场。

目　录

朱元璋传（1955年稿本）

朱元璋传（1965年本）

朱元璋传

(1955年稿本)

第一章 流浪青年

一、小行童

元顺帝至正四年（公元1344年，元顺帝妥懽帖木儿在位的第十二年），淮河流域的人民遭受了严重的灾难，旱灾，蝗灾，加上瘟疫。

好几个月没见过雨了，禾苗被晒得干瘪枯黄，大地裂成一条条的龟缝。到处在祈神求雨，老年人穿上白衣服，光着头，跪在太阳地里恭恭敬敬向龙王爷磕头许愿，孩子们戴着柳枝圈圈蹿出蹿进。正在焦急没收成时，又来了漫天遍野的蝗虫，把穗上稀稀的几颗粟粒吃得一干二净。地方上有年纪的人都在唉声叹气，愁眉苦脸，说几十年没见过这样的年成，这日子没法过了。

不料祸不单行，又闹瘟病，濠州（今安徽凤阳）钟离太平乡的人，接二连三地病倒。人们已经吃了好些日子草根树皮了①，病一起就挺不住，开头只觉得浑身无力气，发高热，接着上吐下泻，不到一昼夜便断了气。起初大家还不理会，到了一个村子一天死去十几、几十个人，家家户户死人，天天死人的时候，明白这是闹瘟病，才着了慌，不管"在数的难逃"的老话，还是逃命要紧，各村庄的人携儿带女，像蚂蚁搬家似的四下里投奔亲戚朋友家去了。不上十天功夫，太平乡数得出的十几个村子，闹得人烟寥落，鸡犬声稀，显出一片凄凉暗淡的景象。

---

① 《明太祖实录》卷三十九："洪武二年三月丙申，上以旱灾相仍，因念微时艰苦，乃祭告仁祖淳后曰：因念微时皇考皇妣凶年艰食，取草之可茹者杂米以炊，艰难困苦，何敢忘也。"

孤庄村①朱五四②朱家一大家人，不到半个月时光，死了三口。朱五四老爹六十四岁了，四月初六故去，初九大儿子重四也死了，到二十二那一天五四的老伴陈二娘又死了。五四的二儿子重六和小儿子元璋（小名重八，后名兴宗），眼看着大人一个个死去，请不得郎中，抓不得药，只急得相对痛哭。③ 尤其为难的是家里停了几口尸，手头没有一贯钞，一钱银子，买不了棺木，更谈不上坟地。想来想去，只好去哀求田主刘德，几年的主客，总该施舍一巴掌地吧，谁知不但不理会，反而挨了一顿臭骂。④ 正没计较处，邻居

① 《明太祖实录》卷一，《明太祖文集》卷十四《御制皇陵碑》，光绪《凤阳县志》卷十《刘继祖》三书都作孤庄村。沈节甫《纪录汇编》本、《天潢玉牒》作太平乡县庄村是错误的。

② 古代封建社会里平民百姓没有职名的不能起名字，只能用行辈和父母年龄合算一个数目作为称呼。宋元（公元960年到1368年）两代的例子：据俞樾《春在堂随笔》卷五："徐诚庵见德清《蔡氏家谱》有前辈书小字一行云：元制庶人无职者不许取名，止以行第及父母年齿合计为名，此于《元史》无征。然证以明高皇所称其兄之名，正是如此。其为元时令申无疑矣，见在绍兴乡间颇有以数目字为名者，如夫年二十四，妇年二十二，合为四十六，生子即名四六。夫年二十三，妇年二十二，合为四十五，生子或为五九，五九四十五也。以上并徐君说：余考明勋臣开平王常遇春曾祖四三，祖重五，父六六。东瓯王汤和曾祖五一，祖六一，父七一，亦以数目字为名。又考洪文敏《夷坚志》所载宋时杂事，如云兴国军民熊二，又云刘十二鄱阳城民也，又云南城田夫周三，又云鄱阳小民隗六，又云符离人从四，又云楚州山阳县渔者尹二，又云解州安邑池西乡民梁小二，又云董小七临川人，又云徽州婺源民张四，又云黄州市民李十六，其仆崔三，又云鄱阳乡民郑小五，又云金华县孝顺镇农民陈二，诸如此类，不可胜举。又载阳武四将军事云，访渔之家，无有知之，亦不曾询其姓第，识者疑为神云。按言姓第，不言姓名，疑宋时里巷细民，固无名也。"

晗按：宋代平民姓第见于《清明集·户婚门》的很多，如沈亿六秀，徐宗五秀，金百二秀，黎六九秀之类。《明太祖文集》卷五《赐署令汪文、刘英敕》："今汪姓刘姓者见勤农于乡里，其人尚未立名，特赐之以名曰文，曰英。"汪文、刘英的年龄假定和朱元璋相去不远，公元1344年约年十七八岁，到洪武初年已经四十多岁了，尚未立名，和俞樾所说印证，可见宋元以来平民无职不能起立名字的普遍情况。

据潘柽章《国史考异》卷一引承休端惠王《统宗绳蛰录》，元璋的父亲五四名世珍，大哥重四名兴隆，二哥重六名兴盛，三哥重七名兴祖，元璋重八，原名兴宗。这些名字大概都是后来追起的。

③ 《明太祖实录》卷一、卷十八。

④ 《明太祖文集》卷十四《御制皇陵碑》。晗按：《皇陵碑》有二本，一危素撰，《明太祖实录》卷三十七："洪武二年二月乙亥，诏立皇陵碑。先命翰林侍讲学士危素撰文，至是文成，命左丞相宣国公李善长诣陵立碑。"太祖御制："洪武十一年四月，以皇陵碑记皆儒臣粉饰之文。特述艰难，明昌运，俾世代见之。"一散文，一韵文。二文并见郎瑛《七修类稿》卷七，后文收入沈节甫《纪录汇编》卷一。

刘大秀①娄大娘老两口走上门来，埋怨元璋兄弟，怎么不找刘大伯，倒去找别人，白讨没趣！原来刘大秀的儿子刘英和元璋常在一起玩耍，是好朋友，适才也在刘德家，看了元璋兄弟哭哭啼啼，心里不服气，回家告诉爹妈。刘大秀和朱五四紧邻相住，同在一个社，又和五四年纪差不多，合得来，经常说个闲话儿。因此刘英一说，两老一合计，就来找元璋兄弟了。② 当下元璋两兄弟磕头谢了，算是一桩大事有了着落。但是，衣衾呢？棺椁呢？还是没办法，也无处去求人，只好将就，把几件破衣衫包裹了，抬到刘家地上安葬。两兄弟一面抬，一面哭，好容易抬到山坡下，突然间风雨交加，雷轰电闪，整个天像塌下来似的，两兄弟躲在树下发抖，约够一顿饭时，雨过天晴，到山坡下一看，大吃一惊，尸首不见了，原来山坡坡土松，一阵大水把坡上的土冲塌了，恰好埋了尸首，厚厚的一个土馒头，俗话叫做"天葬"。③ 三十五年后，朱元璋写《皇陵碑》时，还觉得伤心："殡无棺椁，被体恶裳，浮掩三尺，奠何淆浆！"

元璋吃了些日子草根树皮，邻居汪大娘娘儿俩看着他孤苦可怜，也不时招呼着吃一顿两顿，胡乱混了一阵，想想不是久计，挨村子找零活作，谁知大户人家都已逃荒避瘟走了，贫民小户自己都在挨饿，怎么雇得起人？一连奔波了好些天，到处碰壁。一天，从邻村找活回来，路过父母坟地，懒得回家了，蹲在坟边，沉思如何来打发日子，对付肚子。

他长得身材高大，黑黑的脸，下巴比上颚长出半寸多，高高的

---

① 徐祯卿《翦胜野闻》作刘大秀，《天潢玉牒》及高岱《鸿猷录》作刘继祖，沈德符《野获编补遗》义惠侯条，刘继祖字大秀。

晗按：秀也是宋元以来的民间称渭，上页注②引《清明集·户婚门》之外，如洪迈《夷坚甲志》十一："……问之曰：五秀何为至此？原注：何第五秀者其人呼秀才云。"明初南京有沈万三秀。秀和郎有区别，王应奎《柳南随笔》卷五："江阴汤廷尉《公余日录》云：明初间里称呼有二等，一日秀，一曰郎。秀则故家右族，颖出之人，郎则微裔末流，群小之辈。称秀则曰某几秀，称郎则曰某几郎，人自分定，不相逾越。"光绪《凤阳县志》卷十："继祖父学老，仕元为总管。"是故家右族，行一，故称大秀。

② 《明太祖文集》卷一《追封义惠侯刘继祖诰》："朕昔寒微，生者为衣食之苦，死者急无阴宅之难，吁！艰哉！尔刘继祖发仁惠之心，以己之沃壤慨然惠朕，朕得斯地，乐葬皇考妣于是，至今难忘。"光绪《凤阳县志》卷十，刘继祖。

③ 徐祯卿：《翦胜野闻》；王文禄：《龙兴慈记》；王鸿绪：《明史稿·太祖纪》。

颧骨，大鼻子，大耳朵，粗眉毛，大眼睛。整个脸盘像一个横摆着立体形的山字，脑盖上一块骨头凸出，像个小山丘。样子虽不好看，却很匀称，显得威严而沉着。

小时候替田主看牛放羊，最会出主意闹着玩，别的同年纪甚至大几岁的孩子都听他使唤。最常玩的游戏是装皇帝，你看，虽然光着脚，一身蓝布短衣裤全是窟窿补丁，他却会把棕榈叶子撕成丝丝，扎在嘴上作胡须，找一块水车板顶在头上作平天冠，土堆上一坐，让孩子们一行行，一排排，毕恭毕敬，整整齐齐三跪九叩头，同声喊万岁。

又最有担当。有一天，忽然饿了，时候早又不敢回家，怕田主骂。同看牛的周德兴、汤和、徐达许多孩子也都说饿，大家越说饿，肚子里咕噜得越凶。这个说有一碗白面条吃才好，那个又说真想吃一块白切肉，又说肉是财主们吃的，不知道是什么味道，说得个个人的嘴都流涎了。猛然间元璋一喊有了，大家齐声问什么？元璋笑着说，现放着肉不吃，真是呆鸟！大家还不明白。元璋也不再作声，牵过一条花白小牛娃，放牛绳捆住前后腿，周德兴赶紧抄着斫柴斧子，当头就是一斧，汤和、徐达也来帮着剥皮割肉，别的孩子们拣些干柴树叶子，就地生起火来，一面烤，一面吃，个个眉飞色舞，兴高采烈。不一会儿，一条小牛娃只剩一张皮一堆骨头一根尾巴了。这时太阳已经落山，山脚下村庄里，炊烟袅袅，是该回家的时候了。蓦地有一个孩子省悟了，小牛吃了如何去见主人，大家面面相觑，想不出主意，互相埋怨，乱成一团。元璋一想，主意是自己出的，责任也该承担起来，拍胸膛说我一个人认了，大家不要着急。也真亏他想得好主意，把小牛娃皮骨都埋了，小牛尾巴插在山上石头缝里，说是小牛钻进山洞里去了，拉了半天不出来。孩子们齐声说好。当晚上元璋挨了田主刘德一顿毒打，被赶回家。虽然吃了苦，丢了饭碗，却深深得到伙伴们的信任，大家心甘情愿把他当作头脑。①

元璋是元天历元年（公元1328年）九月十八日未时生的，虚岁

① 《明太祖文集》卷五，《赐署令汪文敕》；王文禄：《龙兴慈记》。

十七，实在还不满十六周岁。父亲是老实本分人，作了一辈子佃客，头发胡子全花白了，搬了一辈子家，从泗州盱眙县（今安徽盱眙）迁到灵璧县（今安徽灵璧），又迁到虹县（今安徽泗县），到五十岁时又迁到钟离东乡，种了十年地，被田主夺佃，再迁到西乡，四年前才搬到这孤庄村来。① 原来十个田主大户十个是黑心的，穷人送上押佃，说尽好话才佃了几亩地，天不亮就起床，月亮出来了还在地里作活，出气力，流汗水，一年忙碌到头，算算收成，十成里头竟有六成归了田主。左施肥，右戽水，把地服侍得肥了些，正好多收一点粮食的时候，田主立刻就加租，划算一下，只好搬家另觅大户。忍下去吧，三两年后还是得被撵走。因之，朱五四虽然拖儿带女，在一个地方竟住不满十年，而且，老是替大户开荒地，好容易收成多了，就得走路。卖力气，省吃俭用，低头下气，一辈子受田主作践欺侮，到死后连一片葬身之处也没有，要不，元璋兄弟怎么会求刘大秀舍地？

儿女都大了。大哥二哥算是娶了媳妇，连花轿也请不起，喜酒也没有一盅，娶的还不是一样佃客人家的女儿。三哥重七，给人家招了上门女婿，得给人家种一辈子地，也好，家里省一张嘴。大哥有两个小的，二哥也养了一个男孩。大姊嫁给王七一，二姊远了，还是在盱眙时候订的亲，男人叫李贞。② 只有自己没成家。要是平常年景，一家子勤勤恳恳，佃上几十亩田地，男耕女织，养猪喂鸡，斫柴、拾粪，靠着人力多，节衣缩食，苦虽苦，总还勉强活得下去。偏又连年荒旱，二嫂三嫂先后病死，大侄儿和二房的孩子都夭折了，王家满门死绝，嫁给李家的二姊也死了，姊夫带着外甥保儿逃荒，不知去向。今年旱灾蝗灾加上时疫，一家子接连死了三口，偌大一家人家，只剩下大嫂王大娘和二侄文正，二哥重六和元璋自己四口人了。

一天三顿饭，粮食一颗也没有，地里的呢，收到的估计还不够

---

① 《明太祖实录》卷一；《天潢玉牒》。

② 《明太祖实录》卷五十三；潘柽章：《国史考异》，引《朱氏世德碑》；郎瑛：《七修类稿》卷七。

交租，哪来吃的！大嫂还有娘家，总可以有些办法。二哥呢，这些天来气色不好，动弹不得。自己食量又大，粗重活计虽干得，却苦于这年头空有力气无处卖。小时候虽跟蒙馆老师上过几个月学，一来贪玩，二来农忙就得下地，哪曾好好念过一天书，纵是靠着记性好，认得几百个字，又做不得文墨勾当，写不得书信文契。父亲搬到本村来，本是为了这一乡荒地多，人力少，日子可能好混些，没想到天下乌鸦一般黑，田主的田地越多，心也越狠，对佃户越刻薄，饶是三节送礼，按时交租，陪着笑脸，还是掂斤播两，嫌粮食水分大，嫌秤不够。这年头能欠交一点租就是天大人情了，还敢开口向他借口粮？官家的赈济粮呢？不敢指望。即使有了，还不是落在县官的荷包里，大户的仓库里去，哪儿会有穷人的份。再说本家呢？伯父这一房还在泗州盱眙县，听说几个哥哥侄儿先后去世，只剩一个四嫂在守寡，看光景投奔不得。①

再往上，祖籍是句容（今江苏句容），朱家巷还有许多族人。祖父在元朝初年是淘金户，本地不出金子，官府不由分说按年照额定的数目要，只好拿谷子换钱钞，到远处买金子缴纳。后来实在赔纳不起，才丢了房屋田地，逃到泗州盱眙县垦荒。句容那边几代没来往，情况不明，再老的祖籍是沛县（今江苏沛县），已经隔了几百年，越发不用说了。②

舅家呢？外祖父陈公那一大把白胡子，惯常戴上细竹丝箬帽，披着法衣，仰着头，那扣齿念咒的神气，还依稀记得。想起来也真怪，只知道他叫外公，连什么名字也不知道。死的那年已经九十九岁了。母亲曾经翻来覆去地说外公的故事，这话已有五六十年了。那时外公在宋朝大将张世杰部下当亲兵，蒙古兵进来，宋朝的地方全被占了，文丞相也打了败仗，被蒙古兵俘虏了。张世杰忠心耿耿，和陆丞相保着宋朝小皇帝逃到崖山（在广东新会县南大海中），那年是己卯年（公元1279年）。二月间，张世杰集合了一千多条大船，和蒙古兵决战，不料崖山海口失守，斫柴取水的后路给切断了，大

①② 《朱氏世德碑》；《国史考异》，引《统宗绳蛰录》。

军只好吃干粮，干得忍不住，只好喝海水，弄得全军都呕吐病困。蒙古兵乘机进攻，宋军船大，又都联在一起，无法转动。三军绝望死战，一霎时中军被突破了，陆丞相仗剑叫妻子儿女都跳下海去，自己背着六岁的小皇帝也跳海殉国。张世杰带了十几条船，冲出重围，打算重立赵家子孙，恢复国土，谁知船刚到平章山洋面上，一阵飓风把船吹翻，张世杰被淹死了。外公掉在海里，侥幸被人救起，吃了许多苦头才得回家。在本地怕又被抓去当兵，迁居到盱眙津里镇。他原来会巫术，就靠当巫师，画符念咒，看风水，合年庚八字过活。到老年常含着一泡眼泪说这一段故事，惹得听的人也听一遍哭一遍。外公只生了两个女儿，大的嫁给季家，小的就是母亲，过继了季家大表兄作孙子。外公死后，这些年也没有和季家来往，料想这年头，景况也不见得会好。①

元璋想来想去，竟是六亲俱断，天地虽宽，却无投奔之处。越想越烦闷，无精打采走回家来，蒙头便睡。

又挨过了一些日子，游魂似的晃来晃去，毫无办法。大嫂带着侄儿走娘家去了，常时在一起的几个朋友周德兴、汤和年纪都比自己大，有气力，有见识，又都出外谋生去了，无人可商量。从四月一直呆到九月，有半个年头了，还计较不出一条活路。和二哥商量，哭了半天，想想只有远走他乡，各奔前程。兄弟舍不得分离，相抱痛哭，惊动了邻舍，隔壁汪大娘看重六不放心小兄弟，提起当年五四公在皇觉寺许愿，舍重八给高彬法师当徒弟的事，如今何不一径当和尚去，一来还了愿，二来有碗淡饭吃，总比饿死强。二哥同意了。②

原来元璋少时多病，才生下，三四天不会吃奶。③ 肚子胀得圆鼓鼓的，险些不救。朱五四做了一个梦，梦里觉得孩子不济事了，也许只有佛菩萨救得下，索性舍给庙里吧，立刻抱着孩子进一个庙，不知怎的，庙里和尚一个也不在，接不上头，只好又抱回来。忽听

---

① 《明史》卷三百，《外戚·陈公传》。

② 《御制皇陵碑》；危素撰：《皇陵碑》。

③ 高岱：《鸿猷录·龙飞淮甸》。

到孩子哭声，梦醒了，孩子在哭，妈妈在喂奶，居然会吃奶了，过几天，肚胀也好了。长大后还是三天风，四天雨，啾啾唧唧，病总不离身，父母着了慌，想起当年的梦，真的到寺里许了愿，给元璋舍了身。①

汪大娘娘儿俩替元璋预备了香烛，一点礼物，央告了高彬法师。九月里的一天，皇觉寺多了一个小行童②，朱元璋剃成光葫芦头，披上一件师父穿烂的破衲衣，见人合十问讯，居然是佛门弟子了。扫地、上香、打钟、击鼓、煮饭、洗衣，是日常功课，见庙里人叫师父、师兄、师娘，见俗人叫施主，连称呼也改了。早晚听着钟声、鼓声、木鱼声、念经声，想想自己，想想不久前热热闹闹的家，想想孤单挨饿的二哥，想想四下里出外营生的那一伙朋友，心中无限感慨。③

二、游方僧

皇觉寺原来叫于皇寺，坐落在孤庄村西南角。照例一进门是四大金刚，横眉怒目，中间坐着大肚子弥勒佛，背后韦驮菩萨拄着降魔宝杵，二进是大雄宝殿，三进是禅堂。左边是伽蓝殿，右边是祖师殿。油漆已经剥落了，佛像金身蒙着一层厚厚的灰尘，殿瓦上满是焦黄的枯草，院子里铺的石板已坎坷不平，显出一副衰落样子。一二十个和尚，平时靠常住田租米过日子，加上替本乡死人念倒头经，做佛事，得一点衬钱。当和尚虽然吃不上大鱼大肉，比当粗工垦田地出气力安逸。原来那时候出家当和尚也是一门行业，有的人迷信，以为当了和尚真可以成佛作祖，这类人很少，有的人作了坏事，躲进佛门修来生；有的人杀人放火，怕官府刑法，剃了头穿了

---

① 《皇朝本纪》。

② 光绪《凤阳县志》卷十四明太祖《御制龙兴寺碑》："彼时朕年十有七岁，方为行童五十日，于教茫然。"行童是僧侣的仆人，《暌车志》："朱三有子，年十三四，佣于应天寺僧为行童。"

③ 《御制皇陵碑》；《天潢玉牒》；高岱：《鸿猷录·龙飞淮甸》。

袈裟，王法治不到；更多的呢，穷苦人家养不活孩子，和尚吃十方，善男信女的布施吃不完，开当铺，放印子钱，而且，寺院里多的是朝廷和有钱人舍的田地，锄地种田都要人力，多一个行童，强过雇长工，得力又省钱。朱元璋年青力壮，正是使气力的时候，高彬长老和住持德祝一合计，便收留了他。①

元璋从小贪玩撒野，爱出主意，支使人。又是小儿子，父母哥嫂都宠着些。兼之有点小聪明，会思考，看事情比别人准，也来得快当，打定主意要做什么，一定要做到，也十有九次做到，伙伴们都服他，听他调度。可是一到皇觉寺，景况便全不相同了，不说师伯师叔师父师兄，还有师娘师弟，原来高彬长老是有家小的②，个个都是长辈，是主人，得低声下气，成天陪笑脸侍候。就连打水煮饭的长工，也还比小行童高一头，当他作二把手，支使着作这作那。这么一来，元璋不单是高彬长老一家子的小厮，还带着作全庙的杂役，长工的打杂了，事情多，闲气也就多，日子长了，堆满一肚子火气，时刻要发作，却可使劲按住，为的是吃饭要紧，闹决裂了没处去。

对活人发作不了，有气无处出，只好对泥菩萨发作了。一天，扫佛殿扫累了，扫到伽蓝殿，已是喘吁吁的，不留神绊住伽蓝神的石座，跌了一大跤，气忿之极，顺手就用笤帚使劲打了伽蓝神一顿。又一天，大殿上供养的大红烛给老鼠啃坏了，长老数说了元璋一顿。元璋想伽蓝神是管殿宇的，菩萨不管老鼠，却害行童挨骂，新仇旧恨，越想越气，向师兄讨了管笔，在伽蓝神背上写“发配三千里”，罚菩萨到三千里外充军。这两件事都被长老看在眼里，也不说话。③

---

① 《御制龙兴寺碑》；袁文新：《凤阳新书》卷八。

② 《元史》卷三十八《顺帝本纪》：“至元元年，凡有妻室之僧令还俗为民，既而复听为僧。”叶子奇：《草木子·杂俎篇》：“中原河北僧皆有妻，公然居佛殿两庑，赴斋称师娘，病则于佛前首诵，许披袈裟三日，殆与常人无异，特无发耳。”《皇朝本纪》：“时师且有室家，所用弗济。”谈迁《枣林杂俎》僧娶妻室条：“凤阳大龙兴寺，即皇觉寺，一曰于皇寺。太祖《敕僧律》：‘有妻室僧人，除前辈老僧，盖因元末兵乱，流移他方，彼时皆有妻室，今已年老无论外，其后进僧人有妻室者，虽在长上辈比肩及在下诸人，皆得凌辱，亦无罪责。’今僧俱婚娶，亦无差累。”

③ 《龙兴慈记》。

皇觉寺是靠收租米过日子的，这一年灾情太大了，收不到租米，师父师叔成天轮班到佃户家催讨、吵架，恫吓要送官，还是不济事。师婆出主意，先打发挂单的和尚走路，接着师伯师叔们也出门云游去了。朱元璋当行童才满五十天，末了一个被打发出门。没奈何，虽然念不得经，做不得佛事，也只好装着个和尚的样子，一顶箬帽，一个瓦钵，背上小包袱，拜别了师父和住持，硬着头皮，离开了家乡。

说游方是和尚们的话，俗人的呢，就是叫化——见大户伸手要钱要米要饭吃，也叫化缘。大户人家多半养狗看门，狗有宗狗德性，专咬衣衫破烂的穷人。游方僧为着不让狗咬，离大门几步使劲敲木鱼，高唱佛号。大户的主人和狗一样，也专打穷人的算盘，可是有一点和狗不同，为的是坏事作得太多，要修来世，求佛菩萨保佑，死后免入地狱，上刀山，下油锅。还盼望多生儿女，生生世世享福。要得到佛菩萨保佑，就得对和尚客气一些，把从佃户身上榨取来的血汗，豁出一星星作布施，算是对佛菩萨的贿赂。这样，一听见木鱼响，就明白是作好事修来生的机会到了，一勺米，几文钱，绝不吝惜。大户对和尚客气，狗也落得大方了。要是大户不出来，只要有耐性，把木鱼敲得更响，迟早会有人出来打发。

元璋虽然只住了几十天庙，成天听的是这一套，见的也是这一套，不会也会了。打定主意，听人说往南往西一带年景比较好，反正只要讨得饭吃，不管什么地方都可去，也没定规的日子，爱走多久就多久。就往南先到合肥（今安徽合肥），折向西，到固始（今河南固始）、光州（今河南潢川）、息州（今河南息县）、罗山（今河南罗山）、信阳（今河南信阳），又往北到汝州（今河南临汝）、陈州（今河南淮阳），东经鹿邑（今河南鹿邑）、亳州（今安徽亳县），到颍州（今安徽阜阳）。游来游去，只拣繁富有饭吃的地方走，穿城越村，对着大户人家敲木鱼。① 软化硬讨，山栖野宿，受尽了辛苦，走遍了淮西一带名都大邑，熟识了这一带河流、山脉、地理，尤其

---

① 《明太祖实录》卷一；危素撰：《皇陵碑》。

是这一带的人情、物产、风俗。见了世面，懂得了学会了许多事情，丰富了人生知识，也锻炼了坚强了体力。这时期的景况，他在后来回忆：

> 众各为计，云水飘扬。我何作为，百无所长。依亲自辱，仰天茫茫。既非可倚，侣影相将。突朝烟而急进，暮投古寺以趋跄。仰穷崖崔嵬而倚碧，听猿啼夜月而凄凉。魂悠悠而觅父母无有，志落魄而佒佯。西风鹤唳，俄淅沥以飞霜。身如蓬逐风而不止，心滚滚乎拂沸汤。①

一直到至正八年，听说家乡一带很不太平，不由得勾起想家的念头，依然和三年前出来时一样，一顶破箬帽，一个木鱼，一个瓦钵，回到皇觉寺。

淮西在朱元璋游方的几年中，后来西系红军的开山祖师彭莹玉正在这一带潜伏活动，传布弥勒佛下生的教义，组织革命力量。彭莹玉也是游方和尚，朱元璋即使没有见过彭和尚，也必然和彭和尚的门徒有过接触。几年后，这一带地方又成为东系红军的根据地了。在这一个地区周游了三四年，接受了新的宗教，新的看法，新的政治教育，加入了秘密组织，在智力和体力方面都已成熟的行童，回到皇觉寺以后，开始结交朋友，物色有志气有胆量敢作敢为的好汉，不时进濠州城探访消息，同时也打定主意要多认识一些字，多读一些书，多懂一些道理，准备将来干出一番事业。②

彭莹玉秘密传布的宗教，是多元的，并且有外国来的成分。他们烧香诵偈，奉的神是弥勒佛和明王，主要的经典有《弥勒下生经》、《二宗三际经》、《大小明王出世经》。彭莹玉出家于袁州（今江西宜春），布教于淮西，可以说是南派。另一个系统是北派，头目是赵州栾城（今河北栾城）的韩家。韩家几代以来都是白莲会会首，烧香结众，很得乡村农民的信仰，潜势力极大，被地方官府寻个题目，谪徙到广平府永年县（今河北永年）居住。到韩山童家接手当

---

① 《御撰皇陵碑》。

② 《天潢玉牒》；《皇朝本纪》。

会首以后，便使人到处宣扬天下要大乱了，弥勒佛降生，明王出世，组织力量，准备起事。这两派起兵后，因为目标相同，信仰相同，就混而为一了。教徒都用红布裹头，当时人称之为红军、红巾；因为烧香拜佛，又称为香军，所奉的神是弥勒佛，也叫弥勒教，宣传明王出世，又叫作明教。①

明教的来源可以上溯到唐朝。原来叫摩尼教（Manichaeism），是波斯人摩尼（Mani，216—277A. D.）所创。这个宗教是一个大杂烩，搀合了基督教、袄教、佛教成为新宗教，主要教义是二宗三际：世界上有两个不同的力量，叫作明暗二宗，明是光明，是善，是理，暗是黑暗，是恶，是欲。这两种力量，对立斗争，经过三个阶段：叫初际，中际，后际。初际阶段，还没有天地，便已有了明暗，明性知慧，暗性愚痴，形成对立状态。中际阶段，暗的力量发展扩大，侵占了压迫了明的力量，恣情驰逐，造成"大患"，这时明王就出世了，把黑暗赶走。后际阶段，明暗二宗，各复本位，明既归于大明，暗亦归于积暗。初际明暗对立，是过去，中际明暗斗争，是现在，后际明暗复位，是未来。明教的神叫明使，也叫明尊、明王。② 唐武后延载元年（公元694年）传到中国，又传到回鹘，回鹘朝廷和百姓极为尊信。③ 教规不设偶像，不崇拜鬼神，吃斋，禁止杀生，教徒穿白衣服，戴白帽子，天黑了才吃饭。④ 回鹘当时帮唐朝打仗有功，因此，回鹘人崇信的宗教，唐朝也加意保护。⑤ 到九世纪中期，回鹘内乱，为唐军所败。武宗会昌五年（公元845年）禁止佛教，明教也被禁止了，教堂被封闭，不许传播。⑥ 从此明教便成为秘密宗教，暗地里在民间活动，吸收了佛教和道教许多东西，又渗

---

① 《明史》卷一二二《韩林儿传》："时皆谓之红军，亦称香军。"参看《元史·顺帝本纪》；陆深：《平胡录》；何乔远：《名山藏·天因记》；高岱：《鸿猷录》卷七，《宋事始末》；钱谦益：《国初群雄事略》卷一，宋小明王。

② 《摩尼教残经》，《出家仪》第六。

③ 李文田：《和林金石录》，《九姓回鹘可汗碑》。

④ 志磐：《佛祖统记》卷四十一；《册府元龟》卷九十九。

⑤ 《唐会要》卷十九。

⑥ 《新唐书》卷二一七下。

入民间的原始信仰，成为杂七杂八的混合宗教。

因为明教主张在现在阶段，虽然黑暗势力占优势，但是明王一定要出世，光明一定会战胜黑暗，这对于长期忍受地主残酷剥削的农民来说，是极大的鼓舞，因之，明教教义深入民间，得到广大农民的信仰和支持，成为组织农民起义的力量。五代时明教徒首先在陈州武装起义，被政府军打垮了①，一部分教徒逃到福建。北宋时福建南部是明教最重要的教区。明教的一部分经典，编入道教的《道藏》，安置在亳州明道宫。② 又从福州传到浙江，光是温州（今浙江永嘉县）一地就有明教斋堂四十多个，斋堂里的长老叫行者，执事有侍者、听者、姑婆、斋姊种种称呼。③ 到南宋初年，已经发展到淮南、两浙、江东、江西一带地方了。④ 教徒严格执行在密日（日曜日）吃斋，神的画像是摩尼和夷数（耶稣），高鼻子，洼眼睛，黄头发，乡下人看不惯，以为是魔鬼，以此，这教在教外人说起来是“吃菜事魔”，吃菜指的是吃斋，事魔指的是拜魔神，又叫作魔教。为了深入农村，广泛吸引农民参加，提倡素食，薄葬，节省消费，同教的人互相帮助，大家凑钱来帮助新参加的和穷苦的教友，教徒每逢初一十五出四十九文铜钱，给教头烧香。钱汇齐后交给教主作教里的经费。一家有事，同教人有钱出钱，有力出力，万一有人被捉去坐牢，大家出钱帮着打官司。⑤ 做到了有组织，团结、互助、合作。穷苦的农民涣散经营没有组织，就向来只有被官府地主剥削压迫、虐待、奴役的份儿，如今，有了这么些和自己一样的人，穿一样衣服，说一样话，诚心诚意来帮助自己，而且团结组织起来了。日后还大有好处，又怎么肯不参加。贫苦农民入教的愈来愈多，明教的教区跟着扩大，明教的力量也日渐强大，暴动，武装起义，各种反抗的行动，就愈来愈多了。从北宋末年起，睦州（今浙江建德）、台州（今浙江临海）、衢州（今浙江衢县）、东阳（今浙江东

① 《旧五代史·梁书·末帝纪》；《佛祖统纪》卷四十一。

② 徐铉：《稽神录》；洪迈：《夷坚志》；何乔远：《闽书》卷七，《方域志》。

③ 《宋会要稿·刑法》。

④ 陆游：《渭南文集》卷五。

⑤ 庄季裕：《鸡肋编》中；李心传：《建炎以来系年要录》卷七十六。

阳）、信州（今江西上饶）、泾县（今安徽泾县）都曾发生过明教徒的武装革命。①

但是，也正因为明教徒主张最后目标是明暗各复原位，互不侵扰，黑暗的力量仍然存在，对农民剥削、压迫、奴役的制度也仍然存在，在领导思想上不但是妥协的，折衷的，半途而废的。而且斗争的结果，依然是地主对农民的统治。因之也就不能把革命进行到底，取得胜利。历史上所有的这一类型的起义，都以失败而告终。

明教又和民间流行的弥勒教、白莲社两种宗教混合。弥勒教和白莲教都出于佛教的净土宗，一个叫弥勒净土，一个叫弥陀净土。弥勒佛是佛教里的著名人物，据佛教传说，弥勒过去为王，对百姓慈育，是一个好国王。释迦牟尼佛在世时，弥勒侍旁听法，是个好学生。释迦牟尼佛灭度后五十六亿七千万岁，弥勒下降人世而成佛。② 佛教诸经都承认弥勒是遥远岁代后继承释迦的佛，并且说释迦灭度（死）后，世界变坏了，种种坏事，全都出现，不但气候坏，庄稼收成坏，连人心也坏了，人的生活苦到不能再苦。幸得释迦牟尼佛在灭度前留下了话，再过若干年，弥勒佛就出世了。这个佛一出世，世界立刻变了，土地又宽大又干净，刺人的荆棘不见了，青青的山，绿油油的水，满地铺着金沙，到处是清汪汪的水池，碧森森的树林，美丽的花，芬芳的草，还有各种无名的宝贝。人心也变好了，抢着做好事，好事做多了，寿命也长了，太太平平过日子。人口一天天加多，城市越来越富庶了。种的稻麦，下一次种有七次的收成，用不着拔草翻土，自会成熟。③ 自从出现了这个故事以后，成千万的农民在期望着这一天的到来，几十年，几百年都过去了，依然在等待，在期望。一听见什么地方有弥勒佛出世的话，抢着去参加起义。从隋唐一直到宋元，七八百年来，历史上写满了弥勒教徒起义的记录。关于弥勒佛若干部经典的翻译，是两晋时代的事，

① 《建炎以来系年要录》卷三十二、三十六、六十三、一百三十八、一百五十一、一百七十。

② 《净名疏》。

③ 《法住记》，《弥勒下生经》。

到南北朝时已发生很大影响。举例说，那时的风气，在山岩上挖洞刻佛像，一个山有好多石洞，一个洞有好多大石佛，往往要费时几年以至几百年才能刻成。刻的像最多的就是弥勒佛和阿弥陀佛。经典的传播，佛像的礼拜，传说的鼓动，无数次弥勒降生的号召，使得这一神秘亲切的名字为朴质的贫苦农民所熟悉，信任，成为组织、发动反抗当时统治阶级的力量。信仰弥勒教的人也穿白衣服，戴白帽子，也烧香。① 也相信世界上有明和暗、好和坏两种力量，大体上和后起的明教很相像，结果这两个教就混合在一起了。

白莲社供养的是阿弥陀佛，劝人念佛修行，多做好事，死后到西方净土白莲池上，过快活日子。这团体创始于五世纪初年，到十二世纪前期，又加进了天台宗的格言，忌葱乳，不杀，不饮酒，衍变成白莲教，因为仪式和戒条都和明教弥勒教相近，到十四纪前期这三个秘密宗教就合流为一了。②

明教和弥勒教都不满现状，都主张改变现状，都相信不久以后会有而且必然地有更好或最好的世界出现。这幻想世界的出现有一个显明的标识，就是“明王”或“弥勒佛”的出世。这一个美丽的幻想世界有力地吸引了陷于贫困绝境的朴质农民，用竹竿锄头武装起来，进行不屈不挠的斗争。虽然每一次的起义都被镇压了，失败了。但是，农民永不会屈服，跌倒了，舐干净血迹，再爬起来，再反抗，永远反抗下去。人人的心目中，都憧憬着美丽而又肯定的远景，相信总有一天会翻身，“明王”、“弥勒”会出世。

远在朱元璋出生前三年，元泰定二年（公元 1325 年）六月，息州人赵丑厮、郭菩萨就宣传弥勒佛要来治理天下了。③ 十二年后，陈州人棒胡（闰儿）又宣称弥勒佛已经降生了，烧香会齐教友，在汝宁府信阳州起事，打下归德府、鹿邑，烧了陈州（陈州正是四百多年前明教徒起义的根据地）。④ 这年朱元璋已经十岁了。第二年，

① 《隋书》，《炀帝本纪》，卷二十三《五行志》。

② 《佛祖统纪》卷四十七；重松俊章：《初期之白莲教》。

③ 《元史·泰定帝纪》。

④ 《元史·顺帝本纪》。

元顺帝至元四年戊寅（公元1338年），弥勒教徒周子旺在袁州起义，周子旺是袁州慈化寺和尚彭莹玉（又叫彭翼）的徒弟，他们劝人念弥勒佛号，每晚点着火炬，烧香礼拜，口宣佛偈，信从的极多。约定寅年寅月寅日寅时起兵，参加的人背上都写一佛字，以为刀兵不能伤。年月日时都凑齐了，周子旺自称周王，改了年号，率领五千人起事。这一支没有经过训练的农民军，虽然有勇气有信心，打仗却不中用，刚一动手，就被地方军队残酷镇压了，周子旺被擒杀。彭莹玉经常用泉水替附近农民治病，袁州老百姓当他是活神仙，争着荫蔽他。官府搜缉得紧，逃到淮西，淮西老百姓早知道彭祖师的名声，也抢着掩护他，索性在淮西住下，秘密传教，组织力量，准备再干。①

朱元璋这几年内所到的地方，息州、陈州、信阳和淮西流域，前三个是弥勒教徒起义失败的场所，淮西流域是彭莹玉的传教地区。②

---

① 彭莹玉的籍贯：

一、籍贯史料

甲、袁州说：

（一）权衡：《庚申外史》上。

袁州妖僧彭莹玉徒弟周子旺以寅年寅月寅日寅时反……莹玉本南泉山慈化寺东村庄民家子。

（二）《明太祖实录》卷八。

袁州慈化寺僧彭莹玉以妖术惑众，其徒周子旺因聚众为乱。

（三）《明史》卷一二二，《陈友谅传》。

元末盗起，袁州僧彭莹玉以妖术与麻城邹普胜聚众为乱。

乙、浏阳说：

（一）叶子奇：《草木子》。

先是浏阳有彭和尚能为偈颂，劝人念弥勒佛。

（二）陆深：《平胡录》。

先是浏阳人彭和尚名翼，号妖彭，能为偈颂，劝人念弥勒佛。

二、史源之比较

权衡，吉安人。元末兵乱（至正十二年闰三月徐寿辉红军陷吉安），避居彰德，明初归江西。

叶子奇，龙泉人，明初曾上书处州总制孙炎。

陆深，上海人，弘治乙丑（公元1505年）进士。

权衡为江西吉安人，和彭莹玉同时。《明实录》、《明史》都据权衡说，今从之。（叶子奇也和彭同时，但他是浙江人。陆深则约后一百五十年。）

② 吴晗：《大明帝国与明教》，载《清华学报》十三卷一期。

三、红军起义

元顺帝至正十一年（公元 1351 年）五月，江淮流域各地区的贫苦农民——元朝统治阶级所特别歧视的南人，短衣草履，头包红巾，擎着红旗，扛着竹竿锄头，长枪板斧，杀官僚，占城邑，开仓散粮，自立名号，敲响了元帝国的丧钟，这就是历史上有名的红军起义。

红军的队伍，到处都是。拣重要的著名的说吧：东系在颍州发动的，头目是杜遵道、刘福通，奉韩山童的号令，占领了元朝的米仓朱皋（镇名，属光州固始县），开仓散米，一下子就发展到十几万人，攻下汝宁（今河南汝南）、光州、息州、信阳；芝麻李的队伍，控制了徐州（今江苏铜山）附近县份，和宿州（今安徽宿县）、五河（今安徽五河）、虹县、丰（今江苏丰县）、沛、灵璧，南边到安丰（今安徽寿县）、濠、泗（今安徽临淮）。西系起于蕲（今湖北蕲春）、黄（今湖北黄冈），由彭莹玉和尚组织，推徐真逸（寿辉）作头目，攻下德安（今湖北安陆）、沔阳（今湖北沔阳）、安陆（今湖北钟祥）、武昌（今湖北武昌）、江陵（今湖北江陵）、江西（今江西九江南昌一带）诸郡。起于湘水汉水流域的，推布王三、孟海马为头目，布王三的队伍叫北琐红军，占领了唐（今河南唐河）、邓（今河南邓县）、南阳（今河南南阳）、嵩（今河南嵩县）、汝、河南府（今河南洛阳）；孟海马率领南琐红军，占领了均（今湖北均县）、房（今湖北房县）、襄阳（今湖北襄阳）、荆门（今湖北荆门）、归峡（今湖北秭归）。这几支红军都响应韩山童的号召，前后不过几个月功夫，东边从淮水流域，西边到汉水流域，都插满了红旗，像腰斩似的把大元帝国拦腰切作两段。①

大元帝国的崩溃，是由于蒙汉官僚地主对广大农民残酷的剥削

---

① 权衡：《庚申外史》上。

和无情的压迫，农民忍无可忍，被迫进行长期的壮烈的阶级斗争；是由于蒙古、色目贵族对汉、南人的残酷粗暴的民族压迫，掠夺和残害，广大人民挺身而起，进行长期的英勇的民族斗争；是由于蒙古统治阶级的腐化和阶级内部矛盾的尖锐化，分裂，对立，自相残杀，掘下自己的坟墓。阶级斗争和民族斗争交互错综，阶级斗争运用民族斗争的形式，民族斗争又反过来加强和推动了阶级斗争的力量。终于推翻了异族统治，取得了胜利。

蒙古灭金以后，圈占广大土地作为牧场，有的竟至千顷以至十万余顷。① 灭宋以后，没收了宋的官田和一部分贵族田地。诸王、后妃、公主和大官将帅以及汉、南人降附的文官武将，僧侣寺观，都以侵占或赏赐的方式占有大量土地，把原来耕种土地的农民抑为佃户。如诸王中晋王也孙帖木儿单是归还朝廷的地就有七千顷②，西安王阿剌忒纳失里有平江（今江苏吴县）赐田三百顷③，郯王彻彻秃有苏州赐田二百顷④，没收宋代后妃的田归太后，专设江淮财赋都总管府掌管。另一大批没收的田土归皇后的，专设江浙财赋府掌管。⑤ 文宗时（公元1329—1332年）鲁国大长公主有平江等处赐田五百顷。⑥ 顺帝时公主奴伦引者思有地五千顷。⑦ 大臣如伯颜有河南赐田五千顷⑧和蓟州宝坻县稻田提举司所辖田土⑨，脱脱有松江等处稻田提领所辖田土。⑩ 金和宋的降臣不但保有原来的田土，而且还乘机兼并，有的一年收租数量竟达到二三十万石，占有佃户二三千户。⑪ 寺观往往占田几百顷、千顷，最多的如大承天护圣寺前后

---

① 《元史》卷一三四《和尚传》，卷一三五《塔里赤传》，卷一五四《郑制宜传》。

② 《元史》卷二十七，《英宗本纪》。

③ 《元史》卷三十二，《文宗本纪》。

④ 《元史》卷三十九，《顺帝本纪》。

⑤ 赵翼：《廿二史札记》卷三十，《元代以江南田赐臣》下。

⑥ 《元史》卷三十四，《文宗本纪》。

⑦ 《元史》卷三十九，《顺帝本纪》。

⑧ 《元史》卷一百三十八《伯颜传》，卷三十九《顺帝本纪》。

⑨ 《元史》卷三十八，《顺帝本纪》。

⑩ 《元史》卷四十一，《顺帝本纪》。

⑪ 《元典章》新集，《户部差发》；《元史》卷一百二十六《廉希宪传》，卷一百四十六《耶律楚材传》。

两次共赐田三十二万五千顷①，大护国仁王寺有水陆田地十万多顷，佃户三万七千五十九户②，白云宗和尚沈明仁强夺民田二万顷。③ 江南寺院佃户多到五十万有余。④

诸王后妃公主大臣还有食邑，从几千户到几万户，一县十几县以至一路到三路。最多的如孛儿帖可敦有真定食邑八万户⑤，元成宗以安西、平江、吉州三路为皇太子的食邑。⑥ 食邑的地方官由领主推荐，农民除了向领主缴纳五户丝和钞以外，还要向元朝政府缴纳赋税。⑦

土地大量集中在少数蒙汉贵族官僚手里，广大农民和中小地主失去土地，或者被迫成为佃户，或者被迫逃亡他乡。江南的佃户按规矩和田主对半或者四六分收成，赶上青黄不接，水旱灾伤，向田主借贷口粮，立下契约，添答数目，以利作本，候收割时验数归还。才到秋成，所收子粒，除交给田主一份以外，有的佃户合得的一份尽数还债，还不够本利，被迫抵当人口，准折物件，连锄头镰刀也给折走了。活不下去，只好逃走。佃户逃移的越多，田土荒废的也多，生产的粮食也就越少。⑧ 另一等佃户缴纳高额地租，还要承当地主家的杂泛差役，买不起农具肥料，地里收成少了，就被田主夺佃，失去活路。即使人力多，侍候得地肥了，收成一多，田主就要加租，交不起，还是种不成地。有些地方的佃户，生男供田主奴役，生女作田主婢妾，甚至计口立契，随田地买卖，和买卖牲口一般。⑨ 北方的农民比南方的剥削更重，赋税更多，种的桑枣禾稼经常被蒙

---

① 《元史》卷四十一《顺帝本纪》："至正七年十一月拨山东地土十六万二千余顷属大承天护圣寺。"赵翼：《陔余丛考》卷十八，《元时崇奉释教之滥》。

② 程钜夫：《雪楼文集》卷九，《大护国仁王寺恒产之碑》。

③ 《元史》卷二十六，《仁宗本纪》。

④ 《通制条格》卷三，《寺院佃户》。

⑤ 《元史》卷二，《太宗本纪》；屠寄：《蒙兀儿史记》卷五十六，《阿里不哥传》。

⑥ 《元史》卷二十二，《成宗本纪》。

⑦ 吴晗：《元代之社会》，载《清华大学社会科学》一卷三期。

⑧ 《元典章》卷十九，《户部》五，《种佃》。

⑨ 《元典章》卷三，《圣政记》二，《减私租》；卷五七，《刑部》十九，《禁典》；卷四十二，《刑部》四。

古驻军和官僚地主的牧马作践，有的索性被占作牧场。靠近大都（今北京）的畿内一带地方为了长马草，时常禁止农民秋耕。① 农民养的马匹耕牛一碰上有战事，就被官府抢走，有时给低价，有时不给一个钱。② 淮河以北一带以至河南河北的农民，千百成群地逃向南方，元世祖至元二十年（公元1283年）一次逃移的农民就有十五万户。③ 二十三年以汉民就食江南者多，特派使臣尽徙北还。又专派官在黄河、淮河、长江的关卡津渡检查，凡汉民没有通行公文的，一律不许通过。又立下法令，逃民必须押解还乡，并禁止聚众到千人，犯禁罚杖一百。④ 顺帝元统元年（公元1333年）京畿大水，饥民四十多万人。第二年江浙大饥，饥民五十九万多户⑤，剥削越重，百姓日子过得越苦，地主兼并土地的速度越快，农民逃亡的越多，田土抛荒的数目越大，粮食生产越少，闹灾荒的次数面积越多越大，阶级矛盾越尖锐，达到不可调和的地步，爆发了一次接着一次的农民革命战争。

为了缓和阶级矛盾，元朝政府也曾经使用减轻赋税、赈济、设常平仓、立劝农官等等办法，但是免赋只免到田主，佃户照样交租。⑥ 赈济佃户轮不到，甚至像至正四年（公元1344年）河南北大饥，第二年大疫，十成人死了五成那样大灾荒，朝廷说要赈济灾民，卖官爵得了一批钞和粮食，后来又听说还有几成收成，就作罢论，把赈款吞没了事。⑦ 常平仓有仓无米⑧，即使有米也落入大官、地主手里，分不到农民。⑨ 劝农官除了多出一个剥削掠夺的官僚以外，没有别的意义。

---

① 《元史》，世祖、武宗、仁宗《本纪》。

② 《元史·世祖本纪》；《大元马政记》。

③ 《元史》卷一百七十三，《崔彧传》。

④ 《元史》卷十四《世祖本纪》，卷一〇三《忙或台传》；《元典章》卷六，《台纲》二，《体察》。

⑤ 《元史》卷三十八，《顺帝本纪》。

⑥ 《元史》卷十八，《成宗本纪》。

⑦ 余阙：《青阳集》卷八，《书合鲁易之作颍川老翁歌后》；《元史》卷四十一，《顺帝本纪》。

⑧ 《元史》卷二〇五，《卢世荣传》；《元文类》卷四十，《经世大典序录》。

⑨ 《元史》卷九十六，《食货志》。

和阶级压迫交织错综的是蒙古、色目人对汉、南人的民族压迫。

蒙古贵族为了便于巩固军事统治，永远剥削和奴役以汉人为主体的劳苦人民，制造种族间的矛盾、猜忌、分裂，把社会划分为四个阶层：蒙古人最贵，色目人第二，汉人第三，南人最下。蒙古征服者在未侵入中国之前，已经征服了西域诸国，统称西域各地降人作色目人，作为统治的辅助力量，被利用来压迫较后被征服的汉人。汉人指的是金统治下的人民和高丽、契丹、女真等民族；南人指的是最后被征服宋统治下的以汉人为主体的各族人民。为了分化汉族的团结，蒙古统治者稍微给北方汉族地主一些政治上的小好处，使南人怨恨汉人。在四等人中间，划分权利义务，极不平等，对汉、南人的防制，最为严刻，并贱称汉人为“汉子”，南人为“蛮子”。

蒙古统治者在灭金灭宋的战争中，除攻城略地，大量屠杀以外，更掠夺人口，作为奴婢，叫作驱口，所生子孙，永为奴婢。① 蒙古、色目、汉人官吏也多强占民户为奴隶。② 上都（今内蒙古自治区多伦县）、大都设马市、牛市、羊市、人市，人畜同样买卖。江南贩卖人口更盛，主人怕驱口奴隶逃走，或使饮哑药，或用火烙足，驱役同禽兽。奴和驱在法律上待遇同等，实际区别是在军前俘获称奴，掠卖人口称驱；奴不得自立门户，驱得自立门户但不得自由迁徙。驱丁对国家每年纳丁税粟一石，对主人负耕田供役纳贡赋，代主人服兵役的义务。③ 如大将阿里海牙破湖南，没收降民三千八百户为家奴。④ 十四世纪初年，江南官僚地主强占民户作奴隶动辄百千家，有多到万家的。⑤ 蒙古戍兵和居民生活穷困的，也被迫卖妻鬻子为奴婢。⑥ 元代官私奴隶在人口总数中占了很大比例。⑦

---

① 陶宗仪：《辍耕录》卷十七，《奴婢》。

② 《廿二史札记》卷三十，《元初诸将多掠人为私户》。

③ 《元史》卷一六二《李忽兰吉传》，卷十《世祖本纪》，卷十九《成宗本纪》；《元典章》卷三十四，《军役》。

④ 《元史》卷一六三，《张雄飞传》。

⑤ 《元史》卷二十三，《武宗本纪》。

⑥ 《元史》卷一三四《和尚传》，卷二十六《拜住传》，卷二十五《仁宗本纪》；《元典章》卷五十七，《刑部》一九，《禁典卖蒙古子女》。

⑦ 有高岩：《元代奴隶考》。

在政治地位上，元朝政府各个机构的长官，都是蒙古人做，一般汉人是不能做的。次要的官也大半是蒙古人和色目人。顺帝至元三年四月又再次规定，省、院、台、部、宣慰司、廉访司及部府幕官之长，并用蒙古、色目人。① 直到元朝末年，南人始终被排挤在政治圈外。② 兵权更不让汉人掌管，汉人虽也有作军政官的，但不能与闻军政，参与机密，阅兵籍，知兵数。③ 行省长官一般是蒙古人，其次是色目世臣，缺官才轮到色目和汉人。④ 地方官以汉人作总管，色目人作同知，总揽实权的是蒙古的监督“达鲁花赤”。⑤ 宫廷的卫队只用蒙古人、色目人，不许汉人、南人投充。⑥ 蒙古贵族子弟从宫廷卫队出身作官，升迁很快，汉、南人则只能从科举或学校出身。科举蒙古、色目人作一榜，汉人、南人作一榜，蒙古、色目人考二场，汉、南人须考三场；考试题目汉、南人比蒙古、色目人的难，授官则相反，蒙古、色目人比汉、南人高。⑦ 学校的学生名额，也是以种族作标准的：国子监生蒙古五十人，色目二十人，汉人三十人。考试蒙古生从宽，色目生稍加严，汉人则全科场之制。授官蒙古生六品，色目生正七品，汉人从七品。⑧

文武官荫叙和升迁，也规定蒙古、色目人特优一级，蒙古高于色目，色目又高于汉人和南人。⑨ 官吏的惩罚，法令规定色目人和汉人不勤于职的，处死刑还要抄家，蒙古人则例外。⑩

除了政治地位不平等之外，元朝政府还特别制订了压迫汉族的法律，来保障和巩固自己的统治权。顺帝元统二年（公元1334年）

---

① 《元史》卷八十五《百官志序》，卷二十五《仁宗本纪》，卷三十九《顺帝本纪》，卷一百八十六《成遵传》，卷一百四十六《太平传》。

② 《元史》卷一百九十二，《王艮传》。

③ 《元史》卷一百八十四《王克敬传》，卷九十八《兵志》。

④ 《元史》卷十九《成宗本纪》，卷三十二《泰定帝纪》。

⑤ 《元史》卷六，《世祖本纪》。

⑥ 《元史》卷一〇二，《刑法志·卫禁》。

⑦ 《元史》卷八十一，《选举志·科举》。

⑧ 《元史》卷八十一，《选举志·学校》。

⑨ 《元史》，《成宗本纪》，卷八十二《选举志》。

⑩ 《元史》卷十，《世祖本纪》。

下令蒙古贵族和色目人犯奸盗诈伪，由专管蒙古贵族的机关“大宗正府”处理，汉、南人犯法的归普通法庭判处。蒙古人居官犯法定罪行杖，必须由蒙古人判刑和监杖。① 蒙古贵族和色目人不但受特殊法庭的保护，而且遇有重大刑事案件，最后裁决权属于蒙古大臣②，更加了一层保障。蒙古人打死汉人，只判处当兵出征和罚交烧埋银。③ 蒙古人员殴打汉儿人，不得还手，只能指定证人到官府起诉。反过来，如汉人打死或打了蒙古人，就要严行断罪。④ 并禁止汉人聚众与蒙古人互殴。⑤ 窃盗例须刺字，蒙古、色目人免刺。⑥

对汉、南人用军事力量控制秩序，镇压起义。办法是解除汉、南人的武装，分兵驻防各地，建立社甲制度。元世祖至元十三年（公元1276年）元军入临安（今浙江杭州市）后，就下令没收兵器。南人在军中的尺铁寸杖不得在手⑦，民户有铁尺、手挝和杖之藏刃的都一律交官。⑧ 有马的拘入官。⑨ 私藏甲仗的处死。⑩ 把民间兵器最坏的销毁，稍好的给色目人，最好的收归武库，留作蒙古人用。汉人出征所用兵器，回来后就要交官，完全解除汉、南人在军中的非战时武装。⑪ 甚至汉人将领非经特许也不许执持武器。⑫ 各路府州县为了捕盗的需要，所用弓矢也严格限制为各路十副，府七副，县五副。⑬ 不许汉人打猎。⑭ 不许汉人学习武艺。⑮

---

① 《元史》，卷三十八《顺帝本纪》，卷一〇二《刑法志·职制》。

② 《元史》卷二〇五，《铁木迭儿传》。

③ 《元史》卷一〇五，《刑法志·杀伤》。

④ 《元典章》卷四十四，《刑部》六。

⑤ 《元史》卷七，《世祖本纪》。

⑥ 《元史》卷三十八，《顺帝本纪》。

⑦ 《元史》卷一百六十八，《陈天祥传》。

⑧ 《元史》卷十四，《世祖本纪》。

⑨ 《元史》卷三十九，《顺帝本纪》。

⑩ 《元史》卷一〇五，《刑法志·禁令》。

⑪ 《元史》，卷十《世祖本纪》，卷二十四《仁宗本纪》，卷二十九《泰定帝纪》，卷三十二《文宗本纪》。

⑫ 《元史》，卷十五《世祖本纪》，卷四十三《顺帝本纪》。

⑬ 《元史》卷十四，《世祖本纪》。

⑭ 《元史》卷十六，《世祖本纪》。

⑮ 《元史》卷二十七，《英宗本纪》。

不许汉人集众祠祷[①]，祈赛神社，集场买卖。[②] 甚至学习蒙古色目文字，也不许可。[③]

镇戍军以蒙古军和探马赤军（诸部族军）为主力，分屯河、洛、山东，以探马赤军汉军和新附军（宋的降兵）镇戍淮水以南到南海，都以宗王为大将。蒙古军就营地住家，其他军队按时换防，都有一定制度。江南三行省凡设戍兵六十三处，镇戍地区几十年不改。[④] 元朝政府用蒙古军和诸部族军镇压淮水以北金地的汉人，用诸部族军、汉军辅以宋的降兵镇压淮水、长江以南宋地的南人，利用种族的矛盾来贯彻军事控制，运用军事力量来维持统治威权，加强阶级和民族压迫。民族的猜忌越大，仇恨也越深。

和镇戍军相结合的社甲制度，是蒙古统治机构的基层组织。元世祖至元七年下令诸县所属村疃，凡五十家立为一社，择年高晓农事的一人为社长，增至百家的别设社长一员，不及五十家的与近村合为一社。[⑤] 社原来是贫苦农民为了反抗封建压迫，自愿结合的组织形式。历代统治者因为它反抗封建压迫，曾屡次加以禁断，在禁断无效的时候，又利用原来基础，把它纳入政府系统，成为官办的社，通过这一组织，督促农民努力生产，来增加税收。元朝政府继承了这一制度，目的是为了加强统治和搜括，但同时也赋予了农民为了反抗阶级压迫的各种秘密组织以合法的形式，农民普遍组织起来，就有了强大的反抗力量了。三年后为了便于监视汉民，又令探马赤军随处入社与编民等。蒙古、色目人虽然有随便居住各地的权利[⑥]，蒙古军却不与汉儿人户一处相合作社。[⑦] 蒙古军虽不入社，却作甲主，灭宋后编二十家为甲，以蒙古人为甲主，对编户有绝对的

---

① 《元史》卷一〇五，《刑法志·禁令》。

② 《元典章》卷五十七，《禁聚众》。

③ 《元史》卷三十九，《顺帝本纪》。

④ 《元史》卷九十九，《兵志·镇戍》；《元文类》卷四十一，《经世大典序录·政典总序》。

⑤ 《元典章》卷二十三，《户部》九，《劝农入社事理》。

⑥ 《廿二史札记》卷三十，《色目人随便居住》。

⑦ 《元典章》卷二十三，《户部》九，《蒙古军人立社》。

威权，“衣服饮食惟所欲，童男少女惟所命”。城乡到处编甲，糟蹋掠夺平民妻女，谁也不敢说话。① 夜间禁止通行，以钟声为号，一更三点钟声绝，禁人行，五更三点钟声动，听人行。违者笞二十七。江南地区，每夜禁钟以前，晓钟之后，才许市井点灯买卖，人家点灯读书工作。② 元朝统治阶级透过了社长甲主，向农民施行凶残的掠夺，在各种名目的苛捐杂徭下，逐年加重人民负担，到元朝中叶以后，每年田税赋役所征调的数量比元初时增多到二十倍以上③，因而使全国农业生产下降，广大农民陷入破产的深渊。

从官书记载户口的数字来看，宋的户口嘉定十六年（公元 1223 年）户数一千二百六十七万，口数二千八百三十二万。金的户口，泰和七年（公元 1207 年）户数七百六十八万四千，口数四千五百八十一万，两国合计有户约二千万，口约七千四百万。到元世祖至元十八年（公元 1281 年）全国合计户数一千三百二十万，口数五千八百八十三万，可以看出长期战争破坏的结果，户数减损了约七百万，口数减损了约一千五百万。到元文宗至顺元年（公元 1330 年），全国户数还是一千三百四十万，和至元十八年的数字差不多。经过了五十年，户数仍然停留在原来的基础上，这说明了这五十年间户口损耗情况，也说明了阶级和民族压迫的悲惨结果。

蒙古统治阶级内部矛盾和腐化，为大元帝国自己掘下了坟墓。

大元帝国是由成吉思合罕子孙所分封的几个汗国组织成功的，以蒙古合罕的宫廷作中心。自从忽必烈合罕（元世祖）破坏了蒙古合罕由召开大会选举产生的习俗，采用汉人封建制度立嫡长子为皇太子以后，帝位继承的争夺造成统治阶级上层矛盾的深化，政变内乱，接连不断，削弱了帝国的统治力量。

事实上，帝国的分裂是元世祖即位以前的事。蒙古习俗游牧生活，没有一定住处，没有城郭可以守护，终年随牧草转徙，如果没有强有力善于指挥作战的军事领袖，突然遭遇强敌袭击，就会崩溃

① 徐大焯：《烬余录》。

② 《元史》卷一〇五，《刑法志·禁令》。

③ 《元史》卷二〇五，《铁木迭儿传》；柯绍忞：《新元史》卷六十八，《食货志序》。

不可收拾。多少世代以来，在蒙古的部族社会组织里，部族酋长的选举与罢免，对其他部族的斗争，应付严重的天灾和迁徙等大事，都由部族成员的全体大会——库利尔台来解决，部族酋长只有提议的资格。酋长——合罕有提名继承人之权，但大会也可以另选他人，因之，各部族中军力最强大的军事领袖，对选举的决定权也最大。遇有意见不一致，坚持的双方军事力量又不相上下的时候，就不可避免地各自承认一个合罕，造成分裂以至用武力解决，陷于长期内战的境地。从成吉思合罕以来，历次大汗的选举都由几个强大的军事集团所操纵。长期内战的结果，蒙古大帝国瓦解了。忽必烈合罕和他的子孙所直接统治的只是中国这一部分土地。①

元世祖以后的帝位继承，又成为拥有军事实力贵族的争夺战，大会通过成为照例文章。元世祖太子真金早死，真金子铁木儿（元成宗）在北边检阅军队，大将玉昔帖木儿拥之即位。成宗死，丞相哈剌哈孙拥真金孙武宗、仁宗先后即位。仁宗立英宗为皇太子，英宗为铁失所杀，世祖曾孙也孙铁木儿被立为泰定帝。泰定帝死，丞相倒剌沙立皇太子阿速吉八为皇帝，枢密使燕铁木儿立武宗子文宗，打败了倒剌沙。文宗让位其兄明宗，燕铁木儿杀明宗，仍立文宗为皇帝。文宗、宁宗接连死去，皇后卜答失里派人接明宗长子妥懽帖木儿入京，立为皇帝，就是元顺帝。②

统治阶级内部矛盾发展到自相残杀，军人贵族利用武力争夺政治权力，宫廷政变不到四五年就爆发一次，从公元1328年到1333年五年间换了六个皇帝，矛盾更加深化强化，残杀更厉害，政局变化更快，统治阶级的基础也就进一步更加削弱了。

一面是统治阶级内部的争夺权利，自相残杀，一面是统治阶级的荒淫无耻，堕落腐化。

元世祖从平宋以后，为了积累更多的财富，发动了长期的海外

---

① 赵翼：《廿二史札记》卷二十九，《元代叛王》；《元史纪事本末》卷二，《北边诸王之乱》；箭内亙：《蒙古库利尔台之研究》。

② 《廿二史札记》卷二十九，《元诸帝多由大臣拥立》；《元史纪事本末》卷十九至二十二。

侵略，至元十九年发兵十万征日本，遭飓风大败而回。又三次兴兵打安南（公元1284年至1294年），两次打缅国（公元1282年至1287年），打占城（公元1282年至1284年），打爪哇（公元1292年），越打败仗，越不服气。军费的负担天天扩大，财政困难，只好任命一批刮钱能手的商人作大臣，专门搜括财富，增加赋税，卖官鬻爵，剥削人民，造成了贪污腐化的政治风气。①

军费之外，还有对诸王贵族的定期巨额赏赐，额外赏赐，朝会赏赐，大会后的赏赐。岁赐如斡真那颜位银一百锭（锭五十两），绢五千九十八匹，绵五千九十八斤，缎三百匹，诸物折中统钞一百二十锭，羊皮五百张，金一十六锭四十五两。特赐如中统四年（公元1263年）赐公主古巴银五万两。朝会赏赐如元贞二年（公元1296年）定太祖位下金千两，银七万五千两。世祖位下金各五百两，银二万五千两等。成吉思合罕的子孙遍布欧亚两洲，元朝历年这笔开支是无法计算的。库利尔台大会后为了报答诸王贵族的支持，赏赐数目更是惊人，如至大四年（公元1311年）仁宗即位后的赐与总数是金三万九千五百五十两，银一百八十四万九千五十两，钞二十万三千二百七十九锭，币帛四十七万二千四百八十八匹。这一年的额外赏赐是钞三百余万锭。往往开一次大会，把上都、大都的库藏全给光了还不够数。②这种种不同名目的赏赐，实质上都是为了争取诸王贵族的支持所付出的贿赂，汉、南人被奴役所付出的奴隶赎金。此外还有供养僧侣的大量费用，因为要利用佛教麻醉人民和怀柔西域，元朝历代都崇奉佛教，历帝在即位前都先受佛戒，尊番僧为帝师国师，穷极供奉，内廷作佛事，一年多至五百余次。各寺作佛事，有的每天用羊万头。③据至大三年（公元1310年）的统计，

---

① 《元史》卷二〇五，《奸臣传》；《元史纪事本末》卷七，《阿合马桑卢之奸》；《廿二史札记》卷三十，《元世祖嗜利黩武》。

② 《新元史》卷七十八，《食货志·赐赉》下；《元史》卷二十四，《仁宗本纪》。

③ 陶宗仪《辍耕录》二："累朝皇帝先受佛戒九次，方受大宝，而近世陪位者九人或七人，译语谓之暖答世，此国俗然也。"《元史》卷三十四《文宗本纪》："至顺元年二月丁酉，帝及皇后燕王阿剌忒纳答剌并受佛戒，己亥命明宗皇子受佛戒。""至顺三年十月甲子皇弟燕帖古思受戒于西僧加儿麻哇剌"。《陔余丛考》卷十九，《元时崇奉释教之滥》。

国家经费用在寺院的竟占三分之二。① 至大四年的岁出入情形，岁出钞约二千万锭，岁入常赋却只有四百万锭，内中上缴京师的只有二百八十万锭，这年十一月国库的存款只有十一万锭。② 用豫卖盐引，加税加赋，甚至动支钞本一切办法，至顺二年（公元1331年）的岁出入，还亏空钞二百四十万锭。③ 元朝的钞法原来有很好的制度，发行有定额，可以随时兑现，和物价有一定的比例，通行全帝国，信誉极好。到了财政无办法，支用完钞本，变成不兑现纸币，加上无限制发行，发的越多，币值越跌，相对的物价愈高。到了十四世纪中期，整车整船运钞到前线，一张钞还不值一文钱，货币失去效用，民间只好进行物物交换，国家财政和国民经济总崩溃了。④

表现在政治方面的情况，从元武宗以来，用人不问才力，只要得到皇帝欢心，就可作大官，有作到中书左丞、平章、参政的；国公、司徒、丞相满朝都是。诸王贵族随便杀人，随便荐人作官。地主豪民犯法该杀的，只要买通帝师、国师，就可以得到皇帝特赦。后来索性卖官鬻爵，贿赂公行了。⑤ 尤其蒙古、色目的官吏，根本不知道有廉耻这回事，向人讨钱，各有名目，例如：下属来拜见有"拜见钱"，无事白要叫"撒花钱"，逢节要"节钱"，过生日要"生日钱"，管事要"常例钱"，送迎有"人情钱"，发传票拘票要"赍发钱"，打官司要"公事钱"。弄得钱多说是"得手"，除得美州县说是"好地分"，补得职近说是"好窠窟"。甚至监察官都可以用钱买，出钱多的得缺。肃政廉访司官巡察州县，各带库子，检钞秤银，争多论少，和作买卖一般。⑥ 大官吃小官，小官吃百姓。民间有诗嘲官道："解贼一金并一鼓，迎官两鼓一声锣，金鼓看来都一样，官人与贼不争多。"⑦ 地方官

---

① 张养浩：《归田类稿》卷二，《时政书》。

② 《元史》卷二十四，《仁宗本纪》；《新元史》卷六十八，《食货志序》。

③ 《元史》卷一百八十四，《陈思谦传》。

④ 吴晗：《元史食货志钞法补》，载《中国社会经济史集刊》第七卷第二期。

⑤ 张养浩：《归田类稿》卷二，《时政书》。

⑥ 叶子奇：《草木子》卷四，《杂俎篇》。

⑦ 叶子奇：《草木子》卷四，《谈薮篇》。

对百姓剥削太厉害了，元朝政府怕出乱子，有时也派大员出来宣抚，企图缓和一下。宣抚刚出京时，四方震动，到了地方以后，也和地方官一样，什么事也做出来。百姓给他们编了几句口号："奉使宣抚，问民疾苦，来若雷霆，去若败鼓。"① 温州、台州一带的老百姓，给官府剥削苦了，在村子边树起旗子，上面写着："天高皇帝远，民少相公多，一日三遍打，不反待如何！"②

军队从平宋之后，驻防在内地繁华都市，日子久了，生活腐化，忘记了怎样打仗，也不愿意打仗了。军官们大都是世袭的贵族子弟，懂吃，懂喝，懂玩，会发脾气，会克扣军粮，会奴役虐待兵士，更会抢劫百姓，就是不会打仗。蒙古初起时，叱咤风云，勇敢慓悍健儿的子孙，到这时已经完全变了质了，失去战斗力量了。至正元年山东"强盗"纵横至三百余处，七年蔓延到济宁、滕、邳、徐州等处。近畿的临清、广平、滦河也到处"盗"起。河南从至正七年"盗贼"出入不常，八年福建、海宁州、沭阳等处"盗"起。甚至每年运粮五百万石到大都的运河也被骑"盗"阻劫，至正六年三月骑"盗"四十人，劫船三百艘，元军不敢捕。至正七年十一月海"盗"剽掠沿江江阴、通、泰、镇江、真州一带，"劫贼"才三十六人，元军万数不能进讨，反为所败。通州在京城东面，至正七年"盗贼"蜂起。京畿从至元三年到至正六年都有"盗贼"四起。甚至连军事重心的京城，至正二年也闹到"强贼"四起了。③ 蒙古统治阶级压迫汉、南人的工具腐朽了，再也经不起红军雷霆万钧的打击。

阶级的压迫，民族的压迫，重重叠叠压在汉、南人身上，压迫愈厉害，仇恨愈深，汉、南人的反抗力量也就越大。汉、南人各族人民都反对外来的压迫，都要用反抗的手段解除这种压迫。阶级斗争和民族斗争结合一起，前仆后继，从南宋亡国，一直到红军大起义，这七十年中汉人特别是南人的反抗，一直没有停止过。从可歌可泣的崖山之役，张世杰、陆秀夫壮烈殉国以后，起兵复国，几次

---

① 《明太祖实录》卷六十。

② 黄溥：《闲中今古录》。

③ 《元史·顺帝本纪》；《草木子·克谨篇》。

失败，百折不回的文天祥丞相终于在至元十九年十二月被杀于燕京，成仁取义，发挥了民族正气，感动、号召了全民族和后代子孙，使他们明白，只有“驱逐鞑虏，恢复中华”，才能翻身。文天祥死的第二年，建宁路总管黄华起义，用宋祥兴年号。大足县民韩法师起义，自称南朝赵王，都用恢复赵宋作号召。此外如至元二十年广州的罗平国，漳、邕、宾、梧、韶、衡诸州（福建、广西、广东、湖南）的农民暴动，二十三年婺州（今浙江金华）永康县民陈巽四的起义，二十五年广东、浙江，二十七年江西，成宗元贞二年赣州的暴动，以至至元三年（公元1337年）广州的大金国起义，都是南人英勇斗争的史实。至正八年（公元1348年）汉人也起事了，辽东锁火奴和辽阳兀颜拨鲁欢都自称大金子孙，反抗元朝。同时，各地区各族人民也先后起义，起了削弱元朝军力，瓦解元朝统治阶级政权的巨大作用；从至顺四年到至正十四年（公元1333年—1354年）二十年中湖南、广西瑶族人民不断地起义，反抗元朝的统治。先后攻陷道州（今湖南道县）、贺州（今广西贺县）、连州（今广东连县）、桂州（今广西桂林）、靖州（今湖南靖县）、浔州（今广西桂平）、武岗（今湖南武岗）、沅州（今湖南芷江）、黔阳（今湖南黔阳）、宝庆（今湖南邵阳）、全州（今广西全县）、辰州（今湖南沅陵）、衡州（今湖南衡阳）等地。靖州瑶人领袖吴天保从至正六年到九年，四年中四陷武岗，五攻沅州，大量杀伤了元朝的军力。从至元元年到至正十四年（公元1335年—1354年）西北的西番族到处起兵，阻断岭北驿道，至正七年起兵的有两百多处，陷哈剌火州（新疆吐鲁番城东，今作哈剌和卓）。东北辽阳“吾者野人”和“水达达”忍受不了元朝过重的剥削，至正六年起兵反抗。前面跌倒了，后面的跟上去，倒下一个两个，起来了百个千个。这许多次的反抗运动，起因虽不完全相同，目标却只有一个，解除阶级的和民族的压迫。汉、南人虽然同样被压迫奴役，但是，元朝的主要的强大的军事力量，用在控制以大都为中心的腹里地区，保护根本，江南地区的军事控制力量是比较薄弱的，这样，南人的武装反抗就有可能一次接着一次爆发。到了北方汉人也揭竿起义的时候，加上腹里地区盗贼四起的时候，这是元朝腹里地区军事力量失去控制的信号，全面起义的条件成熟了，至正十一年的红军大起义，正是这一系列反抗运动的延续和发展。

红军爆发的导火线是蒙古统治阶级对汉、南人的加重压迫和歧视。

元顺帝从广西进京作皇帝，河南行省平章伯颜率领部下蒙古汉军护送，太师燕铁木儿杀明宗，又立明宗的儿子作皇帝，心怀疑惧，溺于酒色而死。伯颜升为丞相，仗着功劳大，擅权贪污，弟侄都作了大官。伯颜仇恨汉人，反对蒙古人读汉人书，他告诉顺帝："陛下有太子，休教读汉人书，解人。又其间好生欺负人，往时，我行，有把马者久不见，问之曰往应举未回，我不料科举都是这等人，得了！"把至元元年礼部科举停止了。更恨南人，为的是南人经常作反。又养着西番师婆叫畀畀，常问她来年好歹，自己身后事如何，畀畀说当死于南人之手，因之益发忌恨。下令禁汉人、南人、高丽人不得持军器，凡有马的都拘收入官。至元三年河南棒胡起义于汝宁信阳州，朱光卿、石昆山在广南惠州起义，李智甫、罗天麟在漳州起义，至元四年彭莹玉、周子旺在袁州起义，十一月河南范孟端反，伯颜益发气忿，说造反的全是汉人，汉人有在朝廷作官，应该讲求诛捕造反汉人的方案，表明态度。接着又提出要杀张、王、刘、李、赵五姓的汉人、南人，因为这五姓人最多，汉人、南人杀了大半，自然不能造反了。五年四月又重申汉、南、高丽人执持军器的禁令，还颁布一条法令，蒙古、色目人殴打汉人、南人，汉人、南人只许挨打，不许还手。伯颜又和皇太后计较，要废顺帝，伯颜侄御史大夫脱脱知道了，暗地里告诉顺帝，趁伯颜出城打猎，收回兵权，关上城门，贬伯颜外地安置。伯颜自杀，弟马札儿台继为丞相，又下令禁民间藏兵器。脱脱嫌他父亲挡住自己当权，劝他辞位，自己作了丞相。红军起义消息报到大都，中书省官员把报告文件加标题谋反事，脱脱看了，改题作河南汉人谋反事，把河南全部汉人都算作起义军了。① 伯颜、脱脱一家人接着作首相，这一系列仇视敌

① 《庚申外史》卷上。

视汉、南人的作为，反映了整个蒙古统治阶级的脆弱和绝望的挣扎，蒙古统治阶级这种疯狂的镇压行动，逼使汉、南人团结起来，组织起来，逼使汉、南人非用武力反抗，非用自己的力量解除外来的压迫不可。在这样紧张对立的情况下，有人登高一呼，自然全国响应了。

至正三年五月，黄河在白茅口决口，四年五月大雨二十多天，黄河水暴溢，平地水深二丈，北决白茅堤，六月又北决金堤，曹、濮、济、兖都遭了水灾，不但农田民居，连盐场也极为危险，政府税收遭受很大损失。① 有人建议堵口，脱脱派人勘察，回来报告说河工太大开不得；而且河南一带遍处都有农民起义队伍，要开工，集合了几十万河工，万一和起义军结合起来，无法收拾。脱脱不听，另用贾鲁为工部尚书兼河防使。至正十一年四月二十二日，发汴梁大名十三路民夫十五万，庐州等地戍军二万，从黄陵冈南到白茅口，西到阳青村，开河二百八十里，把黄河勒回旧道。韩山童得了消息，叫人四处散布童谣说："石人一只眼，挑动黄河天下反。"暗地凿了一个石人，面门上只有一只眼睛，偷偷埋在黄陵冈当挖处。朝廷发的河工经费，被修河官照例贪污，河工不能按时按数拿到钱，吃不饱，正在怨恨。② 韩山童又打发几百个自己人去做挑河夫，宣传天下要大乱了，弥勒佛已经降生了，不上几天功夫，河南、江淮一带的农民全知道了。韩山童和亲信刘福通、杜遵道商量，农民是起来了，还得念书的作官的一起来干。至少也要做到让念书的作官的同情，不站在敌人方面去。刘福通说目下到处的农民队伍都打着赵宋的旗子，我们的祖先都是宋朝的老百姓，只要提出复宋的旗号，说得切实些，念书人没有不赞成的。挑河夫挑河到黄陵冈，果然在当路处挖出一眼石人，几万挑河夫挤得水泄不通，骇得目瞪口呆，一霎时闹得翻了天，人人口中念佛，三个一堆，五个一群，纷纷议论，大家心里明白，出头了，翻身的日子到了，是动手的时候了。

刘福通聚集了三千人在白鹿庄，斩白马乌牛，祭告天地，宣称

---

① 《元史》，卷四十一《顺帝本纪》，六十六《河渠志》。

② 《草木子·克谨篇》；《庚申外史》卷上。

韩山童是宋徽宗八世孙，当为中国主。刘福通是宋朝大将刘光世的后人，该辅佐旧主起义，恢复天下。大家齐心推奉韩山童为明王，克定日子起兵。① 四处派人通知，同时发动，以头裹红布为记号。正在歃血立誓，分配任务，举杯庆祝，兴高采烈的时候，不料消息走露了，永年县的县官带领马快弓手，冷不防团团围住白鹿庄，韩山童脱身不及，被擒去杀了。山童妻杨氏带着儿子林儿趁着慌乱，逃出重围，躲入武安山中，隐姓埋名，等候外边消息。刘福通苦战逃出，事已破露，等不得克定的日子，整顿了队伍，出敌人不意，攻占颍州、罗山、上蔡、正阳、霍山，分兵取舞阳、叶县等处。黄陵冈的挑河夫得了信号，呐喊一声，杀了监工的河官，头上包上红布，漫山遍野一片红，一股红流和主力部队会合在一起。不上十天，红军已是五六万人的大部队了。两淮、江东西的贫困农民，等待了多少年月，这时昼夜不停地赶来入伍，到了队伍里就像到了自己家里一样。红军声势一天比一天浩大，占领了汝宁、光、息，部队发展到十几万人。② 各地的红军闻风响应，半个中国照耀着红光。③ 各别攻城占地，开仓库，救穷人，建立政权，严守教规，不杀平民，不奸淫，不抢劫，越发得到人民拥护。④ 当时民间流传着一阕《醉太平》小令，也不知道是谁写的，从大都一直到江南，到处唱着，词道："堂堂大元，奸佞当权，开河变钞祸根源，惹红巾万千。官法滥，刑法重，黎民怨。人吃人，钞买钞，何曾见？贼做官，官做贼，混贤愚，哀哉可怜！"⑤ 另一首流传的歌谣："天遣魔军杀不平（不公平人），不平人（不公平人）杀不平人（被压迫人），不平人（被压迫人）杀不平者（不公平人），杀尽不平（不公平人）方太平。"

朱元璋在寺里接连不断得到外边的消息：前些日子占了襄阳，

---

① 何乔远：《名山藏·天因记》。

② 《庚申外史》卷上；《明史·韩林儿传》；陆深：《平胡录》；高岱：《鸿猷录·宋事始末》；钱谦益：《国初群雄事略》卷一，小明王。

③ 陆深：《豫章漫钞》。

④ 《辍耕录》卷二十八；《国初群雄事略》卷一，小明王。

⑤ 《辍耕录》卷二十三。

元兵死了多少；某日又占了南康，元兵不战而逃；芝麻李、赵社长八个人打扮成挑河夫，一晚上占了徐州。① 说的人津津有味，听的人心花怒放，红军檄文指斥元朝罪状，最精彩的话是“贫极江南，富夸塞北”②。想着可不是种庄稼的收了粮却吃草根树皮，什么好东西，财帛粮食，珍宝财富，括空了运到北边，这两句真把几十年来大伙儿心里闷着的话全给说明白了。又听说徐寿辉已在蕲水建都，作了皇帝，国号天完，年号治平，拜邹普胜作太师，彭和尚、项奴儿带的一支军队已进了江西。元兵到处打败仗，好容易调了六千绿睛回回阿速军和几支汉军来进攻颍上红军，阿速军素号精悍，擅长骑射，只是纪律不好，到处剽掠。几个将军喝酒玩女人，昏头昏脑，刚上阵，望见红军阵势大，主将就扬鞭连叫“阿卜！阿卜！阿卜！”阿卜是走的意思，立刻全军退却，一败涂地。淮东西人当作笑话，无人不晓。③ 又听说脱脱调其弟御史大夫也先帖木儿为知枢密院事，统三十万大军收复汝宁，一支前锋部队几万人屯在汝宁沙河岸，将军们白天黑夜沉溺酒色，都醉倒了，红军偷营，元军大败，大将也不见了，第二天在死人堆里找到尸首，一退兵就是几百里。④ 也先帖木儿亲自统军，才到汝宁城下，尚未交锋，便跃马后退，地方官急了，挽住马缰不放，也先帖木儿也急了，拔刀便砍，叫道：“我的不是性命！”飞马先逃，三十万大军跟着溃散，军资器械，尽数丢光。也先帖木儿只剩下万把人，回到大都，仗着哥哥是丞相，依然作御史大夫。⑤ 蒙古、色目、汉军都不能打，一上阵就垮，真正和红军作战的是各地官吏地主募集的义兵和民兵，官吏怕被红军杀害，地主要保家产，怕农民报复，出大价钱雇了城乡游民和盐丁，拼死顽抗，到底力量少，抗不住。义兵、民兵为了和红军区别，穿戴朝廷规定的服装，青衣帽的叫青军。⑥ 到十二年二月底，又听说濠州也给红军占了，头目是郭子兴、孙德崖、张天祐几个人。

---

① 《庚申外史》卷上。

② 《草木子·克谨篇》。

③④ 《庚申外史》卷上。

⑤ 《草木子·克谨篇》。

⑥ 《元史》卷四十《顺帝本纪》：“至元五年十月壬辰，许男子裹青巾。”

郭子兴是定远县（今安徽）有名的土豪，原是曹州（今山东曹县）人。他父亲到定远卖卦相命，有一家地主的瞎女儿，嫁不出去，他父亲娶了，得了一份财产，生下三个儿子，子兴是老二。兄弟几个都会盘算生理，买田地，立字号，贱时买进，贵时卖出，一二十年间居然盘剥成地方上的中等地主了。只是一件事懊恼，门户低微，靠不上大官府，三天两头受地方官作践，地方上派捐款，出民兵钱，供粮秣，总是头一户，连马快弓手也成日上门要油水。气忿不过，入了弥勒教，交结宾客，接纳壮士，焚香密会，盘算有朝一日，要出这口气。红军起义以后，钟离、定远的农民，背上锄头镐钯，一开始就会合起几万人，地方官平时只会要钱，这时毫无办法，装不知道，惹不起，也犯不着多事。二月二十七日郭子兴带了几千人趁黑夜，里应外合，偷入濠州，半夜里一声号炮，闯入州衙，杀了州官，在先有过杜遵道的号令，五个头目都称濠州节制元帅。① 元将彻里不花远远隔濠州城南三十里扎住营，怕红军厉害，不敢攻城，派兵到各村庄骚扰，捉了壮丁，包上红布，算是俘虏，向上官报功请赏。老百姓给害苦了，呼亲唤旧，鱼贯入城，濠州声势越发壮大。

朱元璋盘算了又盘算，虽然相信彭莹玉的话，鞑子一定得赶走，汉人、南人一定要翻身，眼前就是翻身的时候了。只有一条路——投奔濠州。但是，这些日子又听人说起城里五个元帅，各作主张，甚不和睦，去不得。留在寺里呢，迟早给官军捆去请赏号，留不得。想了又想，决断不下。②

一天，有人从濠州捎来一封信，是旧日兄弟写的，催他快来入伍。背着人读了，越发一肚皮心事。在大殿上踱过来，踱过去，以口问心，以心问口，反复计较。猛然省悟，把信就长明灯烧了，还是下不了决心。过了几天，同房的师兄偷偷告诉他，前日那信有人知道了，要向官军告发，催他快走。元璋急得无法，到村子里找着汤和，讨一个主意。汤和推敲了大半天，说不出道理，劝向菩萨讨一个卦。元璋心头忐忑不定，慢慢踱回寺里，还不到山门，就嗅到

① 《国初群雄事略》卷二，滁阳王。

② 沈节甫：《纪录汇编》卷五，明太祖：《御制纪梦》。

一股烟焰气味，大吃一惊，飞奔进去，只见东一堆瓦石，西一堆冒烟的木料，大殿只剩下半边，僧房斋堂全烧光了，只剩伽蓝殿，隔着一片空地还完整。满院子马粪，破衲衣，烂家具，僧众星散，不知去向。冷清清只剩下几尊搬不动烧不烂的铜菩萨。原来官军以为僧寺里供着弥勒佛，红军念弥勒佛号，怕和尚替红军作间谍，把附近的寺庙都抢光烧光了，这一天轮到皇觉寺。元璋呆了一阵，知道寺里再也停留不得了，下定决心到红军队伍里去。向伽蓝神磕了头，讨了卦。① 二十六年后他写《皇陵碑》回忆这时候的心情道：

> 住（皇觉寺）方三载，而又雄者跳梁。初起汝、颍，次及凤阳之南厢。未几陷城，深高城隍，拒守不去，号令彰彰。友人寄书，云及趋降，既忧且惧，无可筹详。旁有觉者，将欲声扬。当此之际，逼迫而无已，试与知者相商，乃告之曰，果束手以待罪，亦奋臂而相戕？知者为此画计，且默祷以阴相，如其言往卜去守之何祥，神乃阴阴乎有警，其气郁郁乎洋洋。卜逃卜守则不吉，将就凶而不妨。②

友人寄信要他参加红军，可见他和红军是有经常联系的，既忧且惧的心情也是真实的，决心是下定了，卜卦只是加强了决心。但是，他在《皇陵碑》中却把自己的决心完全归功于神的启示，表明他的行动是受命于天的，弄神弄鬼，故作玄虚，这一叙述和他一生利用佛道两教的政治作用是一致的。

第二天，他离开皇觉寺，参加红军去了。

这一年，朱元璋二十五岁。

---

① 《纪录汇编》卷十一，《皇朝本纪》。

② 《御制纪梦》；《明太祖实录》卷一；《皇朝本纪》。

第二章 红军大帅

一、十夫长

至正十二年闰三月初一，元璋到了濠州城下。这时元军仍然包围濠州，虽不来攻城，红军还是不敢大意，城墙上布满守兵，堆满了擂石石灰，弓满弦，刀出鞘，巡逻哨探的川流不息。城门的守兵挡住一个穿得极破烂的和尚，盘问根脚，他只说要见郭元帅，更无别话，不由得引起了疑心，以为是元军的奸细，三言两语闹翻了，把和尚一索子捆了，派人报告郭元帅，请令旗行刑。郭子兴一想很怪，若是奸细，怎能这般从容？许是来投顺的好汉，不要枉杀了好人。骑一匹快马赶到城门口，远远看见二三十个兵围着，人头攒动，指手画脚在骂着呢。连忙喝退众兵，只见一个个子高大，长得怪头怪脑的丑和尚，五花大绑，捆在拴马桩上。衣服虽然褴褛，露出的肌肉却很结实，眼睛里充满着火气，神色镇定，毫不害怕。子兴心里已有点喜欢，下马问明底细，知是孤庄村来的，入过教，喊人松开绑，收为步卒。①

元璋入了伍，参见了队长，逐日跟弟兄们上操，练习武艺。他体格好，记性强，才十几天功夫已是队里顶尖顶上的脚色。几次出城哨探，计谋多，有决断，态度沉着，临机应变，同队的都听调度。每次出去，总是立了功，不损伤一人一卒。喜欢得连队长也遇事和他商量，自然满口应承。

不知不觉过了两个多月。一日郭元帅带着亲兵出来巡查，经过

---

① 《皇陵碑》；《御制纪梦》；张来仪撰：《滁阳王庙碑》；《明太祖实录》卷一；《天潢玉牒》。

元璋的营房，全队排成一字向主帅行礼，元璋身材高大，排在队头。子兴见了，记起那天的事，唤队长问这投效的心地和能耐如何。队长满口称赞，夸是千中选一的人材，子兴大喜，就吩咐升元璋作亲兵十夫长，调回帅府当差。

元璋作事小心勤谨，又敢作敢为。得了命令，执行很快，办理得好。打仗时身先士卒，得到战利品，不管是银子，是衣服，是牲口粮食，扫数献给元帅。得了赏赐，又推说功劳是大伙儿的，公公平平分给同出去的战友。说话不多，句句有斤两。又认得一些字，队伍上一有文墨的事情，元帅的命令，杜遵道、刘福通的文告，以至战友们的书信，伙伴们都找他解说。几个月后，不但在军中有了好名声：勇敢、能干、大方、有见识、讲义气、人缘好，甚至郭元帅也当他作心腹人，逐渐和他商量事情，言听计从了。

郭元帅的第二夫人张氏，抚养了一个孤女，原是子兴的老友马公托付的。马公是宿州人，子兴起兵时，马公回宿州，图谋起兵响应，不料回去不多久就死了。子兴十分感念，看待孤女甚好。子兴爱重元璋，要他出死力，和张夫人商量要招赘作上门女婿。张夫人也听说元璋才能出众，子兴脾气不好，和四个元帅都合不来，得有个细心能干的身边体己人帮着些，一力撺掇，择日替两口子成婚。元璋平白地作了元帅娇客，前程有了靠山，更何况是元帅主婚。

从此军中就改称元璋为朱公子，有了身份了，起一个官名叫元璋，字国瑞。①

孙德崖一伙四个元帅，都是农民出身，性情直爽，有什么说什么。除了种庄稼以外，别的事情懂得少，也说不上来。郭子兴家是地主，他嫌孙德崖一伙人粗里粗气，说话做事没板眼，没个体统，虽然名位都在子兴之上，却看不上眼，相处久了，益发嫌恶。两下里面和心不和，议事时孙德崖四个人一个见识，子兴另外一个看法，

---

① 《明太祖实录》卷一；谈迁：《国榷》。

还经常说些带刺的话伤人，使人受不了。孙德崖四人也不高兴，索性遇事都先商量好了。每次议事，孙德崖四人按时来，子兴总是迟到，谈不拢时，子兴发怒走开，四人就把事办了。子兴越发不耐烦，有时几天才公会一次，子兴一来，四个人都瞪着眼睛看他。子兴觉着不对头，心里不安，也想不出主意，索性闲住在家，不管事了。五个元帅谁也管不了谁，谁也不服谁，各自发号施令，占了濠州大半年了，除了向四乡要粮秣牲口，竟不能出濠州一步。子兴知道四帅合在一起对付他，和元璋商量，元璋劝他打起精神，照常和四帅公会，商量办事，假如自己不管事，却怪不得别人管事。事情搞坏了，大家吃苦头。子兴听了，第二天就出去公会，过不了三几天，又闹决裂了。两边的感情越搞越坏，都怕对方下毒手，互相猜忌提防。元璋劝不动子兴，背地里向孙德崖赔小心，说好话，着意联络，以免真个决裂。①

九月间元丞相脱脱统番汉兵数十万攻徐州，招募当地盐丁和趫勇健儿三万人，穿黄衣，戴黄帽，号为黄军，令作先锋，用巨石作炮，昼夜猛攻，城破，下令屠城，见人便杀，见屋便烧，芝麻李落荒逃出，被元兵逮住杀了。② 彭大、赵均用率领残兵投奔濠州，脱脱命贾鲁领兵追击。③ 彭大、赵均用的兵势大，到了濠州以后，濠州五帅都受节制。彭大勇悍有胆略，有智数，敢作敢为，和郭子兴相处得很好，赵均用出身社长，孙德崖一伙都向着他，两边明争暗斗，都不服气。孙德崖拿话来挑拨赵均用，说郭子兴眼皮浅，只认得彭将军，百般趋奉，对将军却白眼看待，瞧不起人。赵均用大怒，孙德崖即时带领亲兵，径来火并，在大街上冷不防把子兴俘虏了，锁闭在冷屋里。这时朱元璋正好出差在外，得信奔回，郭家大小正在忙乱。他估计这一桩祸事准是因为郭子兴厚彭薄赵，祸头是赵社长，要解这个结，非彭大出头不可。第二天陪着小张夫人和子兴二子天叙、天爵，一径到彭大处央告。彭大

① 《明太祖实录》卷一；《皇朝本纪》。

② 《庚申外史》；《元史》，《脱脱传》、《也速传》。

③ 《明太祖实录》卷一。

听了，勃然大怒说：他们太胡闹了，有我在，谁敢害你元帅。立刻喊左右点兵，元璋也全身盔甲，带军团团围住孙家，掀开屋瓦，救出子兴。只见子兴项带木枷，脚带铁靠，浑身打得稀烂。当下打开枷靠，背回私宅将息。赵均用知道彭大出头，怕伤了和气，只好隐忍着了事。①

贾鲁进围濠州，大敌当头，红军的头领们才着了慌，暂时放下嫌怨，一心一意坚守城池。从这年冬天一直到第二年春天，整整被围了七个月，幸得城高濠深，粮食充足；元军不明城中虚实，以为只要断绝粮道救兵，自然困死，不用损折兵将，便可取胜，因此没有出事。一日元将贾鲁病死，元军围疲了，军无斗志，主将一死，便解围他去。濠州方面，虽然松了一口气，也折损了不少人马，吃了大亏。

元璋奉命领兵攻五河，取定远，在元兵合围以前，又出兵攻怀远、安丰，招收壮丁。合围以后，又领奇兵突围出来，攻克含山县，灵璧县和虹县。

元兵他去，彭大、赵均用兴高采烈，彭大自称鲁淮王，赵均用自称永义王，郭子兴和孙德崖等五人仍然是元帅。②

二、小军官

濠州缺粮，兵力也缺。元璋想法子弄了几引盐，到怀远卖了，换了几十石粮食，献给子兴。③ 回到钟离，竖起招兵大旗，少年伙伴和乡里徐达、汤和、周德兴、郭兴、郭英、张龙、张赫、张兴、陈德、王志、唐胜宗、费聚、唐铎、陆仲亨、郑遇春、曹震、张翼、陈桓、孙恪、谢成、李新、何福，以及耿君用、炳文父子，李梦庚、单安仁、郁新、郭景祥、胡泉、詹永、顾时等人，听说元璋作了红

---

① 《皇朝本纪》；《明太祖实录》卷一。

② 《元史·贾鲁传》；《国初群雄事略》卷二，滁阳王。

③ 《皇明本纪》。

军头目，都来投效。不过十天功夫，招募了七百人，子兴大喜。至正十三年六月，升元璋作镇抚，从此，元璋就一跃成为带兵官了。①一年后，又以军功升作总管。②

彭、赵二王的部队凌辱百姓，纪律不好。元璋看出毛病，把新兵交代了，禀准主将，带领贴身伙伴徐达、汤和等二十四人，南略定远。使个计策，招降了张家堡驴牌寨三千民兵，向东夜袭横涧山元知院老张，收降民兵男女七万口，挑选得两万壮士，成为浩浩荡荡一支大队伍，用元璋自己的话来形容，真是：“赤帜蔽野而盈岗。”③

元璋得了这支生力军，立刻重新编制，加紧训练。他最看重纪律，在检阅新军时，特别指出这一点，恳切地训诫将士说：“你们原来是很大的部队，可是毫不费事就到我这边来了。原因在哪里呢？一是将官没有纪律，二是士卒缺乏训练。现在我们必须建立严格的纪律，做到严格的训练，才能建功立业，大家有好处。”三军听了，无不喜欢。④

定远人冯国用、国胜（后改名胜，又名宗异）两兄弟，有几百亩田地，几十家佃户，喜欢读书，通兵法，国胜雄勇多智略。红军兵起，两兄弟团结地方上的地主乡民，结寨自保。力量小，怕被大队伍吃掉。听说元璋军队纪律好，带领部队来投效，甚见亲信。元璋问以攻战方向，国用以为建康（元集庆路，今南京）形势险要，书上有“龙蟠虎踞”的话，是历代帝王建都的地方。先取作根据地，以后逐步发展，扩充地盘。不贪子女玉帛，多做好事，取得人民的支持，建功立业不是难事。元璋大喜，派作幕府参谋。⑤

在南下攻滁州（今安徽滁县）的路上，定远人李善长到军门求见。善长是地方上有名人物，读书有智谋，善于料事，治法家学问，和元璋谈得很投机。元璋问四方兵起，什么时候才能太平？善长劝他学汉高祖，以为汉高祖是平民出身的，气量大，看得远，也看得

---

① 《御制纪梦》；《明太祖实录》卷一；光绪《凤阳县志》。

② 《国初群雄事略》卷二，引俞本：《纪事录》。

③ 《纪梦》；《御制阅江楼记》；《皇明本纪》；《御制皇陵碑》。

④ 《明太祖实录》卷一。

⑤ 《明史》卷一二九，《冯胜传》。

宽。会用人，不乱杀人，五年功夫，便平定了天下。元朝不得人心，已到土崩瓦解地步，濠州和沛相去不远，如能学习这位同乡，天下太平也就快了。元璋连声叫好，留下掌书记，嘱咐他："如今群雄四起，天下糜烂，仗要打好，要紧的是要有好参谋人员。我看群雄中管文书和作参谋的幕僚，总说左右将士的坏话，将士施展不了才能，自然非失败不可。将士垮了，去了羽翼，主帅势单力孤，也非灭亡不可。你要作一个桥梁，调和和帮助将士，不要学他们的坏样。"从这时候起，元璋心目中时时有个老百姓出身作皇帝的同乡在，说话，办事，打仗，事事都刻心刻意的学习。① 善长也一心一意作调和工作，沟通将士和主帅、幕僚，以及将士间的意见。提拔有能力和有功的，使大家都能人尽其才，安心做事。②

滁州守军力量单弱，元璋的前锋黑将军花云单骑冲破敌阵，战鼓打得震天价响，大军跟着进攻，把滁州占了。元璋亲侄文正，姐夫李贞带着外甥保儿（后起名文忠）得到消息，奔来投靠。才知道二哥三哥都已去世了，大家哭了一场。又伤心又欢喜，伤心的是一大家人只剩了这几口，欢喜的是这样乱世，还能团聚："一时会聚如再生，牵衣诉昔以难当。"③ 定远人沐英，父母都已死去，孤苦可怜。元璋把三个孩子都收养作义子，改姓为朱。原来收养义子是当时流行的风气，带兵的将领要培养心腹干部人才，收养俊秀勇猛的青年在身边，不但打仗时肯拼死命，在要紧关头，还用来监视诸将。沐英在军中称为周舍，又叫沐舍，舍是舍人的简称（文武官员的儿子叫舍人）。元璋义子除文正、文忠、沐英以外，还有二十几个，后来所占城池，专用义子作监军和将官同守：如得镇江用周舍，得宣州用道舍，得徽州用王驸马，得严州用保儿，得婺州用马儿，得处州用柴舍、真童，得衢州用金刚奴、也先。此外还有买驴、泼儿、老儿、朱文逊等人。柴舍即朱文刚，在处州死难；道舍即何文辉，马儿即徐司马，保儿即平安，朱文逊小名失传，在太平阵亡。王驸

① 《明太祖实录》卷一；《明史》卷一三五，《孔克仁传》。

② 《明史》卷一二七，《李善长传》。

③ 《御制皇陵碑》；《明太祖实录》卷一；《明史》卷一二六，《李文忠传》。

马、真童、金刚奴、也先、买驴、泼儿、老儿，复姓后的姓名都失传了。① 至正十八年胡大海、李文忠占领严州后，两人意见不和，元璋派帐前都指挥使司首领郭彦仁告诫李文忠说："保指挥我之亲男，胡大海我之心腹，前者曾闻二人不和。且保指挥我亲身也，胡院判（大海官衔行枢密院判官的简称）即我心腹也，身包其心，心得其安，心若定，身自然而定。汝必于我男处丁宁说知，将胡院判以真心待之，节制以守之，使我之所图易成。"李文忠代表元璋监视大将胡大海，并有节制之权，这一个例子说明了义子的作用，也说明了元璋驭将的策略。②

除用义子监军以外，另一办法是规定将士家眷必须留在后方居住。这法子在刚渡江时便实行了。元璋统兵取集庆，马夫人和诸将家属留在和州（今安徽和县）。③ 取集庆后，定下制度："与我取城子的总兵官，妻子俱要在京住坐，不许搬取出外。""将官正妻留于京城居住，听于外处娶妾。"这样，将官顾虑妻子安全，自然不敢投敌以至反叛，平时征调差遣，也方便得多了。

此外，还提防将官和读书人勾结，规定"所克城池，令将官守之，勿令儒者在左右议论古今。止设一吏，管办文书，有差失，罪独坐吏"。凡是元朝官吏和儒士，都要由朝廷选用，逃者处死，不许将官擅用。④

当元璋进攻滁州时，彭大、赵均用率领濠州红军主力，攻下了盱眙、泗州。两人为郭子兴的事结下怨恨，竟闹决裂了。均用和孙德崖四帅合成一气，彭大孤立，手下得力的人也逐渐被均用收买过去，气闷不过，发病死了。儿子早住接着也称鲁淮王，均用没把他看在眼里，倒也相安无事。郭子兴原来倚仗彭大作靠山，彭大一死，孙德崖几次寻题目要害子兴，碍着元璋在滁州有几万部队，不好下

---

① 《国初事迹》；孙宜：《洞庭集》，《大明初略》三；王世贞：《弇山堂别集·诏令杂考》；《明史》，卷一二六《沐英传》，一三四《何文辉传》，一四四《平安传》。

② 《国初事迹》。

③ 《明史》，《高皇后传》，卷一二五《常遇春传》，卷一三〇《康茂才传》；宋濂：《宋文宪公集》卷四，《开平王神道碑铭》、《蕲国武义康公神道碑铭》。

④ 《国初事迹》；《洞庭集》。

手，撺掇均用下令牌调元璋来守盱眙，一箭双雕，一窝子收拾掉。元璋明白这道理，委婉地推辞，说是元军要来进攻，部队移动不得。又使钱买通王府的人劝均用不要听小人挑拨，自剪羽翼。万一火并了，他部下不服，也不得安稳。均用无可如何，说话的人又劝好好地看待子兴，让他出气力占地方，保疆土。成天有人替说好话，均用信了，竟放子兴带本部人马到滁州。元璋把兵权交出，三万多兵强马壮的队伍，旗帜鲜明，军容整肃，子兴大喜。①

至正十四年十一月，元丞相脱脱统兵大败张士诚于高邮，分兵围六合。

张士诚原名九四，淮南泰州（今江苏泰县）白驹场人。泰州在海边，居民都靠晒盐过活，苦于官役过重，过日子艰难，怨恨官府。士诚充盐场纲司牙侩，有膂力，会武艺，从小泼皮讲义气，和兄弟士义、士德、士信一家子都靠运官盐贩私盐过舒服日子，贩私盐利大，士诚轻财好周济穷困，很得人心，私盐贩子推他作头目。当地地主拣便宜买私盐，又欺侮他们，有时赖账不给钱，也告不得状。弓兵丘义专和私贩作对，受了士诚的贿赂，还不时寻事，三天两头拦截盐船。士诚气忿不过，趁各处兵起，带着兄弟和李伯昇、潘原明、吕珍等十八壮士，杀了丘义和仇家地主们，一把火烧了房子。事情闹大了，索性招兵买马，盐丁都来跟从，攻下泰州高邮，占了三十六盐场，自称诚王，国号大周，改年号为天祐。这是至正十四年正月间的事。②

元兵围六合，六合守将到郭子兴处求救。六合在滁州东面，是滁州屏障。要保滁州，就非守住六合不可。郭子兴和六合守将有嫌怨，不肯出兵，元璋费尽唇舌才说服了。元兵号称百万，诸将不敢去，推托求神不吉。子兴派元璋领兵出救。元兵排山倒海似来攻，城防工事全被摧毁，拼死抵住，赶修了堡垒，又给打平了。眼看守不住，只好把老弱妇孺掩护撤退到滁州。元璋在中途埋伏，令耿再

---

①《明太祖实录》卷一；《国初群雄事略》卷二，滁阳王；钱谦益：《太祖实录辨证》一。

②《辍耕录》卷二十九；《国初群雄事略》卷七；《明史》卷一二三，《张士诚传》。

成假装败阵逃走，元兵追击遇伏，滁州守军鼓噪迎击，元兵大败，元璋得了好多马匹。却顾虑到孤城无援，恐元兵增兵围困，忍气打点牛酒，派地方父老把马匹送还，只说全是良民，团结守护，是为了防御寇盗，情愿供给大军军需给养，请并力去打高邮，饶了老百姓吧。元兵打了败仗，丢失马匹，正没主张，怕受上官责备。一见来人说好话求情，马也送回来了，正好下场，就引兵他去，滁州算是保全了。①

元兵一退，郭子兴喜欢极了，打算在滁州称王。元璋劝说：滁州山城，不通船只商贾，没有险要可守。一称王目标大了，元兵再来怕保不住，子兴才放弃了作王爷的念头。②

脱脱大军用全力攻高邮，外城已被攻破，城中支持不住，想投降又怕不肯赦罪，正在两难，张士诚急得唉声叹气，准备突围下海。突然间元顺帝颁下诏旨，责备脱脱，说他："往年征徐州，仅复一城，不久又丢掉了。这回再当统帅，劳师费财，过了三个月，还无功效。可削去兵权，安置淮安路。弟御史大夫也先帖木儿安置宁夏路。如胆敢抗拒，即时处死。"宣读后全军忿恨大哭，一时四散，大部分投入红军，红军越发强大。张士诚趁机出击，不但转危为安，而且从此基础巩固，地盘日渐扩大。

脱脱交出兵权，被押解西行，鸩死于吐蕃境上。③

这一变化，是元朝统治阶级内部矛盾尖锐化的必然结果。脱脱是元朝贵族世臣，有能力，有办法，元顺帝极为信任，付以军政大权。从徐州平定后，顺帝以为天下太平了，该好好享乐。宠臣哈麻背着人引进会房中运气之术的西天僧，能使人身之气，或消或胀，或伸或缩，号演揲儿法，也叫秘密佛法，多修法。顺帝大喜，封西天僧为司徒，大元国师。国师又荐了十个皇亲贵族会这佛法的，叫作十倚纳，内中有叫老的沙是顺帝的母舅。君臣共被，互易妻室，男女裸处，名为"些郎兀该"，华言"事事无疑"。上都穆清阁修成，

---

① 《明太祖实录》卷一；《皇朝本纪》。

② 《明太祖实录》卷一。

③ 《元史》卷一百三十八《脱脱传》；《国初群雄事略》卷七，周张士诚。

连延几百间房子，千门万户，朝朝宴会，夜夜笙歌，君臣都玩昏了。哈麻的母亲是宁宗乳母，出身宫廷禁卫，深得顺帝宠爱，依附脱脱兄弟，作了中书右丞，有地位了，和脱脱的亲信闹意见，被调官为宣政院使，位居第三。哈麻恨极，向奇皇后和皇太子爱猷识里达腊挑拨，说立皇太子后好久没有行册命和告庙之礼，都是脱脱兄弟在阻挠。脱脱出师在外，失去宫廷的支持，被贬毒死，哈麻代为丞相。

脱脱使计谋排斥伯父伯颜，取得相位，在对待汉、南人的政策上，却和伯颜一致。当红军初起时凡议军事，不许汉、南人参预。有一天脱脱进宫报告军事，中书官（中书省的属官，机要秘书一类的官职）两人照例随后跟着，因为这两人是汉人，脱脱忙叫禁卫喝住，不许入内。又上奏本说，如今河南汉人反，该出布告，一概剿捕汉人；诸蒙古、色目犯罪贬谪在外的，都召回来，免得吃汉人杀害。这榜文一出，不但河南，连河北的汉人也不能不参加红军了，红军声势因之日益浩大。①

脱脱死后，顺帝越发无所忌惮，为所欲为。这时东南产米区常州、平江、湖州（浙江吴兴）一带都被张士诚占领，浙东沿海地区被方国珍占领，往北运河沿线被红军控制，陆运和内河运输线全被切断了。另一粮食补给区湖广（湖南北）也早已失去。南方的粮食不能北运，大都过百万军民立刻缺粮闹饥荒，加上中原连年闹蝗灾、旱灾、兵灾，老百姓饿极吃蝗虫，大都军民连蝗虫也吃不上，饿死的每天成千上万，又闹瘟疫，惨到人吃人。② 在这样境况中，元顺帝毫不在意，却在内苑造龙舟，亲自打图样，龙舟长一百二十尺，宽二十尺，前面瓦帘棚穿帘两暖阁，后面五殿楼子龙身并殿宇，用五彩金装，前有两爪。水手二十四人，身衣紫衫，金荔支带，于船两旁下各执篙一。从后宫到前宫山下海子内往来游戏，驶动时龙的头眼口尾都跟着动，内有机括。龙爪自会拨水。顺帝每登龙舟，用彩女盛妆，两岸牵挽。③ 又自制宫漏，约高六七尺，宽三四尺，造

---

① 《庚申外史》上；《元史·脱脱传》；《元史》卷二〇五，《哈麻传》。

② 《草木子》三，《克谨篇》。

③ 《庚申外史》下；《元史》卷四十三，《顺帝本纪》。

木为柜，阴藏诸壶其中，运水上下。柜上设西方三圣殿，柜腰立玉女捧时刻筹，到时候自然浮水而上。左右站两金甲神，一悬钟，一悬钲，到夜里金甲神会按时敲打，不差分毫。当钟钲打响时，两旁的狮子凤凰会飞舞应和。柜的东西面有日月宫，飞仙六人立宫前，到子午时飞仙排队度仙桥到三圣殿，又退回原处，精巧准确，的确是空前的科学制品。① 又喜欢搞建筑，自画屋样。爱造宫殿模型，高尺余，栋梁楹槛，样样具备，匠人按式仿造，京师人叫作鲁班天子。内侍们想得新殿的金珠装饰，一造好就批评不够漂亮，比某家的不如，马上拆毁重造，内侍们都发了财。② 他爱好机械制造，爱好建筑艺术，爱好音乐歌舞，成天搞这样，修那样，政事懒得管；成天游船饮宴，打仗的事也不在意了。老百姓成批饿死，更是漠不关心。还想出新鲜玩意，以宫女十六人按舞，名为十六天魔，新奇打扮，头垂发数辫，戴象牙佛冠，身被缨络，着大红销金长短裙、金杂袄、云肩、合袖天衣、绶带鞋袜，唱金字经，舞雁儿舞，各执“加巴剌般”之器，内一人执铃杵奏乐。又宫女十一人，练槌髻，勒帕，常服，或用唐帽、窄衫，所奏乐用龙笛、头管、小鼓、筝、篆、琵琶、胡琴、响板，遇宫中赞佛，按舞奏乐。宫官除受秘密戒的以外不得参预。③ 照旧例五天一移宫，还觉得不够畅快，在宫中掘地道，随时往来。和十倚纳一起，以昼作夜，行大喜乐法，跟天魔舞女混成一团。国库的存粮全运到女宠家里，百官俸禄只好折支一点茶纸杂物。宫廷里充满了腐臭淫乱的生活，装点出一片繁丽升平的气象。④

滁州在战乱后，突然增加几万大军，粮食不够吃，军心不安。元璋建议南取和州（今安徽和县）移兵就食。虹县人胡大海长身铁面，智力过人，带全家来归附。至正十五年正月，子兴得到占领和州的捷报，派元璋作总兵官镇守。

元璋在子兴诸将中，名位不高，年纪又轻，奉命总兵，怕诸将

---

① 《元史》卷四十二，《顺帝本纪》。

② 《庚申外史》下。

③ 《庚申外史》下；《元史》卷四十三，《顺帝本纪》。

④ 《庚申外史》下。

不服。寻思了半天，想出主意。叫人撤去大厅上主将的公座，只摆一排木凳子。次日五鼓，诸将先到，当时座位高低按蒙古习惯以右首为尊，元璋故意后到，一看只留下左末一席，不作声就坐下了。到谈论公事时，诸将只会冲锋陷阵，要判断敌情，决定大事，却说不出话，面面相觑。元璋随事提出办法，合情合理，有分寸，有决断，诸将才稍稍心服，末后议定分工修理城池，各人认定地段丈尺，限三天完工。到期会同诸将查验工程，只有元璋派定的一段作完，其余的全未修好。元璋沉下脸，摆公座朝南坐下，拿出子兴檄文，对诸将说："奉主帅令总兵，责任重大。修城要事，原先各人认定，竟不齐心，如何能办好事！从今说明白，再有不遵军令的就要执行军法，可顾不得情分了。"一来确是子兴的令牌，元璋是和州的主将，违拗不得；二来诸将误了军机，理亏，作声不得。大家只好谢罪求饶。尽管如此，诸将还仗着是子兴老部下，面子上认输，心里仍然不服气。只有汤和小心谨慎，最听话守纪律，作出一个榜样，李善长左右沟通，尽心调护，元璋的地位才算巩固下来。这样，元璋又从总管升成总兵官，从带领几千人的小军官成为镇守一方的大将了。①

一天，元璋出外，有一小儿在门外啼哭，元璋问为什么，说是等他父亲。问父在何处，说在官养马。母亲呢？也在官人处，和父亲不敢相认，但以兄妹相呼。他不敢进去，只好在门外等着。原来红军数量发展大了，民兵、义兵和地主私军都掺杂进来，攻破城池，乱杀人，还俘虏丁壮，闹得老百姓妻离子散，家破人亡。元璋觉得这样作法不行，召集诸将，申明约束："大军从滁州来此，人皆只身，并无妻小。入城后乱搞一起，虏人妻女，使老百姓夫妇离散。军队没有纪律，怎么能够安定地方。以后取城子，凡有所得妇人女子，惟无夫未嫁者许之，有夫妇人不许擅有。"第二天召唤阖城男子妇女在衙前集会，让男子分列门外大街两旁，妇女从门内一个接一个走出，下令是夫妇即相认，一时夫妻父子纷纷相认，闹哄哄挤成

---

① 《明太祖实录》卷二。

一团。有哭的，有笑的，有先哭后笑的，也有又哭又笑的，一霎时有多少家庭团圆，也有多少孤儿寡妇在啜泣。原来惨惨凄凄路上无人行，商贾罢业的景象，登时改变，和州城稍稍有了生气，不光是一个有驻军的城子，也是一个有人民的城子了。①

孙德崖因濠州缺粮，一径率领部队到和州就食。将领兵士携妻挈子，不由分说，占住和州四乡民家。德崖带了亲兵，进驻州衙，元璋无法阻拦，正在叫苦。郭子兴得了消息，也从滁州赶来，两个死对头挤在一处，多时积聚的怨恨集中爆发了。

子兴性情暴躁，耳朵软，容易听人闲话，开头有人说元璋多取妇女，强要三军财物，已是冒火。又听说孙德崖和元璋合伙去了，越发怒气冲天，也不预先通知，黑夜里突然来到。一进门，子兴满面怒容，好半晌不说话。元璋跪在下面。突然子兴问是谁，答说总兵朱元璋。子兴大喊："你知罪吗？你逃得到哪里去！"元璋放低了声气说："儿女有罪，又逃得到哪里去。家里的事迟早好说，外面的事要紧，得赶紧办。"子兴忙问是什么事，元璋站起来，小声说："孙德崖在此地，上回的事结了深仇。目前他的人多，怕会出事，大人得当心，安排一下。"子兴还将信不信，把元璋喝退，独自喝酒解闷。

天还不亮，孙德崖派人来说："你丈人来了，我得走了。"元璋知道不妙，连忙告诉郭子兴，又劝孙德崖："何必这样匆忙呢？"德崖说："和你丈人相处不了。"元璋看德崖的神色，似乎不打算动武，就劝两军在一城，提防两下里有小冲突，最好让部队先出发，元帅殿后好镇压，德崖答应了。元璋放心不下，出来替孙军送行，走了十多里，正要回来，后军传过话来，说是城里两军打起来了，死了许多人。元璋着急，忙喊随从壮士耿炳文、吴祯靠近，飞马奔回。孙军抽刀拦住去路，揪住马衔，簇拥回来，见了许多将官，都是旧友，大家七嘴八舌叫喊，以为城内火并，元璋一定知情，元璋矢口分辩，边说边走，趁人不注意，勒马就逃。孙军的军官几十人策马

① 《明太祖实录》卷二；《皇朝本纪》。

追赶，枪箭齐下，侥幸衣内穿了连环甲，伤不甚重，逃了十几里，马力乏了，中枪坠马，铁索锁住脖子。有人就要杀害，有人主张孙元帅现在城里，如此时杀了朱元璋，孙元帅也活不了，不如派人进城看明白再作道理。立时有一军官飞马进城，见孙德崖正锁着脖子，和郭子兴对面喝酒呢。郭子兴听说元璋被俘，也慌了，情愿走马换将。可是两家都不肯先放，末后有人想个主意，郭子兴先派徐达到孙军作抵押，换回元璋，元璋回到城里才放回孙德崖，孙德崖回去了，再放回徐达。元璋被孙军拘囚了三天，几次险遭毒手，亏得有熟人保护，才能平安脱身回来。①

元至正十五年（宋龙凤元年）二月，红军统帅刘福通派人在砀山（今江苏）夹河访得韩林儿，接到亳州，立为皇帝，又号小明王，臣民称为主公。建国号为宋，年号龙凤。拆鹿邑太清官木材，建立宫殿。小明王尊母杨氏为皇太后，以杜遵道、盛文郁为丞相，刘福通、罗文素为平章政事，福通弟刘六为知枢密院事。军旗上写着鲜明的联语："虎贲三千，直抵幽燕之地；龙飞九五，重开大宋之天。"杜遵道出身元枢密院掾史，作了丞相，得宠擅权。刘福通不服气，暗地里埋伏甲士，挝杀遵道，自为丞相，不久又改作太保，红军军政大权全在他手里。宋刚刚建国，还未立定脚跟，内部就发生冲突，自相残杀，削弱了自己的力量。②

郭子兴深恨孙德崖，逮住了正要杀害，出一口气，为了交换元璋，只好放走。心中怏怏不快，成天忧郁发脾气，得了重病，三月间不治身死，葬在滁州。军中军务由子兴子天叙、妇弟张天祐和元璋共同担承。正担心着主帅新死，万一元兵来攻，孤军无援，又怕孙德崖要来接管兵权。正好杜遵道派人来计较立帅，军中公推张天祐到亳都面议，不久带回杜遵道文凭，委任郭天叙为都元帅，张天祐为右副元帅，朱元璋为左副元帅，军中文告都用龙凤年号。③

---

① 《明太祖实录》卷二；《皇朝本纪》。

② 《辍耕录》卷二十七；《元史》卷四十四，《顺帝本纪》；陆深：《平胡录》；《国初群雄事略》卷一，宋小明王。

③ 《皇朝本纪》；《国初群雄事略》卷一，宋小明王。

三、大元帅

都元帅府三个元帅，依军中阶级说，郭天叙是主帅，张天祐和朱元璋是偏裨，一切军务都应该由都元帅发号施令。但是，一来郭天叙年轻，没有军事经验，出不了主意，张天祐一勇之夫，逢事无决断；二来朱元璋不但有大批勇猛善战的贴身伙伴，徐达、汤和等战将，更重要的是他有自己系统的军队，这一支军队占郭子兴军力很大的比重；第三，元璋处心积虑，要自立门户，又有李善长、冯国用弄文墨的作帮手，越发施展得开。以此，元璋虽然坐第三把交椅，却作得主，办得事，俨然是事实上的主帅。

虹县人邓愈，十六岁就跟父兄起兵。父兄都阵亡了，邓愈带着部队，每战挺身当前，先登陷阵，军中都服其勇武。怀远人常遇春，勇力绝人，猿臂善射，做了些时强盗，看那些首领们打家劫舍，没出息，不成气候，决心自找出路。两人都来投奔，邓愈有队伍，作管军总管，常遇春作前锋。①

和州东南靠长江，城子小，屯驻的军队多。元兵几次围攻之后，又闹粮荒了。过长江，正对面是太平（今安徽当涂）。太平南靠芜湖，东北达集庆（今南京），东倚丹阳湖。湖周围的丹阳镇、高淳、溧水、宣城都是产米区。发愁的是眼看着对岸有成仓成库的米粮，只是被长江隔断了，浪花起伏，怒涛汹涌，没船只如何过得去？船少了也不济事，总得上千条才行，一时又怎么打造得起来？即使有了够用的船只了，没有水手又怎么驶得过去？

正好巢湖水军头目李扒头（国胜）派部将俞通海来商量军事。原来从颍上红军起义以后，巢湖周围一带彭莹玉门徒金花小姐、赵普胜、李国胜纷起响应。至正十二年李扒头据无为州，双刀赵（普胜）据含山寨，联结俞廷玉、通海、通源、通渊父子，廖家永安、

① 《明史》，卷一二五《常遇春传》，卷一二六《邓愈传》。

永忠兄弟，赵仲中、庸兄弟，桑世杰，张德胜等人。金花小姐败死，李扒头、双刀赵退屯巢湖，建立水砦，有千多条大小船只，万多人水军，称为彭祖家，也叫彭祖水寨。推举李扒头作大头目，双刀赵坐二把交椅。和庐州（今安徽合肥）左君弼结下怨仇，吃了好多回败仗，势力孤单，三次派人来求救兵。元璋大喜，亲自到巢湖联络，劝以与其死守挨打，不如并力渡江。正好五月间霉雨季，一连下了二十天雨，河流都涨满了水，毫不费事，船只鱼贯出了巢湖。双刀赵不愿和元璋合伙，半路率所部逃归彭莹玉，余下大小船只扫数到了和州。①

龙凤元年六月初一，元璋率领水陆大军乘风渡江，直达采石，常遇春跳上岸，奋戈奔向元军，诸军鼓勇续进，元兵惊溃，缘江堡垒，一齐归附。红军将士饿了多时，一见粮食牲口，欢天喜地，抢着搬运，打算运回和州慢慢享用。元璋和徐达商量，决计乘胜直取太平。把船缆都斫断了，推入急流，霎时间大小船只顺流东下，江面上空空片帆不见，诸军慌乱叫苦。元璋下令，前面是太平府，子女玉帛，无所不有，打下了顺意搬回家。军士听了，饱餐后径奔太平城下，攻开城正要大杀大抢。元璋事先叫李善长写了禁约："不许虏掠，违令按军法处置。"四处张贴，调一班执法队沿街巡察，军士看了诧异，都住了手。有一小兵犯令，立时斩首。太平一路的百姓顿时安定下来。又怕军心不稳，叫当地大财主献出些金银财帛，分赏将士，大小三军无不欢喜。②

从和州渡江是巢湖水军的功劳，李扒头起意要吞并元璋的部队，在船上摆酒庆功，阴谋杀害。桑世杰背地里告诉元璋，元璋推病不去。隔几天，元璋设宴回请，李扒头不防，被灌醉捆住手脚，丢在江里。扒头部下诸将，只好投降，元璋从此又有了水军。③

太平地方儒士李习、陶安率领地方父老出城迎接红军，陶安建议："如今群雄并起，不过抢子女玉帛。将军若能一反群雄所为，不

---

① 《明太祖实录》卷二、卷十八；《皇朝本纪》；《国初群雄事略》卷二，滁阳王；高岱：《鸿猷录·龙飞淮甸》；《明史》卷一二三，《廖永安传》、《俞通海传》。

② 《皇朝本纪》。

③ 《国初事迹》；《明太祖实录》卷二；《明史》卷一三三，《桑世杰传》。

杀人，不掳掠，不烧房屋，东取集庆，据其形胜，出兵以临四方，可以作一番大事业。”元璋很以为然，留在元帅府作令史。改太平路为太平府，以李习为知府。置太平兴国翼元帅府，元璋作大元帅，以李善长为帅府都事，潘庭坚为帅府教授，汪广洋为帅府令史。点乡下老百姓作民兵，居民积蓄扫数运进城来，命诸将分守各门，修城浚濠，准备固守。①

元兵分两路包围太平：水路以大船封锁采石，堵住红军的归路，陆路由民兵元帅陈野先率军数万进攻，形势急迫。元璋亲自领死士拼命抵住。新讨的二夫人孙氏，劝把府库的金银抬到城上，分给有功将士。徐达别出一军，绕到敌人背后，前后夹击。元军大败，生擒陈野先，元璋劝他投降，宰白马乌牛，祭告天地，结为兄弟。第二天野先全军归降，合军攻取集庆。

野先的妻子被留在太平作质，部下被张天祐领去攻集庆。他家是大地主，极恨红军，暗地里嘱咐部下，只装做打仗的样子，千万别认真打，三两日内自己脱了身，就回来打红军。这话给元璋的心腹检校②探到了，元璋心中有数，也不告诉张天祐。兵到集庆城下，元朝守将福寿力战，张天祐的部队只有小半人在打，大半人在看，吃了大败仗，回来好生没趣。

元璋索性放了陈野先，让他带领旧部，和郭天叙、张天祐合军再攻集庆。野先早已和元将福寿约好，城内外表里夹攻，邀天叙吃酒，席间杀死天叙，生擒张天祐，送给福寿即时被杀。元军合兵反攻，红军大败，死了两万多人。陈野先追击红军到溧阳，当地元朝民兵不明底细，听说他投降了红军，设埋伏也把他杀了。部队由从子兆先接管。③

郭、张二帅一死，郭子兴的旧部全归元璋指挥，成为名实一致的都元帅，小明王麾下一员大将了。子兴三子天爵，小明王命为中书右丞，在元璋底下作官，无兵无权，经常发牢骚，和子兴一部分

---

① 《国初事迹》；《明太祖实录》卷三。

② 元璋的秘密谍报人员，专门侦察将士的私事。

③ 《国初事迹》；《明太祖实录》卷三；《国初群雄事略》卷二，滁阳王。

旧部合谋叛变，被发觉给杀了。子兴的小女儿，小张夫人生的，元璋收作小妾。①

元璋率领大军渡江，马夫人和将士的家眷仍留在和州。和州是后方基地，得有亲人镇守，将士家眷有人照看，也可以使将士放心作战。和州和太平的交通只有水路，虽然七八个月来陆续占领了溧水、溧阳、句容、芜湖一些城子，集庆孤立，三面被包围，可是水路却被元军切断了，消息不通。一直到龙凤二年（元顺帝至正十六年，公元1356年）二月，元璋大败元水军，尽俘其舟舰以后，两地的交通才完全畅通，有了信息，军心也安定了。

三月初一，元璋水陆大军并进，三攻集庆。城外屯兵陈兆先战败投降，得兵三万六千人。集庆城破，守将福寿战死，水寨元帅康茂才和军民五十余万归降。元璋入城后，召集官吏民众大会，剀切宣告："元朝这个坏政府，政治腐烂，到处在打仗，百姓吃够了苦头。我是来替你们除乱的，大家只要安心作事，不要害怕。好人我用他，坏制度坏办法替你们除掉。作官的不许胡搞，叫百姓吃苦。"几句话安定了人心，建立了秩序。老百姓非常高兴，互相庆贺。当下改集庆路为应天府，设天兴建康翼统军大元帅府，以廖永安为统军元帅，以赵忠为兴国翼元帅，守太平。儒士夏煜、孙炎、杨宪等十几人进见，先后录用。小明王得到捷报后，升元璋为枢密院同佥。不久又升为江南等处行中省书平章，李善长为左右司郎中，以下诸将都升元帅。②

元璋据应天后，他的疆域以应天作中心，西起滁州，划一直线到芜湖。东起句容到溧阳。西边长，东线短，一块不等边形，横摆着恰像个米斗，西线是斗底，东线是斗口。四面的形势是：东边元将定定扼守镇江；东南张士诚已据平江，破常州，转掠浙西；东北面青衣军张明鉴据扬州（今江苏江都）；南面元将八思尔不花驻徽州（今安徽歙县），另一军屯宁国（今安徽宣城）；西面池州（今安徽贵池）已为徐真逸所据；东南外围则元将石抹宜孙守处州（今浙江丽

① 《国初群雄事略》卷二，滁阳王。

② 《国初事迹》；《明太祖实录》卷四；《国初群雄事略》卷二，滁阳王。

水），石抹厚孙守婺州（今浙江金华），宋伯颜不花守衢州（今浙江衢县）。元璋局面小，兵力不强，处境四面受敌。

幸亏这时元兵正用全力和小明王作战。前一年十二月元将答失八都鲁大败刘福通于太康，进围亳州，小明王奔安丰。察罕帖木儿和红军转战河南，一时顾不到南面。红军主力军的威力暂时消沉，张士诚又猖獗起来了，徐寿辉在湘汉流域大肆活动，元兵两面挨打。龙凤二年秋天，小明王的红军兵力经过整顿补充，决定整个战略，分兵出击：一路破武关（在今陕西商县东），陷商州，进攻关中（今陕西省）；一路侵占了山东北部。第二年刘福通分兵三路：关先生、破头潘、冯长舅、沙刘二、王士诚一路趋晋、冀（今山西、河北），白不信、大刀敖、李喜喜一路攻关中，毛贵一路由山东北上。第一路军又分两路：一出绛州（今山西新绛县），一出沁州（今山西沁县），过太行山，破辽、潞（今山西辽县、长治县），陷冀宁（今山西太原），攻保定（今河北清苑），下完州（今河北完县），掠大同兴和（今山西大同，内蒙古自治区张北县）塞外部落，攻下上都，转掠辽阳（今辽宁辽阳），直到高丽。从西北折到东北，兜了一个半圆圈。第二路军陷凤翔（今陕西凤翔）、兴元（今陕西南郑），南进四川；别部又陷宁夏，掠灵武诸边地。第三路军尽占山东西北部、河北南部，北取蓟州（今河北蓟县），犯漷州（今河北通县南四十五里），略柳林（今河北通县南，故漷县西），逼大都。福通自己统军占山东西南角和河南北部，出没河南北。龙凤四年五月，攻下汴梁（今河南开封），建作都城，接小明王来定都。① 红军所到地方，攻无不取，战无不胜，元朝地方官吏吓破了胆，一听有红军来攻，抹回头就跑。当时有童谣形容道：

满城都是火，府官四散躲，城里无一人，红军府上坐。②

二三年间，红军长驱深入，转战万里，来回地兜圈子，元朝主

---

① 《庚申外史》；陆深：《平胡录》；《国初群雄事略》卷一，宋小明王；《明史》卷一二二，《韩林儿传》。

② 《辍耕录》卷九。

力军队使尽力量抵抗和进攻，大敌当前，就顾不到东南地区新起的红军小头目了。朱元璋在这期间，逐步巩固后方，扩充实力，逐步消灭群雄，开辟疆土。他的地理位置在东南地区说是四面皆敌，但在全国范围说，和元朝主力军的对峙形势上，恰好隔着三个割据政权，东面是张士诚，北面是小明王，西面是徐寿辉，东西两面虽是敌国，却起了屏障元朝进攻的作用，北面是红军主力，这三个大卫星保护着朱元璋，给他以发展壮大的机会。等到小明王的军事力量已被元朝消灭的时候，两败俱伤，元朝的军力也削弱了。相反的，朱元璋却已经广土众民，成为最强大的从战斗中锻炼出来有组织有训练的军事力量，可以和元军打硬仗，比高下了。

在这一斗形地区所处的军事形势，东边镇江如落在张士诚手里，便可以直捣应天；南边宁国如给徐寿辉占了，像背上插一把尖刀，也不得安稳。要确保应天，就非取得这两个据点不可。元璋在应天才安顿停当，便派徐达统兵攻下镇江，分兵占领金坛、丹阳等县，向东线伸出一个触须。到六月又派邓愈攻下广德路，把住后门。在出兵时，为了整顿军队纪律，和徐达计较，故意找出徐达错处，绑了请王命牌要杀，李善长和一群幕僚再三求情，说好说歹，才放了绑。当面吩咐，这次出兵，攻下城子，不烧房子，不抢东西，不杀百姓，才准将功折罪。徐达破镇江时，号令严肃，百姓安安静静，照常过日子作买卖，像不曾打过仗似的，别的城子听说朱元璋的军队不杀人，军纪好，放了心。这名气传遍了，元璋军事上的成功和巩固有了保障，把元军和一些地主军孤立了，一个胜利接着一个胜利，地盘跟着一天天扩大，经济力量和军事力量也随着日益强大了。① 接着分遣诸将攻克长兴、常州，亲自攻下宁国，又先后占领江阴、常熟、池州、徽州、扬州。在龙凤三年这一年中，把应天周围的军略据点全数取下，作为向外进攻的前哨基地。在战略上，东起江阴，沿太湖南到长兴，划一条直线，构成防线，堵住张士诚西犯的门路；宁国、徽州屯驻大兵，安排进

① 《皇朝本纪》；《明太祖实录》卷四。

入浙东；西线和天完（徐寿辉国号）接境，以守为攻；北面是友军，不必操心。元璋摸清了周围情况，集中力量，先伸出南面的钳子，吞并和本部完全隔绝，孤立无援的浙东元军，形势已和一年前大大不同了。

元璋明白读书的好处，祖先许多好经验都写在上面，也苦于自己读书不多，许多道理还说不明白，以此，他很尊敬有学问的读书人。也懂得读书人能替人出主意，办事，谁对他们客气，给面子，给好处，养得好，吃得饱，就替谁出力作事，这种办法叫作“养士”。要想办好自己的事业，管好自己的地方，就非养士不可。而且，假如不养，儒生跑到敌人方面或者被别人养去了，削弱自己，壮大敌人，就会坏事。并且，儒生掌握着知识，在地方上有声望，和老百姓有联系，把他们养了，老百姓也就好管了。因之，每逢新占领一个地方，必定访求这地方的读书人，软硬方法都用，非来不可，罗致在幕府里作秘书、顾问、参谋。徽州的老儒朱升告诉元璋三句话：“高筑墙，广积粮，缓称王。”意思要他第一巩固后方，第二发展生产，第三有远大计划，对元璋后来事业极有影响。①

从渡江以后，还是遭遇到粮食缺乏的困难。几年来到处战乱，农村壮丁大部分从军去了，土地上的劳动力大感缺乏，加上战争破坏，堤坝失修，粮食收成减少。各处军队的给养，形式上书押大榜，招安乡村百姓缴纳粮草，叫作寨粮。农民收的粮食被征发得多了，懒得深耕细作，粮食产量因之减少，军队更加吃不饱。② 扬州的青衣军甚至拿人作粮食。③ 在行军的时候，出征军士概不支粮，按照元璋军令：“凡入敌境，听从捎粮。若攻城而彼抗拒，任从将士检括，听为己物。若降，即令安民，一无所取。如此则人人奋力向前，攻无不取，战无不胜。”④ 捎粮也就是寨粮。检括这一词的来源，是

① 《明史》卷一三六，《朱升传》。

② 《国初事迹》。

③ 《辍耕录》卷九；《明太祖实录》卷五。

④ 《国初事迹》。

同时苗军创的，苗军打仗，靠检括供给，检括的意思就是抄掠，不过比较重一些，重到括干净不留一点儿的地步。① 胡大海和常遇春先后提出意见，以为寨粮这办法行不通：占领地区政权的巩固主要依靠老百姓的支持，要粮要税都出在老百姓身上，老是捎粮下去，老百姓生产少了或是逃亡了，都不是经久之计。元璋想了又想，和幕僚们研究出一个老办法，要“广积粮”，除了向老百姓要，还得部队自己来生产。古书上有过屯田的例子，是个好经验。几年来兵荒马乱，农田圩围堤坝都坏了，老百姓修不起，龙凤四年二月用元帅康茂才为都水营田使，要他兴修水利堤防，分巡各处，做到高地不怕干，洼地不闹涝，务使用水蓄泄得宜，恢复农田生产，供给军需；又分派诸将在各处开荒垦地，立下规矩，用生产量的多少来决定赏罚，且耕且战，除了供给本部军饷以外，还要做到有存粮。一年后，康茂才的屯区得谷一万五千石，余粮七千石，元璋下令褒奖，指出要解决粮食缺乏的困难，减轻农民负担，强兵足食，必须做好屯田工作。几年工夫，到处兴屯，仓库都满了，军食够了。龙凤六年五月才明令禁止各郡县征收寨粮，农民负担减轻了，又兴修水利，生产量大大提高，足食强兵，两方面全做到了。在设置营田使的同一年，又立管领民兵万户府，抽点民间壮丁，编作民兵，农时则耕，闲时练习战斗，作为维持地方安宁的力量，抽出正规军专门进攻作战。这样，把作战力量和生产力量合而为一，把进攻作战军队和保卫地方武装力量分开，不但加强了生产力，也同时加强了战斗力。这一番作为，说明了为什么当时群雄都先后失败，惟独后起的朱元璋所以成功的原因。②

外围的威胁解除，内部的粮食生产有了办法之后，元璋的进攻矛头立刻指向土地肥沃盛产粮食丝绸的浙东西谷仓。先取皖南诸县，再由徽州进取建德路，改为严州府。先头部队东达浦江，构成侧面包围婺州的形势。龙凤四年十二月元璋亲自统率十万大军，军旗上挂着金牌，刻着“奉天都统中华”字样。攻下婺州，置中书浙东行

① 《辍耕录》卷八。

② 《明太祖实录》卷六、卷八、卷十二。

省。于省门建二大黄旗，上面写着："山河奄有中华地，日月重开大宋天。"两傍立两个木牌，写着："九天日月开黄道，宋国江山复宝图。"① 一入城就下令禁止军士剽掠，有亲随知印黄某抢了百姓财物，立刻斩首号令。隔了几天，又召集诸将大会，申明军纪说："要平定天下必须讲仁义，光靠军事威力是不能取得人民支持的。打仗占城子要用兵，安定民心要用仁。前时进集庆，做到秋毫无犯，百姓很喜欢。这回新占婺州，百姓喘了一口气，要用心抚恤，使人民乐于归附，这样，其他郡县就会闻风归顺了。我每回听到诸将下一城，得一郡，不乱杀人，就喜欢得不得了。百姓是喜欢宽厚的政治的，作将帅的能做到不乱杀人，于国于己，都有好处。能够做到这一条，也就可以建功立业，平定天下了。"②

婺州是两百多年来的理学中心，出了很多著名学者，号为小邹鲁。经过多年战乱，学校关门，儒生四散，没有人讲究学问了。元璋聘请当地著名学者十三人替他讲解经书、历史，建立郡学，请学者当五经师和学正、训导，内中最著名的是宋濂。他开始和儒学接触了，受宋儒的思想影响了。③

龙凤五年五月，小明王升元璋为仪同三司江南等处行中书省左丞相。④ 八月，元将察罕帖木儿攻陷汴梁，刘福通奉小明王退保安丰。元璋的浙东驻军先后占领诸暨和衢州、处州，东南被孤立的元朝据点，次第消灭。他的领土遂成为东面北面邻张士诚，西邻陈友谅，东南邻方国珍，南邻陈友定的局面。四邻的敌国，比较起来，张士诚最富，陈友谅最强。方国珍、陈友定志在保土割据，并无远大企图。因之，元璋的军事计划，适应新的军事形势，又改变重点，采取对东南取守势，东北和西线取攻势的策略。以张士诚和陈友谅相比，士诚出身牙侩，遇事斤斤计较，顾虑多，疑心重；友谅打鱼

---

① 《国初群雄事略》卷一，宋小明王，引俞本：《纪事录》。《国初事迹》作："于南城上竖大旗，上写'山河奄有中华地，日月重开大统天'。"大宋作大统。大统无意义，显然是后来窜改的。

② 《明太祖实录》卷六、卷七。

③ 《明太祖实录》卷六；《明史》卷一二八，《宋濂传》。

④ 《国初事迹》；《国初群雄事略》卷一，宋小明王。

出身，惯在风浪里过日子，野心大，欲望高，一个保守持重，一个冒险进取。以此，在东北面和西面的攻势又分先后缓急：对士诚以守为攻，扼住江阴、常州、长兴几个据点，使士诚不能向西进一步；对友谅则以攻为守，使友谅分兵驻守可能被攻击的要塞，军力分散，不能集中运用。区别不同的敌人，运用不同的战术，在军事上取得主动有利的优势。

浙东虽已大部平定，地方上有名望的几家豪族刘基、叶琛、章溢等人还躲在山里不肯出来。元璋派人礼请，只一味用好话辞谢。刘基是青田大族，元至顺进士，做过高安丞、江浙儒学副提举。方国珍起兵，行省荐刘基为元帅府都事，和元将石抹宜孙守处州。刘基主张用兵力平定方国珍，方国珍贿赂京中权要，元朝决定用官爵招安，刘基被夺去兵权，回到青田。地主们怕被方国珍扰害，都来投靠，刘基组织武装力量，方军不敢进犯。丽水人叶琛也在石抹宜孙幕府，官行省元帅。龙泉人章溢是理学大师许谦再传弟子，组织乡兵和蕲、黄红军作战，累官浙东都元帅府佥事。元璋平处州，叶琛、章溢避走福建。① 处州总制孙炎奉元璋命令，再三邀聘，反复说明利害，不出来怕不得安稳，三人才勉强于三月间到应天。② 元璋大喜，盖了一所礼贤馆，作为贤士的住处。③ 这几个人都是地主出身，都做过元朝的官，都是地方上的豪绅巨室，在思想上继承宋儒的传统，都仇视红军，骂红军是“妖寇”、“红寇”、“红贼”。④ 在行动上组织地主军队，建立乡兵、“义”兵，修筑堡砦，保卫身家产业，帮助元朝政府抗拒红军。一直到元朝在浙东的军事力量完全被消灭，失去了倚靠，怕红军不能相容，逃避山谷。经过元璋多次派人礼聘，讲明不算旧账，不但可以保全身家，还可以作官办事，共治天下。他们知道这个政权是和自己的阶级利益完全一致的，再加上元璋的重视和优厚待遇，倾听他们的意见，才死心塌地作朱元璋

---

① 《明史》卷一二八，《刘基》、《叶琛》、《章溢传》。

② 《明史》卷二百八十九，《孙炎传》。

③ 《国初礼贤录》；《明太祖实录》卷八。

④ 徐勉：《保越录》；陈基：《夷白斋稿·精忠庙碑》。

的官。他们指望依靠朱元璋的强大军力，建立统一的国家，享受和平安定的生活；指望通过新政权，继续维持几千年来的封建秩序和文化、习惯，保持和发展地主阶级的利益。过去他们为了这些要求，坚决和元朝合作反抗红军，现在也正因为朱元璋能够实现这些要求，反过来和朱元璋合作，进行推翻元朝的民族斗争了。在朱元璋这方面，由于得到旧地主阶级的合作，元朝的抵抗力量日益减少了，随着军事胜利和占领地区的日益扩大，地主阶级参加的越来越多，取得了更多更大的胜利。同时，元璋部下诸将，虽然大部分出自明教，对旧地主阶级有着强烈的仇恨，但是，随着军事胜利所取得的庄田奴隶和其他财富，诸将本身也已经从农民转化为新兴的地主阶级了。旧地主阶级的合作和新地主阶级的成长，从根本上改变了朱元璋政权的性质，宋濂、刘基、叶琛、章溢等旧地主阶级代表人物的参加，标识着朱元璋政权性质改变的转折点。政权的本质改变了，斗争的目标自然也非转变不可，这样，阶级斗争就自然而然地被民族解放斗争所代替；另一面，从策略上说，为了争取和团结具有民族意识的地主、农民和知识分子，从而加速全面胜利的取得，也必然使民族斗争成为当前的首要任务。元璋决心争取地主阶级的合作，孔孟儒术理论的支持，来加强和建立自己的基业。他在小明王的军事力量还相当强大，在北线还可以起掩护自己和牵制元军作用的时候，对宋是君臣关系，发命令办事都用“皇帝圣旨”；但是到小明王军力被元军消灭以后，他的态度就改变了，日益倒向地主阶级这一边，在文字上口头上公开斥责红军为“妖寇”、“妖贼”，谈孔说孟，引经据典，自命为恢复旧秩序，保存旧文化的卫道者了。从此以后，他受了这些旧地主阶级知识分子的深刻影响，思想作风和“大宋”日益疏远，和儒家日益接近。①

① 吴晗：《明教与大明帝国》，载《清华学报》十三卷一期。

第三章 从吴国公到吴王

一、鄱阳湖决战

弥勒教徒彭莹玉从元顺帝至元四年袁州起义失败以后，逃避淮西一带地方，依靠当地人民掩护，秘密传布教义，组织武装力量，准备更大规模的起义。这人信仰坚定，有魄力，有口才，善于宣传鼓动，说出老百姓的苦处，给受苦难的人民以希望和信心，辛辛苦苦工作了十四年，成千成万的穷苦人民团结在他的周围。至正十一年，他和铁工麻城邹普胜，渔人黄陂、倪文俊组织西系红军，举起了革命的旗帜。

徐寿辉是罗田的布贩，又名真逸、真一。长得魁梧奇伟，相貌出众，入了教，彭莹玉推为首领，说是弥勒佛下生，当为世主。这年八月间起兵，九月占领蕲水和黄州路，以蕲水为都城，取意于西方静土莲台，号为莲台省。① 立寿辉为皇帝，国号天完，年号治平。分兵两路，一路由邹普胜、倪文俊率领，占领汉阳、武昌、安陆、江陵、沔阳、岳州等地；一路由彭莹玉、项甲（项奴儿、项普、项普略）率领，攻陷江州（今江西九江）、饶州（今江西鄱阳）、信州（今江西上饶）、袁州、徽州。至正十二年七月，由饶、徽集中兵力，入昱岭关，取杭州路。疆域扩充到湖北、湖南、江西、安徽南部和浙江西北部。天完军队纪律好，不杀百姓，不奸淫掳掠，口念弥勒佛号。登记归附的人民姓名，运走府库里的金帛，很得人民拥护。② 彭祖师的威名，吓得元朝官吏心惊胆战。

---

① 《草木子·克谨篇》。

② 《国初群雄事略》卷三，天完徐寿辉。

彭莹玉连下徽、杭，分兵取浙西、浙东州县，突然遭遇到元军袭击。这支元军主力在攻陷安丰后，进攻濠州，中途奉急檄援救江南，趁彭莹玉在杭州还没有站稳脚，军力分散，出其不意，乘虚突击，红军大败，彭莹玉、项甲战死，杭州、徽州又为元军所占。①

彭莹玉失败的原因，主要的是：弥勒教的未来天国是幻想，是神话，它吸引了组织了大量的农民来参加斗争，对当时封建统治起了打击作用。但是，它认为封建统治一经推翻，不必再努力劳动，就会出现所期望的幻想世界了。在这种束手等待好日子到来的懒汉思想指导下，攻占城邑以后，只是发放库粮给穷人，搬运金帛回老家，吸引更多的农民和游民来壮大自己的队伍，不能够巩固和发展

---

① 《元史》卷一百八十八《董抟霄传》："至正十一年除济宁路总管，奉旨从江浙平章教化征进安丰……遂复安丰。十二年有旨命抟霄攻濠州，又命移军援江南，遂渡江至湖州德清县。而徽、饶贼已陷杭州。教化问抟霄计，抟霄曰：贼皆野人，见杭州子女玉帛，非平日所有，必纵欲，不暇为备，宜急攻之……遂进兵杭城，贼迎敌至盐桥，抟霄麾壮士突前斩杀数级，而诸军相继击之，凡七战，追杀至清河坊，贼奔接待寺，塞其门而焚之，贼皆死，遂复杭州。已而余杭、武康、德清次第以平。"钱谦益《牧斋初学集》卷八十《答凤督马瑶草书》："徐寿辉之众，久而弥炽，欧普祥陷袁州，妖彭、项甲陷徽、饶。"《回金正希馆丈书》："尝观元末，盗起汝、颍"，"而襄、汉、蕲、黄应之。蕲、黄之贼既陷江州，旋略南康、鄱阳，即由婺源犯休宁，一夕而陷徽州，由是而陷昱岭关，破杭州，蔓延吴兴、延陵，江南之涂炭从此始。当时克复徽、杭，杀妖彭、项奴儿诸盗魁，遏楚贼方张之势，董抟霄、三旦八辈督师剿御（之功）。"

彭莹玉死于至正十二年（公元1352年）七月，至元四年（公元1338年）他在袁州起义，假定起义时三十岁，彭莹玉存年约为四十五岁。（公元1308年—1352年）

柯绍忞《新元史》卷二二六《徐寿辉传》记彭莹玉于至正十三年六月被杀于瑞州："初袁州有妖僧彭莹玉用泉水治病多愈，远近神之，至正十年其徒周子旺以妖术惑众，从者五十余人，僭称周王，官军获而杀之，莹玉遁去，匿淮西民家，日夜密构异图。寿辉浴于池，莹玉之徒见其有赤光，异之。十一年八月乃拥寿辉为王，聚众剽掠……其众以红巾裹首，与汝、颍妖贼同……十二年二月彭莹玉陷瑞州……未几项普路陷饶州、信州……十三年六月行省左丞火你赤复瑞州，执彭莹玉，斩而脔之。莹玉攻城略地，所至无噍类，至是就戮，天下快之。七月项普胜陷婺源州、徽州，自昱岭关入浙西，遂陷杭州……是年元帅董抟霄复杭州，受代去。寿辉兵复入昱岭关，陷于潜，行省檄抟霄御之，事具《抟霄传》。"按《元史》卷四十二《顺帝本纪》："至正十二年三月丁未，徐寿辉伪将陶九陷瑞州。"《新元史》卷二十五《顺帝本纪》同，由此可知陷瑞州的是陶九，不是彭莹玉。项普略陷杭州年月，《新元史》也作："至正十二年七月庚辰，项普略陷杭州路，参知政事樊克敬死之。济宁路总管董抟霄复杭州路，遂复徽州。"和同书《徐寿辉传》自相矛盾。按王逢《梧溪集》："至正壬辰七月十一日徽寇犯杭，樊时中执敬为浙省参政，亟御于桥，死之。"《辍耕录》也记蕲、黄军于七月初十日入杭州城，《元史》卷一百八十八《董抟霄传》同。由此可定《新元史》的记载，不但自相矛盾，而且是错误的。今不取。

所得到的胜利果实，也不可能解决当时社会的主要矛盾，建立新的社会。其次，各地红军的力量虽然很大，但没有统一指挥和通盘的军事调度，“各有其众，各战其地”①。龙凤和天完的部队人自为战，不能互相支持、配合，有时还发生内部冲突，以致抵销、削弱了自己的力量。因此，在反抗腐朽的元朝统治的斗争中，当红军力量集中的时候，很容易取得胜利；相反，当红军军力分散的时候，也极容易遭致失败，胜利得快，失败得也快。占地方虽多，却守不住。第三是江浙一带土地特别集中，大地主人数多，军力强，顽强地抵抗红军，这股力量和元军主力结合，就造成红军局部的军事劣势了。②

彭莹玉虽然失败了，但他的威名和事迹仍然为淮西、蕲、黄一带的农民所传诵歌唱。记录红军起义的历史家也片断地叙述他的活动。③ 十四年后，罗田县的弥勒教徒还假冒他的名字，铸印章，设官吏，反抗朱元璋的统治。④ 洪武六年（公元1373年）罗田县又有人自称弥勒佛降生，传写佛号。⑤ 蕲州弥勒教徒烧香聚众⑥，都为明兵擒杀，也可见其影响入人之深了。

徐寿辉是以相貌好被推作皇帝的，庸庸碌碌，没才干，没见识。彭莹玉一死，失去倚靠，越发手足无措。嫌蕲水形势不好，迁都到汉阳。丞相倪蛮子（文俊）掌握兵权，寿辉为其所制，毫无实权。治平七年（元至正十七年，公元1357年），文俊谋杀寿辉不成，出奔黄州。文俊部将沔阳人陈友谅，家世打鱼为生，膂力过人，会一手好武艺，在县里当贴书，不甘心埋没，投奔红军，立了战功，作

---

① 《初学集》卷八十《答凤督马瑶草书》：“元季盗之初起，先自汝、颍，而后徐寿辉起蕲、黄，布三王起邓州，孟海马起襄阳，各有其众，各战其地。”

② 《初学集》卷八十《回金正希馆文书》：“当时克服徽、杭，杀妖彭、项奴儿诸盗魁，遏楚贼方张之势，虽董抟霄、三旦八辈督师剿御，而汪同、程国胜、俞茂结集民兵，誓死血战，恢复城栅，其功尚多。”

③ 《庚申外史》；《草木子》卷三，《克谨篇》；《国初群雄事略》卷三，引俞本：《纪事录》；《明太祖实录》卷八，《徐贞一本传》；陆深：《平胡录》；《明史》卷一二三，《陈友谅传》。

④ 《明太祖实录》卷十五。

⑤ 《明太祖实录》卷八十一。

⑥ 《明太祖实录》卷七十八。

领兵元帅。文俊逃到黄州，正是他的防区，用计袭杀文俊，夺过军队，自称平章。向东侵占安庆、池州、南昌诸地，和朱元璋接境。两军对峙，打仗互有胜负。龙凤六年五月陈友谅挟徐寿辉统大军攻下太平，进驻采石。志得意满，以为克日可以占领应天了，使人杀了寿辉，等不得择日子，挑地方，就以采石五通庙为行殿，在暴风雨里，即皇帝位。国号汉，改年号为大义，尽有江西、湖广之地。①

群雄中陈友谅的军力最强，疆土最广，野心也最大。朱元璋在应天，友谅看来是碗里的肉，伸手就拿到。使人和张士诚相约，东西夹攻。友谅水军大舰名为混江龙、塞断江、撞倒山、江海鳖等共一百多艘，战舸几百条，浩浩荡荡，真是“投戈断江，舳舻千里”。应天文官武将都吓慌了，有人主张投降，有人主张放弃应天，躲过风头再看。主战的提出主动出击太平，牵制友谅兵力。七嘴八舌，乱成一团。胆子小的竟背地里收拾细软，盘算城破后的去处了。②

元璋和刘基两人在卧室内商议：投降不是办法，逃走更不是办法，目前的出路只有抵抗。抵抗有两种打法：一种是两线同时作战，东西兼顾，兵力一分，拿自己的一半兵力去对付陈张的全部军力，必败无疑；一种是迅速集中全部兵力，看准敌人弱点，作致命的一击，然后再回师来对付另一线，这也还是两线作战，不同的是以自己的全军集中攻击敌人一部分兵力，先打垮一个，再匀出手来打另一个。关键在于争取主动。仔细研究两线形势，断定主要的敌人是陈友谅，论兵力陈强张弱，论士气陈骄张馁，论水军陈多张少，那么，就很明白，只要先集中力量打败陈军，张军势孤，连进攻都不可能了。③

要先打击陈军，最好使它先来进攻。元璋部将康茂才和陈友谅极熟，茂才的老门房也侍候过陈友谅。茂才受命使老门房偷跑到友谅军中，带了茂才的亲笔降书，告诉许多军事情报，自愿里应外合，劝友谅分兵三路取应天。友谅喜极，问康将军现在何处，说现守江

---

① 《国初群雄事略》卷三，天完徐寿辉；《明史》卷一百二十三，《陈友谅传》。

② 《明太祖实录》卷八。

③ 宋濂：《平汉录》；《国初礼贤录》。

东桥，问是石桥还是木桥，答是木桥。约好友谅亲自进军江东桥，以喊“老康”作信号。①

陈友谅的进军路线和军力分配都弄清楚了。元璋一面调胡大海军进取广信（今江西上饶），捣友谅的后路，一面按友谅进军路线，设下重兵埋伏。连夜把江东木桥改成石桥，一切准备停当，只等友谅自投罗网。

元璋亲自在山顶指挥，规定信号，发现敌人举红旗，伏兵出击举黄旗。友谅兴匆匆带领主力军赶到江东桥，一看是大石桥，大吃一惊，再使劲连喊“老康”，嗓子都哑了无人答应。山上黄旗招展，四周伏兵高声呐喊，团团围住，山上、水里、平地一齐打，这一仗把友谅的主力全军歼灭，杀死淹死不计其数，俘虏了两万多。友谅水军正值潮退搁浅。动弹不得，全被俘获。元璋乘胜收复太平，下安庆，取信州、袁州。②

友谅吃了大亏，张士诚也不敢出兵了。

龙凤七年正月，小明王封元璋为吴国公。③

友谅不服输，七月间又遣将攻下安庆。元璋大怒，召开军事会议，决定溯江西伐。龙骧巨舰上建立大旗，写着“吊民伐罪，纳顺招降”八个大字。

友谅为人忌能护短，从杀徐寿辉后，寿辉的将帅不服，纷纷投降元璋。部下骁将双刀赵（普胜）又被元璋使反间计，友凉一怒把他杀了，双刀赵的将佐心怀怨恨，不肯出力死战。元璋趁友谅将帅不安，军心离散，大举进攻。亲自统军一鼓攻下安庆、江州，守将丁普郎、傅友德全军归附，友谅逃奔武昌。江西州县和湖北东南角，都归元璋版图，一个扩大，一个缩小，几年来的军事局面，完全倒转过来，元璋的兵力已经可以和友谅一决雌雄了。④

当江南朱陈两军血战正酣的时候，江北的军事局面也起了极大

---

① 《明太祖实录》卷八；《平汉录》。

② 《平汉录》；《国初礼贤录》。

③ 《国初群雄事略》卷一，宋小明王，引俞本：《纪事录》。

④ 《明太祖实录》卷九。

的变化，红军接连失败，形势很危急。元朝大将察罕帖木儿收复关陇，趁着山东红军内部分裂，自相残杀，招降红军丞相花马王田丰，平定山东，军威极盛。

几年来山东在小明王大将毛贵的治下，扩大疆土，建立制度，局面日渐稳定。毛贵招降了元义兵万户田丰、俞宝、王信，立宾兴院，选用元朝故官分守诸路。于莱州立三百六十屯田，每屯相去三十里，造大车百辆，往来运粮。无论官田民田，收成十分止取二分。冬则陆运，夏则水运，供给前方军需。① 原来在濠州的赵均用、彭早住，驻军淮泗一带，早住病死，均用被元军攻逼，北上和毛贵合伙。均用最恨元朝官吏，毛贵不但选用元朝官吏作地方官，还先后招降从黄军出来的红军死对头田丰一伙大地主武装力量，均用十分气忿，龙凤五年四月冷不防袭杀毛贵。七月间毛贵部将续继祖从辽阳回兵益都（今山东益都），杀了赵均用。田丰和扫地王王士诚，两军自相仇杀，山东大乱。察罕帖木儿乘机进兵，攻下宋都汴梁，小明王退保安丰。龙凤七年六月察罕帖木儿总兵进攻山东，遣使招降田丰、俞宝、王士诚，进围益都。

北边的军事形势发生变化，山东失去后，不但小明王的都城安丰保不住，连元璋的根据地应天也随着暴露，岌岌可危了。元璋几年来的安定形势和军事发展，全靠小明王的红军主力在北边掩护，如今局面突变，万一安丰失守，就得直接面对元军的主力进攻，估计双方实力，相差太远，实在抵当不住。远交近攻，得和察罕帖木儿联络一下，派了两次使臣去见察罕，送上重礼和亲笔信，要求通好。使臣回来，知道益都红军正在奋死拒守，一时还不致失陷，察罕在取下这个据点之前，还没有余力进攻安丰。元璋正确估计了两军形势，才敢抓住这一间隙，西攻陈友谅。

察罕的使臣户部尚书张昶带了御酒、八宝顶帽，和任命元璋为荣禄大夫江西等处行中书省平章政事的宣命诏书，于龙凤八年十二月由江西到应天。这时察罕已被田丰、王士诚刺杀，养子扩廓帖木

① 《元史》卷四十五，《顺帝本纪》；《明史》卷一百二十二，《韩林儿传》。

儿（察罕帖木儿的外甥，原名王保保）继为统帅。不久，又得到情报，扩廓和另一大将孛罗帖木儿在争夺地盘，打得正热闹，眼见得元军不会南向了，这才放下心，准备下一步军事发展计划。①

当察罕的使臣带着元朝官诰到应天的时候，宁海人叶兑写信给元璋，劝他不要受元朝官爵，自创局面，立基业，并且指出战略步骤说：

> 愚闻取天下者必有一定之规模，韩信初见高祖，画楚、汉成败，孔明卧草庐，与先主论三分形势是也。今之规模，宜北绝李察罕，南并张九四，抚温、台，取闽、越，定都建康，拓地江、汉，进则越两淮以北征，退则画长江而自守。夫金陵古称龙蟠虎踞，帝王之都，借其兵力资财，以攻则克，以守则固，百察罕能如吾何哉！江之所备，莫急上流，今义师已克江州，足蔽全吴，况自滁、和至广陵（今江苏江都），皆吾所有，匪直守江，兼可守淮也。张氏倾覆，可坐而待，淮东诸郡，亦将来归，北略中原，李氏可并也。今闻察罕妄自尊大，致书明公，如曹操之招孙权。窃以元运将终，人心不属，而察罕欲效操所为，事势不侔。宜如鲁肃计，定鼎江东，以观天下大衅。此其大纲也。
>
> 至其目有三：张九四之地，南包杭、绍，北跨通、泰，而以平江为巢穴。今欲攻之，莫若声言掩取杭、绍、湖、秀，而大兵直捣平江。城固难以骤拔，则以锁城法困之：于城外矢石不到之地，别筑长围。分命将卒，四面立营，屯田固守，断其出入之路；分兵略定属邑，收其税粮以赡军中。彼坐守空城，安得不困？平江既下，巢穴已倾，杭、越必归，余郡解体，此上计也。张氏重镇在绍兴，绍兴悬隔江海，所以数攻而不克者，以彼粮道在三斗江门也。若一军攻平江，断其粮道，一军攻杭州，断其援兵，绍兴必拔。所攻在苏、杭，所取在绍兴，所谓多方以误之者也。绍兴既拔，杭城势孤，湖、秀风靡，然后进攻平江，犁其心腹，江北余孽，随而瓦解，此次计也。

---

① 《国初事迹》；《明太祖实录》卷九；《国初群雄事略》卷一，宋小明王。

方国珍狼子野心，不可驯狎。往年大兵取婺州，彼即奉书纳款。后遣夏煜、陈显道招谕，彼复狐疑不从。顾遣使从海道报元，谓江东委之纳款，诱令张昶赍诏而来，且遣韩叔义为说客，欲说明公奉诏。彼既降我而反欲招我降元，其反覆狡狯如是，宜兴师问罪。然彼以水为命，一闻兵至，挈家航海，中原步骑，无如之何。夫上兵攻心，彼言宁越（婺州）既平，即当纳士，不过欲款我师耳。攻之之术，宜限以日期，责之归顺。彼自方国璋之没，自知兵不可用。又叔义还称义师之盛，气已先挫，今因陈显道以自通，正可胁之而从也。事宜速，不宜缓。宣谕之后，更置官吏，拘其舟舰，潜收其兵权，以消未然之变，三郡可不劳而定。

福建本浙江一道，兵脆城陋，而浙既平，必图归附，下之一辩士力耳。如复稽迟，则大兵自温、处入，奇兵自海道入，福州必克。福州下，旁郡迎刃解矣。威声已震，然后进取两广，犹反掌也。①

叶兑不知道元璋两次遣使通好察罕的事，不知道张昶之来是元璋通好的结果，更不知道元璋因为察罕之死和扩廓与孛罗的内战，已经改变了主意。不过他所计划的攻取战略，却是深思熟虑，确有见识。后来几年元璋平定东南和两广的计划和先后，果然和他所建议的差不多。叶兑的举动正也代表了当时要求统一，要求享受和平生活的地主阶级知识分子的看法。

张昶懂得朝章典故，元璋告诉刘基、宋濂说："元朝送一大贤人与我，尔等可与议论。"命为行中书省都事。同来的副使都被处死。②

小明王从称帝以后，军政大权完全由刘福通掌握。福通勇悍慓捷，善于冲锋陷阵，却不会作军事上的通盘调度，统一指挥；性情刚决，不善于调和诸将；占领了很多城池，却不会定立制度有效的加以管理；领兵在外的大将，原来都是福通的同伴兄弟，不大听调

① 《明史》卷一百三十五，《叶兑传》。

② 《国初事迹》；《国初群雄事略》卷一，宋小明王。

度；军队教量虽多，号令不一；打了胜仗，得不到主力部队的支援，继续扩大战果甚至孤军前进太远太突出了，反被敌人消灭掉；打了败仗，到处乱窜，到处被包围；占的地方虽多，不久又被元军攻下；有的大将打了败仗，怕受处分，索性投降敌人，翻脸打红军；龙凤七年五月李武、崔德叛降于李思齐，破头潘、关先生攻入高丽的一军，被高丽军民围杀，沙刘二、关先生战死，逃出的一部分还攻上都，被孛罗帖木儿击败投降。李喜喜的一支，东西转战，喜喜死，部队也垮了。其余的零星队伍也被察罕帖木儿和孛罗帖木儿两支地主军打垮了。只剩下山东一部军力，作安丰的掩护。到益都被扩廓帖木儿包围以后，情势危急，刘福通亲自率军救援，大败逃回。益都陷落，安丰孤立。龙凤九年二月，张士诚部将吕珍乘机攻围安丰，粮尽援绝，军民饿困，不但人吃人，甚至吃腐烂的尸首，实在支持不下去了，刘福通只好派人到元璋处征兵解围。

在元璋出兵之前，刘基极力阻止，以为大兵不宜轻出。如救得小明王出来，当发放何处？而且，万一陈友谅乘虚来攻，便进退无路。元璋则以为安丰如失守，应天失去屏蔽，救安丰即是保应天。遂亲自统兵击破吕珍。刘福通趁黑夜大雨突围逃出，元璋摆设銮驾伞扇，迎小明王到滁州居住，建造宫殿，供养极厚，把宫中左右宦侍都换上自己的人。①

三月十四日，小明王内降制书，封赠元璋三代：曾祖九四资德大夫江西等处行中书省右丞上护军司空吴国公；曾祖妣侯氏吴国夫人，祖初一光禄大夫江南等处行中书省平章政事上柱国司徒吴国公，祖妣王氏吴国夫人；父五四开府仪同三司上柱国军国重事中书右丞相太尉吴国公，母陈氏吴国夫人。②

当元璋出兵救援安丰的时候，陈友谅果然乘虚进攻，以大兵围困洪都（今江西南昌），占领吉安、临江、无为州。这一次倒真是两线夹攻了，虽然张士诚并没有搞清楚。汉军进攻规模比上一次更大，

① 《国初事迹》；《国初群雄事略》卷一，宋小明王，引俞本：《纪事录》。

② 《国初群雄事略》卷一，宋小明王，引《龙凤事迹》；郎瑛：《七修类稿》卷七，《朱氏世德碑》。

友谅看着疆土日渐缩小，气忿不过，特造大舰数百艘，高数丈，一色丹漆，上下三层，每层都有走马棚，下层设板房，有橹几十支，橹箱用铁裹。上下层人相互听不见说话。大的容三千人，中的容二千五百人，小的容二千人。自以为必胜，载着家小百官，空国而来，号称六十万。洪都城来紧挨着大江，上次友谅攻城，趁着水涨船高，汉军从船上攀附登城，以致失守。洪都收复，元璋立刻下令把城墙改建，去江三十步，这次友谅再来进攻，大舰靠不拢城墙了，只好登岸围功。洪都守将朱文正死守，友谅用尽攻城的方法，文正也用尽防御的方法。八十五天的攻守战，城墙被攻破了多次，敌兵勇进，都被火铳击退，文正连夜赶修工事，用木栅掩护筑城，敌兵夺栅，守军且战且筑，攻城守城的人都踩着尸首作战。一直打到七月，元璋亲统二十万大军来救，友谅才解围，掉过头来到鄱阳湖迎战。

这一次水战，两军主力苦战三十六天之久，是一次决定生死存亡的大会战。

在决战开始前四天，元璋派出伏兵，封锁鄱阳湖到长江的出口，堵住敌人的归路，关起大门来打。两军的形势，一边号称六十万，一边是二十万；水军船舰，汉军的又高又大，联舟布阵，一连串十几里，元璋的都是小船，要仰着头才能望见敌人；论人力和装备，元璋居劣势。但是，元璋也占有优势：就士气说，汉军在南昌城下苦战了三个月，不能前进寸步，精疲力竭，动摇了必胜的信心；元璋方面则是千里救危城，生死存亡决于一战，士气高涨。就船舰说，汉军数十条大舰用铁索联在一起，转动不便；元璋方面虽是小船，却操纵灵活进退自如，体积方面居劣势，运动方面却占优势。就作战指挥说，友谅性情暴躁多疑，将士不敢陈说意见，上下隔绝，彼此疑忌，内部发生裂痕；元璋虚心谨慎，有经验丰富的谋臣和作战勇敢的将帅，上下一心，谋定后战。更重要的是给养的补充，汉军的后路被切断了，粮尽兵疲，元璋军队数量少，有洪都和后方的源源接济，吃得饱，自然仗也打得好。

元璋军的主要战术是火攻，用火器焚烧敌方的大舰，火器有火炮、火铳、火箭、火蒺藜、大小火枪、大小将军筒、大小铁炮、神机箭；还有一种叫“没奈何”，用芦席作圈，围五尺，长七尺，糊以布纸，缠以丝麻，内贮火药捻子及诸火器，用竿挑头桅之上，和敌船相遇，点燃火线，割断悬索，“没奈何”落于敌船，同时元璋军火器齐放，敌船焚毁无救；另外还用火药和芦苇装满几条船，敢死队驶着冲进敌阵，点起火来和敌舰同归于尽。元璋的指挥信号是，白天用旗帜，黑夜用灯笼，远的用信炮，近的用金鼓。接战时分水军为十一队，火铳、长弓、大弩分作几层，先发火铳，再射弓弩，最后是白刃战，短兵相接，喊杀连天，箭如雨点，炮如雷轰，波浪掀天，江水都红了，两军战士从这船跳到那船，头顶上火箭炮石交飞，眼睛里一片火光刀影，只听见斫击喊杀的声音，湖面上漂流着尸首和在挣扎着的伤兵。汉军船红色，元璋船白色，一会儿几十条白船围着红船，一会儿又是红船追赶着白船，一会儿红船白船夹杂追赶。有几天白船像是占了上风，有几天红船占了优势。元璋激励将士坚持战斗，多少次身边的卫士都战死了，坐舰被炮石打碎，换了船搁浅动弹不得，险些被俘。一直打到最后几天，汉军已经绝粮，在军事会议上，友谅的右金吾将军主张烧掉船，全军登陆，直走湖南，左金吾将军主张继续打下去。友谅同意走陆路的办法，左金吾将怕得罪，领军来降，右金吾将军看情形撑不下去了，也跟着投降。友谅军力越发削弱，决定退兵，打算冲出湖口，不料迎面全是白船，前后受敌。在激战中，友谅要亲自看明情况，指挥作战，刚把头伸出船窗外，就被飞箭射死，全军溃败。部将载友谅尸首和太子陈理连夜逃回武昌。①

元璋军虽然取得决战最后和完全的胜利，但是也付出了极大的代价，单是七月二十一日这一天，红船损失六万人，白船也损失七千多人，骁将宋贵、陈兆先、张志雄、韩成、丁普郎等战死。友谅战死的第二天，元璋焚香拜天，慰劳将士，答应将来天下一家，和巴都儿②们共享富贵，作大官。③ 后来又对刘基说：“我真不该到安

① 《明太祖实录》卷十二；宋濂：《平江汉颂序》；《国初群雄事略》卷四，汉陈友谅；《明史》卷一百二十三，《陈友谅传》。

② 即拔都、巴图鲁，蒙古语勇士的意思。

③ 《国初群雄事略》卷四，汉陈友谅，引俞本：《纪事录》。

丰去，假如友谅趁我远出，应天空虚，顺流而下，直捣应天，我进无所据，退无所归。幸而他不直攻应天，反而去围南昌，南昌坚守了三个月，给了我充分的时间来集中兵力，这一仗虽然打胜，可是也真够侥幸的了。”①

陈友谅战死，汉军残部指日可以肃清。张士诚局促自守，不能为害。北边的扩廓帖木儿和孛罗帖木儿两军争夺地盘，正在打得热闹。元璋疆土日广，政事日益繁多，吴国公的名号已经和现有局面不相称了，寻思也得称王才好，问题是在称什么王，张士诚在九月间已经自立为吴王了，应天正是历史上孙权吴国的都城，而且几年前民间就有童谣："富汉莫起楼，贫汉莫起屋，但看羊儿年，便是吴家国。"② 非得称吴王不可。龙凤十年正月，元璋自立为吴王，设置百官，建中书省，以李善长为右相国，徐达为左相国，常遇春、俞通海为平章政事，汪广洋为右司郎中，张昶为左司都事。立长子标为世子。③ 发布号令，用"皇帝圣旨，吴王令旨"的名义。④ 同时有两个吴王，民间叫张士诚作东吴，元璋作西吴。⑤ 军队服装原先只是用红布作记号，穿的五颜六色，也给画一了。规定将士战袄、战裙和战旗都用红色，头戴阔檐红皮壮帽，插"猛烈"二字小旗。攻城系拖地棉裙，取其虚胖，箭射不进去。箭镞开头是用铜作的，现在疆土广大，有了铁矿，改用铁的。并且大批制造铁甲、火药、火铳、石炮，武器更犀利耐用。⑥

二月，元璋亲率水陆大军征武昌，陈理请降，立湖广行中书省。到年底，友谅疆土，汉水以南，赣州以西，韶州（今广东曲江）以北，辰州（今湖南沅陵）以东，都为元璋所有。⑦

---

① 《国初事迹》。

② 《庚申外史》上；《元史》卷五十一，《五行志》二；钱谦益：《太祖实录辨证》卷一。

③ 《明太祖实录》卷十四。

④ 陶安：《陶学士文集》；祝允明：《九朝野记》。

⑤ 《国初群雄事略》卷七，引《月山丛谈》。

⑥ 《国初事迹》。

⑦ 《明太祖实录》卷十四。

二、取东吴

陈友谅兵强地广，雄踞长江上流，用全力要吞并朱元璋，结果反被消灭。西线敌人解决了，朱元璋的军力更加壮大了，第二个进攻目标，便是东吴张士诚。

元璋和幕僚们分析当时军事形势，指出："天下用兵，河北有孛罗帖木儿，河南有扩廓帖木儿，关中有李思齐、张良弼。河北军队数量多而没有纪律，河南的稍有纪律而军力不强，关中的一部分道途不通，粮饷接济不上。江南只有我和张士诚，士诚多奸谋，会用间谍，可是部队全不讲纪律。我有几十万大军，固守疆土，修明军政，建立严格军事纪律，委任将帅，抓住有利时机，逐个消灭，统一天下是有把握的。"① 便一心一意整顿军队，加强纪律教育，练习攻城本领，准备下一个战役的攻坚战。

元末南方群雄，分作两个系统：一是红军系，一是非红军系。红军系分东西两支，东支以淮水流域作中心，小明王是东支的共主，郭子兴是滁、和一带的头目，子兴死，朱元璋代起，日渐强大。西支以汉水流域作中心，从徐寿辉到陈友谅，以及寿辉部将割据四川的明玉珍。非红军系如东吴张士诚，浙东方国珍。红军有鲜明的政治目标，要推翻元朝政府；有响亮的民族解放口号，要驱逐蒙古统治集团，他们和蒙古政府是势不两立的，决不妥协的，斗争到底的。非红军系便不同了，领导人物和基本队伍主要的是牙侩、盐丁、中小地主和摇摆不定的中农。没有政治目标，没有民族思想，割据地方以后，贪图生活享受，日渐腐化，他们和蒙古政府可以妥协，以至合作。蒙古政府招抚的条件合适就投降，不满意就背叛，每反复一次，个人的名位就高一等，地盘也扩大一些，向蒙古政府讨价钱的资本也愈大。但是对红军的态度恰正相反，决不妥协，斗

① 《明太祖实录》卷十四。

争到底：张士诚对小明王和朱元璋始终处在敌对状态，十年连兵不解；方国珍地小兵弱，虽然没有力量进攻，但也不肯真心讲和修好。

张士诚对元朝政府的臣服关系是不稳定的，正像他作牙侩一样，贱时买进，贵时卖出，反反复复，时臣时叛。至正十三年元朝招降，授以官职，派他出兵进攻濠、泗红军，士诚怕吃亏不肯去，知道泰州守军虚弱，袭取泰州，破兴化，据高邮，十四年自称诚王，国号大周。十七年八月又降元朝，授官太尉。元朝招降士诚，是为了解决南粮北运的问题。大都缺粮，支持不下去，几年来元江浙右丞相达识帖木儿千方百计劝士诚归附；士诚之再次投降，是因为和朱元璋打拉锯战吃了亏，西线连失长兴、常州、江阴、常熟等重要据点，弟士德（九六）为元璋所擒，士德有勇有谋，礼贤下士，帮助士诚创基立业，被俘后坚决不降，秘密带话给士诚，要他投降元朝，为元璋所杀。东边元朗苗军杨完者在嘉兴，是一支猛冲猛打的泼辣部队，几次打败士诚的进攻。士诚两面受敌，估计抵挡不住，听了兄弟的话，又作起元朝的官来了。达识帖木儿大喜，安排士诚出粮，方国珍出船，接济大都。两人心里都怀着鬼胎，张士诚怕把粮食交给方国珍，被吞没了，赔了钱不见功劳。方国珍却怕船出海被扣。张士诚乘虚进攻，达识帖木儿两面说好话作保人，费了多少事，从至正二十年到二十三年算是每年运了十几万石。杨完者的部队纪律极坏，抢钱抢人，奸淫烧杀，无恶不作，驻防过的地方比经过战争还惨，民间有民谣形容道："死不怨泰州张（士诚），生不谢宝庆杨（完者）。"① 仗着有实力，不听达识帖木儿约束。达识帖木儿要除掉杨完者，和士诚暗地定计，攻杀完者，苗军将士大部投降元璋。达识帖木儿没有军队的支持，政权也跟着失去了，事事受士诚挟制，不久便被拘禁。士诚名义上算受元朝官爵，杨完者一死，接收苗军防区。逐出称雄淮西的赵均用，六七年功夫，一意扩充地盘，南到杭州绍兴，北到济宁（今山东），西达汝、颍、濠、泗，东边到

---

① 《辍耕录》卷二十八；姚桐寿：《乐郊私语》。

海，有地二千余里。二十三年九月又自立为吴王，达识帖木儿自杀，元朝征粮，再也不肯答应了。①

士诚所占地方盛产粮食，又有鱼盐桑麻之利，人口众多，最为富庶。他生性迟重，不多说话，待人宽大，没有一定主见，只想守住这块基业，怕冒险吃亏出差错。大将大臣们都是当年走私的江湖兄弟，如今成局面了，有福同享，作错事以至打了大败仗，士诚也不忍责备。将军大臣们筑宫室，修园池，养女优，玩古董，和诗人文士们宴会歌舞，上下都腐化了。甚至大将出兵，也带着妓女清客解闷，损兵失地，回来照样带兵作官。张九六重待文学之士，当时有名的诗人陈基、饶介、王逢、高启、杨基、张羽、杨维桢等人都和他来往，有的在他幕府作事，浙西地区的开辟和国事的决策，九六很起作用。九六被擒死，九七（士信）作丞相，贪污无能，疏远旧将，上下隔绝。士诚也懒得管事。元璋着人打听了这情形，对人说："我诸事无不经心，法不轻恕，尚且被人所瞒。张九四终岁不出门，不理政事，岂不着人瞒！"② 士信任用姓黄、姓蔡、姓叶的三个人作参谋，弄权舞弊，东吴有一民谣道："丞相做事业，专凭黄蔡叶，一朝西风起，干瘪！"③

士诚从龙凤二年（公元1356年，元至正十六年）起和元璋接境，便互相攻伐，士诚要夺回失地，元璋进攻湖州、杭州、绍兴，都占不到便宜，边境上没有一时安闲。直到朱元璋从武昌凯旋以后，集中军力，进攻东吴，局面才发生剧烈的变化。④

元璋对东吴的攻势，分作三个步骤：第一步攻势起于龙凤十一年十月，攻击目标是东吴北境淮水流域，到十二年四月间，尽取通州、兴化、盐城、泰州、高邮、淮安、徐州、宿州、安丰诸州县，

① 《辍耕录》卷八、卷二十九；《元史》卷一百四十，《达识帖木儿传》；《明太祖实录》卷二十；吴宽：《平吴录》。

② 《国初事迹》。

③ 《明太祖实录》卷二十；《平吴录》；《明史》卷三十，《五行志》。《实录》文字有不同："黄蔡叶，作齿颊，一夜西风来，干瘪。"

④ 《明史》卷一百二十三，《张士诚传》；《国初群雄事略》卷七，周张士诚，引逸名：《农田余话》。

孙德崖早已死去，濠州四面被攻，也投降了。半年工夫，完成预定任务，使东吴军力局促于长江之南。

第二步攻势起于十二年八月，分兵两路，进攻湖州、杭州，切断东吴的左右两臂，到十一月间湖、杭守军投降，造成北西南三面包围平江的局势。

第三步攻势是平江的攻围战，从十二年十二月到吴元年九月，前后一共十个月，才攻下平江，俘执士诚，结束了十年来的拉锯战。

元璋于尽占淮水诸城之后，龙凤十二年五月，传檄声讨张士诚，檄文详细说明元末形势，和自己起兵经过，檄文说：

> 盖闻伐罪吊民，王者之师，考之往古，世代昭然……近睹有元之末，主居深宫，臣操威福，官以贿成，罪以情免，宪台举亲而劾仇，有司差贫而优富。庙堂不以为虑，方添冗官，又改钞法，役数十万民，湮塞黄河，死者枕藉于道，哀苦声闻于天。致使愚民，误中妖术，不解偈言之妄诞，酷信弥勒之真有，冀其治世，以苏困苦，聚为烧香之党，根据汝、颍，蔓延河、洛。妖言既行，凶谋遂逞，焚荡城郭，杀戮士夫，荼毒生灵，千端万状。元以天下兵马钱粮而讨之，略无功效。愈见猖獗，然而终不能济世安民。是以有志之士，旁观熟虑，乘势而起，或假元氏为名，或托乡军为号，或以孤兵自立，皆欲自为，由是天下土崩瓦解。
>
> 予本濠梁之民，初列行伍，渐至提兵。灼见妖言，不能成事，又度胡运，难与立功，遂引兵渡江。赖天地祖宗之灵，及将帅之力，一鼓而有江左，再战而定浙东。陈氏称号，据我上游，爰兴问罪之师，彭蠡交兵，元恶授首，父子兄弟，面缚舆榇，既待以不死，又封以列爵，将相皆置于朝班，民庶各安于田里，荆襄湖广，尽入版图，虽德化未及，而政令颇修。
>
> 惟兹姑苏张士诚，为民则私贩盐货，行劫于江湖，兵兴则首聚凶徒，负固于海岛，其罪一也。又恐海隅一区，难抗天下大势，诈降于元，坑其参政赵琏，囚其待制孙抃，其罪二也。厥后掩袭浙西，兵不满万数，地不足千里，僭称改元，其罪三

也。初寇我边，一战生擒其亲弟，再犯浙省，扬矛直捣其近郊，首尾畏缩，乃又诈降于元，其罪四也。阳受元朝之名，阴行假王之令，挟制达丞相，谋害杨左丞，其罪五也。占据江浙钱粮，十年不贡，其罪六也。知元纲已坠，公然害其丞相达识帖木儿、南台大夫普化帖木儿，其罪七也。恃其地险食足，诱我叛将，掠我边民，其罪八也。凡此八罪……理宜征讨，以靖天下，以济斯民。爰命中书左丞相徐达率领马步官军舟师，水陆并进，攻取浙西诸处城池。已行戒饬军将，征讨所到，歼厥渠魁，胁从罔治，备有条章。凡我逋逃居民，被陷军士，悔悟来归，咸宥其罪。其尔张氏臣僚，果能明识天时，或全城附顺，或弃刃投降，名爵赏赐，予所不吝。凡尔百姓，果能安业不动，即我良民，旧有田产房舍，仍前为主，依额纳粮，余无科取，使汝等永保乡里，以全室家。此兴师之故也。敢有千百相聚，抗拒王师者，即当移兵剿灭，迁徙宗族于五溪、两广，永离乡土，以御边戎。凡予所言，信如皎日，咨尔臣庶，毋或自疑。①

和这篇檄文同时，还有性质相同的一道宣谕徐州吏民的文告说：

近自胡元失政，兵起汝、颍，天下之人以为豪杰奋兴，太平可致。而彼惟以妖言惑众，不能上顺天意，下悦民心，是用自底灭亡。及元兵云集，其老将旧臣，虽有握兵之权，皆无戡乱之略，师行之地，甚于群盗，致使中原版荡，城郭丘墟，十有余年，祸乱极矣。②

这两篇文字，充满了儒家的思想，可以明白看出是刘基、宋濂等人的策略，甚至可能出于他们的手笔。檄文末段分化东吴军民，

---

① 檄文全文见《平吴录》、祝允明《前闻记》、《野记》、陆深《续停骖录》四书。《前闻记》和《平吴录》文字不同处很多，有事后窜改的，如元璋在发此檄文时为吴王，皇帝指小明王，《前闻记》元璋自称朕，《平吴录》称予称我，显然《平吴录》是比较可靠的。也有些地方如乡军指地主军，《前闻记》作香军，《平吴录》作乡军，也据《平吴录》。檄文开始"皇帝圣旨，吴王令旨，总兵官准中书省咨，敬奉令旨。"结尾："敬此，除敬遵外，敬请施行，准此，合行备出文榜晓谕，故依令旨事竟施行。所有文榜，须议出给者。龙凤十二年五月二十二日本州判官许士杰赍到。"

② 《明太祖实录》卷十六。

说明只杀首恶，不追究从犯；东吴臣僚投降的都给官做；逃亡居民和投降军士，都许他们回来；百姓能够安业的许其保有原来田产房舍，争取东吴治下官僚地主的归顺，减少大军进攻的抵抗力量。为了消除东吴官僚地主对红军的疑惧，在第一段特别强调指斥弥勒教为妖术、妖言、凶谋，列举杀人放火，特别是杀戮士大夫的罪状，并申明自己已经灼见妖言不能成事，不相信这一套了。陈友谅父兄子弟归降，都封列侯，将相都作大官，地主和农民各安生理，就是他不相信弥勒教的证据。这两篇文字公开宣告了朱元璋对弥勒教的斥责，否定了自己和全军过去对弥勒教的信奉，脱去宗教迷信的外衣，进一步宣称进军的任务是为了伐罪救民，是为了使民庶各安于田里，使百姓永保乡里，以全室家。保证给官僚地主和庶民以和平安定的生活，这是朱元璋一生中划时代的转变。刘基、宋濂这一地主儒生集团几年来所起的作用，到这时具体化了，宋的军队没有了，将领都已死亡，小明王寄居滁州，仅存名号，红军的招牌已没有号召作用，应该提出新的口号争取地主巨绅的支持，士大夫的同情和拥护。这两篇文字把朱元璋的一生划作两个时期，前一时期他是弥勒教徒，是贫农和穷人的头目，要破坏旧有社会秩序；此后则和地主巨绅联合，成为他们的保护人，儒家的护法，要巩固既得的利益，要建立并维持新的社会秩序了。

这年年底，元璋派大将廖永忠到滁州迎接小明王、刘太保，于瓜洲渡江，中流把船凿沉，永忠径回应天覆命。韩林儿、刘福通死，宋亡。[①] 此后，元璋不再提龙凤的话，连当年镇江西城打败东吴的纪功碑，因为有龙凤年号，也槌毁灭迹。[②] 文书上的龙凤史料，更是消毁得干干净净。元璋死后所编的《明太祖实录》，不提元璋和龙凤臣属关系一字，这一段历史被湮灭，被歪曲了几百年。

元璋对东吴的第二步攻势，动员了二十万大军，统帅是大将军徐达，副将军常遇春。在出师前商讨战略，常遇春坚决主张直取平

---

① 《庚申外史》；朱权：《通鉴博论》；高岱：《鸿猷录·宋事始末》；潘柽章：《国史考异》十六。

② 《国初事迹》。

江，以为巢穴既破，其余诸郡可以不战而下。元璋却决定用叶兑的次策，指出：士诚出身盐枭，和湖、杭诸郡守将都是不畏死之徒，同甘共苦。如先攻平江，湖、杭守军必然齐心并力，来救老家，援兵四合，不易取胜。不如想法分散他的兵力，先取湖、杭，士诚无法援救，我军集中力量个别击破，枝叶一去，根本动摇，使士诚疲于奔命，然后移兵直取平江，必然可以成功。遂分兵攻围杭州、湖州，元璋亲自誓师，叮咛嘱咐，要将帅和睦，不许左右欺凌军士，进城时不要烧杀掳掠，不要挖坟墓，尤其张士诚母亲的坟，千万不可侵毁，以免刺激东吴人民，增加抵拒心理。说了又写成戒约，印发给军士。①

第三步攻势，应用叶兑的销城法，筑长围把平江围困住，用火铳、襄阳炮成日夜轰击。士诚外无援兵，内无粮草，突围又失败了，元璋一再劝降不理，城破时亲率兵巷战，看到实在不行了，一把火烧死了家属，上吊自杀，被部将解救，西吴兵已到府中，俘送应天。在船上闭眼不说话，不肯进饮食。元璋问话不理，李善长问话，挨了骂。元璋气极，一顿乱棍打死，连尸骨都烧成灰。② 东吴亡。

李伯昇是士诚十八兄弟之一，同时起事，官为司徒，守湖州，兵败出降。平江固守，使说客招降的是他，把士诚交给常遇春的也是他。平江人记住这段历史，凡是出卖朋友的人就叫作“李司徒”。③

大军凯旋后，论功行赏，第二天诸将来谢，元璋问有没有摆酒席庆贺，都说吃了酒席，高兴得很。元璋说：“我也何尝不想和诸军欢宴一天，但中原尚未平定，还不是晏安的时候。你们应该记取张士诚的教训，他成天和将相们喝酒宴会，酣歌逸乐，今天怎么样了，要引以为戒才是。”又对东吴降将讲话：“你们都是张士诚旧部，作将官带部队，计穷势屈，才不得已投降。我厚待你们，还让你作将校。但是要给你们讲清楚一个道理，我所用诸将，多是濠、泗、汝、颍、寿、春、定远诸州的人，勤苦俭约，不知奢侈。不比江浙地方

---

① 《明太祖实录》卷十六。

② 《国初群雄事略》卷七，周张士诚，引俞本：《纪事录》；《明太祖实录》卷十二；《平吴录》。

③ 《国初群雄事略》卷七，引《冶诚客论》。

富庶，耽于逸乐。你们也不是富贵人家出身的，一朝作了将军带了兵，就胡乱取人子女玉帛，什么坏事全做了。过去的事情不说，如今既然在我这里，就要改去老毛病，像我的濠、泗诸将那样，才能保住爵位。人人都想富贵，但是取富贵不难，长保富贵却是难事。你们真能尽心尽力，和大军一起除暴平乱，早日统一天下，不但你们能享富贵，连子孙也可以享福。假如只图一时快意，不向前看，虽然暂时快乐，却保不住日后丧败。这是你们亲见的事，不可不戒。”①

平江合围后，吴元年九月元璋又遣将攻讨方国珍。参政朱亮祖以浙江、衢州、金华等卫马步舟师攻台州，征南将军汤和副将军吴祯以常州、长兴、宜兴、江阴诸军攻庆元（今浙江宁波）。又命征南副将军廖永忠率水军从海路进攻，切断国珍逃入海中的退路。

方国珍以至正八年聚众海上起事，吴元年十二月降西吴，在群雄中最先起事，称雄浙东二十年。

台州黄岩靠近海边，人多地少，无地少地的农民都靠海吃饭，打鱼晒盐，飘洋过海，在海上过的日子比陆地上多。国珍和兄弟国璋、国瑛、国珉一家子世代贩盐浮海为业。国珍长身黑面，走及奔马，是地方上有名的土豪。至正初年海盗劫掠商民，抢了运皇粮漕船，杀了督运使臣，地方官千方百计追捕，国珍的仇家向官府告发国珍私通海盗，坐地分赃，国珍杀了仇家，带领全家和邻里怕事的逃入海中，集结了几千人，四处抢劫。② 元朝发兵围杀，打败官军，连将官也俘虏了，受招安作定海尉。不久又反，俘获元朝大将，又投降作大官。如此时降时叛，反复一次，官升一次，到至正十七年一直做到元浙东行省参知政事海道运粮万户。以庆元为根据地，兼领温州、台州，占有浙东沿海一带地方，水军千艘，控制着丰富的渔盐资源，兄弟子侄全作大官，心满意足，只想保住这份好产业。③

元璋攻取婺州后，和国珍邻境相望。国珍兵力弱小，北有张士

---

① 《明太祖实录》卷二十。

② 叶子奇：《草木子》；宋濂：《方国珍神道碑铭》；《明太祖实录》卷八十八；《国初群雄事略》卷八，方谷真。

③ 《明史》卷一百二十三，《方国珍传》。

诚，南有陈友定，和这两家都不大和洽，见元璋兵势甚盛，怕被吞并，派使臣送金银绸缎，接受龙凤官诰，口头还说愿意献出三郡，只是不肯奉龙凤年号。元璋多次派使臣督责，国珍推说："当初献三郡，为保百姓。请上位多发军马来守，交还城池。若遽奉正朔，张士诚、陈友谅来攻，援兵万一赶不到，就危险了。不如姑以'至正'为名，他们找不出罪名来攻。若真要我奉龙凤年号，必须多发军马，军马一到，便以三郡交还。情愿领弟侄赴京听命，止求一身不作官，以报元之恩德。"元璋听说，笑了一声："也好，且摆在那里，等我取下苏州，那时他要奉正朔也晚了。"① 国珍一面向西吴进贡，一面又替元朝送粮，脚踏两只船，左右摇摆。到元璋取杭州以后，国珍越发害怕，使人北通扩廓帖木儿，南联陈友定，计算结成犄角之势，抵抗西吴进攻。还盘算着万一两头的支援都靠不住，敌不过，好在有千数的海船，到时载着金银财宝，合家奔入大海，也还够一辈子享用。主意打定，日夜运珍宝，修治船只，准备随时下海。②

吴元年九月，朱亮祖军进占台州、温州，汤和大军长驱直取庆元。国珍逃入海中，又为水军所败。走头无路，哀辞求降。西吴军从进攻到凯旋，前后不过三个多月。③

这一年，韩林儿已死，不能再用龙凤年号，更不能用元至正年号。按甲子是丁未年，未属羊，童谣不是说"但看羊儿年，便是吴家国"吗，东吴已在包围中了，为着再一次应童谣，元璋下令叫这年为吴元年。

三、南征北伐

朱元璋出兵征服方国珍的同时，决定了南征北伐的大计。

吴元年九月间，元璋统治的疆土，大体上据有现在的湖北、湖

① 《国初事迹》。

② 《明史》卷一百二十三，《方国珍传》。

③ 《国初群雄事略》卷八，方谷真。

南、河南东南部和江西、安徽、江苏、浙江，包括汉水下游和长江下游，是全中国最富庶，物产最多，人口密度最高的地区。

中国南部除元璋所占地区以外，分裂成几个军事割据地区：以四川为中心的是夏国明昇，云南有元宗室梁王镇守，两广也是元朝的势力，福建陈友定虽然跋扈，仍然对元朝效忠。

元璋见夏国主幼兵弱，不会有所作为，云南太远，暂时可以不问。决定进军目标是福建和两广。

中国北部在表面上属于元朝，情况更复杂：山东是黄军王宣的防地，河南属扩廓帖木儿，关内陇右则有李思齐、张良弼诸军，孛罗帖木儿一军镇大同。扩廓和李、张二将不和，孛罗一军又和扩廓对立。元璋进兵江浙的时候，元朝几个大将正在争军权，抢地盘，一心一意打内战，拼个死活，谁也不管整个局面。和军事领袖内部冲突同时，元朝统治阶级最上层宫廷的内部矛盾，也日益深化强化了。宫廷的阴谋政变和军事领袖的公开战争相结合，互相利用，分裂成为两个互相倾轧、残杀的集团，双方都要夺取政权，都有贵族官僚支持，都有武装力量，势均力敌，争得热闹，杀得热闹，造成“鹬蚌相争，渔翁得利”的局面。元璋趁着元朝内部打得火热，乘机东征西讨，扩大地盘，充实军力。等到元璋北伐大军兵临城下，元朝的军事领袖们才着了慌，停止互相残杀，却又不肯也不甘心和别人合作，听别人调度，仍然各保地方，人自为战，为朱元璋造成集中强大军力进行个别击破的局面，元朝分散的军事力量一股接着一股被消灭的结果，长期进行民族和阶级压迫的异族统治政权也随之被消灭了。

元朝军事领袖内部斗争的故事可以追溯到几年以前。

红军起义后，元朝正规军队抵抗不住，四处打败仗。坚决顽强和红军作战的是“义军”，这是由地主土豪所组织的保卫私家生命财产的地方“民兵”，也叫作乡军。“义军”中最强大的有两支：一支是起自沈丘（今河南沈丘）的察罕帖木儿和李思齐，察罕帖木儿的曾祖是元初征占河南的蒙古军人，子孙在沈丘住家，至正十二年和罗山地主李思齐率领乡里子弟袭破罗山，元朝政府授官汝宁府达鲁花赤，各地地主武装先后参加，组成万人的一军，几年来连败红军，重占河北、关陕，陷汴梁，取河南，号令达江浙，屯重兵太行山，正准备大举进攻山东时，和另一支“义军”发生了内战。① 一支是元朝世将答失八都鲁所招募的襄阳官吏和流亡土豪的两万“义丁”，和刘福通作战有功，重占襄阳亳州。② 答失八都鲁死，子孛罗帖木儿代其掌兵，移镇大同。山西晋冀之地是察罕帖木儿的部队进占的，察罕大军东出，孛罗帖木儿进军晋冀，强占防地。两军交战几年，元朝政府屡次派人调停讲和，察罕帖木儿被刺死，孛罗帖木儿又领兵来争晋冀，内战又起。③

和军事领袖内战的发展同时进行的是元朝宫廷的阴谋政变。

脱脱丞相贬死后，哈麻代为丞相。哈麻阴谋废顺帝立皇太子，事泄被杀。皇太子生母高丽奇皇后和皇太子仍旧阴谋废立，使宦官朴不花和丞相太平商量，太平不肯，太子怀恨，把太平也害死了。宫廷里分作两派，丞相搠思监和朴不花帮太子，贵臣老的沙帮皇帝。太子派靠扩廓帖木儿作外援，皇帝派拉拢孛罗帖木儿来对抗。

老的沙得罪于皇太子，逃入孛罗军中。皇太子怨孛罗收容仇人，搠思监、朴不花诬害孛罗图谋不轨，至正二十四年四月下诏数孛罗帖木儿罪状，解其兵权，削其官爵。孛罗竟带领大军进向大都，顺帝缚送搠思监、朴不花谢罪，孛罗才回师大同。太子失败了，不甘心，逃出大都，再征扩廓兵打孛罗，孛罗又举兵进攻大都，太子战败，逃到太原。孛罗入都，作中书左丞相。二十五年太子调扩廓和诸路兵进攻，孛罗战败，被刺死于宫中，扩廓入都代为丞相。

太子奔太原时，要仿效唐肃宗灵武故事，自立为皇帝，扩廓不肯。扩廓入都时，奇皇后又要他带重兵拥太子进宫，逼顺帝让位，扩廓不理会，离京三十里就命大军驻下，止带数骑入朝。由此，奇皇后和太子深恨扩廓，顺帝也心忌他兵权太重，朝中大臣嫌他不是根脚官人，另眼相看。扩廓在军中久了，过不惯大都的日子，兼之

---

① 《元史》卷一四一，《察罕帖木儿传》。

② 《元史》卷一四二，《答失八都鲁传》。

③ 《庚申外史》。

上下都有嫌忌，自愿出外带兵，顺帝封他为河南王统率全国军马，代皇太子出征。①

至正二十六年二月，扩廓回到河南，调度各处军马，用檄文调关中四将军会师。李思齐得调兵札，勃然大怒，骂说："乳臭小儿，黄发还没有退，敢来调我！我跟你父亲同乡里，同起义兵，你父亲进酒，还三拜才喝，你在我面前连站脚处都没有，居然称总兵，敢命令我！"下令各部，一戈一甲不许出武关，王保保来见，则整兵杀之。张良弼、孔兴、脱列伯三军也不受节制。扩廓军令不行，把南征一事暂且放下，派一部分军队屯驻济南，防御南方进攻，亲自带领大军入关攻李思齐。李思齐等四人也会兵长安，盟于含元殿旧基，合力抵抗。两军军力差不多，整整打了一年，大小几百战，分不出胜负。顺帝再三令扩廓停战，一意南征，扩廓不听。二十七年七月扩廓抽部下最精锐的貊高一军渡河，从背后直捣凤翔，貊高部将中有一部分是孛罗帖木儿的旧将，半路上计议："朝廷调我们打妖贼，如今却去打李思齐，李思齐是官军，官军杀官军，为什么来？"逼貊高倒戈声讨扩廓。顺帝心忌扩廓，又恨他不听调度，正在想法子夺去扩廓兵权，貊高奏报到了，十分喜欢，升貊高知枢密院兼平章，总河北军马，下诏书解除扩廓统帅权，只领本部军马，肃清江淮，李思齐等部分兵进取。特设大抚军院，以皇太子总制天下军马，专防扩廓。②

西吴的间谍侦探得上面所说的一切情况，元璋决定利用元军内战，主要军力自相抵销的有利时机，南征北伐同时并进。吴元年十月，以徐达为征虏大将军，常遇春为副将军，率甲士二十五万，由淮入河，北取中原。中书省平章胡廷瑞为征南将军，江西行省左丞何文辉为副将军，由江西取福建。湖广行省平章杨璟、左丞周德兴率湖广诸卫军取广西。

取福建兵分三路：胡廷瑞、何文辉率步骑从江西度杉关为正兵，

---

① 《庚申外史》；《元史》，《顺帝本纪》，卷一四一《察罕帖木儿传》，卷二〇七《孛罗帖木儿传》；《明史》卷一二四，《扩廓帖木儿传》。

② 《国初群雄事略》卷九，扩廓帖木儿。

汤和、廖永忠由明州以舟师取福州为奇兵，李文忠由浦城攻建宁为疑兵。陈友定的根据地延平（今福建南平）和福州掎角，建宁（今福建建瓯）则为延平外线据点，驻有重兵。元璋三路大军分头进攻，正兵使敌人以主力应战，奇兵使敌人不测所以，疑兵分散敌人兵力。

陈友定福建福清人，出身雇农，作富农的上门女婿，做买卖总是赔钱，投充驿卒。至正十二年红军进攻福建，友定投效作民兵，立下战功，升为小军官，占领很多城池，积官到福建行省平章，镇守闽中八郡。对元朝极为恭顺，年年运粮到大都。朱元璋占婺州后，和友定接境。至正二十五年二月，友定进攻处州，为西吴大将胡深所败，深乘胜追击，元璋调发江西驻军南下，准备两路会师，一举攻下延平。不料胡深部队进得太快，孤军深入，中伏被俘，为友定所杀，平闽计划受了挫折，暂时搁起。

方国珍投降，西吴水师乘胜南下，友定辖境和元朝本部隔绝，孤立无援，福州、建宁先后失败，延平被围。城破，友定和僚属诀别，服毒自杀不死，被俘到应天。元璋责备他攻处州、杀胡深的罪状，友定厉声回答："国破家亡，死就算了，何必多说。"父子同时被杀。①

西吴从出兵到克服延平，费时四月，从克服延平到平定全闽，又费了八个月工夫。

平定两广的战略，也是分兵三路：第一路杨璟、周德兴由湖南取广西；第二路陆仲亨由韶州（今广东曲江）捣德庆；第三路是平闽的水师，由海道取广州。第一路军于吴元年十月出发，第二、三路军于洪武元年二月出发，所遇抵抗以第一路军为最大。从衡州推进到广西，第一座名城永州（今湖南零陵），第二全州（今广西全县），都经过激烈血战才占领了，进围靖江（今广西桂林）。第二路军用三个月时间平定北江和西江三角地带，切断广州和靖江的交通。第三路军廖永忠遣使向元江西福建行中书省右丞何真劝降，大军到潮州，何真送上印章图籍户口，奉表归降，广州附近州县，不战而

---

① 《明太祖实录》卷二十五；《明史》卷一二四，《陈友定传》；《国初群雄事略》卷十二，陈友定。

下。廖永忠以所部沿西江入广西，北上会合第一路军攻围靖江。洪武元年六月，靖江城破，七月广西平定，两广全归元璋版图。①

福建、两广平定后，南部除掉四川、云南以外，都联成一气了。大后方的人力、财力，供给北伐军以无限的支持。

北伐军在出发前，经过元璋和刘基仔细商定了作战计划，再和诸将在军事会议上讨论决定。常遇春提出的方案是攻坚战术，以为南方都已平定，兵力有余，以我百战的精兵消灭元朝疲惫的兵力，必胜无疑。到都城攻下后，以破竹之势，分兵扫荡，其余城池可以不战而下。元璋的计划正好相反，他指出直攻大都的危险性，以为这是元朝经营了上百年的都城，防御工事一定很坚固，假定我孤军深入，一时取不到手，顿兵于坚城之下，后边的粮饷接济不上，元朝的援兵四面八方赶到，退不得，岂不坏事。不如用斫树的法子，先去枝叶，再挖老根，先取山东，撤掉大都的屏风，回师下河南，剪断它的羽翼，进据潼关，占领它的门户，军事要点都拿到我手里了，再进围大都，那时元朝势孤援绝，自然不战可取了。大都既下，鼓行而西，云中、九原以及关陇，都可席卷而下。元璋的战术是稳打稳扎，步步推进，逐渐扩大，占领地和后方联结在一起，补给线控制在自己手里，这样便立于不败之地。诸将都同声说好。②

北伐军的统帅部，也经过慎重考虑，选择最优秀的大将组成。在平陈友谅以前，诸将直接由元璋亲自指挥，彼此不相统率。有一次打了大胜仗，常遇春把汉的降兵全部杀死，徐达阻止不住，才派定徐达作大将军，节制诸将。这次北伐大军，关系更重大，徐达用兵持重，有纪律，尤其重要的是他小心谨慎，叫做什么就做什么，靠得住，放得下心，任为征虏大将军，统帅全军。常遇春当百万之众，勇敢先登，摧锋陷阵，所向披靡，任为副将军。元璋担心他健斗轻敌，特别约束告诫，如大敌当前，以遇春作先锋，和参将冯胜分左右翼，

① 《明太祖实录》卷二十八；《明史》卷一百三十，《何真传》；《国初群雄事略》卷六，东莞伯何真。

② 《明太祖实录》卷二十一；陆深：《平胡录》；《明史》卷一二五，《徐达》、《常遇春传》。

将精锐进击。右丞薛显、参将傅友德勇冠诸军，各领一军，使当一面。大将军专主中军，责任是运筹决胜，策励诸将，不可轻动。①

元璋再三申明纪律，告谕将士以北伐意义，战争目的不仅仅是攻城略地，重要的是推翻这个坏政府，削平祸乱，解除人民痛苦，安定人民生活。见敌人就打，所经地方和打下的城子，不可乱杀人，不可抢财物，不可毁坏民居，破坏农具，勿杀耕牛，勿掠人子女。如今是堂堂正正的大军了，以前不好的作风都得改掉。如有收留下的遗弃孤儿幼女，父母亲戚来讨，要即时交还，不可措勒，坏了名气。②

要使北方人民明白大军北伐的道理，要解除北方官僚地主对红军恐惧疑忌的心理，和瓦解元军的军心士气，还必须着重进行宣传工作。宋濂奉命写的告北方官吏人民的檄文说：

> 自古帝王临御天下，皆中国居内以制夷狄，夷狄居外以奉中国，未闻以夷狄居中国治天下者也。自宋祚倾移，元以北狄入主中国，四海以内，罔不臣服，此岂人力，实乃天授。彼时君明臣良，足以纲维天下，然达人志士，尚有冠履倒置之叹。自是以后，元之臣子，不遵祖训，废坏纲常，有如大德废长立幼，泰定以臣杀君，天历以弟酖兄，至于弟收兄妻，子蒸父妾，上下相习，恬不为怪，其于父子君臣夫妇长幼之伦，渎乱甚矣。夫人君者斯民之宗主，朝廷者天下之根本，礼义者御世之大防，其所为如彼，岂可为训于天下后世哉！
>
> 及其后嗣沉荒，失君臣之道，又加以宰相专权，宪台报怨，有司毒虐，于是人心离叛，天下兵起，使我中国之民，死者肝脑涂地，生者骨肉不相保，虽因人事所致，实天厌其德而弃之之时也。古云“胡虏无百年之运”，验之今日，信乎不谬。
>
> 当此之时，天运循环，中原气盛，亿兆之中，当降生圣人，驱逐胡虏，恢复中华，立纲陈纪，救济斯民。今一纪于兹，未

① 《明太祖实录》卷二十一；高岱：《鸿猷录》五，《北伐中原》。

② 《明太祖实录》卷二十一。

闻有治世安民者，徒使尔等战战兢兢，处于朝秦暮楚之地，诚可矜悯。

方今河、洛、关、陕，虽有数雄：忘中国祖宗之姓，反就胡虏禽兽之名，以为美称，假元号以济私，恃有众以要君，凭陵跋扈，遥制朝权，此河洛之徒也，或众少力微，阻兵据险，贿诱名爵，志在养力，以俟衅隙，此关陕之人也。二者其始皆以捕妖人为名，乃得兵权。及妖人已灭，兵权已得，志骄气盈，无复尊主庇民之意，互相吞噬，反为生民之巨害，皆非华夏之主也。

予本淮右布衣，因天下大乱，为众所推，率师渡江，居金陵形势之地，得长江天堑之险，今十有三年。西抵巴蜀，东连沧海，南控闽、越，湖、湘、汉、沔，两淮、徐、邳，皆入版图，奄及南方，尽为我有。民稍安，食稍足，兵稍精，控弦执矢，目视我中原之民，久无所主，深用疚心。予恭承天命，罔敢自安，方欲遣兵北逐胡虏，拯生民于涂炭，复汉官之威仪。虑民人未知，反为我仇，挈家北走，陷溺尤深，故先谕告：兵至，民人勿避。予号令严肃，无秋毫之犯，归我者永安于中华，背我者自窜于塞外。盖我中国之民，天必命我中国之人以安之，夷狄何得而治哉！予恐中土久污膻腥，生民扰扰，故率群雄奋力扩清，志在逐胡虏，除暴乱，使民皆得其所，雪中国之耻，尔民其体之。

如蒙古、色目，虽非华夏族类，然同生天地之间，有能知礼义，愿为臣民者，与中夏之人抚养无异。故兹告谕，想宜知悉。①

这是元璋幕僚中儒生系统的杰作，代表几千年来儒家的正统思想。这篇文字的中心思想有三点：第一是民族革命，特别强调夷夏的分别，特别强调中国人应由中国人自己来治理。过去不幸被外族侵入，冠履倒置，吃够了苦头，现在北伐的目的就是“驱逐胡虏，恢复中华”，雪中国之耻。这两句响亮的口号，比之红军初起时所提出的恢复赵宋政权，从狭隘的搬出一个已被遗忘的幽灵，进一步喊

① 《明太祖实录》卷二十一；高岱：《鸿猷录》五，《北伐中原》。

出恢复民族独立的主张，以此为号召，自然更能够普遍地获得全民的拥护和支持；第二是复兴道统，也就是旧有的文化的思想的系统之恢复。文中指出“礼义者御世之大防”，“父子君臣夫妇长幼之伦”，“朝廷者天下之根本”，“中国居内以制夷狄”，都是纲是纪，是儒家的中心思想，是多少世代以来维持封建统治的金科玉律。大之治国，小之修身，从政治到生活，都被约束在这一思想体系中。蒙古人侵占中国，破坏了这一思想体系，弄得乱七八糟。如今北伐，目的在“立纲陈纪，救济斯民”，恢复这个世世相传的传统文化和生活习惯。这比之红军初起时所宣传的弥勒佛和明王出世的幻想故事，自然更能够广泛地获得社会各阶层人民的拥护和支持，更能吸引儒生士大夫的深切同情；第三是统一安定，几十年来由于元君荒淫，有司毒虐，人心离叛，天下兵起，使人民死者肝脑涂地，生者骨肉不相保，战战兢兢，处于朝秦暮楚之地，中原之民，久无所主。北伐的目的是为了治世安民，是为了拯生民于涂炭，是为了使人民永安于中华，使民皆得其所。提出统一和安定民生的号召，这是符合于全体人民的要求的，是符合全体人民的切身利益的。人民所欢迎所拥护所争取的目标在这篇文字中特出地揭示出来，这样也就自然产生出不可抗拒的力量，为胜利铺平道路。

骂元朝，说它破坏传统文化，说它政治贪污腐化，毒虐人民，是个坏政府，不但人心离叛，连上天也已经厌弃它了。

骂元朝将军，河洛指扩廓帖木儿，扩廓原来是汉人王保保，为母舅收养，元帝赐以蒙古名，是抬举他算蒙古人的意思。关陕指李思齐等四将军。骂扩廓用外族名字，以夷变夏，跋扈要君。骂李思齐阻兵据险，志在养力。这两个将军互相吞噬，不但不能庇民，反为生民之巨害，都不能作为华夏之主。那么，谁应该来治理中国呢？论版图之广大，人民之众多，军力之强大，逐胡虏，除暴乱，雪国耻，拯生民的历史任务就不能不由淮右布衣朱元璋负担起来了。

最后，为了缓和蒙古、色目人的反抗心理，指出只要他们知礼义，加入中国文化系统，愿为臣民，也就与中夏之人同样抚养，和中国人民一样看待。

前一年讨张士诚的檄文，还只是消极的斥责弥勒教，空洞的骂元朝政府。到这时候，才鲜明的具体的积极的提出民族革命，复兴道统和统一安定的号召，这是朱元璋进一步的转变，也是元璋幕府里代表地主阶级的儒生们的再一次的胜利。

这一宣传文告发生了巨大的作用，山东、河南州县纷纷降附，名城如济南、益都、汴梁、河南都不战而降，连蒙古、色目人也望风降附了。扩廓的舅父老保投降了，察罕帖木儿的父亲梁王阿鲁温也投降了，汴梁守将过去在庐州的左君弼也不战而降。有的元朝守将知道抵挡不住，弃城逃走。北伐军因之得以顺利进军，在很短的时间内，收复国土，平定西北，统一全国。

北伐军徐达一军由淮入河是主力，征戍将军邓愈由襄阳北略南阳以北州郡是偏师，目的在分散元军兵力。

从军事进展情形来说，徐达正确地执行了预定的计划。这个计划如上文所说，要点是步步推进。第一步从出师这天起，到洪武元年正月，前后三个多月，平定山东。

第二步由山东取河南：一路取归德（今河南商丘）、许州（今河南许昌），和邓愈军会师，抄汴梁（今河南开封）的后路；一路由郓城渡黄河直达陈桥，两股兵力像两个钳子夹住，汴梁不战而降。进败元军于洛水，河南（今河南洛阳）降。河南全境平定。别将冯胜克潼关，李思齐、张良弼遁走。这是洪武元年三、四月间的事。

鲁豫既定，潼关一军堵住元关中军的出路，三面包围大都的军事局势已经造成。五月，元璋亲自到汴梁，大会诸将，重新研究战局和决定下一步骤的战略。

当北伐军以雷霆万钧之势，席卷中原，各地方守将告急的羽书，雪片似飞向大都的时候，元军正忙于内战，打得难解难分，政局反复和军权转移，走马灯似的在团团转。扩廓帖木儿被解除统帅权以后，退兵据泽州（今山西晋城），部将关保投向元朝政府。顺帝见扩廓势孤，下诏李思齐等军东出关，和貊高合军围攻扩廓，令关保以所部戍守太原。扩廓愤极，引军据太原，尽杀元朝所置官吏，顺帝也下诏书尽削扩廓在身官爵，令诸军四面讨伐。元璋北伐大军就趁这时机，下山东，取汴梁，元将望风降附，无一人抵抗，无一军堵截，小城降，大城也降，汉官汉将弃城逃走，蒙古、色目官吏将军也弃城逃走，真是“土崩瓦解”，“势如破竹”。

到了潼关失守，貊高、关保又为扩廓所擒杀，顺帝才害怕发急，又苦于事情做得太决绝了，不好转圜，只好把一切过错都算在皇太子名下，撤消抚军院，尽复扩廓官爵，令和李思齐分道南征。扩廓和李思齐也着了慌，正准备调遣军队，整装出发，可是北伐军已经向大都推进，挽救不及了。

第三步攻势的目标才是大都。闰七月徐达大会诸将于临清，布置进军方略，马步舟师沿运河北上，连下德州、通州。元军连吃败仗，毫无斗志，顺帝知道援军已被隔绝，孤城难守，怕被俘虏，蹈宋徽、钦二帝和瀛国公的覆辙，二十八日夜三鼓，率后妃太子逃奔上都去了。① 八月初二日北伐军进入大都。从契丹入侵时算起，沦陷了四百三十年的名都，到这一天才回到中华人民的手中来！从宋太祖、太宗、神宗以来，没有能实践的收复燕云十六州的民族愿望，朱元璋代表全民族完成了这个历史任务。历史上的错误、污点湔雪了，“驱逐鞑虏，恢复中华”的号召实现了！自古以来防御北方少数民族入侵的国防线长城，从此再度成为中华人民的自卫堡垒了！蒙古政府、成吉思汗后人君临中国压迫剥削奴役汉、南人和各族人民的政权，从灭金算起，有一百三十四年，从灭宋算起，有九十年，到这一天，被推翻了，结束了。汉、南人各族人民长期反抗斗争的结果，终于取得具有历史意义的民族解放伟大的光辉的胜利。

元大都虽下，顺帝在上都依然发号施令，元军实力依然强大完整。徐达、常遇春移兵进取山西、陕西，从洪武元年八月到第二年八月，整整打了一年，才取得解放西北的胜利，完成了北伐战役第四步的任务。在这一年内，元军不但坚决抵抗，而且还有力量作几

① 《庚申外史》；《明太祖实录》卷三十。

次大规模的反攻。在整个北伐战役中，可以说是最艰苦的一段。

西征军从河北进入山西南部，扩廓遣将以兵来争泽州，大败西征军。又乘北平（元璋改大都为北平府）空虚，亲出雁门偷袭。徐达得到情报，也不回救北平，径率大军直捣扩廓的根据地太原。扩廓进军才到半路，闻报回军援救，半夜被徐达军偷营袭击，不知所措，以十八骑北走，山西平。

洪武二年三月，西征军入奉元路（西安），李思齐逃奔凤翔，又奔临洮，大军进逼，势穷力竭，只好投降。元军又乘虚攻通州，北平无重兵，常遇春、李文忠率步骑九万还救，直捣元上都，元顺帝北逃沙漠，北平转危为安。遇春暴卒，李文忠领兵会合大军并力西征，大败围攻大同的元军，生擒脱列伯，杀孔兴。顺帝几次反攻，都已失败，知道不行了，叹一口气，打消了南下反攻的念头，洪武三年死，子爱猷识里达腊继立；徐达大军继续西进，张良弼逃奔宁夏，为扩廓所执。其弟张良臣以庆阳降，不久又叛，城破被杀，陕西平定。

李思齐、孔兴、脱列伯、张良弼兄弟，降的降，死的死，蒙古大将只剩扩廓帖木儿还拥大军驻屯宁夏，不时出兵攻掠，边境守军不得安逸。刘基警告元璋说："不可轻视扩廓，此人真是将材。"洪武三年又命大将军徐达总大军征沙漠，扩廓方围兰州，解围还救，大败奔和林（今蒙古人民共和国库伦西南）。五年又遣将率大军分道进攻，到岭北为扩廓所大败。二十五年后，元璋想起这次大败仗，还非常伤心，写信告诫他的儿子朱棡、朱棣说："吾用兵一世，指挥诸将，未尝败北，致伤军士，正欲养锐，以观胡变。夫何诸将日请深入沙漠，不免疲兵于和林，此盖轻信无谋，以致伤生数万。"据当时人记载，连同过去的几次败仗，合计死亡有四十多万人。

扩廓帖木儿是汉人，却忘"中国祖宗之姓"，作蒙古将军，坚决为异族服务，顽强地和中华人民为敌。孤军逃回沙漠以后，家属被俘，元璋使人送信劝降，娶他妹子作第二子秦王妃。最后派李思齐去做说客，见面时扩廓以礼款待，辞回时还派骑士送到交界地方，正欲分别，骑士说："奉总兵令，请留一点东西作纪念。"思齐说：

“我为公差远来，无以留赠。”骑士直说：“我要你的一只手臂。”思齐知不可免，只好斫下一只手臂，回来后不几天就死了。① 元璋尝说：“如今天下一家了，尚有三事未了，挂在心头。一件少传国玺，一件王保保未擒，一件元太子无音问。到洪武八年，扩廓帖木儿死，洪武十一年爱猷识里达腊死，子脱古思帖木儿继立，仍然拥有重兵，不时侵犯明朝边境。②

北方平定，洪武四年正月，出兵伐夏。以汤和为征西将军，周德兴、廖永忠为副将军，率舟师由瞿塘攻重庆；傅友德为征虏前将军，顾时为副将军，率步骑由秦陇取成都。

明玉珍随州（今湖北随县）人。世代务农，有上百亩田地产业。身长八尺，目有重瞳，性情刚直，乡里间有口舌纠葛，都找他排解，很有威信。徐寿辉起兵，玉珍招集乡豪，修栅治城，以保乡里，被推作屯长。徐寿辉使人招降，不得已加入红军，作统兵征虏大元帅。奉命入川略地，寿辉死后，自立为陇蜀王，以兵守瞿塘，和陈友谅断绝来往。至正二十二年即皇帝位于重庆，建国为夏，年号天统。保境安民，礼聘名士，专务节俭，开进士科，求雅乐，赋税十分取一。下令去释道二教，止奉弥勒，各地都建立弥勒佛堂。休兵息民，百姓安居乐业。在位五年，死时才三十六岁。子明昇以十岁孩子继位，诸将争权，互相残杀，国势日渐衰弱。③

夏国见大军压境，倚仗瞿塘天险，以铁索横断关口，凿两岸石壁，引绳作飞桥，以木板平铺放上炮石木竿铁铳，两岸置炮，层层布防，以为舟师决不能过。汤和水军果然被阻，三个月不能前进一步。

夏人把重兵都配置在东线，北边防务空虚，傅友德趁机南下，连克名城，将克复城池日子写了木牌，投在江里，廖永忠得到消息，从间道绕到敌人背后，两面夹攻，断飞桥，烧铁索，水陆并进，夏

---

① 俞本：《纪事录》；《明史》卷一二四，《扩廓帖木儿传》。

② 《草木子·余录》；《庚申外史》；《国初群雄事略》卷九，扩廓帖木儿。

③ 《明太祖实录》卷十六；杨学可：《明氏实录》。

兵抵挡不住，明昇乞降。傅友德进攻成都，成都知重庆已失，也降。十月汤和等全定川蜀郡县，夏亡。[①]

陈友谅的儿子陈理和明昇两家家属，后来一起被送到高丽去住。两家子孙到明朝中期还有人看到过。[②]

---

① 《明史》卷一二三，《明玉珍传》；《国初群雄事略》卷五，明玉珍。

② 朝鲜《李朝实录》。

第四章　开国皇帝

一、国号大明

吴元年（公元1367年，元顺帝至正二十七年）十二月，朱元璋的北伐大军已经平定山东；南征军已降方国珍，移军取福建，水陆两路都势如破竹。一片捷报声使应天的文武臣僚欢天喜地，估量着军事力量、人民的拥护支持，估量着元朝政府的无能腐败，元朝将军们疯狂内战，统一全国已经是算得出日子的事情了。为了适应新的局面，吴王应该称皇帝，王府臣僚应该进一等作帝国的将相。

一切都商量好了，中书省左丞相宣国公李善长率文武百官奉表劝进，十天后，元璋搬进新盖的宫殿，把要作皇帝的意思，祭告于上帝皇祇说："惟我中国人民之君，自宋运告终，帝命真人于沙漠，入中国为天下主，其君臣父子及孙百有余年，今运亦终。其天下土地人民，豪杰分争。惟帝赐英贤为臣之辅，遂戡定群雄，息民于田野。今地周回二万里广。诸臣下皆曰生民无主，必欲推尊帝号，臣不敢辞，亦不敢不告上帝皇祇。是用明年正月四日于钟山之阳，设坛备仪，昭告帝祇，惟简在帝心：如臣可为生民主，告祭之日，帝祇来临，天朗气清；如臣不可，至日当烈风异景，使臣知之。"①

即位礼仪也决定了。这一天先告祀天地，即皇帝位于南郊，丞相率百官以下和都民耆老拜贺舞蹈，连呼万岁三声，礼成。具皇帝卤簿威仪导从，到太庙追尊四代祖父母父母为皇帝皇后。再祭告社稷。于是皇帝服衮冕，在奉天殿受百官贺，这样就算成为合法的皇帝了。

---

① 《明太祖实录》卷二十四。

皇帝办公的正殿名为奉天殿，皇帝诏书的开头规定用“奉天承运”四字。原来元时皇帝诏书的开头用“长生天气力里、大福荫护助里”，文言译作“上天眷命”，朱元璋以为这口气不够谦卑，改为“奉天承运”，表示他的一切行动都是“奉天”而行的，他的皇朝是“承”方兴之“运”的，谁能反抗天命，谁又敢于违逆兴运！

洪武元年（公元1368年）正月初四日，朱元璋定有天下之号曰大明，建元洪武。以应天为京师。

奉天殿受贺后，立妃马氏为皇后，世子标为皇太子。以李善长、徐达为左右丞相，各文武功臣都加官进爵。皇族死的活的全都封王。一霎时闹闹攘攘，欢欢喜喜，新朝廷上充满了蓬蓬勃勃的新气象，新京师里平添了几百千家新贵族，历史上出现了一个统一的新朝代。①

皇族和其他许多文武官僚家族组成新统治集团，代表这集团执行统治的机构是朝廷，这朝廷是为朱家皇朝服务的，朱家皇朝的建立者朱元璋，给他的皇朝起的名号——大明。

大明这一国号的决定，事前曾经经过长期的考虑。

历史上的朝代称号，都有其特殊的意义。大体上可以分作四类：第一类用初起时的地名，如秦、汉；第二类用所封的爵邑，如隋、唐；第三类用特殊的物产，如辽（镔铁）、金；第四类用文字的含义，如大真、大元。② 大明应该属于第四类。

大明的意义出于明教。明教本有明王出世的传说，经过五百多年公开和秘密的传播，明王出世成为民间所熟知的预言。韩山童自称明王起事，败死后，他的儿子韩林儿继称小明王。西系红军别支的明昇也称小明王。朱元璋原来是小明王的部将，害死小明王，继之而起，国号大明。③ 据说是刘基出的主意。④

---

① 《明太祖实录》卷二十五。

② 赵翼：《廿二史札记》卷二十九，《元建国始用文义》。

③ 孙宜《大明初略》四：“国号大明，承林儿小明号也。”朱国桢：《涌幢小品》卷二：“国号加大，始于胡元，我朝因之，盖返左衽之旧，自合如此。且以别于小明王也。其言大汉、大唐、大宋者，乃外夷及臣子尊称之词。”

④ 祝允明：《野记》卷一。

朱元璋部下分红军和儒生两种人，也就是农民和地主两个系统，这一国号的采用使两个系统的人都感觉满意。就出自红军的诸将来说，他们大多数起自淮西，受了彭莹玉的教化，其余的不是郭子兴的部将，就是小明王的故将，或天完和汉的降将，总之，都是明教徒。国号大明，第一表示新政权是继承小明王的，所有明教徒都是一家人，应该团结在一起，共享富贵；第二告诉人以明王已经出世，已经即位，只此一家，其他的全是假冒的，不要相信；第三使人民安心，老实本分，享受明王治下的和平合理生活。就出自地主的儒生集团来说，他们固然反对明教，和红军处于敌对地位，用尽心机，劝诱朱元璋背叛明教，放弃红军主张，暗杀小明王，另建新朝代。可是，对于这一国号，却用儒家的看法去解释。明是光明，是火，分开是日月二字，古礼有祀“大明”，朝“日”夕“月”的说法，千多年来“大明”和日月都算是朝廷的正祀，无论是列作郊祭或特祭，都为历代皇家所重视，儒生所乐于讨论的。而且，新朝是起于南方的，和以前各朝从北方起事平定南方的恰好相反，拿阴阳五行之说来推论，南方为火，为阳，神是祝融，颜色赤，北方是水，属阴，神是玄冥，颜色黑。新朝建都金陵，是祝融的故墟①，元朝建都北平，起自蒙古大漠。那么，以火制水，以阳消阴，以明克暗，不是恰好相胜？再则，历史上的宫殿名称有大明宫、大明殿，古神话里“朱明”一词又把国姓和国号联在一起，尤为巧合。因此，儒生这一系统也赞成用这国号。这两种人的出发点不同，结论却取得一致。②

元末二十年的阶级斗争和民族斗争，被统治者组织武装力量，宣传标榜的是“明王出世”，是“弥勒降生”的预言。朱元璋是深深

① 袁义新《凤阳新书》卷一《太祖本纪》：“本姓朱，本祝融。祝融，帝颛顼子，为帝喾火正，有大勋劳于天下，故别为祝融。在国臣（柯）促炯言：……太祖定鼎金陵，则祝融之故墟也……胡建国号大明，其有祖也。夫祝融大明，容光必照……所以我太祖以大明建国，亦以大明光天，中天下而立，定四海之民，所重民历，以示三纲五常，以昭日月，以引趋光而避凶，此皇明治天下，潜移默化之大旨，所以四海来朝，亦以是赐之耳。知此道者，其可以语我太祖取号大明之秘义乎。故汉德若水，我皇明其德如日月之代明，汉得地道，我皇明得天道，三统之义，皇明统于天矣。”

② 吴晗：《明教与大明帝国》，载《清华学报》三十周年纪念号。

明白这类预言，这类秘密组织的意义的。正因为他是明教徒，正因为他崇奉弥勒，正因为他是从明教和弥勒教的秘密传播得到机会和成功，成为新兴的统治者，他要把这份产业永远保持下去，传之子孙，再不许可别的人学他的榜样，危害他的统治。而且，大明已经成为国号了，更不能容许对这名词有所亵渎。因此，建国的第一年，就用诏书禁止一切邪教，特别是白莲社、大明教和弥勒教。跟着把这禁令写成法律条文，《大明律·礼律·禁止师巫邪术》条规定："凡师巫假降邪神，书符咒水，扶鸾祷圣，自号端公、太保、师婆，妄称弥勒佛、白莲社、明尊教、白云宗等会。一应左道乱正之术，或隐藏图像，烧香集众，夜聚晓散，佯修善事，煽惑人民。为首者绞。为从者各杖一百，流三千里。"句解："端公、太保，降神之男子；师婆，降神之妇人。白莲社如昔远公修净土之教，今奉弥勒佛十八龙天持斋念佛者。明尊教谓男子修行斋戒，奉牟尼光佛教法者。白云宗寺会盖谓释氏支流派分七十二家，白云持一宗如黄梅、曹溪之类是也。"明尊教即明教，牟尼光佛即摩尼。《昭代王章·条例》："左道惑众之人，或烧香集徒，夜聚晓散，为从者及称为善友，求讨布施，至十人以上，事发，属军卫者俱发边卫充军，属有司者发口外为民。"善友也正是明教教友称号的一种。《招判枢机·定师巫邪术罪款》说："有等捏怪之徒，罔顾明时之法，乃敢立白莲社，自号端公。拭清风刀，人呼太保。尝云能用五雷，能集方神。得先天，知后世。凡所以煽惑人心者千形万状。小则入迷而忘亲忘家，大即心惑而丧心丧志，甚至聚集成党，集党成祸，不测之变，种种立见者，其害不可胜言也。"① 温州、泉州的大明教，从南宋以来就根深蒂固流传在民间，到明初还"造饰殿堂甚侈，民之无业者咸归之"。因为名犯国号，教堂被毁，教产被没收，教徒被逐归农。② 宋、元以来的明州，也改名为宁波。③ 明教徒在严刑压制之下，只好再改

① 《昭代王章》；《明律》十一，《礼》一。王世贞《名卿绩纪》卷三《李善长传》："洪武元年高帝幸汴还……又请禁淫祀白莲社、明尊教、白云巫觋，扶鸾祷圣书符咒水邪术。诏可。"

② 宋濂：《芝园续集》四，《胡岐宁卫经历熊府君墓铭》；何乔远：《闽书》七，《方域志》。

③ 吕毖：《明朝小史》卷二。

换名称，暗地里活动，成为民间的秘密组织了。

弥勒教等秘密宗教在民间的传播情况，特别是江西地区的情况，从朱元璋在洪武十九年诰戒人民的话里可以看出来。他说："元政不纲，天将更其运祚，而愚民好作乱者兴焉。初本数人，其余愚者闻此风而思为之，合共谋倡乱。是等之家，吾亲目睹……秦之陈胜、吴广，汉之黄巾，隋之杨玄感、僧向海明，唐之王仙芝，宋之王则等辈，皆系造言倡乱者。致干戈横作，物命损伤者多。比其事成也，天不与倡乱者，殃归首乱，福在殿兴。今江西有等愚民，妻不谏夫，夫不戒前人所失，夫妇愚于家，反教子孙，一概念诵南无弥勒尊佛，以为六字，又欲造祸，以殃乡里……今后良民凡有六字者即时烧毁，毋存毋奉，永保己安，良民戒之哉！"① 特别指出凡是造言首事的都没有好下场，"殃归首乱"，只有自己是跟从的，成了事业，所以"福在殿兴"。他劝人民脱离弥勒教，不奉六字。劝人民不要首事造祸，翻来覆去地说。但是，他所说的"愚民"还是好作乱，还是"闻此风而思为之"。从洪武初年到永乐七年（公元1409年），小明王在西北的徒党仍然很活跃，王金刚奴自称四天王，在沔县西黑山天池平等处，以佛法惑众。其党田九成自称后明皇帝，年号仍用龙凤。高福兴自称弥勒佛，帝号和年号都直承小明王，根本不承认朱元璋这个新兴的朝代。前后攻破屯寨，杀死官军。② 同时西系红军的根据地蕲州、罗田都曾发生弥勒教徒的反抗斗争。如永乐四年蕲州广济县"妖僧"守座聚男女立白莲社，毁形断指，假神煽惑被杀。七年在湘潭，十六年在保定，都有弥勒教徒起事失败的记录。湘潭的起事头目是从江西来的，保定的头目演说"应劫"、"五公"诸经，发展到真定、容城、山西洪洞等县人民皆受戒约。③ 以后一直到明亡，这些秘密宗教仍然不断在各地传播和暴动。

---

① 明太祖：《大诰三编》，造言好乱第十二。

② 《明成祖实录》卷九十；沈德符：《野获编》卷三十，《再僭龙凤年号》。

③ 《明成祖实录》卷五十六、卷九十六、卷二百。

二、大一统和不征之国

朱元璋以洪武元年称帝，建立新皇朝，但是大一统事业的完成，还得花二十年时间。

元顺帝北走以后，元朝遗留在内地的军力还有两大支：一支是云南的梁王；一支是东北的纳哈出，都用元朝年号，雄踞一方。云南和蒙古本部隔绝，势力孤单，朱元璋的注意力先集中在西南，从洪武四年消灭了割据四川的夏国以后，便着手经营，先后派遣使臣王祎、吴云招降，都被梁王所杀。到洪武十四年，决意用军力进取，派出傅友德、沐英、蓝玉三将军分两路进攻。

这时云南在政治上和地理上分作三个系统：一是直属蒙古合罕，以昆明为中心的梁王；二是在政治上隶属于蒙古政府，但享有自治权以大理为中心的土酋段氏。以上所属的地区都被区分为路、府、州、县。三是在上述两系统以外和南部思普一带的少数民族，就是明代叫作土司的地区。现代贵州的西部，在元代属于云南行省，东部设八番顺元诸军民宣慰使司，管理罗罗族及苗族各土司。元至正二十四年，朱元璋平定湖南、湖北，和湖南接界的贵州思南宣慰和思州（今思县）宣抚先后降附。到平定夏国后，四川全境都入版图，和四川接境的贵州宣慰和普定府总管也自动归附。贵州的土司大部分归顺明朝，云南在东北两面便失去屏蔽了。

明兵从云南的东北两面进攻，一路由四川南下取乌撒（今云南镇雄、贵州威宁等地），这地方是四川、云南、贵州三省接壤处，犬牙突出，是一个军事据点，和在昆明的梁王主力军呼应，并且是罗罗族的集中居住区；一路由湖南西取普定（今贵州安顺），进攻昆明。从明军动员那天算起，不过一百多天功夫，东路军便已直抵昆明，梁王兵败自杀。再北上和北路军会攻乌撒，把蒙古军队消灭了，附近东川（今云南会泽）、乌蒙（今云南昭通）、芒部（今云南镇雄）诸罗罗族全部降附，昆明附近诸路也都以次归顺。洪武十五年二月设置贵州都指挥使司和云南都指挥使司，建立了军事统治机构。闰二月又设置云南布政使司，建立了政治领导机构。[①] 分别派官开筑道路，宽十丈，以六十里为一驿，把四川、云南、贵州的交通联接起来。在要害地区，屯兵驻守，建立卫所，就令“那处蛮人供给军食”，控扼粮运、交通系统的安全。[②] 布置好了，再以大军西向攻下大理，经略西北和西南地方，招降麽些、罗罗、撣、僰诸族，分兵勘定各土司。分云南为五十二府，五十四县。云南边外的缅国和八百媳妇（今属泰国）也遣使内附，设置缅中、缅甸和老挝、八百诸宣慰司。为了云南太远，交通不便，特派义子西平侯沐英统兵镇守，沐家子孙世世承袭，在云南三百年，竟和明朝相始终。

纳哈出是元朝世将，太平失守被俘，元璋放他北还。元亡后纳哈出拥兵蟠踞金山（在开原西北，辽河北岸），养精蓄锐，等候机会南下。和蒙古合罕的中路军、扩廓帖木儿的西路军互相呼应，形成三路钳制明军的局面。在东北，除金山纳哈出军以外，辽阳、沈阳、开元一带都有蒙古军屯聚。洪武四年元辽阳守将刘益来降，建辽东指挥使司，接着又建立辽东都指挥使司，总辖辽东军马，以次平定沈阳、开元等地。同时又从河北、陕西、山西各地出兵大举深入沙漠，击破扩廓帖木儿的主力，进攻应昌（今热河经棚县西境，内蒙古自治区捕鱼儿海旁）。元顺帝死，子爱猷识里达腊继立，年号宣光，明军破应昌，元主远遁漠北。到洪武八年扩廓帖木儿死后，蒙古西路和中路的军力日渐衰弱，不能再深入内地侵掠了。朱元璋乘机经营甘肃、宁夏一带地区，招抚西北各羌族和回族部落，分别给以土司名义或王号，使其个别内向，利用诸部族军力，阻止蒙古军的侵入。在长城以北今内蒙古自治区地方，则就各要害地方建立军事据点，逐步推进，用强大军力压迫蒙古军退到更北的大沙漠，不使靠近边塞。西北方面的问题完全解决了，再转回头来收拾东北。

洪武二十年冯胜、傅友德、蓝玉诸大将奉命北征纳哈出。大军

---

① 《明史》卷一二四《把匝剌瓦尔密传》，卷一二六《沐英传》，卷一二九《傅友德传》，卷一三二《蓝玉传》。

② 张纮：《云南机务钞黄》，洪武十五年闰二月廿五日敕。

出长城松亭关，筑大宁（今热河黑城）、宽河（今热河宽河）、会州（今热河平泉）、富峪（今热河平泉之北）四城，储粮供应前方，留兵屯守，切断纳哈出和蒙古中路军的呼应。明主力军东向从北面包围金山，纳哈出势穷力蹙，孤军无援，只好投降，辽东全部平定。① 于是立北平行都指挥使司于大宁，东和辽阳，西和大同应援，作为北边国防前线的三大要塞。又西面和开平卫（元上都，今内蒙古自治区多伦县地）、兴和千户所（今内蒙古自治区张北县地）、东胜城（今内蒙古自治区托克托县及茂茂明安旗之地）诸军事据点，联结成长城以外的第一道国防线。从辽河向西几千里的地方，设卫置所，屯驻军马，建立了保卫长城的长城。② 两年后，蒙古合罕脱古思帖木儿被杀，部属分散。以后蒙古内部又连续发生政变，叛乱，实力逐渐衰弱，大明帝国北边的边防，也因之而获得几十年的安宁。

东北的蒙古军虽然降附，还有女真族的问题急待解决。女真这一部族原是金人的后裔，依地理分布，大致分为建州、海西、野人三种。过去两属于蒙古和高丽，部落分散，时常纠合向内地侵略，掠取粮食耕牛铁器壮丁，扰害边境，防不胜防。朱元璋采取军事和政治双管齐下的政策，军事上封韩王于开原，宁王于大宁，控扼辽河两头，封辽王于广宁（今辽宁北镇），建立三个军事中心，作为阻止蒙古和女真内犯的重镇。政治上采取分化政策，把辽河以东诸女真部族，个别用金帛招抚，分立为若干羁縻式的卫所，使其自成单位，给予各部落酋长以卫所军官职衔，许其禀承朝命世袭，并各给玺书，作为进贡和互市的凭证，满足他们物资交换的经济要求。这样，女真族就依地理分布成为几十个卫所，不相隶属，任何一个单位都没有力量单独侵掠内地了。③ 到明成祖时代，越发积极推行这政策，拓地到现在的黑龙江口，增置的卫所连同旧有的共有一百八

① 《明史》卷一二九《冯胜传》，卷一二五《常遇春传》，卷一三二《蓝玉传》；钱谦益：《国初群雄事略》卷十一，海西侯纳哈出。

② 《明史》，《兵志》三；严从简：《殊域周咨录》卷十七，鞑靼；方孔炤：《全边略记》卷三；黄道周：《博物典汇》卷十九。

③ 孟森：《清朝前纪》，《明元清系通纪》。

十四卫，立奴儿干都指挥使司以统之。①

辽东平定后，大一统的事业完全成功了。和前代一样，这大一统的帝国领有属国和许多藩国。从东面算起，洪武二十五年高丽发生政变，大将李成桂推翻亲元的王朝，自立为王，改国号为朝鲜，成为大明帝国最忠顺的属国。藩国东南有琉球国，西南有安南、真腊、占城、暹罗，和南洋群岛诸岛国。内地和边疆则有许多羁縻的部族和土司。

藩属和帝国臣属关系的建立，照历代传统办法，在帝国方面，派遣使臣宣告新朝建立，藩国必须缴还前朝颁赐国王的印绶册诰，解除对前朝的臣属关系。同时重新颁赐新朝的印绶册诰，藩王受新朝册封，成为新朝的藩国。其次，由新朝逐年颁赐大统历，使之遵奉新朝的正朔，永为藩臣。在藩国方面，则必须遣使称臣入贡，新王即位必须请求帝国册封，所享受的权利，是对帝国通商——互市和皇帝的优渥赏赐；如遇到和其他藩国发生纠纷，或被另一藩国攻击时，可以请求帝国调解和援助。至于藩国的内政，则可以完全自主，帝国从来不加干涉。帝国为了和藩国互市，交换经济物资，在沿海特别开放三个通商口岸，主持通商和接待蕃舶的衙门是市舶司，指定宁波市舶司通日本，泉州市舶司通琉球，广州市舶司通占城、暹罗和南洋诸岛国。

朱元璋的对外政策，是人不犯我，我不犯人，人若犯我，我必犯人。他把外国分作两类，一类是不征之国，一类是必须谨备的敌国，应该分别看待。他特别在《皇明祖训》中郑重告诫说：

> 四方诸夷皆限山隔海，僻在一隅，得其地不足以供给，得其民不足以使令。若其不自揣量，来挠我边，则彼为不祥。彼既不为中国患，而我兴兵轻犯，亦不祥也。吾恐后世子孙倚中国富强，贪一时战功，无故兴兵，杀伤人命，切记不可！但胡戎与中国边境密迩，累世战争，必选将练兵，时谨备之。
>
> 今将不征诸国名列于后：

① 内藤虎次郎：《明奴儿干永宁寺碑考》，载《北平图书馆馆刊》四卷六期。

东北：朝鲜国

正东偏北：日本国（虽朝实诈，暗通奸臣胡惟庸谋为不轨，故绝之。）

正南偏东：大琉球国　小琉球国

西南：安南国　真腊国　暹罗国　占城国　苏门答剌国　西洋国　爪哇国　湓亨国　白花国　三弗齐国　渤泥国①

中国是一个大国，是一个农业国，工商业不发达，不需要海外市场；土地面积大，用不着殖民地；人口众多，不缺乏劳动力。向海外诸国侵略，“得其地不足以供给，得其民不足以使令”。没有什么好处。而且打仗还得花钱，死人，打胜仗没有好处，打败仗越发划不来。因之，朱元璋反复告诫他的子孙，不可倚中国富强，贪一时战功，无故兴兵，杀伤人命。所谓“无故”，就是“彼既不为中国患”，反过来，假如有的国家不自揣量，胆敢侵犯我国边境，对于这个国家是不祥的，没有好结果的。他反对侵略别的国家，也坚决不容许别的国家来侵略。他吸收了元代用兵海外的失败经验，从国家的利益出发，制定对外政策：保境安民，和平相处。②

属国和藩国的不同处，在于属国和帝国的关系更密切一些，在某些场合，帝国可以过问属国的内政，经济上的联系也比较的多一些。

内地的土司要定期进贡，酋长继承要得到朝廷许可，内政也可自主。部族土司领兵的直属兵部，土府土县直属吏部。平时有纳税，开辟并保养道路，战时有调兵从征的义务。土司衙门有宣慰司、宣抚司、招讨司、安抚司、长官司、土府、土县等名目，长官都是世袭，有一定的辖地和土民，总称土司。如土司内部发生纠纷，或反抗朝廷失败后，往往被收回自治权，直属朝廷，改用流官治理，即所谓“改土归流”。土司和朝廷的关系，在土司说，借朝廷所给予的官位威权，镇慑部下百姓，便于奴役搜括；在朝廷说，用官爵赏赐

① 《皇明祖训·箴戒章》。

② 吴晗：《十六世纪前之中国与南洋》，载《清华学报》十一卷一期。

牢笼有实力的酋长，使其倾心内向，维持地方安宁，可以说是互相为用的。

概括地说来，明代西南地区各民族的分布情况，湖南、四川、贵州三省交界处是苗族活动的中心，向南发展到了贵州；广西则是瑶族（在东部）、僮族（在西部）的根据地；四川、云南、贵州三省交界处则是罗罗族的聚居地区；四川西部和云南西北部则有麽些族；云南南部有僰族；四川北部和青海、甘肃、宁夏有羌族。

在上述各地区中，除纯粹由土官治理的土司而外，还有一种参用流官的制度。流官即朝廷所任免的有一定任期的非世袭的地方官，大致是以土官为主，派遣流官为辅，流官在事实上执行监督的任务。和这情形相反，在设立流官的州县，辖境内也有不同部族的土司存在。以此，在同一布政使司治下，有流官的州县，有土官的土司，有土流合治的州县，也有土官的州县；即在同一流官治理的州县内，也有汉族和其他各族人民杂居的情形。民族问题错综复杂，最容易引起纠纷以至战争。汉族人民生产技术高，人数多，力量大，用经济力量挤，用政治力量抢，用武装力量赶，占取各族人民的土地物资。各族人民有的被迫迁徙到山上，过极度艰苦的日子；有的被屠杀消灭了；有的不甘心忍受压迫，组织起来以武力反抗，爆发了地方性的甚至大规模的战争。明朝政府管理各族人民的原则，在边境采取放任的愚民政策，只要土司能服从号令，便听任其作威作福，世世相承，不加干涉；在内地则采取积极的同化政策，如派遣流官助理，开设道路驿站，选拔土司子弟到国子监读书，从而使其完粮纳税，应服军役，逐步加强统治，最后改建为直接治理的流官州县。①

治理西北羌族的办法分两种：一种是用其酋长为卫所长官，世世承袭；一种因其土俗，建立寺院并赐僧侣封号，通过宗教来治理人民。羌族的力量分化，兵力分散，西边的国防也就没有问题了。②现在的西藏和西康当时叫作乌斯藏和朵甘，居民信奉喇嘛教，僧侣

---

①《明史·土司传》。

②《明史·西域传》。

兼管政事。明朝继承元代制度，封其长老为国师法王，令其抚安人民，定期朝贡。又以西边各族人民对茶叶特别爱好，在边境设立茶课司，用茶叶和西边各族人民交换马匹，入贡的赏赐也以茶叶和布匹为主。西边诸国的酋长、僧侣为了入贡的赏赐和互市的利益，为了保持世代袭官和受封的权利，都觉得维持这种关系有好处，相安无事。明代三百年间，西边边防比较平静，没有发生什么大规模战争。

对蒙古、色目人，继续贯彻北伐檄文所提出的“愿为臣民者，与中夏之人抚养无异”的政策，凡是参加中华文化系统的外族，概不歧视。蒙古、色目的官吏和汉人同样进用，在朝廷有做到尚书、侍郎的，在地方作知府、知县，临民办事。① 在军队里更多，甚至在亲军中也有蒙古军队和军官。② 由朝廷编置勘合（合同文书）给赐汉人姓名，和汉人一无分别。③ 婚姻则制定法令，准许和汉人通婚，务要两相情愿，如汉人不愿，许其同类自相嫁娶。④ 这样，这些居住内地的蒙古、色目人经过几代，都同化为中华民族的成员了。内中有几十家军人世家，都立了功。对于塞外的外族，则继承元朝的抚育政策，告诉他们新朝仍和前朝一样，各安生理，不要害怕。

“复汉官之威仪”，下诏书恢复人民的衣冠如唐朝的式样。蒙古人留下的习俗，辫发、椎髻、胡服：男袴褶窄袖及辫线腰褶，妇女衣窄袖短衣，下服裙裳，胡语胡姓，一切禁止。⑤ 蒙古俗丧葬作乐娱尸，礼仪官品座次以右手为尊，也废除和改正了。⑥ 参酌古代礼经和实际生活，规定了各阶级人民的生活服用、房舍、舆从种种制度，违反了都要受到法律的制裁。

---

① 《明太祖实录》卷一九九、卷二〇二；《明史》，卷一三八《周桢传》，卷一百四十《道同传》。

② 《明太祖实录》卷七十一、卷一九〇。

③ 《明太祖实录》卷五十；《明成祖实录》卷三十三。

④ 《明律》六，《户律》。

⑤ 《明太祖实录》卷三十。

⑥ 《明史·太祖本纪》。

三、建都和国防

朱元璋在称帝建国之后，摆在面前的问题，第一是怎样建立一个有效能的政治中心，即首都建在何处？第二是用什么方法来维持皇家万世一系的统治？

远在初渡江克太平时，陶安便建议先取金陵，据形势以临四方。① 冯国用劝定都金陵，以为根本。② 叶兑上书请定都金陵，然后拓地江广，进则越两淮以北征，退则画长江以自守。③ 谋臣策士一致主张定都应天。经过长期考虑之后，龙凤十二年六月，扩大应天旧城，建筑新宫于钟山之南，到次年九月完工，这是吴王时代的都城。

洪武元年称帝，北伐南征，到洪武二十年辽东归附，全国统一。在这二十年中，朱元璋由王而帝，所治理的疆域由东南一角落扩展为大明帝国，吴王时代的都城如何适应这扩大以后的局面，便成为问题了。因为元帝虽然北走沙漠，仍然是蒙古大汗，保有强大的军力，时时有南下复辟、卷土重来的企图；同时沿海一带倭寇侵扰，也是国防上的重大问题。国都的确定和国防计划的安排是密切相关的，是当时朝野所最关心的两件大事。

自然环境是这样，从辽东到广东，沿海几千里的海岸线，时时处处都有被倭寇侵掠的危险。东北和北面、西北面，长城以外便是蒙古人的势力，如不在险要处屯驻重兵，一旦蒙古铁骑奔驰南下，黄河以北就很不容易守住。防边要用重兵，如把边境军权付托诸将，又怕尾大不掉，有造成藩镇跋扈的危险；如以重兵直隶中央，则国都必须设在国防前线，才便于统辖指挥。东南是全国的经济中心，北方为了国防的安全，又必须成为全国的军事中心。国都如建设在

① 《明史》卷一三六，《陶安传》。
② 《明史》卷一二九，《冯胜传》；孙承泽：《春明梦余录》卷一。
③ 《明史》卷一三五，《叶兑传》。

东南，和经济中心结合，则北边空虚，无力阻止蒙古军的南侵；如建立在北边，和军事中心合一，则粮食仍须靠东南供应，运输费用太大，极不经济。

帝国都城问题之外，还有帝国制度问题。是郡县制呢，还是封建制呢？就历史经验教训说，秦汉唐宋之亡，没有强大的亲藩支持屏卫，是原因之一。可是周代封建子弟，又闹得枝强干弱，天王威令不行。这两个制度的折衷办法是西汉初期的郡国制，一面立郡县，设官分治，集大权于朝廷；一面又置藩国，封建子弟，使为皇家捍御。把帝国建都和制度问题一起解决，设国都于东南财赋之区，封子弟于北边国防据点，这样，在经济上，在军事上，在皇家统治权的永久维持上，都圆满解决了。

明初定都应天的重要理由是从经济上出发的：第一因为江浙富庶，不但有长江三角洲大谷仓，而且还是纺织工业、盐业的中心，应天是这些物资的集散地，所谓“财赋出于东南，而金陵为其会”①。第二是吴王时代所奠定的宫阙，不愿轻易放弃，且如另建都城，则又得重加一番劳费。第三朱元璋的左右文武重臣都是江淮子弟，不愿意远离乡土。第一个理由是基本的，后两个是次要的。虽然如此，朝廷上下又觉得不妥当，因为从照应北方军事的观点来说，这个都城的地理位置显然是不合适的。洪武元年取下汴梁后，朱元璋曾亲去视察，认为这地方虽然地位适中，但是无险可守，四面受敌，论形势还不如应天。② 为了西北未定，要运送粮饷和补充军力，不能不有一个军事上的补给基地，于是模仿古代两京之制，八月以应天为南京，开封（汴梁）为北京。次年八月陕西平定，北方全入版图，形势改变了，国都重建问题又再次提出。廷臣中有人主张关中险固，金城天府之国；有人建议洛阳为全国中心，四方朝贡距离相等；也有人提出开封是宋朝旧都，漕运方便；又有人以为北平（元大都）宫室完备，建都可省营造费用。各种各样的意见都引经据典提出讨论，朱元璋批评这些建议都有片面的理由，只是都不能够

① 丘濬：《大学衍义补·都邑之建》。

② 刘辰：《国初事迹》。

适应现状。长安、洛阳、开封过去周、秦、汉、魏、唐、宋都曾经建过都，但从今天的情况说，打了几十年仗，人民还未休息过来，如在这些地方新建都城，供给力役都出于江南，百姓负担不了。即使是北平吧，虽然有元朝的旧宫室，总得有更动，不免费事。还不如仍旧在南京，据形势之地，长江天堑，龙蟠虎踞，可以立国。次之，临濠（濠州）前长江后淮水，地势险要，运输方便，也是可以建都的地方。① 决定以临濠为中都，动工修造城池宫殿，从洪武二年九月起手，到八年四月，修建工程还在进行。刘基坚决反对，以为凤阳虽是帝乡，但就种种条件说，都不适宜建都，方才停工。②洪武十一年下诏改南京为京师，踌躇了十年的建都问题，到这时，才下了决心。③

决心虽然下了，但是为了防御蒙古，控扼北方边防，朱元璋还是有迁都西北的打算，选定的地点仍是长安和洛阳。洪武二十四年八月特派皇太子巡视西北，比较两地的形势，太子回朝后，献陕西地图，提出意见。不料第二年太子病死，迁都大事只好搁下。④

京师新宫原来是燕尾湖，填湖建宫，地势南面高，北面低，就堪舆家的说法是不合建造法则的。皇太子死后，老皇帝很伤心，百无聊赖中把太子之死归咎于新宫风水不好，这年年底亲撰《祭光禄寺灶神文》说：

> 朕经营天下数十年，事事按古有绪。维宫城前昂后洼，形势不称。本欲迁都。今朕年老，精力已倦。又天下新定，不欲劳民。且废兴有数，只得听天。惟愿鉴朕此心，福其子孙。⑤

六十五岁的白发衰翁，失去勇气，只求上天保佑，从此不再提迁都的话了。

---

① 黄光昇：《昭代典则》。

② 《明史》，《太祖本纪》二，卷一二八《刘基传》。

③ 《明史》，《地理志》一。

④ 《明史》，卷一一五《兴宗孝康皇帝传》，卷一四七《胡广传》；姜清：《姜氏秘史》卷一；郑晓：《今言》二七四。

⑤ 顾炎武：《天下郡国利病书》卷十三，江南一。

分封诸王的制度，决定于洪武二年四月初编《皇明祖训》的时候，三年四月封皇第二子到第十子为亲王。但是诸王的就藩，却在洪武十一年决定以南京为京师之后。① 从封王到诸王就藩前后相隔九年，原因是诸子有的没有成年和都城未定，牵连到立国的制度也不能决定。到京师决定后，第二子秦王建国西安，三子晋王建国太原。十三年四子燕王建国北平，出镇在沿长城的国防重镇。十四年五子周王建国开封，六子楚王出藩武昌。十五年七子齐王建国青州。十八年潭王到长沙，鲁王到兖州。以后其他幼王先后成年就国，星罗棋布，分驻在全国各军略要地。

就军事形势而论，诸王国的建立分作第一线和第二线，或者说是前方和后方。第一线诸王的任务在防止蒙古入侵，凭借天然险要，建立军事重心，有塞王之称。诸塞王沿长城线立国，又可分作外内二线：外线东渡榆关，跨辽东，南制朝鲜，北联开原，控扼东北诸部族，以广宁为中心，建辽国；经渔阳（今河北蓟县）、卢龙，出喜峰口，切断蒙古南侵道路，以大宁为中心，包括今朝阳、赤峰一带，建宁国；北平地势险要，建燕国；出居庸，蔽雁门，以谷王驻宣府（今河北省宣化），代王驻大同；逾河而西，北保宁夏，倚贺兰山，以庆王守宁夏；又西向控扼河西走廊，扃嘉峪，护西域诸国，建肃国。东从开原，西到瓜、沙，联成一气。内线是太原的晋国和西安的秦国。后方诸名城则开封有周王，武昌有楚王，青州有齐王，长沙有潭王，兖州有鲁王，成都有蜀王，荆州有湘王等国。②

诸王在其封地建立王府，设置官属。亲王的冕服车旗仅下皇帝一等，公侯大臣见王要俯首拜谒，不许钧礼。亲王的位虽然极高极贵，却没有土地，也不统治人民，不能干预民政，王府之外，便归朝廷所任命的各级官吏治理。每年有一石的俸米和其他赏赐。另一方面，诸王有统兵和指挥军事权，每王府设亲王护卫指挥使司，有三护卫，护卫甲士少者千人，多的到一万九千人。③ 塞王的

① 《明史》，《太祖本纪》二。

② 何乔远：《名山藏》，《分藩记》一。

③ 《明史》，《兵志》二，《卫所》；《诸王传序》。

兵力尤其雄厚，如宁王所部带甲八万，革车六千，所属朵颜三卫骑兵，骁勇善战。① 秦、晋、燕三王的护卫特别经朝廷补充，兵力也最强。②《皇明祖训》规定："凡王国有守镇兵，有护卫兵。其守镇兵有常选指挥掌之，其护卫兵从王调遣。如本国是险要之地，遇有警急，其守镇兵护卫兵并从王调遣。"而且守镇兵的调发，除御宝文书外，并须得亲王令旨，方得发兵："凡朝廷调兵，须有御宝文书与王，并有御宝文书与守镇官。守镇官既得御宝文书，又得王令旨，方许发兵。无王令旨，不得发兵。"③ 这一项规定使亲王成为地方守军的监视人，是皇帝在地方的军权代表。平时以护卫军监视地方守军，单独可以应变；战时指挥两军，军权付托给亲生儿子，这样就可以放心了。诸塞王每年秋天勒兵巡边，远到塞外，把蒙古部族赶得远远的，叫作"肃清沙漠"④。凡塞王都参预军务，内中晋、燕二王屡次受命将兵出塞和筑城、屯田，大将如宋国公冯胜、颍国公傅友德都受其节制，军中小事专决，大事才请示朝廷，军权独重，立功也最多。⑤

以亲王守边，专决军务。内地各大都会，也以皇子出镇，每一个王国都是军事重心。这样，国都虽然远在东南，也不会有什么问题了。朱元璋以为这样安排，十分妥贴。但是，他没有想到，给儿子以过重的军权，造成尾大不掉的形势。他死后不久，燕王就起兵反对建文帝，发生内战，燕王作了皇帝，迁都北平。把他的建都和国防两桩计划，打得稀烂。

四、官僚机构

朱元璋总结了长时期治理国家的实际经验，和元朝九十年的成

---

① 《明史》卷一一七，《宁王传》。

② 《明史·太祖本纪》："洪武十年正月辛卯，以羽林等卫军益秦、晋、燕三府护卫。"

③ 《皇明祖训·兵卫章》。

④ 《明史》，《兵志》三，《边防》；祝允明：《九朝野记》一。

⑤ 《明史》卷一一六，《晋王棡传》。《太祖本纪》三："洪武二十六年三月，诏二王军务大者始以闻。"

败教训，经过争论，经过多次改革，经过残酷的流血斗争，逐步建立了统治帝国的官僚机构，使之更集中，更有威权，更加完备起来。

先说地方机构：元代的行中书省是从中书省分出去的，什么都管，职权太重，到后期四处兵起，地方人自为战，中央照顾不过来，无法控制。朱元璋自己就是从行省起家的，深深知道行省权重的毛病。洪武九年改行中书省为承宣布政使司，设左右布政使各一人，管这一区域的税收和民政。布政使是朝廷派驻地方的使臣，掌一省之政，朝廷有恩典禁令，通过布政使交给各级地方官执行。全国分浙江、江西、福建、北平、广西、四川、山东、广东、河南、陕西、湖广、山西十二布政使司，十五年增置云南布政使司。① 布政使司的分区，大体上继承元朝的行省，布政使的职权却只管财政和民政，和元朝行中书省的无所不统，轻重大不相同了。而且就地位论，行中书省是以都省机构分设于地方，布政使则是朝廷派驻地方的使臣。前者是中央分权于地方，后者是地方集权于中央，意义也完全不同。此外地方掌管法庭监狱的另设提刑按察使司，长官为按察使，主一省刑名按劾之事。布、按二司和掌军政的都指挥使司合称司，是朝廷派遣到地方的三个派出机关。税收、法庭、常备军三管理机关分别独立，直接由朝廷指挥，达到集中的目的，便于互相牵掣，便于垂直统治。布政使之下的地方政府分两级：第一级是府，长官为知府；有直隶州，即直隶于布政使司的州，长官是知州。第二级是县，长官是知县；有州，长官是知州。州县是直接管理人民的政治机构。②

中央统治机构的改革，稍晚于地方。地方的税收、法庭、监狱、常备军的控制指挥权都集中到中书省了，中书省的职权愈重，威权愈大，和皇帝的冲突、矛盾也就愈益尖锐，愈益不可调和。洪武十三年政治危机爆发了，朱元璋直接控制着军队和特务机构，消灭了和他争夺领导权的淮西新地主集团，丞相胡惟庸和许多元勋宿将被杀。③

---

① 明成祖永乐元年（公元1403年）以北平布政使司为北京，五年置交趾布政使司，十一年置贵州布政使司，宣德三年（公元1428年）罢交趾布政使司，除南京、北京外，定为十三布政使司。

② 《明史·职官志》。

③ 《明史》卷三〇八，《胡惟庸传》；吴晗：《胡惟庸党案考》，载《燕京学报》十五期。

废中书省，仿周官六卿之制，提高原来在中书省之下六部的地位，以六部治国：吏、户、礼、兵、刑、工，每部设尚书一人，侍郎（分左右）二人。吏部管全国官吏任命考绩升降惩处；户部管农业税、商税、盐税和人力征调，礼部管典礼、宗教、祭祀、教育、考试和外交；兵部管常备军军官的任免和军令；刑部管法律、法庭和监狱；工部管工程造作（武器、货币、土木营建等）、水利、交通。都直接对皇帝负责，奉行皇帝的意旨。

军事机关则改枢密院为大都督府，节制中外诸军事。洪武十三年分大都督府为中、左、右、前、后五军都督府。每府以左右都督为长官，各领所属都指挥使司卫所，和兵部互相配合。都督府长官虽管军籍、军政，却不直接统带军队。在有战争时，才奉令出为将军总兵官，指挥作战。战争结束，交还将印，回原职办事。①

监察机关原来是御史台，洪武十五年改为都察院，长官是左右都御史。下有监察御史一百十人，按照布政使司的设置，分掌十三道。职权是纠劾百司，辨明冤枉，凡大臣奸邪，小人构党作威福乱政，百官猥茸贪污舞弊，学术不正，和变乱祖宗制度的都可随时举发弹劾。这衙门的官被皇帝看作是耳目，替皇帝听，替皇帝看，随时向皇帝报告。也被皇帝看作是鹰犬，替皇帝追踪、搏击不忠于皇朝的官民，是替皇帝监视官僚的机关，是替皇帝保持传统思想纲纪的机关。监察御史在朝监察一切官僚机构；出使到地方的，有巡按、清军、提督学校、巡盐、茶马、监军等职务，就中巡按御史算是代皇帝巡狩，按临时所部，大事奏裁，小事立断，是最有威权的一个差使。

行政军事监察三个机关分别独立，不相统属，都单独对皇帝负责。官吏内外互用，其地位以品级规定，自从九品到正一品，九品十八级，官和品一致，升迁调免都有一定的法度。系统分明，职权清楚，法令详密，组织严紧。在整个官僚机构中，又互相钳制，以监察机关监视一切臣僚，以特务组织镇压威制一切官民，六部管民

① 宋濂：《洪武圣政记》，肃军政第四。

不管军，都督府管军不管民，大将平时不指挥军队，动员复员之权属于兵部，供应粮秣的是户部，供给武器的是工部，决定政策的是皇帝。把所有的权力集中在皇帝手上，六部府院直接隶属于皇帝，不但官僚机构更加完备了，皇帝的威权也大大地提高了，发展了。

法律是确定治人和治于人的关系的文件，确定统治者和被统治者权利和义务的记录，保护统治者和镇压被统治者的具体条文。元朝以例为条格，而且民族关系和阶级关系都已起了巨大的变化，旧法律不能适应新的时代要求了。为了运用法律达到保护和镇压的目的，巩固皇家的统治，朱元璋于吴元年指令台、省官立法要简要严，选用深通法律的学者编定律令，经过缜密的商讨，经过三十年的时间，更改删定了四五次，编成《大明律》。条例简于唐律，精神严于宋律。是中国法律史上极重要的一部法典。

官僚的来源，是荐举、学校和科举。

荐举就是任用地主作官，地主有文化，有知识，能够办事，更重要的是他们的利益和皇家一致。远在下金陵时，就辟儒士范祖干、叶仪等，克婺州，召儒士许元、胡翰等，克处州，征耆儒宋濂、刘基、叶琛、章溢。龙凤十年三月命中书省引拔卓荦奇伟之才，地方官选民间俊秀年二十五以上，资性明敏，有学识才干的荐举到中书省，和年老的官员参用。十年以后，年老的退休，年轻的也学会办事了。从此州县每年都荐举人到中书省。还不时派使臣到四方访求贤才，名目有聪明正直、贤良方正、孝弟力田、儒士、孝廉、秀才、人才、耆民、富户、税户人才（纳粮最多的大地主）等等。中央地方大小官员都可以荐举，被荐举的又可以转荐，有一举出来便作朝廷的大官尚书、侍郎和地方的布政使、参政、参议的。最多的一次到过三千七百多人，少的也有一千九百多人。①

荐举只是选用会办事的人才，为了培养新的人才，还得创办学校，设立国子监。

国子监的教职员由吏部任命，学生有两类：一类是官生；一类

① 《明史》卷七十一，《选举志》。

是民生。官生又分两等，一等是品官子弟，一等是各藩国如日本、琉球、暹罗和西南土司子弟。官生是由朝廷指派分发的，民生是由各地地方官保送府州县学的生员。[①] 名额一百五十名，其中民生只占五十名。[②] 后来官生入学的日少，民生保送的日多，以洪武二十六年在学人数为例，学生总数八千一百二十四名，官生只占四名，国子监已经成为广泛训练民生作官的机构了。

功课内容分《御制大诰》、《大明律令》、四书、五经、刘向《说苑》等书。[③] 最重要的是《大诰》。《大诰》是朱元璋自己写的，还有《大诰续编》、《大诰三编》、《大诰武臣》，一共四册。主要的内容是列举所杀官民罪状，使官民知所警戒，和教人民守本分，纳田租，出夫役，老老实实过日子的训话。洪武十九年以《大诰》颁赐监生。二十四年令："今后科举岁贡生员，俱以《大诰》出题试之。"礼部行文国子监正官，严督诸生熟读讲解，以资录用，有不遵者，以违制论。[④] 至于《大明律令》，因为学生的出路是作官，当然是必读书。四书、五经是儒家的经典，朱元璋面谕国子博士："一以孔子所定经书诲诸生。"[⑤]但对于《孟子》，却经过一番曲折。洪武三年朱元璋读到《孟子》书里好些对君上不客气的地方，大发脾气，对人说："这老儿要是活到今天，非严办不可！"下令撤去孔庙中的孟子牌位，把孟子逐出孔庙。后来虽然因为有人替孟子求情，恢复配享，但对于《孟子》这部书，还是认为不妥当。洪武二十七年特命老儒刘三吾编《孟子节文》，把《尽心篇》的"民为贵，社稷次之，君为轻"，《梁惠王篇》国人皆曰贤，国人皆曰可杀一章，"时日曷丧，予及汝偕亡"和《离娄篇》："桀纣之失天下也，失其民也。失其民者，失其心也"一章，《万章篇》天与贤则与贤一章，"天视自我民视，天听自我民听"，"君有大过则谏，反覆之而不听，则易位"，以及类似的"闻诛一夫纣矣，未闻弑君也"，"君之视臣如草芥，则臣视

---

① 黄佐：《南廱志》卷十五。

② 《皇明制书·大明礼令》。

③ 《南廱志》卷一；《皇明太学志》卷七。

④⑤ 《南廱志》卷一。

君如寇雠”，一共八十五条，都删去了。只剩下一百七十几条，刻版颁行全国学校。所删去的一部分，“课士不以命题，科举不以取士”①。

从洪武二年到三十一年这一时期监生任官的情形来看：第一，监生并没有一定的任官资序，最高的有作到地方大官从二品的布政使，最低的作正九品的县主簿，以至无品级的教谕；第二，监生也没有固定的任官性质，朝廷的部院官、监察官，地方的民政财政官、司法官，以至无所不管的府州县官和学校官，几乎无官不可作；第三，除作官以外，在学的监生，有奉命出使的，有奉命巡行列郡的，有稽核百司案牍的，有到地方督修水利的，有去执行丈量、记录土地面积、定粮的任务的，有清查黄册的（每年一千二百人），有写本的，有在各衙门办事的，有在各衙门实习的，几乎无事不能作；第四，三十年来监生的任官，以洪武二年和二十六年为最高，二年以监生为行省左右参政，各道按察司佥事及知府等官。二十六年以监生六十四人为行省布政、按察两使及参政、参议、副使、佥事等官。以十九年为最多，“命祭酒、司业择监生千余人送吏部，除授知州、知县等职”。“故其时布列中外者，太学生最盛。”②

地方的府、州、县学和国子监一样，生员都是供给廪膳（公费）的。监生和生员都享有免役权，法律规定“免其家差徭二丁”。

地方学校之外，洪武八年又诏地方立社学——乡村小学。

府州县社学都以《御制大诰》和《律令》作主要必修科目。③

除立学以外，还派遣教师到各地任教，洪武初年因为北方经过长期战争破坏，念书的人少，特别派国子监生三百六十六人到各府县办学校。这制度后来也推广到其他各省，选用壮年能文的作教谕等官。

各级学校的普遍设立，甚至每县每乡都设有学校，教育事业的

---

① 《明史》，卷一三九《钱唐传》，卷五十四《礼志》四；全祖望：《鲒埼亭集》卷三十五，《辨钱尚书争孟子事》；北平图书馆藏洪武二十七年刊本《孟子节文》，刘三吾：《孟子节文题辞》；容肇祖：《明太祖的孟子节文》，载《读书与出版》二卷四期。

② 《明史》卷六十九，《选举志》。

③ 吴晗：《明初之学校》，载《清华学报》十四卷二期。

普及，广泛地提高了人民的文化水平，这种盛况是空前的。[①] 同时，由于印刷术的进步和洪武元年颁布的书籍免税令[②]，科举制度的定期举行，读书中举，不再是地主阶级的垄断事业了。一部分农民、手工业者和商人的子弟，为了改换门庭，为了取得比较舒适、安静和尊荣的位置，为了保护家族免于遭受残酷的剥削压迫，在“万般皆下品，惟有读书高”社会风气鼓励之下，在家庭宗族支持之下，他们也进了学校，也参加考试，并且公然闯入统治阶级去成为驾乎人民之上的官吏了。他们成为统治阶级的新成分，扩大了统治阶级的基础，也对统治阶级的巩固起了作用。同时，又以身份的从属，改变了他们的家属亲戚的社会和政治地位，这样，就不可避免地引起各阶级的流动和变化。

除国子监以外，政府官吏的来源是科举。国子监生可以不由科举，直接任官，而从科举出身的人则必须是学校的生员。府州县学的生员（通称秀才）每三年在省城会考一次，称为乡试，及格的为举人。各布政使司的举人名额，除直隶（今江苏、安徽）百人最多，广东、广西二十五人最少，其他九布政使司都是四十人。第二年全国举人会考于京师，称为会试。会试及格的再经一次复试，地点在殿廷，叫作廷试，亦称殿试。复试是形式，意思是让皇帝自己来主持这抡才大典，选拔之权，出于一人。发榜分一二三甲（等），一甲只有三人：状元、榜眼、探花，赐进士及第。二甲若干人，赐进士出身。三甲若干人，赐同进士出身。状元、榜眼、探花的名称是法律规定的，民间又称乡试第一名为解元，会试第一名为会元，二三甲第一名为传胪。乡试由布政使司，会试由礼部主持。状元授官翰林院修撰，榜眼、探花授翰林院编修，二三甲考选庶吉士的都是翰林官，其他或授给事、御史、主事、中书、行人、评事、太常国子博士，或授府推官、知州、知县等官。举人、贡生会试不及格，改入国子监，也可选作小京官，或作府佐和州县正官以及学校教官。

---

① 《明史》卷六十九《选举志》：“盖无地而不设之学，无人而不纳之教，庠声序音，重规叠矩，无间于下邑荒徼，山陬海涯，此明代学校之盛，唐宋以来所不及也。”

② 《明太祖实录》卷三十：“洪武元年八月己卯诏书籍田器等物不得征税。”

科举各级考试，专用四书、五经出题。文体略仿宋经义，要用古人口气说话，只能根据几家指定的注疏发挥，绝对不许有自己的见解。格式排偶，叫作八股，也称制义。这制度是朱元璋和刘基所定的。规定子午卯酉年乡试，辰戌丑未年会试，乡试在八月，会试在二月。每试分三场，初场试四书义三道，经义四道；二场试论一道，判五道，诏诰表内科（选）一道；三场试经史时务策五道。①

学校和科举并行，学校是科举的阶梯，科举是生员的出路，生员通过科举作了官，不但用不着八股，也用不着书本了。这样，科举日重，学校的地位就日轻。学校和科举都是培养和选拔官僚的制度，所学习和考试的范围完全一样，都是四书五经，不但远离实际生活，也禁止接触现实生活。在这种方式培养出来的人才，正如当时人宋濂所描写的："自贡举法行，学者知以摘经拟题为志，其所最切者，惟四子一经之笺，是钻是窥，余则漫不加省。与之交谈，两目瞪然视，舌木强不能对。"② 学校则"稍励廉隅者不愿入学，而学行章句有闻者，未必尽出于弟子员"③。到后来甚至弄到"生徒无复在学肄业，入其庭不见其人，如废寺然"④。科举人才不读书，不知时事，学校没有学生，是一般现象。特别是被强制接受了盲从古人的教育，不许有新的思想，不许有和古人不同的思想。结果是进步的思想被扼杀了，科学停滞了。虽然，在政治上，这个时代培养了合于统治需要的驯服忠顺的官僚，但在学术文化上，却遭受了无可补偿的损失。

历史的教训使朱元璋深切明白宦官和外戚对于政治的祸害。他以为汉朝、唐朝的祸乱都是宦官作的孽。这种人在宫廷里是少不了的，但只能作奴隶使唤，洒扫奔走。人数不可过多，也不可用作心腹耳目，作心腹，心腹病，作耳目，耳目坏。对付的办法，要使之

---

① 《明史》卷七十，《选举志》。

② 宋濂：《銮坡集》卷七，《礼部侍郎曾公神道碑铭》。

③ 宋濂：《翰苑别集》卷一，《送翁好古教授广州序》。

④ 陆容：《菽园杂记》。

守法，守法自然不会作坏事；不要让他们有功劳，一有功劳就难于管束了。立下规矩，凡是内臣都不许读书识字，又铸铁牌立在宫门，上面刻着："内臣不得干预政事，犯者斩。"不许内臣兼外朝的文武官衔，不许穿外朝官员的服装，作内廷官不能过四品，每月领一石米，穿衣吃饭官家管。并且，外朝各衙门不许和内官监有公文往来。这几条规定条条针对着历史上所曾经发生过的弊端，使内侍名符其实地作宫廷的仆役。① 对外戚干政的预防措施是：不许后妃参预政事。洪武元年三月即命儒臣修《女诫》，纂集古代贤德妇女和后妃的故事，来教育宫人。规定皇后只能管宫中嫔妇之事，宫门之外不得干预。宫人不许和外间通信，犯者处死。外朝臣僚命妇按例于每月初一十五朝见皇后，其他时间，没有特殊缘由，不许进宫。皇帝不接见外朝命妇。皇族婚姻选配良家子女，有私进女口的不许接受。元璋的母族和妻族都绝后，没有外家，后代子孙也都遵守祖训，后妃必选自民家。外戚只是高爵厚禄，作大地主，住大房子，不许预闻政事。② 在洪武一朝三十多年中，内臣小心守法，宫廷和外朝隔绝，和前代相比，算是家法最严的了。

其次，元代以吏治国，法令极繁冗，档案堆积如山，吏员从中舞弊，无法追究。而且，正因为公文条例过于琐细，办公文办公事成为专门技术。掌印官有一定任期，刚懂得一点又调职了，而吏是终身职业，结果治国治民的都是吏，不是官。小吏唯利是图，不顾国家利害，政治（其实是吏治）愈闹愈糟，吏治损害了官僚集团的利益，危害了统治阶级的利益。朱元璋于洪武十二年立案牍减烦式颁示各衙门，简化公文，使公文明白好懂，文吏无法舞弊弄权。从此吏员在政治上被斥为杂流，不能作官。官和吏完全分开，吏只能管事务，官主持政令，和元代的情形大不相同了。③

和简化公文相关的还有文章格式的问题。唐、宋以来的政府文

---

① 《明史》卷七十四，《职官志》，《宦官》。

② 《明史》卷一〇八《外戚恩泽侯表序》，卷一百十三《后妃列传序》，卷三百《外戚传序》。

③ 《明太祖实录》卷二十六、卷一百二十六；《明史》卷七十一，《选举志》。

字，从上而下的制诰，从下而上的表奏，照习惯都用骈俪四六文。尽管有多少人主张复古，提倡改革，所谓古文运动，在民间是成功了，政府却没有动，还是老一套。同一时代用的是两种文字，政府是骈偶文，民间是古文。朱元璋很不以为然，以为古人作文章，讲道理，说世务，和经典上的话，都明白好懂。像诸葛亮的《出师表》，又何尝雕琢，立意做文章？可是有感情，有血有肉，到如今读了还使人感动，想念他的忠义。近来的文士做文章，文字虽然艰深，意思却很浅近，即使写得和司马相如、扬雄一样好，人家不懂，又有什么用？以此，他要秘书（翰林）作文字，只要说明白道理，讲得通世务就行，不许用浮辞藻饰。① 他又批评群臣所进笺文，"颂美之辞过多，规戒之言未见，殊非古者君臣相告以诚之道。今后笺文只令文章平实，勿以虚辞为美也"②。到洪武六年，索性下令禁止政府文字用对偶四六文辞，并选唐柳宗元代柳公绰《谢表》和韩愈《贺雨表》作为笺表法式。③ 这一改革使政府文字简单、明白，把庙堂和民间打通，现代人用现代文字写作，就文学的影响说也很大，韩愈、柳宗元以后，他是提倡古文最有成绩的一个人。

朱元璋不但提倡古文，反对骈偶文字，还提倡用口语写成文字，叫做"直解"，用这种方式对各阶层人民进行教育工作。龙凤十二年命儒士熊鼎、朱梦炎修《公子书》和《务农技艺商贾书》，《公子书》是给公卿贵人子弟读的，这些人虽然读书多，但不能通晓比较深奥的意义，不如编集古代忠良奸恶事实，用通俗话直解，使读者容易懂得，将来即使学业无成就，知道了古人如何行事，也有好处。同样的民间农工商贾子弟，也把他们应该知道的业务知识，用直辞解说，编成书本，可以化民成俗。书印成后，颁行全国。④ 吴元年十二月《大明律令》第一稿制定后，怕小民不能周知，也叫人把律令里面和人民生活有关这部分类聚成编，训释其义，分发给郡县，名为《律令直解》。⑤

---

① 《明太祖实录》卷三十九。
② 《明太祖实录》卷十七。
③ 《明太祖实录》卷八十五。
④ 《明太祖实录》卷十六。
⑤ 《明史》卷九十三，《刑法志》一。

唐宋两代还有一样坏风气，朝廷任官令发表以后，被任用的官照例要上辞官表，一而再，再而三，甚至辞让到六七次，皇帝也照例不许，一劝再劝，直到这人上任才罢休。辞的劝的都只是在玩文字游戏，费时误事，浪费纸墨，造成虚伪不诚实的风气。朱元璋认为这样做作太无意义，也把它废止了。

唐、宋以来皇帝上朝照例用女乐，吴元年六月也废止了。①

五、常备军和特务网

集中的国家政权，通过庞大的常备军和严密的特务网，起着镇压人民和保卫边境的作用。

朱元璋所建立的常备军是和农业生产密切结合的。在攻克集庆以后，厉行屯田政策，广积粮食，供给军需。他和刘基研究古代的兵制：征兵制的好处是全国皆兵，有事召集，事定归农，兵员素质好，来路清楚，国家在平时无养兵之费；坏处是兵员都出自农村，如有长期战争，便影响到农村的生产，而且兵源受限制。募兵制好处是应募的多为无业游民，当兵是职业，兵员数量和服役时间，不受农业生产的限制；坏处是国家经常要维持大量的常备军，军费负担太重，而且募的兵有的来路不明，没有宗族家庭的牵挂，容易逃亡，也容易叛变。理想的办法是折衷于两者之间，有两者的好处，避免其坏处，主要的原则是要做到战斗力量和生产力量统一起来。

刘基创立的办法是卫所制度。②

卫所的兵源有四种：一种是从征的，即起事时所指挥的部队，也就是郭子兴的基本队伍；一种是归附的，包括削平群雄所得的部队和元军归附的；一种是谪发，指因犯罪被罚当军的，也叫做恩军；一种叫垛集，即征兵，照人口比例，一家有五丁或三丁出一丁为军。前两种是定制时原有的武装力量，后两者则是补充的武力，这四种

---

① 《明太祖实录》卷十九。

② 《明史》卷一百二十八，《刘基传》。

来源的军人都是世袭的，为了保障固定员额的满员，规定军人必须娶妻，世代继承下去，如无子孙继承，则由其原籍家属壮丁顶补。种族绵延的原则，被应用到武装部队来，兵营成为武装的集体家庭了。①

军队有特殊的社会身份，单独有军籍。在明代户籍中，军籍和民籍、匠籍是主要的户口。军籍属于都督府，民籍属于户部，匠籍属于工部。军人不受普通行政官吏的管辖，在身份上、法律上、经济上的地位，都和民不同。军和民是截然地分开的。民户有一丁被垛为军，可以优免原籍老家一丁差役，作为优恤。军士到戍地时，由宗族治装。在卫所的军士除本身为正军外，其子弟称为余丁或军余，将校的子弟则称为舍人。军士的日常生活概由国家屯粮支给，按月发米，称为月粮。马军月支米二石，步军总旗一石五斗，小旗一石二斗，步军一石。守城的照数支给，屯田的支一半。恩军家四口以上一石，三口以下六斗，无家口的四斗。衣服岁给冬衣棉布棉花，夏衣夏布，出征时依例给胖袄鞋裤。②

元璋渡江以后，降附的将领都用原来的称号，有叫枢密、平章的，有叫元帅的，有叫总管、万户的，形形色色，名不称实，高下不一。龙凤十年四月立部伍法，根据带的队伍人数来定将领称号，经过点编，有兵五千的作指挥，满千人的作千户，百人的作百户，五十人为总旗，十人为小旗。③ 在这个基础上，常备军的组织分作卫、所两级：大体上以五千六百人为卫，卫有指挥使。卫又分五个千户所，每千户所一千一百二十人，有千户。千户所下分十个百户所，每百户所一百十二人，有百户。百户下有总旗二，小旗十；总旗领小旗五，小旗领军士十人。大小联比以成军。卫所的分布，根据地理险要：小据点设所；关联若干据点的设卫；集合一个军事地区的若干卫、所，设置都指挥使司，作为军区的最高军事机构，长官是都指挥使。洪武二十五年全国共有十七个都指挥使司，内外卫

① 《明史》卷九十一，《兵志》。
② 吴晗：《明代之军兵》，见《中国社会经济史集刊》五卷二期。
③ 《明太祖实录》卷十四。

三百二十九，守御千户所六千五。京师和地方的兵力分配如下：

在京武官	二，七四七员
军士	二〇六，二八〇人
马	四，七五一匹
在外武官	一三，七四二员
军士	九九二，一五四人
马	四〇，三二九匹①

这十七个都指挥使司又分别隶属于五军都督府。

军食出于屯田，大略学汉朝赵充国的办法，在边塞开屯，一部分军士守御，一部分军士受田耕种。目的在于开垦荒地，增加生产，充裕军食，省去运输费用，减轻国家负担。边地开屯有了成绩，内地卫所也先后开屯耕种，以每军受田五十亩作一分，官给耕牛农具，开头几年免纳田租，到成为熟地后，每亩收税一斗。规定边地守军十分之三守城，七分屯种，内地则二分守城，八分屯种。全国各地屯田八十九万三千多顷，相当于全国垦田总数十分之一左右。②

除军屯外，还有商屯。边军遇有意外，粮食发生困难的时候，国家用开“中法来”接济。国家有粮食有盐，困难是运输到边境费用太大。商人有资本，贩卖盐利润大，但是盐田国家专卖，商人得不到手。“开中法”责成商人运一定数量的粮食到边境，拿到收据向国家领到等价的盐，自由贩卖，从而获取重利。商人会打算盘，索性雇人在边境开屯，就地交粮，省去几倍的运费。③ 在这一交换过程中，边军粮食够吃了；国家省运费、省事；商人发了财；边界荒地开垦了；增加了生产，造成了地方的繁荣。

军权分作两部分：统军权归五军都督府，军令权则属于兵部。武人带兵作战，文官发令决策。平时卫所军各在屯地操练屯田，战时动员令一下，各地卫所集合成军，临时指派都督府官充任将军总兵官，统带出征。战事结束，立刻复员，卫军各还原卫，将军交还

① 《明太祖实录》卷二百二十三。

② 《明史》卷七十七，《食货志》，《田制》。

③ 《明太祖实录》卷五十三，卷五十六；《明史》卷一百五十，《郁新传》。

将印，也回原任。将不专军，军无私将，上下阶级分明，纪律划一，唐宋以来悍将跋扈，骄兵叛变的弊端，在这制度下是根绝了。

在作战时，虽然派有大将军作统帅，但朱元璋还亲自指导战争进行，根据情报和实际经验来决定前方的行动，即使最亲信的将领像徐达、李文忠也是如此。例如吴元年四月十八日给徐达的手令，在处分军事行动以后，又说："我的见识只是如此。你每见得高强处便当处，随你每意见行着，休执着我的言语，恐怕见不到处，教你每难行事。"洪武三年四月："说与大将军知道……这是我家中坐着说的，未知军中便也不便，恁只拣军中便当处便行。"给李文忠的手令，"说与保儿老儿：……我虽这般说，计量中不如在军中多知备细，随机应变的勾当，你也厮活落些儿也，那里直到我都料定"①。洪武元年北伐军出发后，他亲自画了征进阵图，派使送给徐达。②提出自己的意见给前方统帅，说明只是参考性质，如不符合实际情况，可以拣军中便当处行着。但是在涉及有关原则性问题的时候，所下的命令就很坚决，不能改变了。如处理降将降官降兵的原则，龙凤十一年十一月初五日令旨："吴王亲笔：着内使朱明前往军中，说与大将军左相国徐达、副将军平章常遇春知会：十一月初四日捷音至京城，知军中获寇军及首目人等六万余众，然而俘获甚众，难为囚禁。今差人前去，教你每军中将张（士诚）军精锐勇猛的留一二万。若系不堪任用之徒，就军中暗地除去了当，不必解来。但是大头目，一名名解来。"十二年三月且严厉责备徐达不多杀敌军头目："吴王令旨：说与总兵官徐达，攻破高邮之时，城中杀死小军数多，头目不曾杀一名。今军到淮安，若系便降，系是泗州头目青旛黄旗招诱之力，不是你的功劳。如是三月已里，淮安未下，你不杀人的缘故，自说将来者，依奉施行者。"③ 对元朝降将的处理，更是十分注意，再三嘱咐，吴元年十二月十天内接连三次派使人到徐达、常遇春军前传谕，第一次说："将军统率将士，下齐、鲁数十城，求

① 王世贞：《弇山堂别集》卷八十六，《诏令考》二。

② 《明太祖实录》卷二十八。

③ 王世贞：《弇山堂别集》卷八十六，《诏令考》二。

之于古，虽韩信功能不过是也。然事机合变之际，不可不虑。今山东诸将，虽皆款附，而未尝遣一人至此。若留降将布列旧地，所谓养虎遗患也。昔汉光武命冯异平三辅营垒，降者遣其渠帅诣京师，散其小民，令就农桑，坏其营堡，无使复聚，古人之虑深矣，将军其思之。”都督同知张兴祖连下山东郡县，得士马万计，就用降将领旧兵随军进取，元璋得到报告，认为不妥，指出：“此非良策，闻兴祖麾下降将至有领马军千骑者，若一旦临敌，势不足以相加，因而生变，何以制之？”遣使告诉兴祖，今后得一降将及官吏儒生，才有可用的，统统送到京师，不许留下。又遣使谕徐达、常遇春：“闻大军下山东，所遇郡县，元之省院官来降者甚多，二将军皆留于军中。吾虑其杂处我军，或昼遇敌，或夜遇盗，将变生不测，非我之利。盖此辈初屈于势力，未必尽得其心，不如遣来，使处我官属之间，日相亲近，然后用之，可无后患。”① 这是因为接受了去年十一月沂州王宣、王信父子降而复叛的教训②，叮咛反复，要诸将提高警惕。后来的事实也证明元璋的预见，洪武元年二月乐安俞胜叛，闰七月元降将乔佥院叛于济南③，虽然都及时平定了，到底还是招致了军事和政治上的损失。

有一道命令是整饬军纪的，龙凤十二年三月，元璋大发脾气：“（张士诚军）男子之妻多在高邮被掳，总兵官为甚不肯给亲完聚发来？这个比杀人那个重！当城破之日，将头目军人一概杀了，倒无可论。掳了妻子，发将精汉来我这里，赔了衣粮，又费关防，养不住。杀了男儿，掳了妻小，敌人知道，岂不抗拒？星夜叫冯副使去军前，但有指挥、千户、百户及总兵官的伴当掳了妇女的，割将首级来。总兵官的罪过，回来时与他说话。”④ 冯副使是冯胜，从下和州时候起，朱元璋就十分注意军队纪律，发还虏获妇女，经过了十二年，西吴的军纪是所有起事群雄中最好的一个，高邮的杀掠受到

---

① 《明太祖实录》卷二十三。
② 《明太祖实录》卷二十二。
③ 《明太祖实录》卷二十六、卷二十九。
④ 王世贞：《诏令考》二。

了严厉的处置，全军纪律也因而提高了。高邮违犯军纪案件的经过是：总兵官徐达围高邮未下，还师救援宜兴，令冯胜督军猛攻，高邮守将诈降，冯胜令指挥康泰带几百人先入城，高邮守将关了城门，杀个干净。元璋怒极，叫冯胜回来，打了十大板，还罚他走回高邮。冯胜又羞又气，用全力攻城，徐达也从宜兴回兵会攻，取下高邮。一打进城，要报这怨仇，就忘了多年来的约束了。①

※ ※ ※

特务网主要由检校和锦衣卫组成。

检校的职务："专主察听在京大小衙门官吏不公不法；及风闻之事，无不奏闻。"最著名的头子之一叫高见贤，和佥事夏煜、杨宪、凌说，专作告发人阴私的勾当，"伺察搏击"。兵马司指挥丁光眼巡街生事，凡是没有路引的都捉拿充军。元璋尝时说："有这几个人，譬如人家养了恶犬，则人怕。"② 高见贤建议："在京犯赃经断官吏，不无怨望，岂容辇毂之下住坐？该和在外犯赃官吏发去江北和州、无为开垦荒田。"后来他自己也被杨宪举劾，发和州种田，先前在江北种田的都指着脸骂："此路是你开，你也来了，真是报应！"不久被杀。夏煜、丁光眼也犯法先后被杀。③

亲卫军官作检校的：有金吾后卫知事靳谦，元璋数说他的罪状："朕以为必然至诚，托以心腹，虽有机密事务，亦曾使令究焉。"④有何必聚，龙凤五年派帐下卫士何必聚往探江西袁州守将欧平章动静，以断欧平章家门前二石狮尾为证，占袁州后，查看果然不错。⑤有小先锋张焕，远在初克婺州时，就作元璋的亲随伴当从行先锋。一晚，元璋出去私访，遇到巡军拦住，喝问是谁，张焕说："是大人。"巡军发怒："我不知道大人是什么人，但是犯夜的就逮住。"解说了半晌才弄清楚。乐人张良才说平话，擅自写省委教坊司帖子，贴市门柱上，被人告发，元璋大怒说："贱人小辈，不宜宠用。"叫

---

① 《明史》卷一百二十九，《冯胜传》。

② 刘辰：《国初事迹》；孙宜：《大明初略》四；《明史》卷一三五，《宋思颜传》。

③ 刘辰：《国初事迹》。

④ 《大诰》，沉匿卷宗六十。

⑤ 钱谦益：《国初群雄事略》卷四，引俞本：《纪事录》。

小先锋张焕捆了乐人，丢在水里。龙凤十二年以后，经常作特使到前方军中传达命令和察事。① 徐达入大都，封元故宫殿门，令张焕以兵千人守之。② 有毛骧、耿忠，毛骧是早期幕僚毛祺的儿子，以舍人作亲随，用作心腹亲信，和耿忠奉命到江浙等处察访官吏，问民疾苦。毛骧从管军千户积功作到都督佥事，掌锦衣卫事，典诏狱，被牵连到胡惟庸党案被杀。耿忠作官到大同卫指挥，也以贪污案处死。③

除文官武将作检校以外，和尚也有被选用作这工作的。吴印、华克勤等人，都还俗作了大官，替皇帝作耳目。给事中陈汶辉上疏力争，以为"自古帝王以来，未闻搢绅缁流杂居同事而可以共济者也。今勋旧耆德咸思辞禄去位，而缁流检夫乃益以谗间。如刘基、徐达之见猜，李善长、周德兴之被谤，视萧何、韩信，其危疑相去几何哉"④。

检校的足迹是无处不到的，元璋曾派人去察听将官家，有女僧诱引华高、胡大海妻敬奉西僧，行金天教法，元璋下令把两家妇人连同和尚一起丢在水里。⑤ 吴元年得到报告，要前方总兵官把一个摩尼（摩尼教徒）取来。洪武四年手令：北平城内有个黑和尚出入各官门下，如常与各官说些笑话，好生不防他。又一名和尚系是江西人，秀才出身，前元应举不中，就做了和尚，见在城中与各官说话。又火者一姓崔，系总兵官庄人，本人随别下泼皮高丽黑哄陇问。又有隐下的高丽不知数。造文书到时，可将遣人都教来。一名太医江西人，前元提举，即自在各官处用事。又指挥孙苍处有两个回回，金有让孚家奴也教发来。⑥ 调查得十分清楚。钱宰被征编《孟子节文》，罢朝吟诗："四鼓冬冬起着衣，午门朝见尚嫌迟，何时得遂田园乐？睡到人间饭熟时。"第二天，元璋对他说："昨天作

① 刘辰：《国初事迹》；孙宜：《大明初略》四；王世贞：《诏令考》二。
② 《明太祖实录》卷三十。
③ 刘辰：《国初事迹》；《明史》卷一三五，《郭景祥传》附《毛祺传》。
④ 《明史》卷一三九，《李仕鲁传》。
⑤ 刘辰：《国初事迹》。
⑥ 王世贞：《诏令考》二。

的好诗，不过我并没‘嫌’呵，改作‘忧’字如何？”钱宰吓得磕头谢罪。① 宋濂性格诚谨，有一次请客喝酒。隔天元璋问昨天喝酒了没有，请了哪些客，什么菜？宋濂老老实实回答，元璋才笑说：“全对，没有骗我。”② 国子祭酒宋讷独坐生气，面有怒容，朝见时元璋问昨天生什么气，宋讷大吃一惊，照实说了。元璋叫人把偷着给他画的像拿来看，他才明白。③ 吏部尚书吴琳告老回黄冈，元璋派人去看，远远见一农人坐小杌上，起来插秧，样子很端谨。使者前问：“此地有吴尚书这人不？”农人叉手回答：“琳便是。”使者复命，元璋很喜欢。④ 南京各部皂隶都戴漆巾，只有礼部例外，各衙门都有门额，只有兵部没有，据说这也是皇帝干的事。原来各衙门都有人在暗地里伺察，一天礼部皂隶睡午觉，被取去漆巾。兵部有一晚没人守夜，门额给人抬走了，发觉后不敢作声，也就作为典故了。⑤ 公侯伯功臣赐卒一百十二人作卫队，设百户一人统率，颁有铁册，说明“俟其寿考，子孙得袭，则兵皆入卫”。称为铁册军，也叫奴军。事实上是防功臣有贰心，特设铁册军监视的。⑥

朱元璋不但派检校侦察官民，有时他还亲自侦察。例如罗复仁官止弘文馆学士，说一口江西话，为人质直朴素，元璋叫他作老实罗。一天，元璋突然跑到罗家，罗家在城外边一个小胡同里，破破烂烂，东倒西歪几间房子。老实罗正扒在梯子上粉刷墙壁. 一见皇帝来，着了慌，赶紧叫他女人抱小杌子请皇帝坐下。元璋见他实在穷得不堪，老大不过意，说：“好秀才怎能住这样烂房子！”即刻赏城里一所大邸宅。⑦

检校是职务，不是机构，只能执行侦察工作，并无扣押处刑之权。胡惟庸案发以后，统治阶级内部的斗争越发尖锐了，洪武十五

---

① 叶盛：《水东日记摘钞》二。
② 《明史》卷一二八，《宋濂传》。
③ 《明史》卷一三七，《宋讷传》。
④ 《明史》卷一三八，《陈修传》附《吴琳传》。
⑤ 陆容：《菽园杂记》；祝允明：《野记》一。
⑥ 沈德符：《野获编》卷十七，《铁册军》。
⑦ 《明史》卷一三七，《罗复仁传》。

年特设一个特务机构，有专门的法庭和监狱，叫锦衣卫。

锦衣卫的前身是吴元年设立的拱卫司，洪武三年改为亲军都尉府，管左、右、中、前、后五卫军士，十五年改为锦衣卫。

锦衣卫有指挥使一人，正三品；同知二人，从三品；佥事三人，四品；镇抚二人，五品；十四所千户十四人，五品；副千户从五品；百户六品。所统有将军、力士、校尉，掌侍卫、缉捕、刑狱之事，凡盗贼奸宄、街涂沟洫都要秘密缉访，经常注视，是一个组织完备的军事特务机构，和朝廷的府、部、院没有隶属关系，直接对皇帝负责。

锦衣卫设经历司，掌文移出入。设镇抚司，掌本卫刑名，兼理军匠，也就是民间所称“诏狱”。朱元璋从洪武十五年以后，运用这个法庭和监狱，把全国所有重罪犯人都经过它审判和执行。过了六年，镇压“不轨妖言”的任务告一段落了，洪武二十年下令焚毁锦衣卫刑具，把犯人移交给刑部。六年后胡惟庸和蓝玉案的罪犯都已处理完毕了，又申明以后一切案件都由朝廷法司处理，内外刑狱公事不再经由锦衣卫。但是，这个禁令并没有维持多久，明成祖即位后，又重新利用锦衣卫来镇压建文的臣下，恢复了诏狱。以后历代皇帝都倚仗锦衣卫作耳目爪牙。锦衣卫的职权日益扩大，人员日益众多，也日益使人恐惧，一直延续到明亡。①

和锦衣卫有密切关系的一种刑罚是廷杖，就是在殿廷杖责大臣。锦衣卫学前朝的诏狱，廷杖则学的是元朝的办法。著名的例子，亲族被杖死的有亲侄朱文正，勋臣被鞭死的有永嘉侯朱亮祖父子，大臣被杖死的有工部尚书薛祥，部曹被廷杖的有茹太素。这个办法，也被他的子孙当作祖制一直继承到亡国。②

地方则设置巡检司，凡在外各府州县关津要害处普遍建立，设巡检和副巡检，都是从九品官，带领差役弓兵，警备意外。职权是缉捕盗贼，盘诘奸伪。③在要冲去处，专一盘诘往来奸细及贩卖私盐

① 王世贞：《锦衣志》；《明史》卷八十九《兵志》，卷九十五《刑法志》。

② 《明史》，《刑法志》三。

③ 《明史》卷七十五，《职官志》四。

犯人、逃囚、无引面生可疑之人。①

引是路引，朱元璋发展了古代的传、过所、公凭这套制度，制定了路引，即通行证或身份证。法律规定："凡军民人等往来，但出百里即验文引，如无文引，必须擒拿送官。仍许诸人首告，得实者赏，纵容的同罪。"②处刑的等级："凡无文引私度关津者杖八十；若关不由门，津不由渡而越度者杖九十；若越度缘边关塞者杖一百，徒三年；因而出外境者绞。"军和民的区别："若军、民出百里之外不给引者，军以逃军论，民以私度关津论。"③ 这制度把军、民的行动范围限制在百里之内，路引是要向地方官请领的，请不到的，行动便不能出百里之外。

巡检司只设在要冲去处，里甲于是被赋予了辅助巡检司的任务。洪武十九年朱元璋手令要"人民互相知丁"。知是了解的意思，他说：

> 诰出，凡人民邻里互相知丁。互知务业，俱在里甲，县、府、州务必周知。市村绝不许有逸夫。若或异四业而从释道者，户下除名。凡有夫丁，除公占外，余皆四业，必然有效。
>
> 一、知丁之法，某民丁几，受农业者几，受士业者几，受工业者几，受商业者几。且欲士者志于士，进学之时，师友某氏，习有所在，非社学则入县学，非县必州、府之学，此其所以知士丁之所在。已成之士为未成士之师，邻里必知生徒之所在。庶几出入可验，无异为也。
>
> 一、农业者不出一里之间，朝出暮入，作息之道互知焉。
>
> 一、专工之业，远行则引明所在，用工州里，往必知方，巨细作为，邻里采知，巨者归迟，细者归疾，出入不难见也。
>
> 一、商本有巨微，货有重轻，所趋远近水陆，明于引间。归期艰限，其业邻里务必周知。若或经年无信，二载不归，邻里当觉（报告）之询故。本户若或托商在外非为，邻里勿干。

逸夫指的是没有户口没有路引的无业游民。法令规定里甲邻里要负

---

①② 弘治《大明会典》卷一一三。

③ 《明律》十五，《兵律》。

责逮捕逸夫，如不执行，要受连坐处分。他接着说：

> 一里之间，百户之内，仍有逸夫，里甲坐视，邻里亲戚不拿，其逸夫或于公门中，或在市闾里，有犯非为，捕获到官，逸夫处死，里甲四邻化外之迁，的不虚示。①

又强调告诫：

> 此诰一出，自京为始，遍布天下。一切臣民，朝出暮入，务必从容验丁。市井人民舍客之际，辨人生理，验人引目，生理是其本业，引目相符而无异，犹恐托业为名，暗有他为。虽然业与引合，又识重轻巨微贵贱，倘有轻重不伦，所赍微细，必假此而他故也，良民察焉。②

异为、非为、他为、他故，都是法律术语，异为、非为是不轨不法的意思，他为、他故是有秘密、有问题的意思。前一手令是里甲、邻里互相知丁的义务和对逸夫的连坐法，后一手令则是专指流动人口的，特别是手工业者和商人的。这样，里甲制和路引制结合在一起，对巡检司起了辅助作用，也对反对封建统治的人们起了管制和镇压的作用。

要组织这样的力量、机构，进行全国规模的调查、登记、发引、盘诘的工作，必须付出极大的努力和准备精密的计划，以及必需的监督工作。差不多经过三十年的不断斗争，朱元璋和他的助手们积累了丰富的经验，把自己的统治机构逐渐发展，使之更趋于完备。③

---

① 《大诰续诰》，互知丁业第三。

② 《大诰续浩》，辨验丁引第四。

③ 吴晗：《传·过所·路引的历史——历史上的国民身份证》，载《中国建设》月刊五卷四期。

第五章　社会生产力的发展

一、农业生产的恢复和发展

“地主阶级对于农民的残酷的经济剥削和政治压迫，迫使农民多次地举行起义，以反抗地主阶级的统治。从秦朝的陈胜、吴广、项羽、刘邦起，中经汉朝的新市、平林、赤眉、铜马和黄巾，隋朝的李密、窦建德，唐朝的王仙芝、黄巢，宋朝的宋江、方腊，元朝的朱元璋，明朝的李自成，直至清朝的太平天国，总计大小数百次的起义，都是农民的反抗运动，都是农民的革命战争。中国历史上的农民起义和农民战争的规模之大，是世界历史上所仅见的。在中国封建社会里，只有这种农民的阶级斗争、农民的起义和农民的战争，才是历史发展的真正动力。因为每一次较大的农民起义和农民战争的结果，都打击了当时的封建统治，因而也就多少推动了社会生产力的发展。”①

明初的社会生产力的发展首先表现在农业生产的恢复和发展方面。

经过二十年长期战争的破坏，人口减少，土地荒芜，是明朝初年的普遍现象。例如唐宋以来的交通要道、繁华胜地的扬州，为青军（又名一片瓦、长枪军）元帅张明鉴所据，军队搞不到粮食，每天杀城里的老百姓吃。龙凤三年朱元璋部将缪大亨攻克扬州，张明鉴投降，城中居民仅余十八家。新任知府以旧城虚旷难守，只好截西南一隅筑而守之。②如颍州，从元末韩咬儿在此起义以后，长期战

① 毛泽东：《中国革命和中国共产党》，见《毛泽东选集》，第2卷，625页。

② 《明太祖实录》卷五。

乱，民多逃亡，城野空虚。① 特别是山东、河南地区，受战争破坏最重，“多是无人之地”②。洪武元年闰七月大将军徐达率师发汴梁，徇取河北州县，时兵革连年，道路皆榛塞，人烟断绝。③ 有的地方，积骸成丘，居民鲜少。④ 洪武三年，济南府知府陈修和司农官报告：北方郡县近城之地多荒芜。⑤ 到洪武十五年晋府长史致仕桂彦良还说：“中原为天下腹心，号膏腴之地，因人力不至，久致荒芜。”二十一年河北诸处，还是田多荒芜，居民鲜少。三十年常德武陵等十县土旷人稀，耕种者少，荒芜者多。⑥ 名城开封，以户粮数少，降为下府。⑦ 洪武十年，以河南、四川等布政司所属州县，户粮多不及数，凡州改县者十二，县并者六十。⑧ 十七年凡民户不满三千户的州改为县者三十七。⑨

针对这种情况，朱元璋于吴元年五月下令凡徐、宿、濠、泗、寿、邳、东海、襄阳、安陆等郡县及今后新附土地、人民，桑、麻、谷、粟、税粮、徭役，尽行蠲免三年。让老百姓喘一口气，把力量投入生产⑩，集中力量，振兴农业，用移民屯田、开垦荒地的办法调剂人力的不足。兴修水利，种植桑棉，增加农业生产的收入。官给耕牛种子，垦荒地减免三年租税，遇灾荒优免租粮等措施，解决农民的困难。此外，还设立预备仓、养济院等救济机关。

他常说：“四民之中，农民最劳最苦。春天鸡一叫就起床，赶牛下田耕种。插下秧子，得除草，得施肥，大太阳里晒得汗直流，劳碌得不成人样。好容易巴到收割了，完粮纳税之外，剩不了一丁点儿。万一碰上水旱虫蝗灾荒，全家着急，毫无办法。可是国家的赋

① 《明太祖实录》卷三十三。

② 顾炎武：《日知录》卷十，《开垦荒地》。

③ 《明太祖实录》卷二十九。

④ 《明太祖实录》卷一百七十六。

⑤ 《明太祖实录》卷五十三。

⑥ 《明太祖实录》卷一百四十八、卷二百五十。

⑦ 《明太祖实录》卷九十六、卷一百九十三。

⑧ 《明太祖实录》卷一百十二、卷一百六十四。

⑨ 《明太祖实录》卷十八。

⑩ 《明太祖实录》卷二十二、卷二百五十。

税全是农民出的，当差作工也是农民分内的事。要使国家富强，必得让农民安居乐业，才有可能。”① 国家收入主要来自农村，粮食布帛棉花、人力都靠农民供给，农业生产如不恢复和发展，这个政权是支持不下去的。

移民的原则是把农民从窄乡移到宽乡，从人多田少的地方移到人少地广的地方。洪武三年六月，徙苏州、松江、嘉兴、湖州、杭州无业农民四千多户到濠州种田，给牛具种子，三年不征其税。又移江南民十四万户于凤阳。九年十月徙山西及真定民无产者于凤阳屯田。十五年九月迁广东番禺、东莞、增城降民二万四千四百余人于泗州屯田。十六年迁广东清远瑶民一千三百七人于泗州屯田。二十一年八月以山东、山西人口日繁，迁山西泽、潞二州民之无田者往彰德、真定、临清、归德、太康诸处闲旷之地，令自使置屯耕种。二十二年以两浙民众地狭，务本者少而事末者多，命杭、湖、温、台、苏、松诸郡民无田者许令往淮河迤南滁、和等处起耕。山西贫民徙居大名、广平、东昌三府者，凡给田二万六千七十二顷。二十五年徙山东登、莱二府贫民五千六百三十五户就耕于东昌。二十七年迁苏州府崇明县无田民五百余户于昆山开种荒田。二十八年青、兖、登、莱、济南五府民五丁以上及小民无田可耕者起赴东昌，编籍屯种，凡一千五十一户，四千六百六十六口。到二十八年十一月东昌三府屯田迁民共五万八千一百二十四户，国家收租三百二十二万五千九百八十余石，棉花二百四十八万斤。彰德等四府屯田凡三百八十一处，屯田租二百三十三万三千三百一十九石，棉花五百零二万五千五百余斤。② 凡移民垦田都由国家给予耕牛、种子、路费。洪武三年定制，北方郡县荒芜田地，召乡民无田者垦辟，户给十五亩，又给地二亩种蔬菜，有余力的不限顷亩，皆免三年租税。其马驿巡检司急递铺应役者，各于本处开垦，无牛者官给之。若王国所在，近城存留五里以备练兵牧马，余处悉令开耕。③

---

① 《明太祖实录》卷二十二、卷二百五十。

② 《明太祖实录》卷二百二十三、卷二百三十六、卷二百四十三；《明史》卷七十七，《食货志》一。

③ 《明太祖实录》卷五十三。

又令凡开垦荒田，各处人民先因兵燹遗下田土，他人开垦成熟者听为己业。业主已还，有司于附近荒田拨补。复业人民见在丁少而原来田多者，不许依前占护，止许尽力耕垦为业。见今丁多而原来田少者，有司于附近荒田验丁拨付。①洪武二十四年令公侯大官以及民人，不问何处，惟犁到熟田，方许为主。但是荒田，俱系在官之数。若有余力，听其再开。又令山东概管农民，务见丁著役，限定田亩，著令耕种。敢有荒芜田地流移者，全家迁发化外充军。二十八年令，二十七年以后新垦田地，不论多寡，俱不起科（收田租），若地方官增科扰害者治罪。鼓励人民大力开垦。②

也有从少数民族地区移民到内地屯垦的，如徐达平沙漠，徙北平山后民三万五千八百余户散处诸府卫，充军的给衣粮，为民的给田土。又以沙漠遗民三万二千八百多户屯田北平，置屯二百五十四，开地一千三百四十三顷。

此外，吴元年十月徙苏州富民到濠州居住，因为他们帮着张士诚抵抗，还不断说张王好话的缘故。③洪武十五年命犯笞杖罪的犯人都送到滁州种苜蓿。④二十二年命户部起山东流民居京师，人赐钞二十锭，俾营生业。⑤二十八年徙直隶、浙江民二万户于京师，充仓脚夫。⑥

江南苏、松、杭、嘉、湖一带十四万户富民被强迫迁往凤阳，离开了原来的乡里田舍，还不许私自回去。这举动对于当时东南地主阶级是极大的打击。旧社会的旧统治阶级离开了原来占有的土地，同时也就丧失了社会地位和政治上的作用。相对的以朱元璋为首的新统治阶级却从而加强了对这一地区人民的控制了。这十几万家富户从此以后，虽然不敢公开回到原籍，却伪装成乞丐，以逃荒为名，成群结队，老幼男妇，散入江南诸郡村落乞食，到家扫墓探亲，第二年二三月间又回到凤阳。年代久了，也就成为习惯。五六百年来

---

①《大明会典》卷十七，《户部·田土》。

②《大明会典》卷十七，《户部·田土》；《明太祖实录》卷二百四十三。

③《明太祖实录》卷二十一。

④《明太祖实录》卷一百四十三。

⑤《明太祖实录》卷一百九十六。

⑥《明太祖实录》卷二百四十三；《明史》卷七十七，《食货志》一。

凤阳花鼓在东南一带是妇孺皆知的民间艺术。歌词是：

家住庐州并凤阳，凤阳原是好地方，
自从出了朱皇帝，十年倒有九年荒。①

朱元璋在克集庆后，便注意水利。到建国以后，越发重视，用全国的财力人力进行大规模的水利工程。洪武元年修和州铜城堰闸，周回二百余里。四年修治广西兴安县灵渠，可以溉田万顷。六年开上海胡家港，从海口到漕泾千二百余丈，以通海船。八年开登州蓬莱阁河，浚泾阳县洪渠堰，溉泾阳、三原、醴泉、高陵、临潼田二百余里。九年修彭州都江堰。十二年修西安府甜水渠，引龙首渠水入城，居民从此才有甜水可吃。十四年筑海盐海塘，浚扬州府官河。十七年筑磁州漳河决堤，决荆州岳山坝以通水利，每年增官田租四千三百余石。修江都县深港坝河道。十八年修筑黄河、沁河、漳河、卫河、沙河堤岸。十九年筑长乐海堤。二十三年修崇明海门决堤二万三千九百余丈，役夫二十五万人。疏四川永宁所辖水道。二十四年修临海横山岭水闸，宁海、奉化海堤四千三百余丈，筑上虞海堤四千丈，改建石闸。浚定海、鄞二县东钱湖，灌田数万顷。二十五年凿溧阳银墅东坝河道四千三百余丈，役夫四十万人。二十七年浚山阳支家河。凿通郁林州相隔二十多里的南北二江，设石陡诸闸。二十九年修筑河南洛堤。三十一年修治洪渠堰，浚渠十万三千余丈。这些规模巨大用人力到几十万人的工程，没有统一的安定的全国力量的支持，是不可能设想的。除此以外，元璋还要全国各地地方官，凡是老百姓对水利的建议，必须即时报告。洪武二十七年又特别嘱咐工部工员，凡是坡塘湖堰可以蓄水泄水防备旱灾潦灾的，都要根据地势一一修治。并派国子生和人材到全国各地督修水利。二十八年综计全国郡县开塘堰四万九百八十七处②，河四千一百六十二处，陂渠堤岸五千四十八处。③

---

① 赵翼：《陔余丛考》卷四十一，《凤阳丐者》。

② 《明太祖实录》；《明史》卷八十八，《河渠》六，《直省水利》。

③ 《明太祖实录》卷二百四十三；顾炎武：《日知录》卷十二，《水利》。

移民屯田，开垦荒地，兴修水利是增加谷物产量，增加国家租税的主要措施。此外，元璋还特别着重经济作物的增产，主要的是桑、麻、木棉和枣、柿、栗、胡桃等等。龙凤十一年六月下令凡农民有田五亩到十亩的，栽桑、麻、木棉各半亩，十亩以上的加倍，田多的照比例递加。地方官亲自督视，不执行命令的处罚。不种桑的使出绢一匹，不种麻和木棉的出麻布或棉布一匹。① 洪武元年把这制度推广到全国，并规定科征之额，麻每亩科八两，木棉每亩四两，栽桑的四年以后再征租。二十四年于南京朝阳门钟山之麓，种桐、棕、漆树五千余万株，岁收桐油、棕漆，为修建海船之用。② 二十五年令凤阳、滁州、庐州、和州每户种桑二百株，枣二百株，柿二百株。令天下卫所屯田军士每人种桑百株，随地宜种柿、栗、胡桃等物，以备岁歉。二十七年令户部教天下百姓务要多种桑、枣和棉花，并教以种植之法。每一户初年种桑、枣二百株，次年四百株，三年六百株。栽种的数目造册回奏，违者全家发遣充军。执行的情况，如湖广布政司于二十八年所报告，所属郡县已种果木八千四百三十九万株。全国总计，在十亿株以上。二十九年以湖广诸郡宜于种桑，而种之者少，命于淮安府及徐州取桑种二十石，派人送到辰、沅、靖、全、道、永、宝庆、衡州等处，各给一石，使其民种之。发展这一地区蚕丝生产和丝织工业。③ 为了保证命令的贯彻执行，下诏指出农桑为衣食之本，全国地方官考课，一定要报告农桑的成绩，并规定二十六年以后栽种桑、枣果树，不论多少，都免征赋。④ 作为官吏考绩的主要内容，违者降罚。又设置老人击鼓劝农，每村置鼓一面，凡遇农种时月，五更擂鼓，众人闻鼓下田，该管老人点闸（名）。若有懒惰不下田的，许老人责决，务要严切督并，见丁著业（每人都做活），毋容惰夫游食。若是老人不肯劝督，农民穷窘，为非犯法到官，本乡老人有罪。平时老人每

---

① 《明太祖实录》卷十五；《明史》卷一百三十八，《杨思义传》。

② 《明太祖实录》卷二十七、卷二〇七；查继佐：《罪惟录》；《明太祖本纪》一。

③ 《明太祖实录》卷二百十五、卷二百二十二、卷二百三十二、卷二百四十三、卷二百四十六；《明会典》；朱国桢：《大政记》；《明通纪》。

④ 《明太祖实录》卷七十七、卷二百四十三。

月六次手持木铎，游行宣讲劝农务本的道理。① 颁发教民榜文说：

> 今天下太平，百姓除粮差之外，别无差遣，各宜用心生理，以足衣食，如法栽种桑、麻、枣、柿、棉花，每岁养蚕，所得丝棉，可供衣服，枣柿丰年可以卖钞，俭年可当粮食。里老尝督，违者治罪。②

洪武元年下诏田器不得征税。③ 四年、二十五年遣官往广东、湖广、江西买耕牛以给中原屯种之民。④ 二十八年命乡里小民或二十家或四五十家团为一社，每遇农急之时有疾病，则一社助其耕耘，庶田不荒芜，民无饥窘。户部以此意广泛晓谕。⑤ 各地报告修城垣、建营房、浚河道、造王宫等工程，都反复告以兴作不违农时的道理，等秋收农隙时兴工。⑥ 对农业增产有成绩的地方官，加以擢升。如太平知府范常积极鼓励农民耕作，贷民种子数千石，到秋成大丰收，官民都庾廪充实。接着兴学校，延师儒，百姓很喜欢。召为侍仪。⑦ 陶安知饶州，田野开辟，百姓日子过得好，离任时，百姓拿他初来时情况比较，歌颂他："千里榛芜，侯来之初；万姓耕辟，侯去之日。"南丰百姓也歌唱典史冯坚："山市晴，山鸟鸣，商旅行，农夫耕，老瓦盆中洌酒盈，呼嚣隳突不闻声。"⑧ 农村里呈现出一片繁荣欢乐的气象。

对贪官污吏，用严刑惩治。洪武二年二月元璋告谕群臣说："从前我在民间时，见州县官吏多不恤民，往往贪财好色，饮酒废事，凡民疾苦，视之漠然，心里恨透了。如今要严立法禁，凡遇官吏贪污蠹害百姓的，决不宽恕。"⑨ 四年十一月立法凡官吏犯赃罪的不

① 《明太祖实录》卷二百五十五；谷应泰：《明史纪事本末》卷十四，《开国规模》。
② 《古今图书集成·农桑部》。
③ 《明太祖实录》卷三十。
④ 《明太祖实录》卷六十一、卷二百二十三。
⑤ 《明太祖实录》卷二百三十六。
⑥ 《明太祖实录》卷一一二、卷一一八、卷一五三、卷一五九、卷一六三。
⑦ 《明太祖实录》卷二十七。
⑧ 朱彝尊：《明诗综》卷一百。
⑨ 《明太祖实录》卷三十八。

赦。下决心肃清贪污，说："此弊不革，欲成善政，终不可得。"二十五年又编《醒贪简要录》，颁布中外。① 官吏贪赃到钞六十两以上的枭首示众，仍处以剥皮之刑。府州县衙门左首的土地庙，就是剥皮的刑场，也叫皮场庙。有的衙门公座旁摆人皮，里面是稻草，叫作官的触目惊心，不敢作坏事。② 地方官上任赏给路费，家属赐衣料。来朝时又特别诰诫以："天下新定，百姓财力困乏，像刚学飞的鸟儿和新栽的树木，拔不得毛，也动不得根。"③ 违法的按法惩办。从开国以来，两浙、江西、两广、福建的地方官，因赃贪被法办，没有一人做到任满。④

苏、松、嘉、湖田租特别重，洪武十三年下诏减削。⑤ 凡各地闹水旱灾荒歉收的，蠲免租税。丰年无灾荒，也择地瘠民贫的地方特别优免。灾重的免交二税之外，还由官府贷米，或赈米和布、钞。各地设预备仓，由地方耆老经管，存贮粮食以备救灾。设惠民药局，凡军民之贫病者，给以医药。设养济院，贫民不能生活的许入院赡养，月给米三斗，薪三十斤，冬夏布一匹，小口给三之二。灾伤州县，如地方官不报告的，特许耆民申诉，处地方官以死刑。二十六年又令户部，地方官有权在饥荒年头，先发库存米粮赈济，事后呈报，立为永制。三十多年来，赏赐民间布、钞数百万，米百多万石，蠲免租税无数。⑥

几十年的安定生活，休养生息，积极鼓励生产的结果，社会生产力不但恢复，而且大大发展了：

第一表现在垦田数目的增加，以洪武元年到十三年的逐年增加的垦田数目来作例：

洪武元年	七百七十余顷
二年	八百九十八顷

① 《明太祖实录》卷六十九、卷二百二十。

② 赵翼：《廿二史札记》卷三十三，《重惩贪吏》。

③ 《明史》卷二百八十一，《循吏传序》。

④ 《大诰续诰》。

⑤ 《明太祖实录》卷一百三十。

⑥ 《明太祖实录》卷五十三、卷二〇二、卷二百十一、卷二百三十一；朱健：《古今治平略》；《明史》卷七十八，《食货志》二。

三年	二千一百三十五顷（山东、河南、江西的数字）
四年	十万六千六百六十二顷
六年	三十五万三千九百八十顷
七年	九十二万一千一百二十四顷
八年	六万二千三百八顷
九年	二万七千五百六十四顷
十年	一千五百十三顷
十二年	二十七万三千一百四顷
十三年	五万三千九百三十一顷

十三年中增加的垦田数字为一百八十万三千一百七十一顷。到洪武十四年全国官民田总数为三百六十六万七千七百一十五顷。① 增垦面积的数字占十四年全国官民田数字的二分之一。由此可知洪武元年的全国已垦田面积不过一百八十多万顷。（不包括东北、西北未定地方和夏的领土四川和云贵等地）再过十年，二十四年的数字为三百八十七万四千七百四十六顷。② 经过大规模全面的丈量，二十六年的数字为八百五十万七千六百二十三顷。③ 比十四年增加了四百八十四万顷。

第二表现在本色税粮收入的增加，洪武十八年全国收入田租二千八十八万九千六百一十七石④，二十三年为三千一百六十万七千六百石⑤，二十四年为三千二百二十七万八千九百八十三石⑥，二十六年为三千二百七十八万九千八百石。⑦ 二十六年比十八年增加了三分之一的收入。和元代全国岁入粮数一千二百十一万四千七百余石相比，增加了差不多两倍。⑧ 历史家记述这时期生产发展的情况

① 《明太祖实录》卷一百四十。

② 《明太祖实录》卷二百十四。

③ 《明史》卷七十七，《食货志》一，《田制》。

④ 《明太祖实录》卷一百七十六。

⑤ 《明太祖实录》卷二百零六。

⑥ 《明太祖实录》卷二百十四。

⑦ 《明太祖实录》卷二百三十。《明史·食货志·赋役》作夏秋二税收麦四百七十余万石，米二千四百七十余万石。

⑧ 《元史》卷九十三，《食货志·税粮》。

说："是时宇内富庶，赋入盈羡，米粟自输京师数百万石外，府县仓廪蓄积甚丰，至红腐不可食。岁歉，有司往往先发粟赈贷，然后以闻。"①

第三表现在人口数字的增加，洪武十四年统计，全国有户一千六十五万四千三百六十二，口五千九百八十七万三千三百五。② 二十六年的数字为户一千六百五万二千八百六十，口六千五十四万五千八百十二。③ 比之元朝极盛时期，元世祖时代的户口：户一千一百六十三万三千二百八十一，口五千三百六十五万四千三百三十七。④ 户增加了三百四十万，口增加了七百万。

第四表现在府县的升格，明制以税粮多少定府县等级：县分上中下三等，标准为田赋十万、六万、三万石下。府也分三等，标准为田赋二十万上、下，十万石下。⑤ 从洪武八年起，因为各地方经济的恢复和发展，垦田和户口的增加，田赋收入增加了，不断地把府县升格，例如开封原为下府，因为税粮数超过三十八万石，八年正月升为上府。河南怀庆府税粮增加到十五万石，陕西平凉府户口田赋都有增加，三月升为中府。十二月以太原、凤阳、河南、西安岁收粮增加，升为上府，扬州、巩昌、庆阳升为中府，明州之鄞县升为上县。山东莱州税粮不及，降为中府。⑥ 扬州残破最重，经过八年时间，已经恢复到收田赋二十万石下的中府了，从这个名城的恢复，可以推知全国各地社会生产力的恢复和发展的情况。

第五由于粮食的增产，特别是桑、麻、棉花和果木的普遍种植，农民的收入增加了，生活改善了，购买力提高了。农业生产的恢复和发展，一方面为纺织工业提供了原料，一方面农民所增加的购买

① 《明史》卷七十八，《食货志》二，《赋役》。《明太祖实录》卷二百四十一："山东济南府储广丰二仓，粮七十五万七千石，蓄积既多，岁久红腐。"

② 《明太祖实录》卷一百四十。卷二百十四："二十四年为户一千零六十八万四千四百三十五，口五千六百七十七万四千五百六十一"，口数比十四年少三百万，是不应该的，可能传写有错误，今不取。

③ 《明史》卷七十七，《食货志》一，《户口》。

④ 《元史》卷九十三，《食货志》。

⑤ 《明史》卷七十八，《食货志》二，《赋役》。

⑥ 《明太祖实录》卷九十六、卷九十八、卷一百零三。

力又促进了刺激了商业市场的繁荣，出现了许多新的以纺织工业为中心和批发绸缎棉布行号的城市。

二、棉花的普遍种植和工商业

棉花传入中国很早，南北朝时从南洋诸国输入，称为吉贝、白叠。① 国内西北高昌（今新疆吐鲁番）产棉，唐灭高昌，置西州交河郡，土贡氎布。氎布就是白叠。② 宋、元间已有许多地区种棉，但是在全国规模内普遍种植和纺织技术的提高，则是明朝初年的事情。③

在明代以前，平民穿布衣，布衣指的是麻布的衣服。④ 冬衣南方多用丝绵作袍，北方多用毛皮作裘。虽然也有用棉布作衣服卧具的，但因为“不自本土所产，不能足用”⑤。唐元稹诗：“木绵温暖当棉衣。”元太祖、世祖遗衣皆缣素木绵，动加补缀。⑥ 宋谢枋得诗：“洁白如雪积，丽密过锦纯，羔缝不足贵，狐腋难比伦，……剪裁为大裘，穷冬胜三春。”⑦ 可见棉布到宋末还是很珍贵的物品。

宋代福建、广东种植棉花的日多⑧，琼州是纺织中心之一，琼

① 张勃：《吴录·地理志》；《南史》，《呵罗单传》、《干陀利传》、《婆利传》、《中天竺传》、《渴槃陀传》；《北史·真腊传》；《梁书·林邑传》；《唐书·环王传》。

② 《南史》，《高昌传》；《唐书·地理志》。

③ 丘濬《大学衍义补》：“至我国朝，其种乃遍布于天下，地无南北皆宜之，人无贫富皆赖之，其利视丝枲盖百倍焉。故表出之，使天下后世，知卉服之利，始盛于今代。”

④ 孔鲋《小尔雅》：“麻纻葛曰布。”桓宽《盐铁论》：“古者庶人耋老而后衣丝，其余则仅麻枲，故曰布衣。”《陈书·姚察传》：“门生送牵布一端，谓之曰：吾所衣者，止是麻布。”

⑤ （元）王祯：《木棉图谱序》，引《诸番杂志》。

⑥ 《元史》，《英宗本纪》。

⑦ 《古今图书集成·木绵部》。

⑧ 周去非：《岭外代答》卷六；赵汝适：《诸蕃志》下。方勺《泊宅编》：“闽广多种木绵。”彭乘《续墨客挥犀》上：“闽岭以南多木棉，土人竞植之，有至数千株者，采其花为布，号吉贝布。”《通鉴》卷一五九胡三省注：“木绵江南多有之……织以为布，闽广来者尤为丽密。”丘濬《大学衍义补》：“宋元之间始传其种入中国，关、陕、闽、广首得其利，盖此物出外夷，闽、广通海舶，关、陕壤接西域故也。”李时珍《本草纲目》：“此种出南番，宋末始入江南。”

州妇女以吉贝织为衣衾，是当地黎族的主要副业生产。① 元代从西域输入种子，种于陕西，撚织毛丝，或棉装衣服，特为轻暖。② 元灭南宋后，浙东、江东、江西、湖广诸地区也推广棉花的种植，生产量增加，棉布成为商品，服用的人日多。③ 至元二十六年（公元1289年）四月置浙东、江东、江西、湖广、福建木绵提举司，责令当地人民每年输纳木绵十万匹，以都提举司总之。二十八年五月罢江南六提举司岁输木棉。④ 成宗元贞二年（公元1296年）始定江南夏税输以木绵布绢丝绵等物。⑤

由于种棉面积的增加，种植和纺绩的技术需要总结和交流，元世祖至元十年司农司编印《农桑辑要》，以专门篇幅记棉花的种植方法。⑥ 纺绩的工具和技术由于各地方劳动人民的创造和交流，日益进步。据十二世纪八十年代间的记载，雷、化、廉州、南海黎峒的少数民族，采集棉花后，“取其茸絮，以铁筯辗去其子，即以手握茸就纺”⑦。稍后的记载提到去子后，“徐以小弓，弹令纷起，然后纺绩为布”⑧。到十三世纪中期，诗人描写长江流域纺绩情形说：“车转轻雷秋纺雪，弓弯半月夜弹云。”⑨ 已经有纺车、弹弓和织机了。江南地区的织工，“以铁铤辗去其核，取如绵者，以竹为小弓，长尺四五寸许，牵弦以弹绵，令其匀细，卷为小筒，就车纺之，自然抽绪如缫丝状。”但是所织的布，不如闽广出产的丽密。⑩ 琼州黎族人民所织的布，上出细字，杂花卉，尤为工巧。⑪ 黄河流域主要陕西地区的纺织工具和技术比较简陋，只有辗去棉子的铁杖和木板，棉

---

① 《宋史・崔与之传》。

② 《农桑辑要》。

③ 王祯《木棉图谱序》：“木棉产自海南，诸种艺制作之法，骎骎北来，江、淮、川、蜀，既获其利。至南北混一之后，商贩于此，被服渐广，名曰吉布，又曰棉布。”

④ 《元史》卷十五，《世祖本纪》。

⑤ 《元史》卷九十三，《食货志・税粮》。

⑥ 《农桑辑要》卷二。

⑦ 赵汝适：《诸蕃志》下；周去非：《岭外代答》卷六。

⑧ 方勺：《泊宅编》中。

⑨ 陆心源：《宋诗纪事补》卷七十五，艾可叔：《木棉诗》。

⑩ 《资治通鉴》卷一五九，胡三省注。

⑪ 方勺：《泊宅编》中。

花的用途只是撚织粗棉线和装制冬衣。① 一直到十三世纪末年，松江乌泥泾的人民，因为当地土地硗瘠，粮食不够，搞副业生产，从闽广输入棉花种子，还没有蹈车、椎弓这些工具，用手剖去棉子，用线弦竹弧弹制，工具和技术都很简陋，产品质量不高，人民生活还是很艰苦。②

元成宗元贞间（公元1295—1296年），乌泥泾人黄道婆从琼州附海舶回来，她从小就在琼州旅居，带回来琼州黎族人民的先进纺织工具和技术，教会家乡妇女以做造、扞、弹、纺、织之具，和错纱、配色、综线、絜花的技术，织成被褥带帨，其上折技、团凤、棋局、字样，粲然若写。③一时乌泥泾被成为畅销商品，名扬远近，当地人民生活提高，靠纺织生活的有一千多家。④ 诗人歌咏她："厓州布被五色缫，组雾纠云粲花草，片帆鲸海得风回，千柚乌泾夺天造。"⑤ 当地妇女参加纺绩生产的情形，诗人描写："乌泾妇女攻纺绩，木棉布经三百尺，一身主宰身窝低，十口勤劳指头直。"⑥ 到了明朝初年，不但江南地区的农村妇女普遍参加纺绩劳动，连有些地主家庭的妇女，也纺纱绩布，以给一岁衣资之用了。⑦ 松江从此成为明代出产棉布的中心，"其布之丽密，他方莫并"⑧。"衣被天下。"⑨ 松江税粮宋绍兴时只有十八万石，到明朝增加到九十七万石，其他杂费又相当于正赋，负担特别重，主要是依靠纺织工业的收入，"上供赋税，下给俯仰"⑩。

黄道婆传入琼州制棉工具和技术之后的二十年，王祯所著《农

---

① 《农桑辑要》。

②③ 陶宗仪：《辍耕录》卷二十四，《黄道婆》。

④ 陶宗仪：《辍耕录》卷二十四，《黄道婆》；王逢：《梧溪集》卷三，《黄道婆祠》。

⑤ 王逢：《梧溪集·黄道婆祠》。

⑥ 王逢：《梧溪集》卷七，《半古歌》。

⑦ 郑涛：《旌义编》二："诸妇每岁公堂（公共所有）于九月俵散木棉，使成布匹，限以次年八月交收，通卖钱物，以给一岁衣资之用。"郑涛是浙江浦江著名大族地主郑义门的族长，《旌义编》有洪武十一年宋濂序。

⑧ 《群芳谱》。

⑨ 《梧浔杂佩》。

⑩ 徐光启：《农政全书》卷三十五，《木棉》。

书》,列举制棉工具有:一,搅车即蹈车,是去棉子用的。二,弹弓,长四尺许,弓身以竹为之,弦用绳子。三,卷筳,用无节竹条扞棉花成筒。四,纺车。五,拨车,棉纱加浆后稍干拨于车上。六,轩车,用以分络棉线。七,线架。到元末又有了檀木制的椎子,用以击弦。① 生产工具更加完备和提高了,为明代纺织工业的发展准备了技术条件。

朱元璋起事的地区,正是元代的棉业中心之一。灭东吴后,又取得当时全国纺织业中心的松江,原料和技术都有了基础,使他深信推广植棉是增加农民收入和财政收入的有效措施。龙凤十一年下令每户农民必须种木棉半亩,田多的加倍。洪武元年又把这一法令推广到全国。棉花的普遍种植和纺织技术的不断提高,棉布成为全国流通的商品,成为人民普遍服用的服装原料,不论贵贱,不论南北,都以棉布御寒,百人之中,止有一人用茧绵,其余都用棉布。过去时代人穿的缊袍,用旧絮装的冬衣,完全被用木棉装的胖袄所代替了。② 就全国而论,北方河南、河北气候宜于植棉,地广人稀,种植棉花的面积最大,是原料的供给中心。南方特别是长江三角洲一带,苏州、松江、杭州等地人民纺绩技术高,是纺绩工业的中心。这样又形成原料和成品的交流情况,原棉由北而南,棉布由南而北。③ 从经济上把南方和北方更紧密地联系起来了。

明初松江之外,另一纺织工业中心是杭州。由于市场的需要,出现了置备生产工具和原料的资本家,和除双手以外一无所有出卖劳动力的雇佣工人。资本家雇用工人,每天工作到夜二鼓,计日给工资。这种新的剥削制度的出现,不能不产生社会内部新的阶级,除封建地主对农民的剥削以外,又产生了资本家对工人的剥削关系。明初曾经作过杭州府学教授徐一夔所作的《织工对》,典型地记述了这种新现象:

> 钱塘相安里有饶于财者,率居工以织,每夜至二鼓。老屋将压,机杼四五具南北向,列工十数人,手提足蹴,皆苍然无

---

① 参看俞正燮:《癸巳类稿》卷十四,《木棉考》;冯家昇:《我国纺织家黄道婆对于棉织业的伟大贡献》,载《历史教学》,1954(4)。

② 宋应星:《天工开物》卷上,《乃服》。

③ 王象晋:《木棉谱序》,徐光启:《农政全书》卷三十五,《木棉》。

神色。日佣为钱二百缗，衣食于主人。以日之所入，养父母妻子，虽食无甘美而亦不甚饥寒。于凡织作，咸极精致，为时所尚。故主之聚易以售，而佣之直亦易以入。

有同业者佣于他家，受直略相似。久之，乃曰：吾艺固过于人，而受直与众工等，当求倍直者而为之佣。已而他家果倍其直。佣之主者阅其织果异于人，他工见其艺精，亦颇推之。主者退自喜曰：得一工胜十工，倍其直不吝也。①

由此可见明初手工业工场的一般情况，值得注意的是：在同一里巷，有若干同一性质的手工业工场；手工业工场主人同时也是棉布商人；从个体的生产到工场的集体生产，有了分工，生产方法和技术都提高了，出品精致畅销；经营这种工场有利可图，资本家很赚钱；工场多了，技术高的工人工资也高，资本家虽然出了高工资，仍然可以获取比一般工资工人五倍的利润。

棉花棉布的生产量大大增加，政府的税收也增加了，以税收形式缴给国库的棉花棉布，成为供给军队的主要物资，和必要时交换其他军需物资的货币代用品。洪武四年七月诏中书省："自今凡赏赐军士，无妻子者给战袄一袭；有妻子者给棉布二匹。"② 每年例赏，如洪武二年六月以木棉战袄十一万赐北征军士。③ 四年七月，赐长淮卫军士棉布人二匹，在京军士十九万四百余人棉布人二匹。④ 十二年给陕西都指挥使司并护卫兵十九万六千七百余人棉布五十四万余匹，棉花十万三千三百余斤。⑤ 北平都指挥使司卫所士卒十万五千六百余人布二十七万八千余匹，棉花五万四千六百余斤。⑥ 十三年赐辽东诸卫士卒十万二千一百二十八人棉布四十三万四百余匹，棉花十七万斤。⑦ 十六年给四川等都司所属士卒五十二万四千余人棉布九十六万一千

---

① 《始丰稿》卷一，徐一夔，天台人；《明史》卷二百八十五有传。
② 《明太祖实录》卷六十七。
③ 《明太祖实录》卷四十二。
④ 《明太祖实录》卷六十七。
⑤ 《明太祖实录》卷一百二十五。
⑥ 《明太祖实录》卷一百二十八。
⑦ 《明太祖实录》卷一百五十。

四百余匹，棉花三十六万七千余斤。[①] 十八年给辽东军士棉布二十五万匹，北平、燕山等卫棉布四十四万三千匹，太原诸卫士卒棉布四十八万匹等等。[②] 平均每年都在百万匹上下，用作交换物资的如洪武四年七月以北平、山西运粮困难，以白金三十万两、棉布十万匹，就附近郡县易米，以给将士。又以辽东军卫缺马，发山东棉布贯马给之。[③] 十三年十月，以四川白渡、纳溪的盐换棉布，遣使入西羌买马。[④] 十七年七月诏户部以棉布往贵州换马，得马一千三百匹。三十年以棉布九万九千匹往"西番"换马一千五百六十匹。[⑤] 皇族每年供给，洪武九年规定亲王冬夏布各一千匹，郡王冬夏布各一百匹。[⑥] 在特殊需要的情况下，临时命令以秋粮改折棉布，如六年九月诏直隶府州和浙江、江西二行省，今年秋粮以棉布代输，以给边戍。[⑦]

和鼓励普遍植棉政策相反，朱元璋对矿冶采取消极的方针。磁州临水镇产铁，元时尝于此置铁冶，炉丁万五千户，每年收铁百余万斤。洪武十五年有人建议重新开采，元璋以为利不在官则在民，民得其利则利源通而有利于官，官专其利则利源塞而必损于民。而且各冶铁数尚多，军需不缺，若再开采，必然扰民。把他打了一顿，流放海外。[⑧] 济南、青州、莱州三府每年役民二千六百六十户，采铅三十二万三千多斤，以凿山深而得铅少，也命罢采。[⑨] 十八年以劳民罢各布政司煎炼铁冶。二十五年重设各处铁冶，到二十八年内库贮铁三千七百四十三万斤，后备物资已经十分充足，又命罢各处铁冶。并允许人民自由采炼，岁输课程，每三十分取其二。三十一年以内库所贮铁有限，而营造所费甚多，又命重开铁冶。[⑩] 综计洪

① 《明太祖实录》卷一百五十六。
② 《明太祖实录》卷一百七十二、卷一百七十四。
③ 《明太祖实录》卷六十七。
④ 《明太祖实录》卷一百三十四。
⑤ 《明太祖实录》卷一百六十三、卷二百五十二。
⑥ 《明太祖实录》卷一百四。
⑦ 《明太祖实录》卷八十五。
⑧ 《明太祖实录》卷一百四十五。
⑨ 《明太祖实录》卷一百五十。
⑩ 《明太祖实录》卷一百七十六、卷二百四十二、卷二百五十六。

武时代设置的铁冶所：江西进贤、新喻、分宜，湖广兴国、黄梅，山东莱芜，广东阳山，陕西巩昌，山西交城、吉州二所，太原、泽、潞各一所。和河南均州、新安，四川蒲江，湖南茶陵等冶，每年输铁一千八百四十余万斤。①

宫廷和军队所需的一切物品，都由匠户制造。匠户是元明两代的一种特殊制度，把有技艺的工匠征调编为匠户，子孙世袭。分为民匠、军匠二种。明代匠户的户籍，完全依据元代的旧籍，不许变动。② 洪武二十六年定每三年或二年轮班到京役作的匠户名额为二十三万二千八十九名。③ 由工部管辖。固定作工的叫住坐匠户，由内府内官监管辖。军匠大部分分属于各地卫所，一部分属于内府兵仗局、军器局和工部的盔甲厂。④ 属各地卫所的军匠总数二万六千户。⑤ 每户正匠做工，得免杂差，仍免一丁帮贴应役。余丁每名每年出办工食银三钱，以备各衙门因公务取役雇觅之用。正匠每月工作十天，月粮由官家支给。⑥

轮班匠户包括六十二行匠人。后来又细分为一百八十八种行业，从戗纸、表背、刷印、刊字、铁匠、销金、木、瓦、油、漆、象牙、纺棉花，到神箭、火药等等，每种人数由一人到八百七十五人不等。内廷有织染局，神帛房和后湖织造局，四川、山西诸行省和浙江绍兴织染局，规模都较大。留在地方的匠户除执役于织染局以外，如永平府就有银、铁、铸铁、锡、钉铰、穿甲等二十二行。⑦

匠户人数多，分工细，凡是宫廷和军队所需用的手工业制造品，都由匠户执役的官手工业作坊的各局制造供给。这种封建制度的生产，垄断了宫廷和军队的一切需要物品，所需的资金和生产的成品，都不在市场流通，这样，就直接对社会上的私人手工业作坊的扩大

① 《明史》卷八十一，《食货志·铁冶所》；《大明会典》。

② 《大明会典》卷十九，《户口》。

③ 《大明会典》卷一百八十九；《明史·严震直传》。

④ 《大明会典》卷一百八十八。

⑤ 《明史》卷一百五十七，《张本传》。

⑥ 《大明会典》卷一百八十九。

⑦ 吴晗：《元明两代之匠户》，载《云南大学学报》第一期。

生产起了束缚和阻碍的作用。同时，官手工业作坊的生产是不计较成本、劳力和利润的，原料由全国各地的贡品供给，不受限制，即使有部分作为商品流入市场，私人手工业作坊的产品也不能和它竞争。在另一面，元代把技术最好的工人都签发为匠户，子孙世袭，连技术也被垄断了，私人手工业作坊所能雇用的只是一般工人，技术提高受了一定的限制。明初把匠户分作住坐轮班两种，轮班的除班期应役以外，大部分时间归自己支配，技术和产品都不再受到限制，对社会生产力的发展是有益的措施。这种无偿的强制的劳役，不能不引起匠户的反抗，逃亡之外，唯一可以采取的手段是怠工和故意把成品质量降低。以此，匠户制度虽然曾经在个别情况下对生产技术的改进起了作用，推进了社会生产力的发展，但就其本质而说，则是束缚和阻碍生产技术的不断提高；妨碍私人手工业工场的发展；隔绝商品的流通；对社会生产力的发展起着扼制、停滞的消极作用。

对商业采轻税政策，税收机构在京为宣课司，府县为通课司。凡商税三十分取一，过者以违令论。洪武元年诏中书省，命在京兵马指挥司并管市司，三日一次校勘街市斛斗秤尺，稽考牙侩姓名，规定物价。在外府州各城门兵马，一体兼管市司。① 十三年谕户部，自今军民嫁娶丧葬之物，舟车丝布之类都不征税。并大量裁减税课司局三百六十四处。南京人口密集，军民住宅都是公家修建，连廊栉比，没有空地。商人货物到京无处存放，有的停在船上，有的寄放城外，牙侩从中把持价格，商人极以为苦。元璋了解这情况以后，就叫人在三山门等门外盖几十座房子，叫作塌坊，专放商货，上了税后听其自相贸易。② 为了繁荣市面，二十七年命工部建十五座楼房于江东诸门之外，令民设酒肆其间，以接四方宾客，名为鹤鸣、醉仙、讴歌、鼓腹、来宾、重译等等。修好后还拿出一笔钱，让文武百官大宴于醉仙楼，庆祝天下太平，与民同乐。③

---

① 《明太祖实录》卷三十四。

② 《明太祖实录》卷二百十一；《明史》卷八十一，《食货志·商税》。

③ 《明太祖实录》卷二百三十四。

棉花的普遍种植，棉布质量的不断提高，工资制手工业作坊的产生，新的蚕丝纺织工业区的开辟，轮班匠的技术和产品的投入市场等等，加上税收机构的减缩和轻税政策的刺激，商业市场大大活跃了，不但紧密地联系了南方和北方，也广泛地联系了城市和乡村以及全国的边远地区，繁荣了经济，改善了提高了人民生活，进一步地加强了国家的统一。

商品的生产和吐纳的中心，手工业作坊和批发行号的所在地，集中着数量很大的后备工人和小商摊贩，城市人口剧烈地增加了。明初的工商业城市有南京、北平、苏州、松江、镇江、淮安、常州、扬州、仪真、杭州、嘉兴、湖州、福州、建宁、武昌、荆州、南昌、吉安、临江、清江、广州、开封、济南、济宁、德州、临清、桂林、太原、平阳、蒲州、成都、重庆、泸州等地。①

随着生产的恢复和发展，工商业的活跃，作为贸易媒介的全国统一货币的需要是愈来愈迫切了。

在朱元璋称王以前，元代的不兑现纸币中统交钞因为发行过多，军储供给，赏赐犒劳，每日印造，不可数计，舟车装运，舳舻相接，京师用钞十锭（一锭为钞五十贯，一贯为钱一千文）换不到一斗米。② 至正十六年中统钞已为民间所拒用，交易都不用钞，所在郡县都以物货相交易。③ 十七年铸至正之宝大钱五品称为权钞，以硬币代替纸币，结果纸币也罢，大钱代钞也罢，人民一概不要。人民嘲笑权钞，歌谣中说："人吃人，钞买钞，何曾见？"

朱元璋占应天后，首先铸大中通宝钱，以四百文为一贯，四十文为两，四文为一钱。平陈友谅后，命江西行省置货泉局，即帝位后，发行洪武通宝钱，分五等：当十、当五、当三、当二、当一。当十钱重一两，当一钱重一钱。应天置宝源局，各行省都设宝泉局专管铸钱，严禁私铸。洪武四年改铸大中、洪武通宝大钱为小钱。货币虽然有了，但是铜钱分量重，价值低，不便于数量较大的交易，

---

① 《明宣宗实录》卷五十。

② 《元史》卷九十七，《食货志·钞法》。

③ 孔齐：《至正直记》卷一；《元史》卷九十七，《食货志·钞法》。

也不便于远地转运，并且，商人用钞已经有了长期的历史，成为习惯了，用钱感觉不方便，很有意见。①

铜钱不便于贸易，决定发行纸币。七年设宝钞提举司，下设钞纸、印钞二局，宝钞、行用二库。八年命中书省造大明宝钞，以桑穰为料，高一尺，广六寸，质青色，外为龙文花栏，横额“大明通行宝钞”，内上两旁篆文八字：“大明宝钞，天下通行。”中国钱贯，标明币值一贯，下栏是：“中书省（十三年后改为户部）奏准印造大明宝钞，与铜钱通行使用，伪造者斩，告捕者赏银二十五两。（十三年后改为赏银二百五十两），仍给犯人财产。洪武年×月×日。”背和面都加盖种印。一贯的画钱十串，五百文的五串，以下是四百文、三百文、二百文、一百文，共六种。规定每钞一贯准钱千文，银一两。四贯准黄金一两。二十一年加造从十文到五十文的小钞。②

为了保证宝钞的流通，在发行时就以法律禁止民间不得以金银物货交易，违者治罪，告发者就以其物给赏。只准以金银来掉换宝钞。并规定商税钱钞兼收，比例为收钱十分之三，收钞十分之七，一百文以下的止收铜钱。③ 在外卫所军士每月食盐给钞，各盐场给工本钞。十八年命户部凡天下官禄米以钞代给，每米一石给钞二贯五百文。④

宝钞的发行是适合当时人民需要的，对商业的繁荣起了很大作用。但是朱元璋继承元朝的钞法，只学了后期崩溃的办法，没有懂得元代前期钞法的所以通行，受到广大人民喜爱的道理。原来元初行钞，第一，有金银和丝为钞本，各路无钞本的不发新钞；第二，印造有定额，计算全国商税收入的金银和烂钞兑换数量作为发行额数；第三，有收有放，出入一样，丁赋和商税都收钞，钞和金银作用一样；第四，可以兑换金银，金银可以买钞；第五，钞和金银铜钱并行，远地、大量的贸易用钞比金银铜钱更加方便。相反，元代

---

① 《明史》卷八十一，《食货志·钞法》。

② 《大明会典》卷三十一，《钞法》；《明史》卷八十一，《食货志·钞法》。

③ 《大明会典》卷三十一，《钞法》。

④ 《明太祖实录》卷一百七十六。

钞法之所以崩溃，是因为把钞本动用光了；无限制滥发造成恶性膨胀；只发行不收回；不能兑换金银；烂钞不能换新钞。[①] 洪武钞法以元代后期钞法作依据，因之，虽然初行的几年，由于行用方便和习惯，还能保持和物价的一定比例，但是，由于回收受限制，发行量没有限制，发行过多，收回很少，不兑现纸币充斥于市场，币值便不能维持了。

宝钞发行的情况，以洪武十八年二月二十五日到十二月止为例，宝钞提举司钞匠五百八十名所造钞共九百九十四万六千五百九十九锭。[②] 明代以钞五贯为一锭，这一年的发行额就是五千万贯，合银五千万两。明初每年国库银的收入，不过几十万两，一年的发行额竟相当于银的收入一万倍左右，加上以前历年所发，数量就更大了。更由于印制的简陋，容易作假，伪钞大量投入市场[③]，币值就越发越低落了。二十三年两浙市民以钞一贯折钱二百五十文[④]，二十七年降到折钱一百六十文。[⑤] 到三十年杭州诸郡商贾，不论货物贵贱，一以金银定价，索性不用宝钞了。[⑥] 元璋很着急，采用申明钞法，三番五次讲钞一贯应折钱一千文；旧钞可以换新钞；禁用铜钱；禁用金银交易等等办法，还是不济事，钞值还是日益低落，不被人民所欢迎。到成化时（公元 1465—1487 年）洪武钱民间全不通行，宝钞只是官府在用，一贯仅值银三厘，钱二文，民间得之，毫无用处。[⑦]

由于对外贸易的发展，银子流入国内的一天天增多了。这样，在官府和市场就同时使用两种货币，官府支出用价值极低的纸币，收入要银子，市场出入都用银子。银子终于逐渐代替了宝钞成为全

---

① 参看吴晗：《元史食货志钞法补》、《大明通行宝钞》二文。

② 《大诰续诰》，钞库作弊第三十二。

③ 《大诰》伪钞第四十八：“宝钞通行天下，便民交易。其两浙江东西民有伪造者，句容县民杨馒头本人起意，县民合谋者数多，银匠密修锡板，文理分明，印纸马之户同谋刷印，捕获到官。自京至于句容，所枭之尸相望。”

④ 《明太祖实录》卷二百零五。

⑤ 《明太祖实录》卷二百三十四。

⑥ 《明太祖实录》卷二百五十一。

⑦ 陆容：《菽园杂记摘抄》卷五。

国通行的通货。

三、人民的义务

红军起义的目的，就民族解放战争而说，洪武元年解放大都，蒙古统治集团北走，民族压迫的政权被推翻，这一历史任务是光辉地完成了。但是，另一个目的，解除阶级压迫的任务，却不可能完成。一部分旧的地主参加了新政权，出身农民的红军将领也由于取得政权而转化成新的地主阶级了，其中朱元璋和他的家族便是新地主阶级的代表人物。

元末红军起义对旧地主发生了淘汰的作用，一部分地主被战争所消灭了，一部分地主却由于战争而巩固和上升了他的地位。

元末的农民，大部分参加了革命战争。他们破坏了旧秩序和压迫人民的统治机构。地主们正好相反，他们要保全自己的生命财产，就不能不维护旧秩序，就不能不拥护旧政权，阶级利益决定了农民和地主分别站在敌对的阵营。在战争爆发之后，地主们用全力组织武装力量，称为“民”军或“义”军，建立堡砦，抵抗农民军的进攻。现任和退休的官吏、乡绅、儒生和军人是地主军的将领，他们受过教育，有文化，有组织能力，在地方上有威望，有势力。虽然各地方的地主军人各自为战，没有统一指挥和作战计划，军事力量也有大小强弱的不同，但因为数量多，分布广，作战顽强，就成为反对红军的主要的敌人了。经过二十年的战争，长江南北的巨族右姓，有的死于战争，有的流亡到外地①，参加扩廓帖木儿、孛罗帖木儿两支地主军的湖、湘、关、陕、鲁、豫等地的地主，也随着这两支军队的消灭而消灭了。一部分地主为战争所消灭，另一部分地主如刘基、宋濂、叶琛、章溢等则积极参加了红军，共同建立新政权，成为大明帝国新统治集团的组成部分，和由农民起义转化的新

---

① 贝琼：《清江集》卷八，《送王子渊序》。

地主们一起，继续对广大农民进行压迫和剥削。

朱元璋和他的将领都是农民出身的，过去曾亲身经受过地主的压迫和剥削。但在革命战争过程中，本身的武装力量不够强大，为了壮大自己，孤立敌人，又非争取地主们参加不可，浙东这几家大族的合作，是他们所以取得胜利基本条件之一。到了他自己和将领们都转化成为大地主以后，和旧地主们的阶级利益一致了，但又发生了新的矛盾，各地地主用隐瞒土地面积、荫庇漏籍人口等手段和皇家统治集团争夺土地和人力，直接危害到帝国的财政税收，地主阶级内部矛盾的深化，促成了帝国赋役制度的改革。

元璋于龙凤四年取金华后，选用宁越（金华）七县富民子弟充宿卫，名为御中军。① 照当时的军事形势看来，这是很重要的军事措施，因为把地主们的子弟征发为禁卫军人，随军征战，等于作质，就不必担心这些地区地主的军事反抗了。洪武十九年选取直隶应天诸府州县富民子弟赴京补吏，凡一千四百六十人②，也是一样作用。对地主本身，洪武三年作的调查，以田税多少比较，浙西的大地主数量最多，以苏州一府为例，每年纳粮一百石以上到四百石的四百九十户，五百石到一千石的五十六户，一千石到二千石的六户，二千石到三千八百石的二户，共五百五十四户，每年纳粮十五万一百八十四石。③ 三十年又作了一次调查，除云南、两广、四川以外，浙江等九布政司，直隶应天十八府州，地主们田在七顷以上的共一万四千三百四十一户。编了花名册，把名册藏于内府印绶监，按名册以次召来，量才选用。④

对地主的政策，双管齐下，一是任为官吏、粮长；一是迁到京师。在科举法未定之前，选用地主作官，叫作税户人材，有作知县、知州、知府的，有作布政使以至朝廷的九卿的。⑤ 又以地主为粮长，以为地方官都是外地人，不熟悉本地情况，吏胥土豪作弊，任意克

---

① 《明太祖实录》卷六。

② 《明太祖实录》卷一百七十九。

③ 《明太祖实录》卷四十九。

④ 《明太祖实录》卷二百五十二、卷二百五十四。

⑤ 吴宽：《匏翁家藏集》卷七十五，《施孝先墓表》。

削百姓。不如用有声望的地主来征收地方赋税，负责运到京师，可以减少弊病。① 洪武四年九月命户部计算土田租税，以纳粮一万石为一区，选占有大量田地纳粮最多的地主为粮长，负责督收和运交税粮。② 如浙江行省人口一百四十八万七千一百四十六户，每年纳粮九十三万三千二百六十八石，设粮长一百三十四人。③ 粮长下设知数一人，斗级二十人，运粮夫千人。④ 并规定对粮长的优待办法，凡粮长犯杂犯、死罪和徒流刑的可以纳钞赎罪。⑤ 三十年又命天下郡县每区设正副粮长三名，编定次序，轮流应役，周而复始。⑥ 凡粮长按时运粮到京师的，元璋亲自召见，合意的往往留下作官。⑦ 元璋把征粮和运粮的权力交给地主，以为"这个办法是以良民治良民，必无侵渔之患"⑧。"免地方官科扰之弊，于民甚便。"⑨ 事实上恰好相反，地主作了粮长以后，在原来对农民剥削的基础上，更加上了国家赋予的权力，如虎傅翼，农民的痛苦更深更重了。如粮长郝阿乃起立名色，科扰民户，收舡水脚米、斛面米、装粮饭米、车脚钱、脱夫米、造册钱、粮局知房钱、看米样中米等等，通计敛米三万二千石，钞一万一千一百贯。正米止该一万，郝阿乃个人剥削部分竟达米二万二千石，钞一万一千一百贯。农民交纳不起，强迫以房屋准折，揭屋瓦，变卖牲口，以及衣服、段匹、布帛、锅灶、水车、农具等等。⑩ 又如嘉定县粮长金仲芳等三名巧立名色征粮附加到十八种。⑪ 农民吃够了苦头，无处控诉。⑫ 朱元璋也发觉

① 宋濂：《朝京稿》卷五，《上海夏君新圹铭》；吴宽：《匏翁家藏集》卷五十二，《恭题粮长敕谕》。

② 《明太祖实录》卷六十八。

③ 《明太祖实录》卷七十。

④ 《明太祖实录》卷八十五。

⑤ 《明太祖实录》卷一百零二。

⑥ 《明太祖实录》卷二百五十四。

⑦ 《明史》，《食货志》二，《赋役》；《匏翁家藏集》卷四十三，《尚书严公流芳录序》。

⑧ 《明太祖实录》卷六十八。

⑨ 《明太祖实录》卷一百二。

⑩ 《大诰续诰》四十七。

⑪ 《大诰续诰》二十一。

⑫ 黄省曾：《吴风录》。

粮长之弊，用严刑制裁，尽管杀了一些人，粮长的作恶，农民的被额外剥削，依然如故。①

除任用地主作官收粮以外，同时还采用汉高祖徙天下豪富于关中的政策，洪武二十四年徙天下富户五千三百户于南京。② 三十年又徙富民一万四千三百余户于南京，称为富户。元璋告诉工部官员说："从前汉高祖这样做，我很不以然。现在想通了，京师是全国根本，事有当然，确是不得不这样做。"③

地主们对作官作粮长当然很高兴，感激和支持这个维护本阶级利益的政权。但同时也不肯放弃增加田土和人力的机会，用尽一切手段逃避对国家的赋税和徭役，两浙地主所用的方法，把自己田产诡托（假写在）亲邻佃仆名下，叫作"铁脚诡寄"，普遍成为风气，乡里欺州县，州县欺府，奸弊百出，叫作"通天诡寄"④。此外，还有洒派、包荒、移丘换段等等手段。元璋在处罚这些地主以后，气忿地指出：

> 民间洒派、包荒、诡寄、移丘换段，这等都是奸顽豪富之家，将次没福受用财赋田产，以自己科差洒派细民；境内本无积年荒田，此等豪猾买嘱贪官污吏及造册书算人等，其贪官污吏受豪猾之财，当科粮之际，作包荒名色征纳小户，书算手受财，将田洒派、移丘换段，作诡寄名色，以此靠损小民。⑤

地主把负担转嫁给贫民，结果是富的更富，穷的更穷。⑥ 地主阶级侵占了皇家统治集团应得的地租和人力，农民加重了负担，国家一方面田租和徭役的收入、供应减少，一方面农民更加穷困饥饿，动摇了、侵蚀了统治集团的经济基础，阶级内部发生矛盾，斗争展开了。

经过元末二十年的战争，土地簿籍多数丧失，保存下来的一部

---

① 宋濂：《朝京稿》卷五，《上海夏君新圹铭》。

② 《明太祖实录》卷二百十。

③ 《明太祖实录》；《明史》卷七十七，《食货志》一。

④ 《明太祖实录》卷一百八十。

⑤ 《大诰续诰》，靠损小民第四十五。

⑥ 《明太祖实录》卷一百八十。

分，也因为户口变换，实际的情况和簿籍不相符合。大部分土地没有簿籍可查，逃避国家赋役；有簿籍的土地，登记的面积和负担又轻重不一，极不公平。朱元璋抓住这中心问题，向地主进行斗争。方法是普遍丈量土地和调查登记人口。

洪武元年正月派周铸等一百六十四人往浙西核实田亩，定其赋税。① 五月六月派使臣到四川丈量田亩。② 十四年命全国郡县编赋税黄册。二十年命国子生武淳等分行州县，编制鱼鳞图册。③ 前后一共用了二十年的时间，才办好这两件事。

丈量土地所用的方法，是派使臣往各处，随其税粮多少，定为几区，每区设粮长四人，会集里甲耆民，量度田亩方圆，次以字号，登记田主姓名和田地丈尺四至，编类成册，册子形状像鱼鳞，名为鱼鳞图册。

人口普查的结果，编定了赋役黄册。把户口编成里甲，以一百一十户为一里，推丁粮多的地主十户作里长，余百户为十甲。每甲十户，设一甲首。每年以里长一人，甲首一人，管一里一甲之事。先后次序根据丁粮多少，每甲轮值一年。十甲在十年内先后轮流为国家服义务劳役，一甲服役一年，有九年的休息。在城中的叫坊，近城的叫厢，乡都的叫里。每里编为一册，里中有鳏寡孤独不能应役的，带管于一百一十户之外，名曰畸零。每隔十年，地方官以丁粮增减重新编定，因为册面用黄纸，所以叫作黄册。

鱼鳞图册是订定地租的根据，赋役黄册是征发徭役的根据，通过土地和人户的普查，制定了这两种簿籍，颁布了租税和徭役制度。不但大量漏落的土田人口被登记固定了，国家增加了物力和人力，稳定了巩固了统治的经济基础，同时，也有力地打击了一部分地主阶级，从他们手中夺回对一部分土地和人口的控制，从而大大增强了皇家统治集团的权力，更进一步走向高度的集中、专制。朱元璋的政权，比过去任何一个时代，都更加强大、集中、稳定、完备了。

---

① 《明太祖实录》卷二十九。

② 《明太祖实录》卷七十四。

③ 《明太祖实录》卷一百三十五、卷一百八十。

对城乡人民，经过全国规模的土地丈量，定了租税，在册上详细记载土地的情况，原坂、坟衍、下隰、沃瘠、沙卤的区别，并规定凡置买田地，必须到官府登记税粮科则，免掉贫民产去税存的弊端；十年一次的劳役，使人民有轮流休息的机会，这些措施，确实减轻了人民的负担，鼓舞了农民的生产情绪，对于社会生产力的推进，起了显著的作用。

对破坏农业生产的吏役，用法律加以制裁，例如："松江一府坊厢中不务生理，交结官府者一千三百五十名，苏州坊厢一千五百二十一名，皆是市井之徒，不知农民艰苦，帮闲在官，吏有正吏、主文、写发；皂隶有正皂隶、小弓兵、直司；牢子有正牢子、小牢子、野牢子等名色，又有自名小官、帮虎等。不问农民急务之时，生事下乡，搅扰农业。芒种之时，栽种在手，农务无隙，此等游民赍执批文，直到农村，或就水车上锁人下车，或就手内夺去秧苗锁人出田……于城市乡村扰害人民。"① 元璋下令加以清理，除正牢子合应正役以外，其他一概革除，如松江府就革除了小牢子、野牢子等九百余名。② 一个地方减少了四分之三为害农民的吏役，这对于农民正常进行生产有很大好处。

朱元璋虽然对一部分地主进行了斗争，对广大农民作了让步，一部分地主力量削弱了，农民生产增加了。但是，这个政权毕竟是地主阶级的政权，首先为地主阶级服务，即使对农民采取了一些让步的措施，其目的也还是为了巩固和强化整个地主阶级的统治权。无论是查田定租，无论是编户定役，执行丈量的是地主，征收粮米的还是地主，当里长甲首的依然是地主，在地方和朝廷作官的更非地主不可，从下而上，从上而下的重重地主统治：地主首先要照顾的是自己家族和亲友的利益，决不会照顾到小自耕农和佃农。由于凭借职权的方便，剥削舞弊都可以通过国家治权来进行，披上合法的外衣，农民的痛苦越发无可申诉；而且，愈是大地主，愈有机会让子弟受到教育，通过科举和税户人才等等成为官僚绅士，官僚绅

① 《大诰续诰》，罪除滥役第七十四。

② 《大诰续诰》，松江逸民为害第二。

士享有合法的免役权，洪武十年朱元璋告诉中书省官员："食禄之家，与庶民贵贱有等，趋事执役以奉上者，庶民之事也。若贤人君子，既贵其家，而复役其身，则君子野人无所分别，非劝士待贤之道。自今百司见任官员之家有田土者，输租税外，悉免其徭役，著为令。"十二年又下令："自今内外官致仕还乡者，复其家终身无所与。"① 连乡绅也享有免役权了。在学的学生，除本身免役外，户内还优免二丁差役。② 这样，现任官、乡绅、生员都豁免差役，有办法逃避租税，完粮当差的义务，便完全落在自耕农和贫农身上了。他们不但要出自己的一份，连官僚、绅士、地主的一份，也得一并承当下来。官僚、绅士越多的地方，人民的负担就越重。

人民的负担用朱元璋的话叫作"分"，即应尽的义务。洪武十五年他叫户部出榜晓谕两浙、江西之民说："为吾民者当知其分，田赋力役出以供上者，乃其分也。能安其分，则保父母妻子，家昌身裕，为忠孝仁义之民。"不然呢？"则不但国法不容，天道亦不容矣！"应该像"中原之民，惟知应役输税，无负官府"。只有如此，才能"上下相安，风俗淳美，共享太平之福"③。

朱元璋要求人民尽应役输税的义务，定下制度，要官吏奉公守法，严惩贪污，手令面谕，告诫谆谆，期望上下相安，共享太平之福。但是官吏并不肯照他的话办事，地主作官只是管百姓，并不想替百姓办事，结果许多制度命令都成为空文，官僚政治的恶果当时便有人明确地指出：

> 今之守令，以户口、钱粮、狱讼为急务。至于农桑、学校，王政之本，乃视为虚文而置之，将何以教养斯民哉！
>
> 以农桑言之，方春，州县下一白帖，里甲回申文状而已，守令未尝亲视种艺次第，旱涝戒备之道也。
>
> 以学校言之，廪膳诸生，国家资之以取人才之地也。今四方师生缺员甚多，纵使具员，守令亦鲜有以礼让之实，作其成

---

① 《明太祖实录》卷一百十一、卷一百二十六。

② 张居正：《太岳集》卷三十九，《请申旧章饬学政以振兴人才疏》。

③ 《明太祖实录》卷一百五十。

器者。

朝廷切切于社学，屡行取勘师生姓名，所习课业。乃今社镇城郭，或但置立门牌，远村僻处则又徒存其名，守令不过具文案备照刷而已。上官分部按临，亦但循习故常，依纸上照刷，未尝巡行点视也。

兴废之实，上下视为虚文，小民不知孝弟忠信为何物，而礼义廉耻扫地矣。

官吏办的是公文，公文上办的事应有尽有，和实际情况全不相干。上官按临地方检查的也是公文，上下都以公文办事，“法出而奸生，令下而诈起”。这是洪武九年的情形。① 十二年后，解缙奉诏上万言书，也说：

臣观地有盛衰，物有盈虚，而商税之征，率皆定额，是使其或盈也，奸黠得以侵欺；其歉也，良善困于补纳。

夏税一也，而茶椒有粮，果丝有税，既税于所产之地，又税于所过之津，何其夺民之利至于如此之密也。且多贫下之家，不免抛荒之咎。今日之土地无前日之生殖，而今日之征集有前日之税粮，或卖产以供税，产去而税存；或赔办以当役，役重而民困。土田之高下不均，起科之轻重无别，膏腴而税反轻，瘠卤而税反重。②

道理也清楚得很，正因为是“贫下之家”，才被迫抛荒，地主负担特别轻，是不会抛荒的。膏腴之田是地主的，瘠卤之田是贫民的，地主自己定的税额，当然是膏腴轻而瘠卤重。

严惩贪污，贪污还是不能根绝，用朱元璋自己的话来证明吧，他说：

浙西所在有司，凡征收害民之奸，甚如虎狼。且如折收秋粮，府州县发放，每米一石折钞二贯，巧立名色，取要水脚钱

① 《明史》卷一百三十九，《叶伯巨传》。

② 《明史》卷一百四十七，《解缙传》。

一百文，车脚钱三百文，口食钱一百文。库子又要辨验钱一百文，蒲篓钱一百文，竹篓钱一百文，沿江神佛钱一百文。害民如此，罪可宥乎！[①]

折粮是便民的措施，浙西运粮一石到南京，要花四石运费，百姓困苦不堪。[②] 改折为钞，减轻了浙西农民五分之四的负担。钞是用不着很大运费和蒲、竹篓包装的，但地方官还是照运粮的办法苛敛，急得朱元璋只是跺脚，说："我欲除贪赃官吏，奈何朝杀而暮犯！今后犯赃的，不分轻重都杀了！"[③]

洪武一朝，"无几时不变之法，无一日无过之人"[④]。是历史上对贪污进行斗争最激烈的时代，杀贪官污吏最多的时代。虽然随杀随犯，不可能根本清除贪污，但是朱元璋下定决心，随犯随杀，甚至严厉到不分轻重都杀，对贪污的减少是起了作用的，对人民有好处，人民是感谢他，支持他的。

---

① 《大诰》，折粮科敛第四十一。

② 宋濂：《芝园续集》卷四，《故岐宁卫经历熊府君墓铭》。

③ 刘辰：《国初事迹》。

④ 《明史》卷一百四十七，《解缙传》。

第六章 统治阶级的内部矛盾

一、胡蓝党案

以朱元璋为首的淮西农民武装集团，在取得胜利以后，都转化为拥有大量土地、佃户的大地主，成为皇帝、国公、列侯，高官显爵，治理六千万臣民的统治阶级了。

洪武四年统计，韩国公李善长、魏国公徐达、郑国公常茂、曹国公李文忠、宋国公冯胜、卫国公邓愈六个国公和延安侯、吉安侯等二十八侯，都拥有大量庄田，佃户凡三万八千一百九十四户。①

皇帝是淮人，丞相李善长、徐达和大部分公侯、朝廷要官都是淮人。远在朱元璋初据集庆时，诗人贝琼的诗就说："两河兵合尽红巾，岂有桃源可避秦？马上短衣多楚客，城中高髻半淮人。"② 到建国称帝以后，淮人在政治上在军事上越发占压倒优势，非淮人很难露头角了。

功臣以血战立功封公侯，拥有部曲、义子和大量奴仆，他们又和各地卫所军官有过统率关系，在和平环境里，这种虽然数量不大的武装力量和袍泽关系，却有可能成为倾覆皇家统治的因素。

管理国家的机构中书省，是从元朝继承下来的。中书省丞相综理政事，职权很重。相权重了，皇帝的权力就相对削弱了。有长期历史传统的丞相制度，对皇帝的权力运用起了牵制作用。

贵族地主对人民的高度剥削，对国家赋役的隐蔽侵占；淮人集

① 《明太祖实录》卷六十八。

② 《清江诗集》卷五，《秋思》。

团对非淮人的排挤、打击；军事贵族可能发生叛变的威胁；相权和君权的冲突，这些内部矛盾的各种因素，随着胜利的获得与国家的和平安定而日益发展，冲突日益严重，最后达到不可调和的地步，朱元璋运用检校和军队，并采取流血手段，巩固了自己的政权。洪武十三年杀丞相胡惟庸，二十六年杀功臣蓝玉，胡惟庸和蓝玉的关联人犯被杀的称为胡党、蓝党，人数在四万人左右。

贵族地主侵犯人民和国家利益的事实，洪武五年六月申诫公侯的铁榜曾加以列举：

> 凡公侯之家，强占官民山场湖泊、茶园、芦荡及金银铜场、铁冶；倚恃权豪，欺压良善，虚钱实契，侵夺人田地房产孳畜；受人田土，曚眬投献物业；
>
> 凡公侯功臣之家，屯田佃户、管庄干办、火者、奴仆，及其亲属人等，倚势在乡欺殴人民，倚势凌民，侵夺田产财物；私托门下，影蔽差徭。

逐项规定了处罚和处刑的法律。①朱元璋必须制定专门法律来制裁公侯功臣和他们的管庄人等，说明了铁榜所举事实已经是普遍而严重了。具体事例如汤和的姑丈席某隐瞒常州田土，为元璋所杀。②立铁榜以后，蓝玉尝占东昌民田，百姓向御史告状，御史依法审讯，蓝玉一顿乱棍把他打走。③又令家人私买云南盐一万余引，倚势兑支，侵夺民财，阻坏盐法。④郭英私养家奴百五十余人，又擅杀男女五人等等。⑤可见法律对这些贵族地主的约束力并不大。

淮人官僚集团的中心人物是李善长。他是朱元璋起兵时的幕府书记，称王时的右相国，称帝时的左相国、左丞相，在朝廷上位列第一，儿子是驸马都尉。他的亲戚同乡胡惟庸也继为丞相。从李善

---

① 《明太祖实录》卷七十四。

② 刘辰：《国初事迹》。

③ 《明太祖实录》卷二百二十五。

④ 刘辰：《国初事迹》。

⑤ 《明史》卷一百三十，《郭英传》。

长到胡惟庸先后执政，排挤非淮人不使当权。开国功臣刘基为李善长所忌，洪武四年即告老还乡，八年被胡惟庸毒死。① 山西阳曲人杨宪官御史台中丞，元璋尝说："杨宪可居相位。"杨宪和凌说、高见贤、夏煜轮番向元璋诉说李善长无宰相材，要挤掉善长，元璋说："善长虽无相材，但是与我同乡；一起兵就跟我，经过艰险；勤劳簿书，功劳很多。我作皇帝，他自然该作宰相，今后不要再说了。"嘴上虽这般说，却又和刘基商量，要用杨宪为相。胡惟庸听得风声，连忙告诉善长说，"杨宪为相，我等淮人不得为大官矣。"合力倾陷，杨宪终于被杀，凌说、高见贤、夏煜也先后处死。②

军事贵族对皇家统治的威胁，从龙凤八年邵荣案发以后，就使元璋十分警惕，用尽一切方法来维护自己的统治。

邵荣骁勇善战，是濠州旧将，战功和徐达不相上下。因事对元璋不满，和参政赵继祖一起发牢骚埋怨，知道有人要告发，乘元璋到三山门外阅兵，两人伏兵门内，不料元璋从另一条路回宫，命壮士执邵荣、赵继祖，当面审问，邵荣承认："我等同年出外，取讨城池，多受劳苦，不能在家与妻子相守同乐，所以举此谋。"两人都被杀抄家。③

元璋对将领不敢信任，以其家属作质，将领因此怨望。邵荣死后，元璋对诸将越发不放心，倚靠检校侦察将士私事，将领人人自危。徐达、汤和为人十分小心谨慎，也被猜疑，朝臣纷纷传说，越发造成紧张气氛。洪武五年铁榜用法律形式规定：凡内外各指挥、千户、百户、镇抚并总旗、小旗等，不得私受公侯金帛、衣服、钱物；内外各卫官军，非当出征之时，不得辄于公侯门首侍立听候；公侯等官，非奉特旨，不得私役官军。④ 元璋对公侯大将的防制愈严密，矛盾就愈深，裂痕也愈大。

最后，统治阶级内部矛盾集中表现为君权和相权的斗争。

---

① 《明史》卷一百二十八，《刘基传》。

② 刘辰：《国初事迹》。

③ 刘辰：《国初事迹》；《明太祖实录》卷十一。

④ 《明太祖实录》，卷七十四。

胡惟庸是元璋在和州时的帅府奏差，因李善长的举荐，洪武三年拜中书省参知政事，六年拜右丞相，进左丞相。深得元璋信任，权势日盛。生死人命和升降官员等大事，有时独断专行，不向元璋报告。内外诸司的报告有对自己不利的就扣压不报。各地想作官、升官的，功臣、军人失意的都奔走门下，送金帛、名马、玩好不计其数。作了七年宰相，门下故旧僚友结成了庞大的集团。

中书省综掌全国大政，丞相对一切庶务有权专决，统率百官，只对皇帝负责。在胡惟庸以前，丞相李善长小心谨慎，徐达经常统兵在外，和朱元璋的冲突还不十分明显，接着是高邮人汪广洋，文人爱喝酒，庸庸碌碌没主张，不大管事，以罪被杀。胡惟庸在中书最久，权最重，已经使元璋觉得碍事。特别是得罪被谴责的功臣吉安侯陆仲亨、平凉侯费聚都和惟庸密相往来，冲突便越发严重了。①朱元璋直接统率军队和检校，洪武十三年以擅权枉法的罪状杀胡惟庸，并罢中书省，由皇帝直接管理国家政事。立下法度，以后不许再设丞相。二十八年下令："自古三公论道，六卿分职。自秦始置丞相，不旋踵而亡。汉、唐、宋因之，虽有贤相，然其间所用者多有小人，专权乱政。我朝罢相，设五府、六部、都察院、通政司、大理寺等衙门，分理天下庶务，彼此颉颃，不敢相压，事皆朝廷总之，所以稳当。以后嗣君并不许立丞相，臣下敢有奏请设立者，文武群臣即时劾奏，处以重刑。"② 罢相以后，府、部、院、司分理庶务，目的是把权力分散，"不敢相压"，一切权力都由皇帝总之，"所以稳当"。从中书省综掌政权一变而为皇帝亲自管理庶政，封建专制的政权从此更加集中，集中于一人之手，皇帝便成为总揽一切的独裁者了。

杀胡惟庸是为了"稳当"，二十六年又以有人告蓝玉谋反，族诛蓝玉。蓝玉，定远人，常遇春妇弟，在遇春麾下，骁勇善战，多立战功。洪武二十年以征虏左副将军从大将军冯胜征纳哈出，冯胜得罪，即军中代为大将军。二十一年率师十五万伐蒙古，直至捕鱼儿海，元主脱古思帖木儿以数十骑遁去，大胜而回，封凉国公。常遇

---

① 《明史》卷三百八，《胡惟庸传》。

② 《明太祖实录》卷二百三十九。

春、徐达死后，蓝玉继为大将，总军征战，立了大功，元璋待他极厚，蓝玉就骄傲自满起来，蓄庄奴假子数千人，乘势暴横。在军擅自黜陟将校，进止自事，不听命令。又嫌官小，不乐意在傅友德、冯胜之下，所提意见，元璋多不采纳，越发怏怏不满。总兵多年，麾下骁将十数人，威望很高。洪武二十六年元璋的特务组织锦衣卫官员首告蓝玉谋反，说他和景川侯曹震等公侯要在元璋出去籍田时起事，审讯结果，连坐被族诛的一万五千人。这一案把军中勇武刚强之士差不多杀个干净。

从胡惟庸被杀以后，胡案成为朱元璋进行政治斗争的方便武器，凡是怨望的、跋扈的，对皇家统治有危险性的文武官员，都陆续被罗织为胡党，处死抄家。胡惟庸的罪状也随着统治阶级内部矛盾的发展而发展，随时扩大。最初增加的罪状是私通日本，接着又是私通蒙古，日本和蒙古是当时两大敌人，通敌当然是谋反了。后来又发展为串通李善长谋反，最后是蓝玉案。被杀的都以家族作单位，杀一人也就是杀一家。死于胡案的有御史大夫陈宁、中丞涂节、太师韩国公李善长、延安侯唐胜宗、吉安侯陆仲亨、平凉侯费聚、南雄侯赵庸、荥阳侯郑遇春、宜春侯黄彬、河南侯陆聚、宣德侯金朝兴、靖宁侯叶昇、申国公邓镇、济宁侯顾敬、临江侯陈镛、营阳侯杨通、淮安侯华中；大将毛骧、李伯昇、丁玉、和宋濂的孙子宋慎等，宋濂也被牵连，贬死茂州。死于蓝党的有吏部尚书詹徽、户部侍郎傅友文、开国公常升、景川侯曹震、鹤庆侯张翼、舳舻侯朱寿、东莞伯何荣、普定侯陈桓、宣宁侯曹泰、会宁侯张温、怀远侯曹兴、西凉侯濮玙、东平侯韩勋、全宁侯孙恪、沈阳侯察罕、徽先伯桑敬和都督黄辂、汤泉等人。胡案有《昭示奸党录》、蓝案有《逆臣录》，把口供和判案详细记录公布，让全国人都知道他们的罪状。①

李善长被牵涉到胡惟庸案后，钦天监说有星变，得杀大臣应灾，连妻女弟侄家口七十余人一起杀掉，这年善长已经七十七岁了。一年后有人上疏替他喊冤说：

---

① 钱谦益：《太祖实录辨证》；潘柽章：《国史考异》；吴晗：《胡惟庸党案考》，载《燕京学报》十五期。

善长与陛下同心，出万死以取天下，勋臣第一，生封公，死封王，男尚公主，亲戚拜官，人臣之分极矣。藉令欲自图不轨，尚未可知，而今谓其欲佐胡惟庸者，则大谬不然。人情爱其子，必甚于兄弟之子，安享万全之富贵者，必不侥幸万一之富贵。善长与惟庸，犹子之亲耳，于陛下则亲子女也。使善长佐惟庸成，不过勋臣第一而已矣，太师国公封王而已矣，尚主纳妃而已矣，宁复有加于今日？且善长岂不知天下之不可幸取？当元之季，欲为此者何限，莫不身为齑粉，覆宗绝祀，能保首领者几何人哉！善长胡乃身见之，而以衰倦之年身蹈之也？凡为此者，必有深仇激变，大不得已。父子之间，或至相挟，以求脱祸。今善长之子祺，备陛下骨肉亲，无纤介嫌，何苦而忽为此？若谓天象告变，大臣当灾，杀之以应天象，则尤不可。臣恐天下闻之，谓功如善长且如此，四方因之解体也。今善长已死，言之无益，所愿陛下作戒将来耳。

元璋看了，无话可驳，只好算了。①

二案以外，开国功臣被杀的，洪武八年德庆侯廖永忠以僭用龙凤不法等事赐死；十三年永嘉侯朱亮祖父子被鞭死；十七年临川侯胡美以犯禁死；二十五年江夏侯周德兴以帷薄不修暧昧的罪状被杀；二十七年杀定远侯王弼、永平侯谢成、颍国公傅友德；二十八年杀宋国公冯胜。②

不但列将以次被杀，甚至坚守南昌七十五日，力拒陈友谅的义子亲侄朱文正也以“亲近儒生，胸怀怨望”被鞭死。③ 义子亲甥李文忠南征北伐，立下大功，也因为左右多儒生，礼贤下士，被毒死。④ 徐达为开国功臣第一，洪武十八年生背疽，据说这病最忌吃蒸鹅，病重时元璋却特赐蒸鹅，徐达流泪当着使臣的面吃下，不多日就死了。⑤

---

① 《明史》卷一百二十七，《李善长传》。

② 王世贞：《史乘考误》；钱谦益：《太祖实录辨证》；潘柽章：《国史考异》。

③ 刘辰：《国初事迹》；孙宜：《大明初略》三；王世贞：《史乘考误》一。

④ 王世贞：《史乘考误》一；钱谦益：《太祖实录辨证》五；潘柽章：《国史考异》二。

⑤ 徐祯卿：《翦胜野闻》。

功臣宿将侥幸得以善终的有几个例子：一个是汤和交还兵权，他是元璋同村子人，一块儿长大的看牛伙伴。徐达、李文忠死后，元璋想要解除诸宿将兵权，不好意思说出口，汤和懂得老伙伴心事，首先告老。元璋大喜，立刻派官给他在凤阳盖府第，赏赐礼遇，特别优厚。① 另一个例子是曹国公李景隆、武定侯郭英归还庄田和佃户，洪武二十三年崇山侯李新建议："公侯家人和仪从户都有规定数目，超过的应该归还国家。"元璋正对这批贵族地主不满意，听了很高兴，下令叫把超过规定的人户都发凤阳为民。还叫礼部编一部《稽制录》，严禁公侯奢侈逾越。二十六年李景隆交还庄田六所，田地山塘池荡二百余顷。郭英交还佃户，依法纳税。这两人在洪武朝都没有出事。②

二、空印案和郭桓案

对地方官贪污害民的，朱元璋用极严厉的手段惩处，进行了长期的残酷的斗争。

对朝廷和地方的官僚奸贪舞弊严重损害了国家利益的，朱元璋集中力量，全面地大规模地加以打击。洪武十五年的空印案，十八年的郭桓案，两案连坐被杀的达七八万人，追赃牵连到的各地地主，都弄得破家荡产。

照规定，每年各布政使司和府、州、县都得派计吏到户部，核算钱粮、军需等账目，必需府报省，省报部，一层层上报，一直到部里审核数目对了，准许报销，才算手续完备结了案。钱谷数字如有分、毫、升、合对不拢，整个报销册便被驳回，重新填造。布政使司离京师有的六七千里，有的三四千里，重造册子还不要紧，问题是重造的册子要盖上原衙门的印信才算合法，为了盖这颗印，来回时间就得好几个月。为了免除部里挑剔，减省来回奔走的麻烦，

① 《明史》卷一百二十六，《汤和传》。

② 《明史》卷一百三十二，《李新传》；朱国桢：《大政记》。

上计吏照习惯都带有事先预备好盖过印的空白文书，遇有部驳，随时填用。洪武十五年朱元璋忽然发觉这秘密，大发雷霆，以为一定有弊病，下令地方各衙门的长官主印的一律处死，佐贰官杖一百充军边地。其实上计吏所带的空印文书盖的是骑缝印，不能作别的用途，预备了也不一定用得着。全国各地方衙门的人都明白这道理，连户部官员也是照例默认的，算是一种上下一致同意的通行办法。但是案发后，朝廷上谁也不敢说话，有一个老百姓拼着死命上书把事情解释清楚，也不中用，还是把地方上的长吏一杀而空。当时最有名的好官方克勤（建文朝大臣方孝孺的父亲）也死在这案内，上书人也被罚作苦工。①

郭桓官户部侍郎。洪武十八年有人告发北平二司官吏和郭桓通同舞弊，从六部左右侍郎以下都处死刑。追赃粮七百万石，供词牵连到各直省官吏，死的又是几万人。追赃又牵连到全国各地地主，中产以上的地主破产的很多。宣布的罪状是：

> 户部官郭桓等收受浙西秋粮，合上仓四百五十万石。其郭桓等只收六十万石上仓，钞八十万锭入库，以当时折算，可抵二百万石，余有一百九十万石未曾上仓。其桓等受要浙西等府钞五十万贯，致使府、州、县官黄文通等通同刁顽人吏边源等作弊，各分入己；
>
> 其应天等五府、州、县数十万没官田地夏秋税粮，官吏张钦等通同作弊，并无一粒上仓，与同户部官郭桓等尽行分受；
>
> 其所盗仓粮，以军卫言之，三年所积卖空。前者榜上若欲尽写恐民不信，但略写七百万耳。若将其余仓分并十二布政司通同盗卖见在仓粮，及接受浙西等府钞五十万张卖米一百九十万不上仓，通算诸色课程鱼盐等项，及通同承运库官范朝宗偷盗金银，广惠库官张裕妄支钞六百万张，除盗库见在金银宝钞不算外，其卖在仓税粮及未上仓该收税粮及鱼盐诸色等项，共折米算，所废者二千四百余万（石）精粮。②

---

① 《明史》卷九十四《刑法志》，卷一百三十九《郑士利传》。

② 《明史》卷九十四，《刑法志》；《大诰》二十三《郭桓卖放浙西秋粮》，四十九《郭桓盗官粮》。

据同时人和地主子孙的记录："三吴巨姓，享农之利而不亲其劳，数年之中，既盈而覆，或死或徙，无一存者。"① 如苏州"城东，乡人多被谪徙，或死于刑，邻里迨空"②。华亭赵氏"以富豪于一方，竟罹法禁"③。吴江莫氏"所与通姻，皆极一时富豪，后党祸起，父子相继死于法，余谪戍幽闭，一家无能免者"④。无锡华氏"家故多田，富甲邑中，尽散所积以免祸"⑤。胡案起后，"时严通财党与之诛，犯者不问实不实，必死而覆其家。当是时，浙东西巨室故家多以罪倾其宗"⑥。经过几次党案大狱，"豪民巨族，刬削殆尽"⑦。这些记载，虽然不免夸大，但是也反映了一部分地主被消灭的情况。这样严重的打击，当然会引起地主阶级和官僚的恐慌和抗议，他们不能申说买卖官粮这一严重犯法行为是合法的，应该的，只能指斥、攻击、告发处理这个案件的御史和法官，议论沸腾，情势严重。元璋一面以手诏公告郭桓等罪状，讲清道理，一面把原审法官也杀了，作为对地主阶级和官僚的让步，结束了这件大案。⑧

空印案和郭桓案之外，还有洪武四年录天下官吏；十三年连坐胡党；十九年逮官吏积年为民害者；二十三年罪妄言者，四次有系统的诛杀。⑨

四十年中，据朱元璋的著作，《大诰》、《大诰续编》、《大诰三编》、《大诰武臣》的统计，所列凌迟、枭示、种诛有几千案，弃市

---

① 贝琼：《清江集》卷十九，《横塘农诗序》。

② 吴宽：《匏翁家藏集》卷六十一，《先考封儒林郎翰林院修撰府君融墓志》；卷五十七《先世事略》。

③ 吴宽：《匏翁家藏集》卷七十四，《山西提刑按察司副使朱公墓表》。

④ 吴宽：《匏翁家藏集》卷五十八，《莫处士传》。

⑤ 吴宽：《匏翁家藏集》卷七十三，《怡隐处士墓表》。

⑥ 方孝孺：《逊志斋集》卷二十二，《采苓子郑处士墓碣》。

⑦ 《匏翁家藏集》卷五十八《莫处士传》："吴自唐以来，号称繁雄。延及五代，钱氏跨有浙东西之地，国俗侈靡，用度不足。则益赋于民，不胜其困。宋兴，钱氏纳土，赖其臣湛其籍于水，更定赋法，休养生息，至于有元极矣。民既习见故俗，而元政更弛，赋更薄，得以其利自私，服食宫室，僭以逾制，卒之徒足以资寇兵而已。皇明受命，政令一新，豪民巨族，刬削殆尽，盖所以鉴往弊而矫之也。"

⑧ 《明史》卷九十四，《刑法志》。

⑨ 《明史》卷一百三十九，《周敬心传》。

（杀头）以下有一万多案。《三编》所定的案件算是最宽容的了："进士监生三百六十四人，愈见奸贪，终不从命，三犯四犯而至杀身者三人，三犯而诽谤杀身者三人，姑容戴斩、绞、徒流罪在职者三十人，一犯戴死罪、徒流罪办事者三百二十八人。"① 戴死罪和徒流罪办事是元璋新创的办法，有御史戴死罪，带着脚镣坐堂审案的，有打了八十大棍回衙门作官的。

凌迟是最野蛮最残酷的刑法，处死的犯人被杀三千三百五十七刀，每十刀一歇一吆喝。② 枭示也叫枭令，用铁钩钩住犯人脊骨，横挂在竿上。种诛就是族诛，论家论族的杀。此外有刷洗，把犯人光身子放在铁床上，浇开水，用铁刷刷去皮肉；有秤竿，把犯人缚在竿上，另一头挂石头对称；有抽肠，用铁钩钩入谷门把肠子钩出；有剥皮，还有黥刺、剕、劓、阉割、挑膝盖、锡蛇游种种名目。③ 种种酷刑，造成朝官中的恐怖气氛，人人提心吊胆。据说在上朝时，朱元璋是否将下决心大批杀人很容易看出来，要是这一天他的玉带高高帖在胸前，大概杀人不多。要是撳玉带在肚皮底下，便是大风暴的信号，准有大批官员被杀，满朝官员都吓得脸无人色，个个发抖。④ 朝官照规矩每天得上朝，天不亮起身梳洗穿戴。在几件大案发作以后，朝官在出门以前，和妻子诀别，吩咐后事，要是居然活着回家，便阖家庆贺，算是又多活一天了。⑤

用重刑惩治违法官僚，效果还是不大，洪武十八年朱元璋慨叹说："朕自即位以来，法古命官，布列华夷。岂期擢用之时，并效忠贞，任用既久，俱系奸贪。朕乃明以宪章，而刑责有不可恕。以至内外官僚，守职维艰，善能终是者寡，身家诛戮者多。"⑥ 郭桓案发后，他又说："其贪婪之徒，闻桓之奸，如水之趋下，半年间弊若蜂

---

① 《大诰三编》二，进士监生戴罪办事。

② 邓之城：《骨董琐记续记》卷二十，磔条，引《张文宁年谱》；计六奇：《明季北略·记郑鄤事》。

③ 吕毖：《明朝小史》卷一，《国初重刑》。

④ 徐祯卿：《翦胜野闻》。

⑤ 《廿二史札记》卷三十二，《明祖晚年去严刑》条，引《草木子》。

⑥ 《明朝小史》卷二。

起，杀身亡家者人不计其数。出五刑以治之，挑筋、剁指、刖足、髡发、文身，罪之甚者欤！”① 他没有也不可能懂得封建专制的独裁统治，地主阶级专政的统治，官僚政治和贪污舞弊是分不开的，单纯的用严刑重罚、流血手段来根绝贪污，是不可能有什么效果的。

诛杀以外，较轻的犯罪官员，罚作苦工，洪武九年，单是官吏犯笞以下罪，谪戍到凤阳屯田的便有一万多人。②

朝官被杀有记载可查的，有礼部侍郎朱同、张衡、户部尚书赵勉、吏部尚书余熂、工部尚书薛祥、秦逵、刑部尚书李质、开济、户部尚书茹太素、春官王本、祭酒许存仁、左都御史杨靖、大理寺卿李仕鲁、少卿陈汶辉、御史王朴、纪善白信蹈等。③ 外官有苏州知府魏观、济宁知府方克勤、番禺知县道同、训导叶伯巨、晋王府左相陶凯等。④ 茹太素性情刚直，爱说老实话，几次为了说话不投机被廷杖、降官，甚至镣足治事。一天，在便殿赐宴，元璋赐诗说：“金杯同汝饮，白刃不相饶。”太素磕了头，续韵吟道：“丹诚图报国，不避圣心焦。”元璋听了倒也很感动。不多时还是被杀。李仕鲁是朱熹学派的学者，劝皇帝不要太尊崇和尚道士，想学韩文公辟佛，发扬朱学。元璋不理会，仕鲁着急，闹起迂脾气，当面交还朝笏，要告休回家。元璋大怒，当时叫武士把他掼死在阶下。陶凯是御用文人，一时诏令封册歌颂碑志多是他写的，作过礼部尚书，参加制定军礼和科举制度。只为起了一个别号叫“耐久道人”，元璋恨他“自去爵禄之名，怪称曰耐久道人，是其自贱”。“忘君爵而书耐久。”借题目杀了，还特别写两篇文章骂他。⑤ 员外郎张来硕谏止取已许配的少女作宫人，说“于理未当”，被碎肉而死。参议李饮冰被割乳而死。⑥

---

① 《大诰三编》，逃囚第十六。

② 《明史》卷一百三十九，《韩宜可传》。

③ 《明史》卷一百三十六，《朱升传》，卷一百三十七《刘三吾传》、《宋讷传》、《安然传》，卷一百三十八《陈修传》、《杨靖传》、《薛祥传》，卷一百三十九《茹太素传》、《李仕鲁传》、《周敬心传》。

④ 《明史》卷一百四《魏观传》，卷二百八十一《方克勤传》，卷一百四十《道同传》，卷一百三十九《叶伯巨传》，卷一百三十六《陶凯传》。

⑤ 《明太祖文集》卷十六，《辩答禄异名洛上翁及谬赞》、《设大官卑职馆阁山林辩》。

⑥ 刘辰：《国初事迹》。

对内外官僚的残酷刑罚，引起了官僚集团的反对，洪武七年便有人抗议，说是杀得太多了，“才能之士，数年来幸存者百无一二”①。九年叶伯巨以星变上书，论用刑太苛说：

> 臣观历代开国之君，未有不以任德结民心，以任刑失民心者，国祚长短，悉由于此……议者曰宋、元中叶，专事姑息，赏罚无章，以致亡灭。主上痛惩其敝，故制不宥之刑，权神变之法，使人知惧而莫测其端也。臣又以为不然。开基之主，垂范百世，一动一静，必使子孙有所持守。况刑者国之司命，可不慎欤！夫笞、杖、徒、流、死，今之五刑也，用此五刑，既无假贷，一出乎大公至正可也。而用刑之际，多裁自圣衷，遂使治狱之吏，务趋求意旨，深刻者多功，平反者得罪，欲求治狱之平，岂易得哉！近者特旨杂犯死罪，免死充军，又删定旧律诸则，减宥有差矣。然未闻有戒饬治狱者，务从平恕之条，是以法司犹循故例，虽闻宽宥之名，未见宽宥之实。所谓实者，诚在主上，不在臣下也。故必有罪疑唯轻之意，而后好生之德洽于民心，此非可以浅浅期也。何以明其然也？古之为士者以登仕为荣，以罢职为辱，今之为士者以溷迹无闻为福，以受玷不录为幸，以屯田工役为必获之罪，以鞭笞捶楚为寻常之辱。其始也，朝廷取天下之士，网罗捃摭，务无余逸，有司敦迫上道，如捕重囚，比到京师，而除官多以貌选，所学或非有用，所用或非其所学。洎乎居官，一有差跌，苟免诛戮，则必在屯田工役之科，率是为常，不少顾惜。此岂陛下所乐为哉！诚欲人之惧而不敢犯也。窃见数年以来，诛杀亦可谓不少矣，而犯者相踵，良由激劝不明，善恶无别，议贤议能之法既废，人不自励而为善者怠也。有人于此，廉如夷、齐，知如良、平，少戾于法，上将录长弃短而用之乎？将舍其所长苛其所短而置之法乎？苟取其长而舍其短，则中庸之才争自奋于廉智；倘苛其短而弃其长，则为善之人皆曰某廉若是，某智若是，朝廷不少

① 《明史》卷一百三十九，《茹太素传》。

> 贷之，吾属何所容其身乎？致使朝不谋夕，弃其廉耻，或自掊克，以备屯田工役之资者，率皆是也。若是，非用刑之烦者乎。汉尝徙大族于山陵矣，未闻实之以罪人也，今凤阳皇陵所在，龙兴之地，而率以罪人居之，怨嗟愁苦之声，充斥园邑，殆非所以恭承宗庙意也。

元璋看了气极，连声音都发抖了，连声说这小子敢如此！快逮来！我要亲手射死他，隔了些日子，中书省官趁他高兴的时候，奏请把叶伯巨下刑部狱，不久死在狱中。① 元璋晚年时所最喜欢的青年才子解缙，奉命说老实话，上万言书，也说：

> 臣闻令数改则民疑，刑太繁则民玩。国初至今将二十载，无几时不变之法，无一日无过之人。尝闻陛下震怒，锄根翦蔓，诛其奸逆矣，未闻褒一大善，赏延于世，复及其乡，始终如一者也……陛下进人不择贤否，授职不量重轻，建“不为君用”之法，所谓取之尽锱铢；置朋奸倚法之条，所谓用之如泥沙。监生进士经明行修，而多屈于下僚；孝廉人材冥蹈瞽趋，而或布于朝省。椎埋嚣悍之夫，阘茸下愚之辈，朝捐刀镊，暮拥冠裳；左弃筐箧，右绾组符。是故贤者羞为之等列，庸人悉习其风流，以贪婪苟免为得计，以廉洁受刑为饰辞。出于吏部者无贤否之分，入于刑部者无枉直之判。天下皆谓陛下任喜怒为生杀，而不知皆臣下之乏忠良也……夫罪人不孥，罚弗及嗣，连坐起于秦法，孥戮本于伪书，今之为善者，妻子未必蒙荣，有过者里胥必陷其罪，况律以人伦为重，而有给配妇女之条，听之于不义，则又何取夫节义哉！此风化之所由也。

话说得很露骨，但是他把这一切都归咎于“臣下之乏忠良”，元璋读了很舒服，连说“才子！才子！”②

在鞭笞、苦工、剥皮、挑筋以至抄家灭族的恐怖气氛中，凡是作官的，不论大官小官，近官远官，随时随地都会有不测之祸，人

---

① 《明史》卷一百三十九，《叶伯巨传》。

② 《明史》卷一百四十七，《解缙传》。

人在提心吊胆，战战兢兢过日子。太紧张了，太可怕了，有人实在受不了，只好辞官，回家作老百姓。这样又刺着元璋的痛处，说是不肯帮朝廷作事："奸贪无福小人，故行诽谤，皆说朝廷官难做。"大不敬，非杀不可。① 真弄得官僚们"知惧而莫测其端"了。

也有个别得罪的官僚以装疯幸免的，一个是御史袁凯。有一次元璋要杀许多人，叫袁凯把案卷送给皇太子复讯，皇太子主张从宽。袁凯回报，元璋问："我要杀人，皇太子却要宽减，你看谁对？"袁凯不好说谁不对，只好回答："陛下要杀是守法，皇太子要赦免是慈心。"元璋大怒，以为袁凯两头讨好，老滑头，要不得。袁凯吓得要死，假装疯癫。元璋说疯子不怕痛，叫人拿木钻来刺他的皮肤，袁凯咬紧牙齿，忍住不喊痛。回家后，自己用铁链锁住脖子，蓬头垢面，满口疯话。元璋还是不相信，派使者召他作官，袁凯瞪眼对使者唱月儿高曲，爬在篱笆边吃狗矢，使者回报果然疯了，才不追究。这一回朱元璋却受了骗，原来袁凯预先叫人用炒面拌糖稀，捏成段段，散在篱笆下，救了一条命，朱元璋哪里会知道。② 另一个例子是外戚郭德成，郭宁妃的哥哥。一天他陪元璋在后苑喝酒，醉了爬在地上去冠磕头谢恩，露出稀稀的几根头发。元璋笑着说："醉疯汉，头发秃到这样，可不是酒喝多了？"德成说："这几根还嫌多呢，剃光了才痛快。"元璋不作声。德成酒醒，知道闯了大祸，索性装疯，剃光了头，穿了和尚衣，成天念佛。元璋信以为真，告诉宁妃说："原以为你哥哥说笑话，如今真个如此，真是疯汉。"不再在意。党案起后，德成居然漏网。③

吴人严德珉由御史升左佥都御史，因病辞官，犯了忌讳，被黥面充军南丹（今广西），遇赦放还，到宣德时还健朗。一天因事被御史所逮，跪在堂下，供说也曾在台勾当公事，颇晓三尺法度来。御史问是何官，回说洪武中台长严德珉便是老夫。御史大惊谢罪，第二天去拜访，却早已挑着铺盖走了。有一个教授和他喝酒，见他脸

---

① 《大诰》，奸贪诽谤第六十四。

② 《明史》卷二百八十三，《袁凯传》；徐祯卿：《翦胜野闻》；陆深：《金台纪闻》。

③ 《明史》卷一百三十一，《郭兴传》。

上刺字，头戴破帽，问老人家犯了什么罪过，德珉说了详情，并说先时国法极严，作官的多半保不住脑袋，说时还北面拱手，嘴里连说："圣恩！圣恩！"①

元璋有一天出去私访，到一破寺，里边没有一个人，墙上画一布袋和尚，有诗一首："大千世界浩茫茫，收拾都将一袋藏，毕竟有收还有放，放宽些子又何妨。"墨迹还新鲜，立刻派人搜索作画题诗的人，已经不见了。②

洪武二十八年五月，元璋下令："朕自起兵至今四十余年，亲理天下庶务，人情善恶真伪，无不涉历。其中奸顽刁诈之徒，情犯深重，灼然无疑者，特令法外加刑，意在使人知所警惧，不敢轻易犯法。然此特权时措置，顿挫奸顽，非守成之君所用长法。以后嗣君统理天下，止守《律》与《大诰》，并不许用黥、刺、剕、劓、阉割之刑。臣下敢有奏用此刑者，文武群臣即时劾奏，处以重刑"③。

三、文字狱

统治阶级内部矛盾的另一方面，是一部分文人和新兴皇朝臣属关系的斗争，他们拒绝和新朝合作。

一部分封建地主阶级出身的文人，对由红军发迹的朱皇帝，怀有深刻的憎恨，如贵溪儒士夏伯启叔侄，斩断手指，立誓不作官，被逮捕到京师，元璋问："昔世乱居何处？"回说："红寇乱时，避居于福建、江西两界间。"元璋大怒："朕知伯启心怀忿怒，将以为朕取天下非其道也。特谓伯启曰：尔伯启言红寇乱时，意有他忿。今去指不为朕用。宜枭令籍没其家，以绝狂愚夫仿效之风。"特派人押回原籍处死。④

---

① 《明史》卷一百三十八，《周祯传》。

② 徐祯卿：《翦胜野闻》。

③ 《明太祖实录》卷二百三十九。

④ 《大诰三编》，秀才剁指第十；《明史》卷九十四，《刑法志》。

有的人自命清高，不肯作官，如苏州人姚润、王谟拒绝应都被处死刑，全家籍没。①

有的人怕挨打杀头，谢绝征召；勉强应征，还是拒绝作官：如山阴杨维桢，号铁崖，诗名擅一时，号铁崖体。洪武二年被征，婉辞不去。三年又被地方官敦促上路，赋《老客妇谣》明志，说快死的老太婆不能再嫁人了，皇帝如不见谅，只好跳海。元璋因他名望很大，不好勉强。维桢到南京住了几个月，便求回家，宋濂赠诗说："不受君王五色诏，白衣宣至白衣还。"② 江阴王逢自称席帽山人，张士诚据吴，其弟士德用逢计北降于元以拒西吴，士诚亡，逢隐居乌泾。洪武十五年以文学被征，亏得他的儿子在朝廷作官，向皇帝磕头哭求，才放回去。③ 也有抗拒不了，被迫非作官不可的，如大名秦裕伯避乱居上海，两次征不出，最后元璋亲自写信说："海滨民好斗，裕伯智谋之士而居此地，坚守不起，恐有后悔！"情势严重，只好入朝。④

有的人曾经作过元朝、东吴的官，坚决不作新朝官吏，如回族诗人丁鹤年自以家世仕元，不忘故国，晚年学佛法，到永乐时才死。⑤ 长乐陈亮自以为曾是元朝儒生，明初屡征不出，终身不仕。⑥ 山阴张宪学诗于杨维桢，仕张士诚为枢密院都事，东吴亡，宪改姓名，寄食杭州报国寺以死。⑦

总之，在明初，除了一部分大地主出身的文人如刘基、章溢等人已经参加了新兴统治集团以外，中小地主出身的文人可以分作两类：一类是得到了新朝统治的好处，决心和新朝合作，有官便做，甚至想尽办法钻营，要升官发财，光宗耀祖的；另一类便是对新朝抱着抗拒态度，不肯合作的，人数虽不甚多，但对当时的社会和政

① 《明史》卷九十四，《刑法志》。
② 《明史》卷二百八十五，《杨维桢传》。
③ 《明史》卷二百八十五，《戴良传》附《王逢传》。
④ 《明史》卷二百八十五，《张以宁传》附《秦裕伯传》。
⑤ 《明史》卷二百八十五，《戴良传》附《丁鹤年传》。
⑥ 《明史》卷二百八十六，《林鸿传》附《陈亮传》。
⑦ 《明史》卷二百八十五，《陶宗仪传》附《张宪传》。

治却有相当影响。

元璋对付这些不肯合作的文人，采用严峻的刑法，特别制定一条法律，“率土之滨，莫非王臣，寰中士大夫不为君用，是自外其教者，诛其身而没其家，不为之过”①。

士大夫不肯为元璋所用，元璋便用法律、监狱、死刑，以至抄家灭族一套武器，强迫士大夫来作官。一方面不肯合作，一方面非强迫合作不可，这样便展开了长期的流血斗争。

地主文人不满意朱元璋，朱元璋也因为自己的出身历史，忌讳很多，怕人戳着他的痛处，阶级的对立情绪加上文字和口头的禁忌，造成洪武时代的文字狱。

所谓禁忌，含义是非常广泛的。例如朱元璋从小穷苦，当过和尚，和尚的特征是光头，没有头发，因之，不但“光”、“秃”这类字对他是犯忌讳的，就连“僧”这个字也刺眼，推而广之，连和“僧”同音的“生”字也不喜欢。又如他早年是红军的小兵，红军在当时元朝政府，和地主官僚的口头上、文字上，是被叫作“红贼”、“红寇”的，作过红军的人，最恨人骂他是“贼”，是“寇”，推而广之，连和“贼”字形音相像的“则”看着也有气了。

对事物的许多禁忌，是自卑心理的一面。另一方面的表现便是卖弄身份。历代开国帝王照例要拉扯古代同姓名人作祖先，朱元璋的父祖都是佃农，外祖是巫师，没有什么可以夸耀的。据说，当他和文臣们商量修玉牒（家谱）的时候，原来打算拉宋朝的朱熹作祖先的。恰好一个徽州人朱典史来朝见，他打算拉本家，就问：“你是朱文公的后人吗?”这官儿不明底细，怕撒谎闯祸，只好直说不是。他一想，区区的典史小官尚且不肯冒认别人作祖宗，而且几代以来也从没听说和徽州朱家有过瓜葛，万一硬认上，白给人作子孙倒也罢了，被识破落人笑话，如何使得。② 只好打消了这念头，不作名儒的后代，却向他的同乡汉高祖去看齐，索性强调自己是无根基的，不是靠先人基业起家的，在口头上，文字上，一开口，一动笔，总

---

① 《大诰二编》，苏州人才第十三；《明史》卷九十四，《刑法志》。

② 《明朝小史》卷一。

要插进“朕本淮右布衣”，或者“江左布衣”，以及“匹夫”，“起自田亩”，“出身寒微”一类的话，强烈的自卑感表现为自尊，自尊为同符汉高祖。不断的数说，卖弄他赤手空拳，没一寸土地打出来的天下。可是，尽管他自己这样卖弄，却又忌讳别人如此说，一说又以为是挖他的根基了。结果是一场血案。

地方三司官和知府、知县、卫所官，逢年过节和皇帝生日以及皇家喜庆时所上的表笺，照例由学校教官代作，虽然都是陈辞滥调的颂扬话，朱元璋偏喜欢阅读。他原来不是使小心眼的人，也不会挑剔文字。从渡江以后，很得到文人的帮忙。开国以后，朝仪、军卫、户籍、学校等制度规程又多出于文人之手，使他越发看重文人，以为治国非用文人不可。文人得势了，百战功高的公侯们不服气，以为武官流血打的天下，却让这班瘟书生来当家，多少次向皇帝诉说，都不理会。公侯们商量了个主意，一天又向皇帝告状，元璋还是老一套，世乱用武，世治宜文，马上可以得天下，不能治天下，总之，治天下是非文人不可的。有人就说：“您说得是。不过，文人也不能过于相信，否则会上当的。一般的文人好挖苦毁谤，拿话讽刺人。例如张九四一辈子宠待文人，好第宅，大薪水，三日一小宴，五日一大宴，把文人捧上天。作了王爷后，要起一个官名，有人替他起名士诚。”元璋说：“好啊，这名字不错。”那人说：“不然，上大当了！《孟子》上有：‘士，诚小人也。’这句话也可以读成：‘士诚，小人也。’骂张士诚是小人，他哪里懂得。给人叫了半辈子小人，到死还不明白，真是可怜。”① 元璋听了这番话，正中痛处。从此更加注意臣下所上表笺，果然满纸都是和尚贼盗，句句都好像骂他，有的成语，转弯抹角揣摩，也是损他的。武臣和文臣争权斗争的发展，使他在和一部分不合作的文人对立的基础上，更增加了对一般文人文字动机的怀疑，用他自己的政治尺度来读各种体裁的文字，盛怒之下，叫把作这些文字的文人，一概拿来杀了。

文字狱的著名例子，如浙江府学教授林元亮替海门卫官作《谢

① 黄溥：《闲中今古录》。

增俸表》，有“作则垂宪”一句话，北平府学训导赵伯宁为都司作《贺万寿表》，有“垂子孙而作则”一语；福州府学训导林伯璟为按察使撰《贺冬至表》的“仪则天下”；桂林府学训导蒋质为布按二使作《正旦贺表》的“建中作则”；澧州学正孟清为本府作《贺冬至表》的“圣德作则”；元璋把所有的“则”都念成“贼”。常州府学训导蒋镇为本府作《正旦贺表》，有“睿性生知”，“生”字被读作“僧”；怀庆府学训导吕睿为本府作《谢赐马表》：“遥瞻帝扉”，“帝扉”被读成“帝非”；祥符县学教谕贾翥为本县作《正旦贺表》的“取法象魏”，“取法”被读作“去发”；亳州训导林云为本州作《谢东宫赐宴笺》：“式君父以班爵禄”；“式君父”被念成“失君父”，说是咒诅；尉氏县教谕许元为本府作《万寿贺表》：“体乾法坤，藻饰太平”，更严重了，“法坤”是“发髡”，“藻饰太平”是“早失太平”；德安府训导吴宪为本府作《贺立太孙表》：“永绍亿年，天下有道，望拜青门。”“有道”说是“有盗”，“青门”当然是和尚庙了，作表笺的人一概处死。甚至陈州学训导周冕为本州作《贺万寿表》的“寿域千秋”，念不出花样来，还是被杀。①

象山县教谕蒋景高以表笺误被逮赴京师斩于市。② 杭州府教授徐一夔贺表有“光天之下，天生圣人，为世作则”。元璋读了大怒说：“生者僧也，骂我当过和尚。光是剃发，说我是秃子。则音近贼，骂我作过贼。”把礼部官吓得要死，求皇帝降一道表式，使臣民有所遵守。③ 洪武二十九年特命翰林院学士刘三吾、左春坊右赞善王俊华撰庆贺谢恩表式，颁布天下诸司，以后凡遇庆贺谢恩，如式录进。④ 照规定表式抄录，只写官衔姓名，文人的性命才算有了保障。

文字狱从洪武十七年到二十九午，前后十三年。⑤ 唯一幸免的文人是翰林编修张某，此人在翰林院时说话不小心，被贬作山西蒲州学正，照例作庆贺表，元璋记得他的名字，看表词里有“天下有

---

① 赵翼：《廿二史札记》卷三十二，《明初文字之祸》，引《朝野异闻录》。

② 黄溥：《闲中今古录》。

③ 徐祯卿：《翦胜野闻》。

④ 《明太祖实录》卷二百四十六。

⑤ 黄溥：《闲中今古录》。

道”、“万寿无疆”两句话，发怒说：“这老儿还骂我是强盗！”差人逮来面讯，说：“把你送法司，更有何话可说？”张某说：“只有一句话，说了再死也不迟。陛下不是说过，表文不许杜撰，都要出自经典，有根有据的话吗？天下有道是孔子说的，万寿无疆出自诗经，说臣诽谤，不过如此！”元璋无话可说，想了半天，才说：“这老儿还这般嘴强，放掉罢。”左右侍臣私下议论：“几年来才见容了这一个人！”①

苏州知府魏观把知府衙门修在张士诚的宫殿遗址上，犯了忌讳，被人告发。元璋查看新房子的上梁文有“龙蟠虎踞”四字，大怒，把魏观腰斩。②

佥事陈养浩作诗：“城南有嫠妇，夜夜哭征夫。”元璋恨他动摇士气，取到湖广，投在水里淹死。③ 翰林编修高启作题宫女图诗：“小犬隔花空吠影，夜深宫禁有谁来？”元璋以为是讽刺他的，记在心里。高启退休后住在苏州，魏观案发，元璋知道《上梁文》又是高启的手笔，旧恨新罪都发，把高启腰斩。④ 有一个和尚叫来复，讨好皇帝，作了一首谢恩诗，有“金盘苏合来殊域”和“自惭无德颂陶唐”两句，元璋大生气，以为殊字分为歹朱，明明骂我。又说“无德颂陶唐”，是说我无德，虽欲以陶唐颂我而不能，又把这乱巴结的和尚斩首。⑤

地方官就本身职务，有所建议，一字之嫌，也会送命。卢熊作兖州知州，上奏本说州印兖字误类衮字，请求改正，元璋极不高兴，说：“秀才无理，便道我衮哩！”原来又把衮字缠作滚字了。不久，卢熊以党案被杀。⑥

从个人的禁忌进一步便发展为广义的禁忌了。洪武三年禁止小民取名用天、国、君、臣、圣、神、尧、舜、禹、汤、文、武、周、

---

① 李贤：《古穰杂录》。

② 黄玮：《蓬窗类纪·国初纪》；顾公燮：《消夏闲记摘钞》六，《高青丘》。

③ 刘辰：《国初事迹》。

④ 黄玮：《蓬窗类纪·国初纪》；朱彝尊：《静志居诗话》；《明史》卷二百八十，《高启传》。

⑤ 顾公燮：《消夏闲记摘钞》下，《冤杀诗僧》；《廿二史札记》卷三十二，《明初文字之祸》。

⑥ 叶盛：《水东日记摘钞》卷二。

汉、秦、晋等字，二十六年出榜文禁止百姓取名太祖、圣孙、龙孙、黄孙、王孙、太叔、太兄、太弟、太师、太傅、太保、大夫、待诏、博士、太医、太监、大官、郎中字样，并禁止民间久已习惯的称呼，如医生止诉称医士、医人、医者，不许称太医、大夫、郎中，梳头人止许称梳篦人或称整容，不许称待诏，官员之家火者，止许称阍者，不许称太监，违者都处重刑。①

其他文人被杀的，如处州教授苏伯衡以表笺论死；太常卿张羽坐事投江死；河南左布政使徐贲下狱死；苏州经历孙蕡曾为蓝玉题画，泰安州知州王蒙尝谒胡惟庸，在胡家看画，王行曾作过蓝玉家馆客，都以党案被杀；郭奎曾参朱文正军事，文正被杀，奎也论死；王彝坐魏观案死；同修《元史》的山东副使张孟兼、博野知县傅恕、福建佥事谢肃都坐事死；曾在何真幕府的赵介，死在被逮途中；曾在张士诚处作客的戴良，得罪自杀。不死的，如曾修《元史》的张宣，谪徙濠州；杨基罚作苦工；乌斯道谪役定远；顾德辉父子在张士诚亡后，并徙濠梁，都算是十分侥幸了。②

明初的著名诗人吴中四杰：高启、杨基、张羽、徐贲，都曾和张士诚来往，杨基、徐贲作过张士诚的官，四人都不得善终。临海陈基曾参张士诚军事，明初召修《元史》，洪武三年卒。基在张士诚幕府时，所写书檄骂朱元璋的很多，士诚死，曾作士诚官的文人多被杀，陈基幸亏死得早而漏网。③

※　　※　　※

朱元璋用严刑重法，杀了十几万人，杀的是国公、列侯、大将；宰相、部院大臣、诸司官吏、州县胥役；进士、监生、经生、儒士、文人、学者；僧、道；杀的是富人、地主；没有杀过一般老百姓，在所有记载中，找不出有随便杀平民百姓的材料。

内部敌人清除了，朱元璋的统治巩固了。大明帝国的基础安定了。

---

① 《明太祖实录》卷五十二；顾起元：《客座赘语》卷十，《国初榜文》。

② 《明史》卷二百八十五，《苏伯衡传》、《高启传》、《王冕传》附《郭奎传》、《孙蕡传》、《王蒙传》、《赵壎传》、《陶宗仪传》附《顾德辉传》；《廿二史札记》卷三十二，《明初文人多不仕》。

③ 《明史》卷二百八十五，《赵壎传》附《陈基传》。

第七章　家庭生活

一、马皇后

元璋的大老婆马氏，原来是红军元帅郭子兴的养女，后来元璋作了镇抚、总管、元帅、丞相、吴国公、吴王，一直到了作皇帝，马氏妻以夫贵，从夫人成为皇后。但是，在元璋刚结婚时，情形相反，是夫以妻贵的，作了元帅养婿以后，军中才称为朱公子。①

马皇后的父亲马公的名字无人知道②，马皇后的名字也是一样。在历史文献上记她嫁人后的称呼是马夫人，丈夫称帝后的名号是马皇后，死后被谥为孝慈高皇后。

两人结婚时的年龄，男的二十五岁，女的二十一岁，照那时候的习俗说，都已经过了结婚年龄了。

马皇后虽然没有上过学，长得也不很好看，却是一个好妻子，贤内助。

郭子兴性情暴躁，忌才护短，不能容人，又好听闲话，作事迟疑没决断；朱元璋精细耐心，有魄力有担当，作事果决，说话有分量，两人性格、作风都不对头，子兴和同僚、部下都弄得不和气，互相猜忌；元璋却处事周到，上上下下都夸他，人缘好。也正因为元璋的人缘好，子兴越发不喜欢。又有人在中间播弄是非，郭子兴对这干女婿越发不放心，成天挑错处，呼来喝去，没有好脸色。军情紧急的时候，子兴摆布不开，元璋一刻也离不得身，比亲儿子还亲。到了情势好转，可以过安逸日子了，子兴的脸孔又拉长了，干

① 谈迁：《国榷》。

② 《明史》卷三百，《外戚传·马公传》。

女婿就变成童养媳，成天得挨骂、受气。元璋身边几个能干亲信的将校和幕僚，一个接一个被调走，带的部队也另派了指挥官，元璋知道子兴犯了疑心，越发小心谨慎，加意侍候，逆来顺受。马夫人出主意巴结小张夫人，把私房钱帛拿出来孝敬，求她在子兴面前替丈夫分解说好话。① 一天，子兴发怒禁闭元璋在空屋里，不许送茶饭进去，马夫人背着人偷刚出炉的炊饼给他，把胸口都烫焦了。平时总准备些干粮腌肉，宁愿自己挨饿，想法子让丈夫吃饱。② 渡江时领着将士家眷留守和州，长江交通线被元军切断，和州孤立，她鼓励将士，抚慰眷属，稳定后方。打下集庆以后，带着妇女们替战士缝战衣，作鞋子。陈友谅兵临城下，应天的官员居民有的人打算逃难，有的人忙着窖藏金宝，有的人在囤积粮食，她毫不惊慌，反而拿出宫中金玉布帛，犒劳有功将士。③

在军中她见有文书就求人教认字，暗地里照样子描写；作了皇后，要女官每天教读书，记得许多历史上有名妇女的故事。元璋有写札记的习惯，每天随时随地，甚至在吃饭的时候，想起什么事该办的，什么事该怎样办，用纸片记录下来，省得忘掉，到了晚上，往往塞了一口袋，马皇后细心整理，等查问时，立刻检出，省了元璋很多精力。④ 元璋时常对臣下说皇后的贤德，提起当年的炊饼，比之为芜蒌豆粥，滹沱麦饭。又比之为唐太宗的长孙皇后。回宫后当家常话提起，她说："我怎敢比长孙皇后，但是，常听说，夫妇容易相保，君臣相保就难了，陛下不忘和我贫贱时过的日子，也愿不忘和群臣过的艰难日子，常时这样想，有始有终，才是好事呢！"⑤

她心地仁慈，总是替人求人情，说好话。元璋在前殿办事要杀人，她知道了随时解说，婉转疏劝。朱文正被猜忌得罪，幕僚多人被杀，部下随从行事头目五十多人割断脚筋，元璋当面讯问明白，要杀文正，她苦劝说："这孩儿纵然骄惯坏了，也看在渡江以来，取

---

① 《明太祖实录》卷一，《皇朝本纪》。

② 《明史》卷一百十三，《孝慈高皇后传》。

③ 《明太祖实录》卷一百四十七。

④ 《明太祖实录》卷一百四十七；徐祯卿：《翦胜野闻》。

⑤ 《明太祖实录》卷一百四十七。

太平，破陈野先，下集庆，有多少功劳的份上；也亏他坚守洪都，挡住陈友谅；况且只有这一个亲骨肉，纵然做错事，也该看他年轻，饶他一次。”文正虽然免死，禁不住发牢骚，又被告发，她又劝说：“文正只是性子刚直，说话不检点，造反是决不会的。他母亲苦一辈子，只望着他。”① 李文忠守严州，杨宪告他有不法的行为，元璋要立时召回。马皇后以为严州和敌人接境，轻易掉换守将，于军事不便。况且文忠向来小心谨慎，杨宪的话也不可轻信。学士宋濂的孙子宋慎被告发是胡党，宋濂连坐要处死刑，她又求情说：“百姓家替子弟请先生，对待极恭敬，好来好去，何况是皇家的师傅？而且宋濂一向住在原籍，一定不知情。”元璋不许。到用餐时，发觉皇后不喝酒，也不吃肉，惊问是不舒适还是不对口味？回说是心里难过，替宋先生修福。元璋也伤感了，放下筷子。第二天特赦宋濂，免死安置茂州（今四川茂县）。吴兴财主沈万三（秀）多年来在海外做买卖，是全国第一富户，捐献家财助修南京城墙三分之一，城修好了，检校们还是不时寻事。又忍痛捐钱犒劳军队，不料触了忌讳，元璋大怒，以为平民百姓要犒劳皇帝的军队，是何居心！这般乱民不杀，还杀谁来？皇后劝以平民富可敌国，不是好事。上天自然会降罚于他，沈万三充军云南，家产籍没。② 诸王师傅李希颜脾气古怪，教乡下孩子惯了，诸小王有顽皮不听话的，常用体罚惩治。一次，把一个小王的额角打起了一个大包，小王哭着到父亲处告状，元璋一面用手摸孩子，变了脸要发作。她又劝解：“师傅拿圣人的道理管教孩子，怎么能生气呢。”元璋释然，不把这事放在心上。③

她平时常劝元璋不要以一时喜怒来赏功罚罪，消极的赈灾不如多贮存粮食，得宝货不如得贤才。又说：“骄纵生于奢侈，危亡起于细微。”“法屡更必弊，法弊则奸生；民数扰必困，民困则乱生。”朝官在殿中赐食，她使人取来尝了，菜饭都不可口，告诉皇帝申饬光禄寺改善。替国子生立红板仓，积粮赡养学生家眷。对人事事体贴

① 刘辰：《国初事迹》。

② 《明史》卷一百十三，《高皇后传》；《吴江县志》。

③ 《明史》卷一百三十七，《桂彦良传》附《李希颜传》。

周到，自己却非常节省，衣服穿到破了都不肯换新的。亲自料理丈夫的膳食，对诸子不偏爱。元璋要访求她的同族人作官，以为朝廷爵禄不可以私外家，力辞不肯。可是每次提到父母早死，却忍不住伤心流泪。

洪武十五年八月，马皇后病死，年五十一岁。病时怕连累医生得罪，不肯服药。临死还劝元璋求贤才，听直言，慎终如始。元璋恸哭，不再立皇后。养子沐英镇守云南，得到消息，哭得吐血。宫人追念她的慈爱，作歌追颂道：

> 我后圣慈，化行家邦，抚我育我，怀德难忘！
> 怀德难忘，于斯万年，毖彼下泉，攸攸苍天。①

二、皇子皇孙

多妻是统治阶级特权之一，皇帝的配偶除正妻为皇后以外，有无数的妾，封为贵妃、妃、嫔等名号。

元璋的妃嫔很多，生有二十六个儿子，十六个女儿。

妃嫔中有高丽人②，蒙古人。③ 来源有陈友谅的妃嫔，有从元宫接收来的，有从民间征选的。内中胡妃是濠州人，守寡在家，元璋要娶，胡妃的母亲不肯，隔一些时，知道胡家避兵在淮安，写信给平章赵君用，叫把母女二人一起送来。龙凤元年娶青军马元帅的义女孙妃。④ 关于陈友谅的妃子，他在《大诰》中曾经自白：

> 朕当未定之时，攻城略地，与群雄并驱十有四年余，军中未尝妄将一妇人女子。惟亲下武昌，怒陈友谅擅以兵入境，既

① 《明史》卷一百十三《高皇后传》，卷一百二十六，《沐英传》。

② 《明史》卷一百二十一《公主传》：“含山公主，母高丽妃韩氏。”严从简《殊域周咨录》一《朝鲜》：“初元主尝索女子于高丽，得周谊女，纳之宫中，后为我朝中使携归时。宫中美人有号高丽妃者。”

③ 吴晗：《明成祖生母考》，载《清华学报》十卷三期。

④ 刘辰：《国初事迹》。

破武昌，故有伊妾而归。朕忽然自疑，于斯之为，果色乎？豪乎？知者监之。①

这一件事情后来衍变成一个故事，说是陈友谅妻阇氏入宫后不久，生遗腹子潭王，到成年封国时，阇氏哭着吩咐："儿父是陈友谅，儿父被杀，国被灭，我被俘辱，忍死待儿成年。儿他日当为父报仇，为母雪耻。"后来潭王果然起兵造反，元璋派徐达之子统兵征讨，潭王紧闭城门，在铜牌上写着："宁见阎王，不见贼王！"掷于城外，阖宫举火自焚，抱着小儿子投隍堑而死。其实这故事是捏造的，因为第一潭王是达定妃所生，和齐王同胞，生母并非阇氏；第二，陈友谅死于龙凤九年，潭王生于洪武二年，前后相隔六年；第三，潭王因妃父於显攀入胡党被杀，奉诏入朝，疑惧自杀，和陈友谅全不相干。② 另一关于代王生母的故事，说代王母亲是邳人，元璋战败，逃到民家躲避，这家的女人问："你是朱某人吗？人家说你要做皇帝呢！"留住了一晚。第二天临别时说："将来有孩子怎样办？"元璋留下一旧梳子做凭证，她也拿首饰赠行。到元璋即位后，这女人带着长大的孩子和木梳来认夫认父，元璋叫工部替她另盖木头房子，不让进宫。代王出封后，带生母一同就国。这故事也是假的，因为代王的生母是郭子兴的女儿郭惠妃，代王生于洪武七年，这时元璋已经做了七年皇帝了，从何战败落荒逃走？③

诸妃中蒙古妃和高丽妃都生有子女，传说明成祖即蒙古妃所生。④ 元璋子孙中有蒙古的、高丽的血统，是毫无问题的。

元璋深恨自己年轻时没有机会上学，因此，他对诸子的教育特别重视。在宫中特建大本堂，贮藏古今图籍，征聘四方名儒教育太子和诸王，轮班讲课，挑选才俊青年伴读，常时赐宴赋诗，谈古说今，讨论文字。师傅中最著名的人物是宋濂，前后十几年，专负教

---

① 《大诰》，论官无作非为四十三。

② 皇甫录：《近峰闻略》；王世贞：《史乘考误》卷一；《明史》卷一百十六，《诸王传》。

③ 徐祯卿：《翦胜野闻》；王世贞：《史乘考误》卷一；《明史·诸王传》。

④ 吴晗：《明成祖生母考》，载《清华学报》十卷三期。

育皇太子的责任，一言一动都以礼法讽劝，讲到有关政教和前代兴亡事迹，拱手剀切说明，指出某事该这样作，不该那样作，皇太子也尽心受教，言必称师父。① 博士孔克仁奉命为诸王讲授经书，功臣子弟也奉诏入学。② 元璋特地对儒臣指出皇子们的教育方针说："有一块精金，得找高手匠人打造，有一块美玉，也要有好玉匠才会成器。人家有好子弟，不求明师，岂不是爱子弟反不如爱金玉？好师傅要作出好榜样，因材施教，培养出人才来。我的孩子们将来是要治国管事的，诸功臣子弟也要作官办事。教的方法，要紧的是正心，心一正万事都办得了，心不正，诸欲交攻，大大的要不得。你每要用实学教导，用不着学一般文士，光是记词章，一无好处。"③

学问要紧，德性尤其要紧，皇太子的教育，除了儒生经师以外，又选了一批有德行的端人正士，作太子宾客和太子谕德，职务是把"帝王之道，礼乐之教，和往古成败之迹，民间稼穑之事，朝夕讲说"④。

到皇太子成年后，温文儒雅，俨然是个儒生。接着第三步的教育是政事实习。洪武十年令自今政事，并启太子处分，然后奏闻。面谕太子："从古开基创业的君主，经历艰难，通达人情，明白世故，办事自然妥当。守成的君主，生长于富贵，锦衣肉食，如非平时学习练达，办事怎能不出毛病。我所以要你每日和群臣见面，听断和批阅各衙门报告，学习办事。要记住几个原则：一是仁，能仁才不会失于疏暴；一是明，能明才不会惑于奸佞；一是勤，只有勤勤恳恳，才不会溺于安逸；一是断，有决断，便不致牵于文法。这四个字的运用，决于一心。我从有天下以来，从没偷过懒，一切事务，惟恐有毫发不妥当，有负上天付托。天不亮就起床，到半夜才得安息，这是你天天看见的。你能够学我，照着办，才能保得住天下。"⑤

为了元代前期不立太子，引起多次政变，元璋在吴王时代便立长子标为世子，即皇帝位后又立为太子。为了前代太子的东宫臣僚

① 《明史》卷一百二十八，《宋濂传》。
② 《明史》卷一百三十五，《孔克仁传》。
③ 《明太祖实录》卷四十；黄佐：《南廱志》卷一。
④ 《明太祖实录》卷三十一。
⑤ 《明史》卷一百十五，《兴宗孝康皇帝传》。

自成系统，和廷臣容易闹意见，甚至宫廷对立，便以朝廷重臣兼任东宫臣僚。① 一心一意，用尽一切办法，要训练出理想的继承人，能干的第二代皇帝，维持和巩固大一统的政权。

洪武二十五年四月，太子病死，九月立太子第二子允炆为皇太孙。对太孙的教育还是老办法，学问和德性并重，批阅章奏，平决政事，学习如何做皇帝。

诸子中除长子立为太子，第九子和第二十六子早死，其他二十三子都封王建国。由于平时注意家庭教育，诸王成年以后都很能干，会办事。洪武二十六年以后，元勋宿将杀完了，北边对蒙古的军事任务，就不能不交给第二子秦王、第三子晋王、第四子燕王指挥。其他封在边疆的几个小王也领兵跟着兄长巡逻斥堠，校猎沙漠。② 在文学方面有成就的，如第五子周王好学能词赋，著《元宫词》百章；又研究草类，选其可以救饥的四百多种，画为图谱，加以疏解，著成《救荒本草》一书，对植物学很有贡献。③ 十七子宁王撰《通鉴博论》、《汉唐秘史》、《史断》、《文谱》、《诗谱》等著作数十种。八子谭王、十子鲁王、十一子蜀王、十六子庆王都好学礼士，对文学有兴趣。十二子湘王尤为杰出，文武全才，读书常时到半夜，膂力过人，善弓马刀槊，驰马若飞；在藩开景元阁，招纳文士，校雠图籍，行军时还带着大批图书阅读，到出水胜处，往往徘徊终日；喜欢道家那一套，自号紫虚子，风度襟怀，俨然是个名士。不争气的也有两个，一个是十三子代王，早年作了许多蠢事不必说了，到晚年头发花白了，还带着几个肖子，窄衣秃帽，游行市中，袖锤斧杀伤人，干些犯法害理的勾当；末子伊王封在洛阳，喜欢使棒弄刀，成天挟弹露剑，怒马驰逐郊外，人民逃避不及的亲自斫击。又喜欢把平民男女剥得精光，看人家的窘样子，以为笑乐。

元璋对诸子期望大，管教严，从不姑息，二子秦王多过失，屡次训责，皇太子多方救解，才免废黜。死后亲自定谥为“愍”，谥册

① 宋濂：《洪武圣政记》，定大本第二。

② 《明史》卷一百十九，《晋王棡传》。

③ 《明史》卷一百十九，《周王传》。

文说："哀痛者父子之情，追谥者天下之公。朕封建诸子，以尔年长，首封于秦，期永绥禄位，以藩屏帝室。夫何不良于德，竟殒厥身，其谥曰愍。"十子鲁王服金石药求长生，毒发伤目，元璋很不喜欢，死后追谥为"荒"。①

皇族的禄饷一律由国家支给。洪武九年定诸王公主年俸，亲王米五万石，钞二万五千贯，锦四千匹，纻丝三百匹，纱罗各百匹，绢五百匹，冬夏布各千匹，绵二千两，盐二百引，茶千斤，马料草月支五十匹；公主已受封，赐庄田一所，每年收粮一千五百石，并给钞二千贯；郡王米六千石；郡主米千石；以下按比例递减。② 亲王嫡长子年及十岁，立为王世子，长孙立为世孙，世代承袭；诸子封郡王；郡王嫡长子承袭，诸子封镇国将军，孙封辅国将军，曾孙奉国将军。帝女封公主，亲王女封郡主，郡王女封县主。公主婿号驸马，郡主县主婿号仪宾。凡皇族出生，由礼部命名，成人后由皇家主婚，一生的生活到死后的丧葬全由国家负担。③ 到洪武二十八年，皇族人口日益增加，原定的禄饷数量太大，如照数支出，国家财政负担不了，又改定为亲王年俸万石，郡王二千石，镇国将军千石；公主和驸马二千石，郡主和仪宾八百石，以下依次递减。尽管皇族的俸饷减少了好几倍，但是皇族孳生的人口却增加了百千倍，一百多年后，皇族人口达到五万多人，明世宗嘉靖二十九年（公元1550年）皇族近十万人。嘉靖四十一年统计，全国每年供应京师粮四百万石，诸王府禄米则为八百五十三万石，比供应京师的多出一倍。以洪武后期岁收最多时的数字作基数，诸王府禄米竟占全国收入的四分之一以上。以山西为例，存留地方的粮食一百五十二万石，可是当地的皇族俸禄就要二百十二万石④；河南地方存留只有八十四万三千石，皇族俸禄却要一百九十二万石，即使把地方存留粮食

---

① 以上并据《明史·诸王传》。

② 《明史》卷八十二，《食货志·俸饷》。

③ 《明史》卷一百十六，《诸王传序》。

④ 郑晓《今言》："今宗室凡五万余。"陆楫《蒹葭堂杂著》："我太祖高皇帝二十四子，传至今百八十年矣。除以事削籍外，尚有十五府及列圣所封，亲支星布海内，共三十三府，今玉牒几十万口。"

全数都拿来养活皇族，也还缺少一半，只好打折扣和欠支，郡王以上的底数大，还可以过日子，郡王以下就不免啼饥号寒了。即使这样，国家财政还是无法应付，又就原数裁减，疏远的皇族越发不能过活。① 这些皇族法律规定既不能应科举，作官吏，又不许务农、作工、经商，只许吃官粮，不劳而食。地位高的亲王、郡王在地方上多数为非作恶，不但凌虐平民，也侵暴官吏；疏远卑下的皇族有的穷极无聊，欺骗敲诈，无恶不作，扰乱破坏社会秩序。② 而且，人数过多，国家照顾不过来，礼部命名怕重复，用金木水火土作偏旁，随便配上一些怪字，作为赐名，叫人哭笑不得。③ 皇族没钱贿赂礼部官吏的，不但一辈子没有名字，甚至到头发白了还不能婚嫁。④ 一直到明朝末年，才感到这样不是办法，把政治和科举的封锁开放了，皇族可以参加考试，可以作官⑤，但是，不久就亡国了。

三、思想和生活

朱元璋出身农民，作过游方和尚，到处叫化。从军以后和儒生文人接近，努力学习，会谈古论今，接受历史上有益的经验教训。自以出身贫贱，要故作神奇，神道设教，吓唬老百姓，和道士和尚串通，假造许多神迹。三十多年中，儒生、道士、和尚，三教九流，都被充分利用，作为巩固统治的工具。

先从儒家的作用说起。

从渡江到建国，和幕府中的儒生，如范常、陶安、夏煜、孙炎、杨宪、秦从龙、陈遇、孔克仁、范祖干、叶仪、吴沈、许干、叶瓒

---

① 《明史》卷八十二，《食货志·俸饷》。

② 沈德符：《野获编》卷四，《废齐之横》、《辽王贵炀罪恶》；《明史》卷一百十八，《韩王松传》；赵翼：《廿二史札记》卷三十二，《明分封宗藩之制》。

③ 《野获编》卷四，《宗室名》。

④ 《明史》卷二百五十一，《何如宠传》。

⑤ 《野获编》卷四，《郡王建白》、《宗室通四民业》；《明史》卷一百十九，《郑王传》；《廿二史札记》卷三十二，《明分封宗藩之制》。

玉、胡翰、汪仲山、李公常、戴良、刘基、宋濂诸人，朝夕讨论，讲述经史。经过十几年的努力学习，中年以后，元璋不但懂得经义，能写通俗的口语文字，并且也能作诗，作有韵的文字，能够欣赏、批评文学作品的好坏了。

在称帝以前，闲时常和儒生文士列坐赋诗，范常总是交头卷，元璋笑说："老范诗质朴，极像他的为人。"① 初下徽州，朱升请题字，亲写"梅花初月楼"横匾。② 和陶安论学术，亲制"国朝谋略无双士，翰苑文章第一家"门帖子赐他。③ 出征陈友谅，过长沙王吴芮祠，见胡闰所题诗，大为爱好，即时召见；到洪武四年胡闰以郡举秀才来见，元璋还记得清楚，说："这书生是那年题诗鄱阳庙墙上的。"授官都督府都事。④ 鄱阳湖大胜，和夏煜等草檄赋诗。⑤ 宋濂不会喝酒，勉强灌醉了，作《楚词》以赐，又赐以良马，作《白马歌》。⑥

即位后更加喜欢弄笔墨，毛骐、陶安、安然死，亲写祭文。⑦ 桂彦良作晋王傅，作文送行。⑧ 宋讷读书时烤火不小心，烧了衣服伤胁，作文劝诫。张九韶告老还乡，又作文赠行。⑨

他会写散文，主张文章应该写得明白清楚，通道术，达时务。⑩ 读曾鲁的文章，很喜欢，说："读陶凯文后，已起人意，鲁又如此，文运其昌乎！"⑪ 刘三吾主考会试，榜发后考取都是南方人，考生告状，元璋大怒，亲撰策问复试，寻取六十人全是北方人，当时称为南北榜，也叫春夏榜。⑫ 喜欢研究音韵，元末《阴氏韵府》手

① 《明史》卷一百三十五，《范常传》。

② 黄瑜：《双槐岁抄》。

③ 《明史》卷一百三十六，《陶安传》。

④ 《明史》卷一百四十一，《胡闰传》。

⑤ 《明史》卷一百三十五，《宋思颜传》附《夏煜传》。

⑥ 《明史》卷一百二十八，《宋濂传》。

⑦ 《明史》卷一百三十五《郭景祥传》附《毛骐传》，卷一百三十六《陶安传》，卷一百三十七《安然传》。

⑧ 《明史》卷一百三十七，《桂彦良传》。

⑨ 《明史》，《宋讷传》附《张美和传》。

⑩ 《明史》卷一百三十六，《詹同传》。

⑪ 《明史》卷一百三十六，《曾鲁传》。

⑫ 《明史》卷一百三十七，《刘三吾传》。

头常用，以旧韵出江左，命乐韶凤参考中原音韵订定，名《洪武正韵》。① 时常作诗②，如《菊花诗》：

百花发时我不发，我若发时都吓杀；要与西风战一场，遍身穿就黄金甲。

《不惹庵示僧》：

杀尽江南百万兵，腰间宝剑血犹腥，山僧不识英雄汉，只凭哓哓问姓名。

《征东至潇湘》：

马渡沙头苜蓿香，片云片雨过潇湘，东风吹醒英雄梦，不是咸阳是洛阳。③

也会作赋，和儒臣欢宴大本堂，自作《时雪赋》。④ 亲撰《凤阳皇陵碑》，口语直说，通篇用韵。又会作骈体文，徐达初封信国公，亲作诰文："从予起兵于濠上，先存捧日之心，来兹定鼎于江南，遂作擎天之柱。"又说："太公韬略，当宏一统之规；邓禹功名，特立诸侯之上。"居然是个四六作家了。⑤

对历史特别爱好，《汉书》、《宋书》都是常读的书。吴元年十一月和侍臣讨论："汉高祖以追逐狡兔比武臣，发踪指示比文臣，譬谕虽切，语意毕竟太偏。我以为建基立业，犹之盖大房子，剪伐斲削，要用武臣，藻绘粉饰，就非文臣不可。用文而不用武，譬如连墙壁都未砌好，如何粉刷？用武而不用文，正如只有空间架，粗粗糙糙，不加粉刷彩画，不像样子，偏了都不对。治天下的要文武相资，才不会坏事。"⑥ 读《宋史》到宋太宗改封桩库为内藏库，批评宋太

---

① 《明史》卷一百四十七《解缙传》，一百三十六《乐韶凤传》。

② 《明史》卷一百三十七《刘三吾传》，《桂彦良传》，卷一百三十八《周祯传》附《李质传》。

③ 《明太祖文集》卷二十。

④ 《明史》卷一百十五，《兴宗孝康皇帝传》。

⑤ 《廿二史札记》卷三十二，《明祖文义》条，引《稗史汇编》。

⑥ 《明太祖实录》卷二十二。

宗：“作皇帝的以四海为家，用全国的财富，供全国之用，何必分公私？太宗算是宋朝的贤君，还这样小家子气，看不开。至如汉灵帝的西园，唐德宗的琼林大盈库，括国家的钱作私人的蓄积，更不值得责备了。”① 告诉张信以翰林的职务，引唐陆贽、崔群、李绛作例子。② 教官吴从权说不知民间事务，驳以宋胡瑗教学生，特别看重时事的例子。③ 他熟习历史的目的，是为了吸取古人成败的经验，作为自己行事的根据。

研究经学，跟宋濂读《春秋》、《左传》，陈南宾读《洪范》、《九畴》。读《蔡氏书传》时，发现所说象纬运行和朱子书传不同，特地征召诸儒生订正。著有《御注洪范》，多用陈南宾说。④

即位以后，崇敬佛教。诏征东南戒德名僧，在蒋山大开法会，和群臣顶礼膜拜。僧徒中有应对称意的，颁赐金襕袈裟衣，召入禁中，赐坐讲论。吴印、华克勤等和尚都还俗作大官。元璋以为和尚与尘世绝缘，无所牵涉，寄以心腹，用作耳目，使其检校官民动静，因之僧徒得意横行；元璋所不快意的文武大臣，都被中伤得罪。僧徒倚仗告发的功劳，请为佛教创立职官，改善世院为僧录司，设左右善世、左右阐教、左右讲经、觉义等官，高其品秩。道教也照样设置。度僧尼道士数万人。⑤ 他自己还著有《集注金刚经》，一卷。⑥

道士替元璋做工作的有周颠和铁冠子。周颠的事迹，据元璋所写的《周颠仙人传》说：周颠十四岁时得了颠病，在南昌市上讨饭，三十多岁时，正当元朝末年，凡新官上任，一定去求见，说是“告太平”，元璋取南昌，疯疯癫癫来告太平，元璋烦了，灌以烧酒不醉，又叫人拿缸盖住，用芦薪围住火烧，烧了三次，只出一点汗。叫到蒋山庙里寄食，和尚来告，颠和小沙弥抢饭吃，闹脾气有半个月不吃东西了，元璋亲自去看，摆一顿筵席，请颠大吃一顿。又给

---

① 《明太祖实录》卷一百七十九。

② 《明太宗实录》卷二百四十九。

③ 《明史》卷一百三十九，《萧岐传》。

④ 《明史》，《宋濂传》、《桂彦良传》附《陈南宾传》、《赵俶传》附《钱宰传》。

⑤ 《明史》卷一百三十九，《李仕鲁传》。

⑥ 《明史》卷九十八，《艺文志》三，《释家》。

关在空屋里，一个月不给饭吃，也不在乎。这故事传开了，诸军将士抢着作主人，请颠吃酒饭，随吃随吐，只有跟元璋吃饭时，才规规矩矩。大家都信服了，以为是仙人。

颠见元璋唱歌："山东只好立一个省。"用手画地成圈，指着对元璋说："你打破个桶（统），做一个桶。"

元璋西征九江，行前问颠："此行可乎？"应声说："可！"又问"友谅已称帝，消灭他怕不容易？"颠仰头看天，稽首正容说："上面无他的。"到安庆舟师出发无风，说："只管行，只管有风，无胆不行便无风。"果然一会儿大风起来，一气直驶小孤山。

十多年后，元璋害热症，几乎要死，赤脚僧觉显送药来，说是天眼尊者和周颠仙人送的，服了当晚病好。①

以上这些神迹都是元璋自己说出和写出的。铁冠子姓张名中，好戴铁冠。平章邵荣、参政赵继祖被杀，是他告发的。征陈友谅时也在军中，据说是他算定南昌解围和大捷的时日，用洞元法祭风，舟师直达鄱阳湖。和周颠同是元璋愚弄臣民的工具。②

元璋常读的道教经典是《道德经》，著有《御注道德经》二卷。③ 他对《道德经》的看法，以为"斯经乃万物之至根，王者之上师，臣民之极宝，非金丹之术也"。当作政治理论经典，在所写《道德经序》上说："自即位以来，罔知前代哲王之道，宵昼遑遑，虑穹苍之切鉴，于是问道诸人，人皆我见，未达先贤。一日，试览群书，检间有《道德经》一册，见本经云：'民不畏死，奈何以死惧之。'当是时天下初定，民顽吏弊，虽朝有十人弃市，暮有百人而仍为之，如此者岂不应经之所云。朕乃罢极刑而囚役之。"④ 由此可见明初"屯田工役之科"和《道德经》的关系。

元璋利用僧道的秘密，后来被人指出。洪武十一年解缙上万言书说：

---

① 《纪录汇编》卷六。

② 《明史》，《方伎传·张中传》。

③ 《明史》卷一百四十七，《解缙传》；卷九十八，《艺文志》三，《道家》。

④ 《明太祖文集》卷十五。

> 陛下天资至高，合于道微，神怪诞妄，臣知陛下洞瞩之矣。然犹不免所谓神道设教者，臣谓必不然也。一统之舆图已定矣，一时之人心已服矣，一切之奸雄已慑矣，天无变灾，民无患害，圣躬康宁，圣子圣孙，继继绳绳，所谓得真符者矣。何必兴师以取宝为名，谕众以神仙为征应者哉！①

“兴师以取宝为名”，指的是北伐蒙古，元璋在元主北走后，尝说：“如今天下一家了，尚有三事未了，挂在心头：一件少传国玺，一件王保保未擒，一件元太子无音问。”② 取宝的宝就是历史上相传的秦始皇传国玺，由此可见洪武初年北征蒙古是以取传国玺为名的。“谕众以神仙为征应”，指的就是元璋向臣民宣扬周颠、铁冠子的神迹。其实元璋又何尝不懂得，正因为他很懂得，他才用神仙征应来服人心，慑奸雄，定一统，他在《心经序》上说得很清楚：

> 所以相空有六……其六空之相，又非真相之空，乃妄想之相为之空相，是空相愚及世人，祸及今古，往往愈堕弥深，不知其几。斯空相，前代帝王被所惑而几丧天下者：周之穆王、汉之武帝、唐之玄宗、萧梁武帝、元魏主焘、李后主、宋徽宗，此数帝废国怠政，惟萧梁武帝、宋之徽宗以及杀身，皆由妄想飞升及入佛天之地。其佛天之地未尝渺茫，此等快乐，世尝有之，为人性贪而不觉，而又取其乐，人世有之者何？且佛天之地，为国君及王侯者，若不作非为善，能保守此境，非佛天者何？如不能保守而伪为，用妄想之心，即入空虚之境，故有如是。③

他是脚踏实地的人，认为佛天之境就是现实生活，能保守现实生活，就是到了佛天之境。离开现实，妄想飞升，用妄想之心，入空虚之境，不是几丧天下，就是杀身。他曾经告诉宋濂：“秦始皇、汉武帝好神仙，宠方士，想求长生，末了一场空。他们假使能用这份心思来治国，国怎会不治？依我看来，人君能够清心寡欲，

① 《明史》卷一百四十七，《解缙传》。

② 《草木子·余录》；《庚申外史》。

③ 《明太祖文集》卷十三。

做到百姓安于田里，有饭吃，有衣穿，快快活活过日子，也就是神仙了。”① 有道士来献长生的法子，他说：“我所要的是全国人民的长寿和快乐。”不肯接受。② 又有人学宋朝大中祥符年间的办法献天书，证明“上位”确是真命天子，反而被杀。③ 总之，他一面对臣民侈谈神仙，一面又不许别人对他谈神异，讲长生，献天书。他的头脑是清醒的，“谕众以神仙为征应”是为了政治的效果。虽然如此，从解缙揭露以后，他就不再利用佛道两教，也不再侈谈神异征应了。

经过洪武初年的长期侈谈神仙，民间流传着许多神异故事，以为朱元璋是真命天子。传说中主要的一个是：天上有二十八宿，轮流下凡作人主。元天历元年，元璋生的那一年，天上娄宿失踪了，到洪武三十一年元璋死，娄宿复明。洪武帝是娄宿下凡的。④ 当时不在市场流通的洪武钱，后世的乡下人很重视，给孩子们佩在身上，以为可以辟邪。乡间豆棚瓜下，老祖父祖母们对孩子讲的故事，也多半说的是洪武爷放牛时的种种神话。

元璋生长农村，经过穷苦日子，深知物力艰难，生活朴素，讲究节俭。不喜饮酒。⑤ 有回回商人献番香阿刺吉，华言蔷薇露，说可以治心疾，也可以调粉为妇人容饰，元璋说：“中国药物可以治病的很多，这玩意儿只是装饰品，把人打扮得好看些，养成奢靡的习惯。”拒绝不受。⑥ 龙凤十二年营建宫室，管工程的人打好图样，他把雕琢考究的部分都去掉了。⑦ 完工以后，朴素无装饰，只画了许多触目惊心的历史故事，和宋儒的《大学衍义》。有个官儿巴结，说某处出产一种很美的石头，可以铺地，被痛切教训了一顿。⑧ 车舆服用诸物该用金饰的，用铜代替。司天监把元顺帝费尽心机作成的

---

① 《明太祖实录》卷二十九。
② 《明太祖实录》卷二百三十。
③ 《明太祖实录》卷四十。
④ 王文禄：《龙兴慈记》。
⑤ 《明太祖实录》卷十二、卷九十一。
⑥ 《明太祖实录》卷七十九。
⑦ 《明太祖实录》卷十二。
⑧ 《明太祖实录》卷二十。

自动宫漏进献，他说："不管政务，专干这个，叫作以无益害有益。"陈友谅有一张镂金床，极为考究，江西行省送给皇帝，元璋说："这和孟昶的七宝溺器有何区别。"都叫打碎。① 他不但自己节俭，对人也是如此。有一天，看见内侍穿着新靴在雨中走路，另一舍人穿一套值五百贯钞新衣，都着着实实骂了一顿。② 屏风上写着唐李山甫《上元怀古诗》："南朝天子爱风流，尽守江山不到头，总为战争收拾得，却因歌舞破除休，尧将道德终无敌，秦把金汤可自由？试问繁华何处在，雨花烟草石城秋。"朝夕吟诵，引起警惕。③

生活朴素节俭的原则也应用在外交上，龙凤十二年派参政蔡哲到蜀报聘，临行前特别指示说："蜀使者来，多饰浮辞，夸其大国，取人不信。你到后，千万不要学他，有问题提出，只可说老实话。"④ 也不讲祥瑞，洪武二年，有献瑞麦一茎三穗和五穗的，群臣称贺，他说："我作皇帝，只要修德行，至太平，寒暑适时，就算国家之瑞，倒不在乎以物为瑞。记得汉武帝获一角兽，产九茎芝，好功生事，使海内空虚。后来宣帝时又有神爵甘露之瑞，却闹得山崩地裂，汉德于是乎衰。由此看来，祥瑞靠不住，灾异却是不可不当心的。"命令今后或有灾异，无论大小，地方官即时报告。⑤

执法极严，令出必行。初起兵时，粮食不足，下令禁酒，胡大海统军攻越，其子犯令，王恺请勿杀以安大海心，元璋以为宁可使大海叛我，不可使法不行，亲自执行死刑。⑥ 赵仲中是起兵时的旧将，奉令守安庆，陈友谅攻城，弃城逃走，常遇春求情，元璋说："法不行，无以惩后。"用弓弦缢死。⑦ 末年驸马都尉欧阳伦出使，贩带私茶，违犯国法，虽然是亲女婿，也依法赐死。⑧

---

① 《明太祖实录》卷二百二十五、卷三十一、卷十四。

② 《明太祖实录》卷二百二十五。

③ 《明太祖实录》卷十七、卷八十五；祝允明：《野记》。

④ 《明太祖实录》卷十六。

⑤ 《明太祖实录》卷四十。

⑥ 《明史》卷一百三十三，《胡大海传》。

⑦ 《明史》卷一百二十九，《廖永忠传》附《赵庸传》。

⑧ 《明太祖实录》卷二百五十三。

四、辛勤的一生

朱元璋用他的全部精力、时间，管理他所手创的帝国。

全国大大小小的政务，都要亲自办理，天不亮就起床办公，一直到深夜，没有休息，没有假期，也不讲究调剂精神的娱乐。照习惯，一切事务处理，臣僚建议，都用书面的奏章，成天成年看奏章，有时也难免感觉厌倦，尤其是有些卖弄学问经济，冗长而又不中肯，说了一大堆而又不知所云的报告。洪武九年刑部主事茹太素上万言书，读到六千三百七十字，还没说到具体事实，元璋大怒，把太素打了一顿。第二天晚上，又叫人读到一万六千五百字以后，才涉到本题，建议五事，有四事可取，元璋即刻命令主管部门施行。同时指出这五件事情五百多字就可以讲清楚，却说了一万七千字，这是繁文之过。自己厌听繁文，打了人也承认是过失，并表扬茹太素为忠臣。为了教育天下官民，把这事情经过亲写文章公布，规定建言格式，文章说：

> 洪武九年，朕见灾异万端，余无措手，于是特布告臣民，许言朕过……是以近臣刑部主事茹太素以五事上言，其书一万七千字，朕命中书郎王敏立而诵之，至字六千三百七十，乃云才能之士，数年以来，幸存者百无一二，不过应答办集。又云所任者多半迂儒俗吏。言及至斯，未睹五事实迹，意其妄言，故召问之：尔为刑部之官，彼刑部官吏二百有余，尔可细分迂儒俗吏乎？彼乃不答。使分之而又无知其人者。于是扑之。
>
> 次日深夜中，朕卧榻上，令人诵其言，直至一万六千五百字后，方有五事实迹，其五事之字止是五百有零。朕听至斯，知五事之中，四事可行。当日早朝，敕中书都府御史台著迹以行。吁，难哉！……今朕厌听繁文而驳问忠臣，是朕之过。有臣如此，可谓忠矣。
>
> 因如是，故立上书陈言之法，以示天下。若官民有言者，

许陈实事，不许繁文，若过式者问之。①

经过这番整顿以后，奏章只陈实事，从此读章奏省了不少精力，工作效率提高了。到废中书省以后，六部府院直接对皇帝负责，政务越发繁忙，以洪武十七年九月间的收文为例，从十四日到二十一日，八天内，内外诸司奏札凡一千六百六十件，计三千三百九十一事②，平均每天要看或听两百多件报告，要处理四百多件事。

他早年过的是缺少衣食的穷苦日子，中年在军队里，在兵火喧天、白刃相接的戎马生活中度过，四十岁以后，把全副精力处理国事，紧张疲劳，五十岁以后，体力支持不住了，害了心跳很快的病症，宋濂劝他清心寡欲。③ 又时发高热，作幻想、怪梦，在梦中看到天上神仙宫阙。④ 有时喜怒不常，暴怒到失去常态。⑤ 特别使他感觉痛苦，影响精神体力的是家庭之间、父子之间的矛盾。

元璋的大儿子标，生性忠厚，长期接受儒家教育，被教养成儒生型的人物。老皇帝过了五十岁以后，精力有点不济事了，要皇太子帮他裁处一般政务。一来是分劳，二来也训练这下一代皇帝办事的能力，指望他儿子是汉文帝，不是汉惠帝。但是，父子俩出身不同，所受教育不同，思想作风自然不同，老皇帝运用法庭监狱特务和死刑，要镇慑臣民，使人识惧而莫测其端，皇太子却大讲其周公、孔子之道，讲仁政，讲慈爱，杀人愈少愈好；老皇帝要用全力消灭内部的敌对力量，巩固皇家统治，皇太子却要照顾将相过去的汗马功劳，照顾亲戚情谊，兄弟友爱，向父亲讲情争执；一个严酷，一个宽大；一个从政治出发，一个从情感出发，父子俩的分歧日渐扩大，有时也不免发生冲突。明朝的野史家传说，宋濂得罪，皇太子哭救，元璋发怒说："等你作皇帝赦他！"皇太子惶惧投水，左右赴救得免。又说皇太子谏元璋："陛下杀人过滥，恐伤和气。"元璋不

① 《明太祖文集》卷十五，《建言格式序》。

② 《明太祖实录》卷一百六十五。

③ 《明史》卷一百二十九，《宋濂传》。

④ 《御制周颠仙人传》，《纪梦》。

⑤ 姚福：《青溪暇笔》。

作声，第二天故意把一条棘杖放在地下，叫皇太子拿起，皇太子面有难色，元璋说："你不敢拿，我把这些刺都弄干净了，再交给你，岂不是好？我所杀的都是天下的坏人，内部弄清楚了，你才能当这个家。"皇太子说："上有尧舜之君，下有尧舜之民。"元璋大怒，拿起椅子就掼，皇太子逃走。[①] 这两个故事虽然不一定真实，但是却明确指出父子之间的矛盾情况。

好容易经过多少次大血案，元璋把棘杖的刺都弄干净了，却又发生意外，皇太子于洪武二十五年病死。六十五岁的老皇帝受了这严重的打击，伤心之至，身体一天天软弱下去，头发胡子全变白了。

皇太子死后，立皇太子嫡子允炆为皇太孙，才十六岁。

皇太孙的性格极像他的父亲，元璋担心他应付不了这个局面，诸将大臣将来会不服调度，只好再一次斩除荆棘，傅友德、冯胜这几个仅存的元勋宿将，也给杀光了。

元璋的政治经验，以为皇位继承是维持帝国安全的根本制度，必须有规定严密的法则，才不会引起家族间的纷争，造成政变。最好的办法是宗法制度下的嫡长承袭制。在皇太子正位后，为了要使诸王安分，保护和维持大宗，洪武五年命群臣采汉、唐以来藩王善恶事迹可为劝诫的，编作一书，名为《昭鉴录》，颁赐诸王。皇太孙正位以后，又编一书，叫作《永鉴录》。二十八年又颁布《皇明祖训》条章，把一切皇帝、藩王和臣下所应遵守的、不该做的事，都详细列举。并定制后代有人要更改祖训的以奸臣论，杀无赦。[②] 希望用教育的方法，用制度法律，使藩王大臣忠心服从这未来的小皇帝，朱家的族长。

但是，元璋的安排和教育并不能发生作用，权力的争夺引起兄弟之间和父子之间更深刻的矛盾。第二子秦王在藩多过失，"不良于德"二十四年召还京师。第三子晋王多智数，性骄，在国多不法，有人告发他有异谋，元璋大怒，皇太子力救，二人才得免罪。二王都靠不住，元璋才特派太子到关陕巡视，带晋王回朝，痛加训诫以

① 徐祯卿：《翦胜野闻》。

② 《明史·太祖本纪》。

后，二王答应改过，才许回藩。[①] 太子死后，二十八年秦王死，三十一年晋王死，都死在元璋之前。太孙即位后不久，第四子燕王棣起兵南下，援引祖训，以靖难为名，建文四年（公元1402年）占领南京自立为皇帝，是为明成祖，离老皇帝之死，还不到五年。

洪武三十一年，元璋已经七十一岁了。五月间病倒，躺了三十天，离开他手创的帝国，安静地死去。葬在南京城外钟山山下，名为孝陵，谥曰高皇帝，庙号太祖。

遗嘱里有一段话："朕膺天命三十一年，忧危积心，日勤不怠，务有益于民。奈起自寒微，无古人之博知，好善恶恶，不及远矣。今得万物自然之理，其奚哀念之有。"[②] "忧危积心，日勤不怠"这八个字写出了他辛勤的一生；"务有益于民"也说出了他主观的努力。

元璋的相貌不很体面，曾经找了许多画工，画像十分逼真，总不满意。后来有一个聪明画家，画的轮廓有点像，却一脸和气，看着很仁慈，这才传写了很多本子，分赐给诸王。[③] 这两种不同的画像，到现在都有传本。

一九五四年四月二十日改写

一九五五年四月二十二日写完

（据中国科学院图书馆藏油印稿本）

---

① 《明史》卷一百十六，《诸王传》。

② 《明史·太祖本纪》。

③ 陆容：《菽园杂记》。

朱元璋传

(1965年本)

自 序

我写《朱元璋传》，前后经过二十年，写了四次。这是最近重写的第四个本子。第一个本子叫《明太祖》，出版于1944年6月；第二个本子叫《朱元璋传》，1948年8月写完，第二年4月出版。第一、二个本子内容都有许多错误，有些地方甚至犯了严重的错误，例如以我自己当时的超阶级思想来叙述坚强不屈的西系红军组织者彭莹玉和尚，轻率地根据不充分的史料，以为他功成身退，赞叹不绝，认为革命是可以半途而废，无须革命到底的。这个错误的观点在到了解放区以后，在理论上得到了启发，我承认了错误。第二年2月回到北京以后，发愤重新读书，果然发现过去所没有注意的史料，彭莹玉是战斗到底，被元军所杀的；第二是我那时候不懂得列宁关于国家的学说，错误地以为国家机器只是官僚机构和军队，比喻为封建皇权的两个轮子；第三是由于当时对反动统治蒋介石集团的痛恨，以朱元璋影射蒋介石，虽然一方面不得不肯定历史上朱元璋应有的地位，另一方面却又指桑骂槐，给历史上较为突出的封建帝王朱元璋以过分的斥责。不完全切合实际的评价。这些比较严重的错误，经指出以后，第二个本子已经在上海出版了。便决意重写，改正错误，但是因为工作较忙，总抽不出比较完整的时间，蹉跎了五年，到了1954年4月，才下定决心，挤时间再写，有空就写一点，断断续续，经过一整年，才写完第三个本子。自己明白理论水平低，没有自信心，油印了一百多本，分送给各方面朋友，请求教益。经过了一年多，果然收到许多来信，指出许多缺点和错误。

第三个本子的主要缺点和错误，是对阶级关系、阶级矛盾、阶级分析注意不够，对朱元璋这个历史人物的评价也不够全面。

经过九年来的学习，有些问题比以前认识得似乎清楚一些了，特别关于阶级、阶级分析、阶级斗争和历史人物评价问题，学习得比较用心一些，也写了一些文章。同时，还有不少读者写信来问《朱元璋传》早已绝版了，何时可以重版？为了纠正在读者中曾经散布的错误论点，还给朱元璋这个历史人物以本来面目，便趁着病后半休养的机会，作第四次的改写。从今年2月初开始，每天写一点，经过了两个月，总算写完了。

重写这本书的目的，是想通过这个具体人物的叙述，了解这个人物所处的时代；通过对这个具体人物的总结，提供对历史人物评价的标准、尺度；当然也包括了我自己对这个时代研究的初步认识。

尽管我研究这个时代已经用去三十年的时间，但是，我所拥有的知识还是很有限的，理论水平则又落后于历史知识。学习是无止境的，错误是不可避免的，期待读者的批评和指正。

此外，还有一个问题值得附带谈一下，那便是这本书中对元末农民大起义——农民军的称呼，红军。

元末农民起义军为了便于和敌人区别，友军容易辨认，在起义时，头上都包了一块红布，当时人叫他们作红军，也有叫红巾军、香军的，但就文献资料而论，红军的称呼是比较普遍的。红军的敌人，蒙汉统治阶级、地主、乡绅、儒生则斥骂他们为“红寇”、“红贼”。

相反，地主阶级所组织的军队则自称为“民兵”、“民军”、“义军”或“义兵”、“乡军”等等，也有用所着服装作称号的，如青军、黄军等等。很显然，“民兵”、“民军”的“民”，指的是不折不扣的地主，“义军”、“义兵”的“义”也指的是对地主阶级的“义”。

顺便说一个小故事，1941年我在昆明西南联合大学任历史系教授，重庆的“国立编译馆”约我写一部《明史》，稿子写好一部分送去了，隔不多久，原稿原样退回。稿中附有一个条子：“‘红军之起’，拟改为‘民军之起’，以下一律照改。东方，一，十四”（这个原稿和这个条子到今天我还保存着，作为纪念。）意思是只要我改一个字，改“红”为“民”，稿子就可以出版了。我当时很发火，第一是因为国民党怕共产党领导的红军，连将近六百年前的红军都怕，怕得好，就让你一直怕下去，我宁可不出书，这个字万不能改；第二，如上所说，“民军”在当时是地主阶级所组织的武装队伍，专和红军作对的军队的称号，红军如改成“民军”，恰好把两个敌对的军队颠倒过来，红军变成地主军队了，这真是岂有此理，真是天大的笑话。从这十一个字，我看出了国民党学棍的政治和学术水平，就此相应不理，这本稿子不出版了。

这个小故事对我的印象很深刻，也对我此后的政治生活有积极意义。以此，这本书仍用红军这一名词，我想，读者是能够理解的。

吴 晗

1964年4月7日于北京

朱元璋年表

纪年	公元	元璋年龄	纪事	
元天顺帝天历元年	1328	一岁	九月丁丑，元璋生。	
元顺帝至元三年	1337	十岁		正月，广州增城县民朱光卿起义，称大金国，旋被消灭。 二月，棒胡以烧香聚众，起义于汝宁信阳，元命河南行省左丞庆童镇压之。己丑，汝宁献所获棒胡弥勒佛小旗及宣敕等。 四月，元禁汉人、南人不得执持军器，凡有马者拘入官。合州大足县民韩法师起义，称南朝赵王。惠州归善县民聂秀卿、谭景山等造军器，拜戴甲为定光佛，与朱光卿相结起义，元命江西行省左丞沙的捕之。
至元四年	1338	十一岁		六月，袁州民彭莹玉、周子旺起义，周子旺称周王，被捕遇害，彭莹玉逃匿淮西。漳州路南胜县民李志甫起义，围漳城。
至元五年	1339	十二岁		四月，元重申汉人、南人不得执军器弓矢之禁。 十一月，开封杞县人范孟起义，假传元顺帝旨，杀河南平章政事月禄等，已而被捕遇害。

续前表

纪年	公元	元璋年龄	纪事	
至元六年	1340	十三岁		五月，元禁民间藏军器。
元顺帝至正元年	1341	十四岁		湖广、山东、燕南贫民为“盗”，多至三百余处。
至正四年	1344	十七岁	春，淮北大旱，继以瘟疫，元璋父、母、长兄皆病死。秋九月，元璋入皇觉寺为行童。云游淮西颍州一带。	七月，益都县盐徒郭火你赤起义，上太行，入壶关，至广平，杀兵马指挥，复还益都。
至正五年	1345	十八岁	在淮西游方。	
至正六年	1346	十九岁	在淮西。	“盗”扼李开务之闸河，劫商旅船，元官兵不能捕。
至正七年	1347	二十岁	在淮西。	四月，临清、广平、滦河、通州等处贫民群起为“盗”。十一月，沿江“盗”起，剽掠无忌，元官莫能禁。
至正八年	1348	二十一岁	年底，元璋回皇觉寺。	海宁州、沭阳县等处“盗”起。台州方国珍起义，聚众海上，元命江浙行省参政镇压之。
至正九年	1349	二十二岁		冀宁、平遥等县曹七七起义。
至正十年	1350	二十三岁		方国珍攻温州。
至正十一年	1351	二十四岁		四月，元顺帝诏开黄河故道，命贾鲁以工部尚书为总治河防使，发汴梁、大名等十三路民十五万，庐州等戍十八翼军二万，自黄陵冈南达白茅，放于黄固、哈只等口，又自黄陵西至阳青村，合于故道，凡二百八十里有奇。仍命中书右丞玉枢虎儿吐华、同知枢密院事黑厮以兵镇之。

续前表

纪年	公元	元璋年龄		纪事
				五月，韩山童被捕遇害，其妻杨氏与子韩林儿逃脱。 颍州刘福通起义，以红巾为号，陷颍州。 六月，刘福通占领朱皋，攻破罗山、真阳、确山，遂攻武阳、叶县等处。 江浙左丞孛罗帖木儿为方国珍所败，元顺帝遣使招谕方国珍。 八月，萧县李二及彭大、赵均用等攻陷徐州。李二号芝麻李，亦以烧香聚众起义。 彭莹玉和蕲州罗田人徐寿辉、麻城人邹普胜等起义，以红巾为号。十月，占领蕲水为国都，徐寿辉称帝，国号天完，建元治平。 彭莹玉和蕲州罗田人徐寿辉、麻城人邹普胜等起义，以红巾为号。十月，占领蕲水为国都，徐寿辉称帝，国号天完，建元治平。
至正十二年	1352	二十五岁	闰三月，元璋投郭子兴部下为兵。	徐寿辉部将攻破汉阳、兴国府、武昌、安陆府、沔阳府、江州、岳州、袁州、瑞州、徽州、信州、饶州、杭州。 二月，郭子兴等起义于濠州。 元丞相脱脱攻徐州，克之。芝麻李败死，彭大、赵均用奔濠州。 七月，元军陷杭州，彭莹玉战死。 答失八都鲁率军占襄阳，察罕帖木儿、李思齐率军攻起义人民，元政府各授以官。

续前表

纪年	公元	元璋年龄	纪事	
至正十三年	1353	二十六岁	元璋略定远，下滁州。	张士诚起义，攻占泰州、高邮，称诚王。国号大周，建元天祐。
至正十四年	1354	二十七岁	元璋在滁州。	元丞相脱脱大败张士诚于高邮，分兵围六合，元璋率兵赴援。元顺帝削脱脱官爵，安置淮安路，又诏使西行，鸩死于吐蕃境。
至正十五年 宋小明王龙凤元年	1355	二十八岁	正月，元璋克和州，奉郭子兴命总诸将。 四月，常遇春归元璋。 五月，廖永安、俞通海以水军降，元璋遂下采石，取太平。小明王命郭天叙为都元帅，张天祐、元璋为左右副元帅。 九月，郭、张二帅攻集庆，皆死之，于是子兴部将尽归元璋。	二月，刘福通等迎立韩林儿为皇帝，号小明王，国号宋，建都亳州，建元龙凤。 三月，郭子兴卒。 十二月，答失八都鲁大败刘福通于太康，遂围亳州，小明王奔安丰。
至正十六年 宋龙凤二年	1356	二十九岁	二月，元璋攻集庆，下之，改为应天府。遣徐达攻镇江，拔之。 六月，元璋部将邓愈克广德。小明王升元璋为枢密院同佥，不久又升为江南等处行中书省平章。	徐寿辉迁都汉阳。 张士诚攻占平江，以为国都，改名隆平府。 宋将李武、崔德等破潼关。
至正十七年 宋龙凤三年	1357	三十岁	元璋占领长兴、常州、宁国、江阴、常熟、徽州、池州、扬州等地。	二月，刘福通遣毛贵攻破胶州、莱州、益都、滨州。 六月，刘福通攻汴梁。关先生、破头潘、冯长舅、沙刘二、王士诚攻晋冀。白不信、大刀敖、李喜喜攻关中。

续前表

纪　　年	公元	元璋年龄	纪	事
				九月，徐寿辉部将倪文俊谋杀其主不果，自汉阳奔黄州，其将陈友谅袭杀之。友谅自称平章。元以张士诚为太尉，方国珍为江浙行省参政，使由海道运粮入都。 明玉珍占重庆路。 答失八都鲁死，其子孛罗帖木儿代领其众。
至正十八年 宋龙凤四年	1358	三十一岁	二月，元璋以康茂才为营田使。十二月，自将攻婺州，下之，改为宁越府。	五月，刘福通攻破汴梁，自安丰迎小明王入居之，定为国都。 关先生、破头潘等攻破辽州虎林，又攻破上都，烧元宫阙，转攻辽阳。 陈友谅攻破龙兴路、吉安路。
至正十九年 宋龙凤五年	1359	三十二岁	元璋兵克诸暨、衢州、处州等地，命宁越府立郡学。 小明王升元璋为仪同三司江南等处行中书省左丞相。	汴都为察罕帖木儿所破，刘福通奉小明王退保安丰。 陈友谅以江州为都，迎徐寿辉居之，自称汉王。
至正二十年 宋龙凤六年	1360	三十三岁	陈友谅攻应天，元璋大败之，遂复太平。徐寿辉将以袁州降于元璋。	陈友谅占太平，杀其主徐寿辉自立，国号大汉，改元大义。回驻江州，遣将占辰州。 明玉珍闻徐寿辉被杀，自立为陇蜀王，塞瞿塘，不与友谅通。 孛罗帖木儿与察罕帖木儿互相攻杀，元顺帝下诏调解，皆不听。
至正二十一年 宋龙凤七年	1361	三十四岁	元璋攻陈友谅于江州，友谅奔回武昌；遂分兵攻南康、建昌、饶州、蕲州、黄州、广济等处，皆下之，又下抚州。 小明王封元璋为吴国公。	

续前表

纪年	公元	元璋年龄	纪事	
至正二十二年 宋龙凤八年	1362	三十五岁	元璋受友谅部将胡廷瑞之降，遂得龙兴，改为洪都府。瑞州、吉安、临江相继下。	明玉珍称帝，国号夏，建元天统。 察罕帖木儿被刺死，子扩廓帖木儿代领其军。
至正二十三年 宋龙凤九年	1363	三十六岁	元璋因张士诚将吕珍攻安丰，亲率军往救。 陈友谅大举攻洪都，围八十五日不下，元璋急撤援安丰军，与友谅大战于鄱阳湖，友谅中流矢死，其子陈理突围奔回武昌，元璋亲往围之。	朱元璋迎小明王居滁州。 张士诚自立为吴王，停止运粮至元都。
至正二十四年 宋龙凤十年	1364	三十七岁	元璋受陈理降，汉亡。 元璋自立为吴王，建百官。	孛罗帖木儿率军入大都，元顺帝命为中书右丞相，节制天下兵马。
至正二十五年 宋龙凤十一年	1365	三十八岁	元璋以徐达为大将军，进攻江北、淮东张士诚之地，取泰州及高邮。	孛罗帖木儿被杀，扩廓帖木儿代为相，不久复令总制关、陕、晋、冀、山东兵马，听便宜从事。
至正二十六年 宋龙凤十二年	1366	三十九岁	徐达等下淮安、濠州、宿州、徐州等地，淮东悉入元璋领域。 五月，元璋命徐达、常遇春攻张士诚根据地，连下湖州、杭州，大军进围平江。 十二月，元璋遣廖永忠迎小明王于滁州，中途沉之于江，宋亡。	李思齐、张良弼等屯兵关中，不服扩廓帖木儿指挥，互相攻杀。 明玉珍死，子明昇嗣立，改元开熙。
至正二十七年 吴元年	1367	四十岁	徐达等执张士诚，吴亡。 元璋命汤和等攻方国珍，降之。又以徐达为征虏大将军，北伐中原。命胡廷瑞等取福建，杨璟等取广西。徐达等下山东诸郡。	元顺帝削扩廓帖木儿兵权，置抚军院，以皇太子总制天下兵马。

续前表

纪年	公元	元璋年龄	纪事	
明太祖洪武元年元顺帝至正二十八年	1368	四十一岁	正月，元璋称帝，国号大明，建元洪武，是为明太祖，立世子标为皇太子，妃马氏为皇后。 汤和克延平，执陈友定，福建平。 命汤和等以舟师攻取广东，元守将何真降。 杨璟等下宝庆、全州、靖江等地。 徐达等下汴梁。元璋以应天为南京，开封为北京。 八月，徐达等入大都，改名北平府。保定、真定、怀庆、泽州、潞州相继下。	闰七月，元顺帝弃大都，出奔上都。
洪武二年	1369	四十二岁	奉元、凤翔、临洮相继下，李思齐降。 常遇春攻克开平，元顺帝奔和林。常遇春卒于军。 北元军攻大同，李文忠败之。 徐达下庆阳。 元璋定内侍官制，编《祖训录》，定诸王封建之制。	
洪武三年	1370	四十三岁	命徐达、李文忠等分道北征。李文忠获买的里八剌（顺帝孙）以归，元嗣君北遁。 元璋封诸子为王；大封功臣。	元顺帝死，太子爱猷识里达腊嗣立。

续前表

纪年	公元	元璋年龄	纪事	
洪武四年	1371	四十四岁	命汤和、廖永忠率舟师由东路入川，傅友德率步骑由秦陇取蜀。傅友德军连下阶州、文州、隆州、绵州。廖永忠军克夔州，明昇出降，夏亡。元平章刘益以辽东降。录天下官吏。	
洪武五年	1372	四十五岁	命徐达为征虏将军，出雁门，趋和林，李文忠趋应昌，冯胜取甘肃，征扩廓帖木儿，徐达败绩。命邓愈攻吐蕃。 诏以农桑、学校课有司。	
洪武六年	1373	四十六岁	颁《昭鉴录》，训诫诸王。 扩廓帖木儿攻大同，徐达遣将击败之。 颁《大明律》。	
洪武七年	1374	四十七岁	李文忠、蓝玉大败北元军。 遣元皇子买的里八剌北归。	
洪武八年	1375	四十八岁	诏天下立社学。 刘基被毒死。	元将扩廓帖木儿卒。
洪武九年	1376	四十九岁	改行中书省为承宣布政使司，设左右布政使各一人。	
洪武十年	1377	五十岁	以羽林等卫军益秦、晋、燕三府护卫。 邓愈、沐英攻吐蕃，大破之。 命政事启皇太子裁决奏闻。	

续前表

纪年	公元	元璋年龄	纪事	
洪武十三年	1380	五十三岁	左丞相胡惟庸以擅权诛，坐其党死者甚众。 废中书省及丞相等官，提高六部官秩。改大都督府为中、左、右、前、后五军都督府。 燕王棣之国北平。 安置宋濂于茂州，死于道。	
洪武十四年	1381	五十四岁	命傅友德、蓝玉、沐英征云南。 傅友德等大败元兵于白石江，遂下曲靖，元梁王自杀，云南平。	
洪武十五年	1382	五十五岁	蓝玉、沐英克大理，分兵攻鹤庆、丽江、金齿，俱下。 皇后马氏卒。 置殿阁大学士。 空印案发，死者数万人。	
洪武十六年	1383	五十六岁	召征南师还，沐英留镇云南。	
洪武十七年	1384	五十七岁	曹国公李文忠被毒死。 禁内官预外事，敕诸司勿通内官监文移。	
洪武十八年	1385	五十八岁	魏国公徐达中毒死。 户部侍郎郭桓坐盗官粮诛，死者数万人。	
洪武十九年	1386	五十九岁	逮官吏积年为民害者。	
洪武二十年	1387	六十岁	冯胜、傅友德、蓝玉征纳哈出。冯胜率师出松亭关，下大宁、宽河、会州、富峪四城，纳哈出降，东北平。	

续前表

纪年	公元	元璋年龄	纪事	
洪武二十三年	1390	六十三岁	晋王㭎、燕王棣帅师攻北元，颍国公傅友德等皆听节制。齐王榑帅师从燕王棣北征，燕王师次迤都，元丞相咬住等降。韩国公李善长党胡惟庸案发，坐诛，牵连死者甚众。作《昭示奸党录》，布告天下。 罪妄言者。	
洪武二十四年	1391	六十四岁	天下郡县赋役黄册成。 八月，皇太子巡抚陕西；十一月，还京师。	
洪武二十五年	1392	六十五岁	皇太子标死，立长孙允炆为皇太孙。 沐英卒于云南，子沐春袭封西平侯，镇云南。	
洪武二十六年	1393	六十六岁	凉国公蓝玉被杀，功臣死者甚众。 冯胜、傅友德备边北平，其属卫将校悉听晋王、燕王节制。 诏二王军务大者始以闻。	
洪武二十七年	1394	六十七岁	颍国公傅友德坐诛。	
洪武二十八年	1395	六十八岁	宋国公冯胜坐诛。 谕群臣禁以后法外用刑；嗣君不许置丞相；皇亲惟谋逆不赦，余罪宗亲会议取上裁，法司只许举奏，勿得擅逮，勒诸典章，永为遵守。 八月，秦王樉死。 颁《皇明祖训》条章，后世有言更祖制者以奸臣论。	
洪武三十一年	1398	七十一岁	二月，晋王㭎死。 闰五月，元璋卒，年七十一。太孙允炆继位。	

第一章　流浪青年

一、小行童

元顺帝至正四年（公元1344年，元顺帝妥懽帖木儿在位的第十二年）的上半年，淮河流域的人民遭受了严重的灾难，旱灾，蝗灾，还加上瘟疫。

好几个月没见过雨了，禾苗被晒得干瘪枯黄，田地裂成一条条龟缝，眼见得收成没有指望了，谁也想不出办法。到处在祈神求雨，祝告龙王爷显神通，老年人穿着白麻布短衫，光着头，跪在太阳地恭恭敬敬向龙王爷磕头许愿，孩子们脑瓜上戴着枯柳枝圈在庙里蹿出蹿进，唢呐、锣鼓吹打得震天价响，和尚们个个眉开眼笑。一连求了多少天，还是热剌剌的大太阳，连一丝儿乌云也没影子。农民们正像在热锅上蚂蚁转时，又来了漫天遍野的蝗虫，把穗上稀稀的几颗粟粒也吃得一干二净。地方上有年纪的人都是愁眉苦脸，唉声叹气，说活了这么大岁数，还没见过这样年景，这日子没法过了！

地方官府呢？除了会向老百姓勒诈钱财，关老百姓坐班房，打板子追比欠的钱粮以外，谁还管你天晴还是天阴！

不料祸不单行，闹了天灾，又闹起瘟疫来了。濠州（今安徽凤阳）钟离太平乡的人，接二连三地病倒。人们已经吃了好些日子草根树皮了①，一得病就挺不住，开头只觉得浑身无力气，发高热，

---

① 《明太祖实录》卷三十九："洪武二年三月丙申，上以旱灾相仍，因念微时艰苦，乃祭告淳祖、淳后曰：因念微时皇考皇妣凶年艰食，取草之可茹者杂米以炊，艰难困苦，何敢忘也。"

接着便上吐下泻，不过两三天就断了气。起初人们还不十分理会，到了一个村子一天死去十几、几十个人，家家户户死人，天天死人的时候，才明白这是闹瘟病，不由得着慌起来，不管“在数的难逃”的老话，还是逃命要紧，各村庄的人携儿带女，像蚂蚁搬家似的投奔远处亲戚朋友家去了。不上十天工夫，太平乡数得出的十几个村子，闹得人烟寥落，鸡犬声稀，显出一片凄凉黯淡的景象。

孤庄村①朱五四一大家人，不到半个月时光，死了三口。朱五四老爹六十四岁了，四月初六故去，初九大儿子重四也死了，到二十二那一天五四的老伴陈二娘又死了。五四的二儿子重六和小儿子元璋（原名重八，后名兴宗）② 眼看着大人一个个死去，请不起郎中，也抓不起药，只急得相对痛哭。③ 尤其为难的是家里停了几口尸，手头没有一贯钞，一钱银子，买不了棺木，老放着总不是归结，

---

① 《明太祖实录》卷一，《明太祖文集》卷十四《御制皇陵碑》，光绪《凤阳县志》卷十《刘继祖》，三书都作孤庄村。沈节甫《纪录汇编》本《天潢玉牒》作太平乡县庄村是错误的。

② 宋元以来的封建社会，平民百姓没有职名的一般不起名字。只用行辈和父母年龄合算一个数目作为称呼。例如俞樾《春在堂随笔》卷五：“徐诚庵见德清《蔡氏家谱》有前辈书小字一行云：元制庶人无职者不许取名，止以行第及父母年齿合计为名，此于《元史》无征。然证以明高皇所称其兄之名，正是如此，其为元时令甲无疑矣。见在绍兴乡间颇有以数目字为名者，如夫年二十四，妇年二十二，合为四十六，生子即名四六。夫年二十三，妇年二十二，合为四十五，生子或为五九，五九四十五也。以上并徐君说。余考明勋臣开平王常遇春曾祖四三，祖重五，父六六。东瓯王汤和曾祖五一，祖六一，父七一，亦以数目字为名。又考洪文敏《夷坚志》所载宋时杂事，如云兴国军民熊二，又云刘十二鄱阳城民也。又云南城田夫周三，又云鄱阳小民隗六，又云符离人从四，又云楚州山阳县渔者尹二，又云解州安邑池西乡民梁小二，又云董小七临川人，又云徽州婺源民张四，又云黄州市民李十六，其仆崔三，又云鄱阳乡民郑小五，又云金华孝顺镇农民陈二，诸如此类，不可胜举。又载阳武四将军事云，访渔之家，无有知之者，亦不曾询其姓第，识者疑为神云。按言姓第，不言姓名，疑宋时里巷细民，固无名也。”

晗按：宋代平民姓第见于《清明集·户婚门》的很多，如沈亿六秀，徐宗五秀，金百二秀，黎六九秀之类。《明太祖文集》卷五《赐署令汪文、刘英敕》：“今汪姓刘姓者见勤农于乡里，其人尚未立名，特赐之以名曰文，曰英。”汪文、刘英的年龄假定和朱元璋相去不远，公元1344年约年十七八岁，到洪武初年已经四十多岁了，尚未立名。和俞樾所疑印证，可见宋元以来平民无职不起名字的情况。

据潘柽章《国史考异》卷一引承休端惠王《统宗绳蛰录》，元璋的父亲五四名世珍，大哥重四名兴隆，二哥重六名兴盛，元璋重八，原名兴宗，这些名字大概都是后来追起的。

③ 《明太祖实录》卷一、卷十八。

无论如何总得先找块地埋下才是。可是地呢？自己连一巴掌大的也没有。想来想去，只好去哀求田主刘德，想来作了几年的主客，从未欠过租，落过不是，到了这步田地，总该施舍施舍吧，谁知不但不答应，反而挨了一顿臭骂。① 正没计较处，邻居刘大秀②娄大娘老两口走上门来，埋怨元璋兄弟，怎么不找刘大伯，倒去找别人，白讨没趣！原来刘大秀的小儿子刘英和元璋常在一起玩耍，是好朋友，适才也在刘德家，看了元璋兄弟哭哭啼啼，心里十分难过，回家告诉爹妈，刘大秀和朱五四紧邻相住，同在一个社，又和五四年纪差不多，合得来，经常说个闲话儿。因此，刘英一说，两老一合计，就来找元璋兄弟了。③ 当下元璋两兄弟磕头谢过了，算是葬地有了着落。但是，衣衾呢，棺材呢，还是没办法，再也无处去求人，只好将就，把几件破衣衫包裹了，抬到刘家地上安葬。两兄弟一面抬，一面哭，好容易抬到山坡下，突然间风雨交加，雷轰电闪，整个天像塌下来似的，两兄弟躲在树下发抖。约够一顿饭时，雨过天晴，到山坡下一看，大吃一惊，尸首不见了，原来山坡土松，一阵山洪把坡上的土冲塌了，恰好埋了尸首，厚厚的一个土馒头，俗话叫做“天葬”。④ 三十五年后，朱元璋写《皇陵碑》时，还觉得伤心：“殡

---

① 《明太祖文集》，卷十四，《御制皇陵碑》。晗按：《皇陵碑》有二本，一危素撰，《明太祖实录》卷三十七：“洪武二年二月乙亥，诏立皇陵碑，先命翰林侍讲学士危素撰文，至是文成，命左丞相宣国公李善长诣陵立碑。”一为朱元璋自己写的：“洪武十一年四月，以皇陵碑记皆儒臣粉饰之文，特述艰难，明昌运，俾世代见之。”一为散文，一为韵文。二文并见朗瑛《七修类稿》卷七，后文也收入沈节甫《纪录汇编》卷一。

② 徐祯卿《翦胜野闻》作刘大秀，《天潢玉牒》及高岱《鸿猷录》作刘继祖。沈德符《野获编补遗》义惠侯条，刘继祖字大秀。

晗按：秀也是宋元以来的民间称谓，上页注②引《清明集·户婚门》之外，如洪迈《夷坚甲志》十一：“……问之曰：五秀何为至此？原注：何第五秀者其人呼秀才云。”明初南京有沈万三秀。秀和郎有区别，王应奎《柳南随笔》卷五：“江阴汤廷尉《公余日录》云：明初闾里称呼有二等，一曰秀，一曰郎。秀则故家右族，颖出之人，郎则微裔末流，群小之辈。称秀则曰某几秀，称郎则曰某几郎，人自分定，不相逾越。”光绪《凤阳府志》卷十：“继祖父学老，仕元为总管。”是故家右族，行一，故称大秀。

③ 《明太祖文集》卷一《追封义惠侯刘继祖诰》：“朕昔寒微，生者为衣食之苦，死者急无阴宅之难，吁，艰哉！尔刘继祖发仁惠之心，以己之沃壤慨然惠朕，朕得斯地，乐葬皇考妣于是，至今难忘。”光绪《凤阳县志》卷十，《刘继祖》。

④ 徐祯卿：《翦胜野闻》；王文禄：《龙兴慈记》；王鸿绪：《明史稿·太祖纪》。

无棺椁，被体恶裳，浮掩三尺，奠何殽浆！”

元璋又吃了些日子草根树皮，邻居汪大娘娘儿俩看着他孤苦可怜，也不时招呼着吃一顿两顿，胡乱混了一阵。想想不是久计，只好挨村子找零活作，谁知大户人家都已逃荒避瘟走了，贫民小户自己都在挨饿，怎么雇得起人？一连奔波了好些天，到处碰壁。一天，从邻村找活回来，路过父母坟地，懒得回家了，蹲在坟边，沉思如何来打发日子，对付肚子。

他长得身材高大，黑黑的脸盘，高高的颧骨，大鼻子，大耳朵，粗眉毛，大眼睛，下巴比上颚长出好几分。整个脸型像一个横摆着立体形的山字，脑盖门上一块骨头突出，像个小山丘。样子虽不好看，却很匀称，显得威严而沉着，谁只要见他一面，再也忘不了他那个怪长相儿。

小时候替田主看牛放羊，最会出主意闹着玩，别的同年纪甚至大几岁的孩子都听他使唤。最常玩的游戏是装皇帝，你看，虽然光着脚，一身蓝布短衣裤全是窟窿补丁，破烂不堪，他却会把棕榈叶子撕成丝丝，扎在嘴上作胡须，找一块破水车板顶在头上算是平天冠，土堆上一坐，让孩子们一行行，一排排，必恭必敬，整整齐齐三跪九叩头，同声喊万岁。

又最有担当。有一天，忽然饿了，时候早又不敢回家，怕田主骂。同看牛的周德兴、汤和、徐达许多孩子也都说饿，大家越说饿，肚子里咕噜得越凶。这个说有一碗白面条吃才好，那个又说真想吃一块白切肉，又有人说肉是财主们吃的，不知道是什么味道。说得个个人的嘴都流涎了。猛然间元璋大喊有了，大家齐声问什么？元璋笑着说，现成的肉放在面前不吃，真是呆鸟！大家还不明白。元璋也不再作声，牵过一条花白小牛娃，放牛绳捆住前后腿，周德兴赶紧抄着斫柴斧子，当头就是一斧，汤和、徐达也来帮着剥皮割肉，别的孩子们拣些干柴枯树叶，就地架上几块石头，生起火来，一面烤，一面吞，个个眉飞色舞，兴高采烈。不一会儿，一条小牛娃只剩一张皮一堆骨头一根尾巴了。这时太阳已经落山，山脚下村庄里，炊烟袅袅，是该回家的时候了。蓦地有一个孩子省悟了，小牛吃了如何去见田主？大家面面相觑，想不出主意，互相埋怨，乱成一团。元璋一想，主意是自己出的，责任也该承担起来，不能连累别人。拍胸膛说我一个人认了，大家不要着急。也真亏他想得好主意，把小牛娃皮骨都埋了，拿土把血迹掩盖了，把小牛尾巴插在山上石头缝里，说是小牛钻进山洞里去了，怎样拉也拉不出来了。孩子们齐声说好。当晚元璋挨了田主刘德一顿毒打，被赶回家，虽然吃了苦，丢了饭碗，却由此深深得到伙伴们的信任，认为他敢作敢为，有事一身当，大家心甘情愿把他当作自己的头目。①

元璋是元天历元年（公元1328年）九月十八日未时生的，虚岁十七，实在还不满十六周岁。父亲是老实本分人，作了一辈子佃客，受了一辈子田主的气，头发胡子全花白了，还捞不着一巴掌地。搬了一辈子家，早年从泗州盱眙县（今安徽盱眙）迁到灵璧县（今安徽灵璧），又迁到虹县（今安徽泗县）。到五十岁时又迁到钟离东乡，种了十年地，被田主无故夺佃，没奈何又迁到西乡，四年前才搬到这孤庄村来。② 你说朱五四没长性，喜爱搬家？那倒也不是。原来一百个田主大户竟有九十九个是黑良心的，穷人送上押佃钱，说尽好话才佃了几亩地，天不亮就起床，月亮出来还在地里作活，出气力，流汗水，一年忙碌到头，算算收成，十成里头竟有六成归了地主。佃户左施肥，右戽水，把地服侍得肥了一些，生地改成熟地，正好多收一点粮食的时候，田主立刻就加租，不肯加就退佃，划算一下，竟是白干活，一点粮食也剩不下，只好搬家另觅大户。忍下去吧，三两年后还是得被撵走。告官府吧，那里没有穷人的理可说。因之，朱五四虽然拖儿带女，在一个地方老是住不满十年，而且，老是替大户开生荒地，好容易收成多了一点，就得走路。他从不吝惜自己的力气，也省吃俭用，低头下气，却一辈子被田主作践欺侮，到死后连一片葬身之处也没有。

元璋想了又想，自己还是走父亲的老路，一辈子替田主作牛马，挨饿，受气，被撵，流浪？不行，不能再作牛马了！可是，不作佃

---

① 王文禄：《龙兴慈记》。

② 《明太祖实录》卷一；《天潢玉牒》。

户，要自己有地啊，没地，有力气也没处使，地从哪里来？买，没有钱，给，谁给你？想到这里，他又茫然了，没有别的出路。

朱五四儿女都拉扯大了。大哥二哥算是娶了媳妇，连花轿也请不起，喜酒也没一盅，娶的还不是一样佃客人家的女儿。三哥重七给人家招了上门女婿，得给人家种一辈子地，也好，家里省一张嘴。大哥有两个小子，二哥也养了一个男孩。大姊嫁给王七一，二姊远了，还是在盱眙时订的亲，男人叫李贞。① 只有他自己没成家。要是平常年景，一家子勤勤恳恳，佃上几十亩田地，男耕女织，养猪喂鸡，砍柴，拾粪，靠着人力多，节衣缩食，苦虽苦，总还活得下去。偏又连年荒旱，二嫂三嫂先后病死，大侄儿和二房的孩子都夭折了，王家也满门死绝，嫁给李家的二姊也死了，二姊夫带着外甥保儿逃荒，不知去向。今年又是旱灾、蝗灾加上瘟病，一家子接连死了三口，偌大一家人家，只剩下大嫂王大娘和二侄文正，二哥重六和元璋自己四口人了。

元璋想了又想，过去凭着人力多，只要肯卖力气，总还饿不死。如今呢？能下地的只剩下两兄弟了，地干得比石头还硬，小河小溪都干得没一滴水，就下地又中什么用？

一天两顿饭，存粮一颗也没有。地里的呢，收割时怕还不够交租，哪来吃的？大嫂还有娘家，总可以有些办法。二哥呢，这些天来也闹得软绵绵的，动弹不得。自己食量又大，粗重活计虽干得，却苦于这年头空有力气无处卖。小时候虽曾跟蒙馆老师上过几个月私塾，一来自己贪玩，二来农忙就得下地，哪曾好好念过一天书。纵然靠着记性好，认得几百个字，却又做不来文墨勾当，写不得书信文契。父亲搬到本村来，原是为了这一带生荒地多，人力少，日子可能好混些，没想到天下乌鸦一般黑，田主的田地越多，心也越狠，对佃户越刻薄，饶是三节送礼，按时交租，陪着笑脸，他还是掂斤播两，嫌粮食水分大，嫌分量不够。这年头能欠交一点租就是天大人情了，还敢开口向他借渡荒粮？官府的赈济粮呢？不敢指望。

① 《明太祖实录》卷五十三；潘柽章：《国史考异》引《朱氏世德碑》；郎瑛：《七修类稿》卷七。

即使有了，还不是落到县官的荷包里，送进大户的仓库里去，哪儿会有穷苦人的份？再说本家呢？伯父这一房还在泗州盱眙县，听说几个哥哥侄儿先后去世，只剩一个四嫂在守寡，看光景是投奔不得的。①

再往上，祖籍是句容（今江苏句容），朱家巷还有许多族人。祖父在元朝初年是淘金户，本地不出金子，官府不由分说按年照额定的数目摊派，只好拿粮食换钱钞，到远处买金子缴纳。后来实在赔纳不起，索性丢了房屋田地，逃到泗州盱眙垦荒的。句容那边好几代没来往，情况不明。再老的祖籍是沛县（今江苏沛县），已经隔了几百年，越发不用说了。②

自己的本家门，近的远的，里里外外，想来想去，没有一处可以投奔的。到哪里去呢？

舅家呢？外祖父陈公那一把大白胡子，惯常戴上细竹丝箬帽，披着法衣，仰着头，那扣齿念咒的神气，还依稀记得。想起来也真怪，只知道他叫外公，连什么名字也不知道。死的那年已经九十九岁了。母亲曾经翻来覆去地说外公的故事，这话已经有五六十年了。那时外公在宋朝大将张世杰部下当亲兵，蒙古兵打进来，宋朝的地方全被占了，文丞相也打了败仗，被蒙古兵俘虏了。张世杰忠心耿耿，和陆丞相保着宋朝小皇帝逃到崖山（在广东新会县南大海中），那年是己卯年（公元1279年）。二月间，张世杰集合了一千多条大船，和蒙古兵决战，不料崖山海口失守，斫柴取水的后路给切断了，大军只好吃干粮，口渴得忍不住，只好喝海水，弄得全军都呕吐病困。蒙古兵乘机进攻，宋军船大，又因为怕风浪大，都联在一起，无法转动。三军望绝死战，一霎时中军被突破了，陆丞相仗剑叫妻子儿女都跳下海去，自己背着六岁的小皇帝也跳海自杀，宁死不屈。张世杰带了十几条船，冲出重围，打算重立赵家子孙，恢复国土，谁知船刚到平章山洋面上，一阵飓风把船吹翻，张世杰被淹死了。外公掉在海里，侥幸被人救起，吃了许多苦头才得回家。在本地怕

①② 《朱氏世德碑》；《国史考异》引《统宗绳蛰录》。

又被抓去当兵，迁居到盱眙津里镇。他原来会巫术，就靠当巫师，画符念咒，看风水，合年庚八字过活。到老年常含着一泡眼泪说这一段伤心事，惹得听的人也听一遍哭一遍。外公只生了两个女儿，大的嫁给季家，小的就是母亲。外公收了季家大表兄作过继孙子。外公死后，因为隔得远，家里这多年也没有和季家来往，料想这年头，景况也不见得会好。①

元璋左想右想，竟是六亲俱断，天地虽宽，却无投奔之处，越想越烦闷，无精打采走回家来，蒙头便睡。

又挨过了一些日子，游魂似的晃来晃去，一点办法也没有。大嫂带着侄儿走娘家去了。常时在一起的几个朋友周德兴、汤和年纪都比自己大，有气力，有见识，又都出外谋生去了，无人可以商量。从四月一直呆到九月，有半个年头了，还计较不出一条活路。和二哥商量，哭了半天，看来也只有远走他乡，各奔前程。兄弟舍不得分离，相抱痛哭，惊动了邻舍，隔壁汪大娘知道重六不放心小兄弟，就提起当年五四公在皇觉寺许愿，舍重八给高彬法师当徒弟的事，如今何不一径当和尚去，一来还了愿，二来有碗淡饭吃，总比饿死强，二哥同意了。②

原来元璋小的时候多病，才生下，三四天不会吃奶。③ 肚子胀得圆鼓鼓的，险些不救。朱五四着急得很，胡思乱想，做了一个梦，梦里觉得孩子不济事了，也许只有佛菩萨才救得下，索性舍给庙里吧，他立刻抱着孩子走进一个大庙，不知怎的，庙里和尚一个也不在，接不上头，只好又抱回来。忽然听到孩子哭声，梦醒了，孩子真的在哭，妈妈在喂奶，居然会吃奶了，过几天，肚胀也好了。长大后还是三天风，两天雨，啾啾唧唧，病总不离身。父母着了慌，想起当年的梦，真的到寺里许了愿，给元璋舍了身。④

---

① 《明史》卷三百，《外戚陈公传》。

② 《御制皇陵碑》。

③ 高岱：《鸿猷录·龙飞淮甸》。

④ 《皇朝本纪》。

汪大娘娘儿俩替元璋预备了香、烛，一点礼物，央告了高彬法师。九月里的一天，皇觉寺多了一个小行童。① 朱元璋剃成光葫芦头，披上一件师兄穿烂的破衲衣，见人合十问讯，居然是佛门弟子了。扫地，上香，打钟，击鼓，煮饭，洗衣，是日常功课。见庙里人叫师父、师兄、师娘，见俗人叫施主，连称呼也改了。早晚听着钟声，鼓声，木鱼声，念经声，想想自己，想想不久前热热闹闹的家，想想孤孤单单挨饿的二哥，想想四下里出外营生的那一伙朋友，心中无限激动。②

二、游方僧

皇觉寺原来叫于皇寺，坐落在孤庄村西南角山坡上。这个寺的规模相当大，一进山门，两边排列着四大金刚，横眉怒目，中间坐着大肚子弥勒佛，一脸笑容。背后韦驮菩萨拄着降魔宝杵，是个护法神。二进是大雄宝殿，坐着如来佛，两旁是十八罗汉。三进是禅堂。左边是伽蓝殿，右边是祖师殿。多年没修理，佛爷菩萨宝座的油漆已经剥落了，佛像金身也蒙着一层厚厚的灰尘，殿瓦上长满焦黄的杂草，院子里铺的石板已坎坷不平，显出一付衰落样子。一二十个和尚，平时靠常住田租米过日子，加上替本乡死人念倒头经，做佛事，得一点衬钱。他们一不耕地，二不做买卖，日子却过得和地主们差不多。虽然吃不上大鱼大肉，却比当粗工、作佃户出气力安逸些。原来那时候出家当和尚也是一门行业，有的人很迷信，以为当了和尚真的可以成佛作祖，这类人很少；有的人作了坏事，躲进佛门修来生；有的人杀人放火，怕受官府刑法，剃了头穿了袈裟，王法就治不到了；更多的呢，是穷苦人家养不活孩子送来的。和尚

---

① 光绪《凤阳县志》卷十四明太祖《御制龙兴寺碑》："彼时朕年十有七岁，方为行童五十日，于教茫然。"行童是僧侣的仆人，《睽车志》："朱三有子，年十三四，佣于应天寺僧为行童。"

② 《御制皇陵碑》；《天潢玉牒》；高岱：《鸿猷录·龙飞淮甸》。

吃十方，善男信女的布施吃不完，拿来开当铺，放印子钱。而且，寺院里的长老要人侍候，佛堂要经常打扫，零碎活也着实不少，多一个行童，强过雇长工，既省事，又得力，还不用付工钱。朱元璋年轻力壮，正是使气力的时候，高彬长老和住持德祝一商量，很划得来，便收留了他。①

元璋从小贪玩撒野，爱出主意，支使人。又是小儿子，父母哥嫂都宠着些。兼之有点小聪明，会思考，看事情比别人准，也来得快当，打定主意要做什么，一定要做到，也十有九次做到，伙伴们都服他，听他调度。可是一到皇觉寺，情形便全不相同了，不说师伯师叔师父师兄有一大堆，还有师娘师弟，原来高彬长老是有家小的②，个个都是长辈，是主人，就数他小、贱，他得低声下气，成天陪笑脸侍候。就连打水煮饭的长工，也还比小行童高一头，当他作二把手，支使着作这作那。这样一来，元璋不单是高彬长老一家子的小厮，还带着做全寺僧众的杂役，根本就是长工、打杂了。事情多，闲气也就多，日子长了，塞满一肚子冤枉气，时刻要发作，却使劲按住，为的是吃饭要紧，闹决裂了没处去。

对活人发作不了，有气无处出，只好对泥菩萨发作了。有一天，扫佛殿扫累了，扫到伽蓝殿，已是满肚子的气，不留神绊着伽蓝神的石座，跌了一大跤，气忿之极，顺手就用笤帚使劲打了伽蓝神一顿。又一天，大殿上供的大红蜡烛给老鼠啃坏了，长老数说了元璋一顿。元璋想伽蓝神是管殿宇的，当看家菩萨的不管老鼠，却害行童挨骂，新仇旧恨，越想越气，向师兄讨了管笔，在伽蓝神背上写“发配三千里”，罚菩萨到三千里外充军。这两件事都被长老看在眼

① 《御制龙兴寺碑》；袁文新：《凤阳新书》卷八。

② 《元史》卷三十八《顺帝本纪》：“至元元年，凡有妻室之僧令还俗为民，既而复听为僧。”叶子奇《草木子・杂俎篇》：“中原河北僧皆有妻，公然居佛殿两庑，赴斋称师娘。病则于佛前首谢（同鞠），许披袈裟三日，殆与常人无异，特无发耳。”《皇朝本纪》：“时师且有室家，所用弗济。”谈迁《枣林杂俎》僧娶妻室条：“凤阳大龙兴寺，即皇觉寺，一曰于皇寺。太祖《敕僧律》：有妻室僧人，除前辈老僧，盖因元末兵乱，流移他方，彼时皆有妻室，今已年老无论外，其后进僧人有妻室者，虽在长上辈比肩及在下诸人，皆得凌辱，亦无罪责。今僧俱婚娶，亦无差累。”

里，因为朱元璋是不拿工钱的杂役，尽管淘气，打发走了，就缺人使唤，因此也不说话。①

皇觉寺是靠收租子过日子的，这一年灾情太大了，收不到租米，师父师叔成天轮班到佃户家催讨，吵架，恫吓，再不交就送到衙门坐班房，打板子，还是不中用。存的粮食眼看着吃不了多少天，嘴多耗费大，师婆出主意，先打发挂单的和尚走路，接着师伯师叔师兄们也都出门云游去了。朱元璋当行童才满五十天，末了一个被打发出门。没奈何，虽然不会念经，不会做佛事，也只好装着个和尚的样子，一顶破箬帽，一个木鱼，一个瓦钵，背上小包袱，拜别了师父和住持，硬着头皮，离开了家乡。

说“云游”、“游方”是和尚们的话，也叫“化缘”。用社会上的话就是“叫化”，也就是讨口，要饭，找大户伸手要钱要米要饭吃。大户人家多半养条恶狗看门，狗有宗狗德性，专咬衣衫破烂的穷人，你越怕它就越凶，张牙舞爪咬得更厉害。游方僧为着不让狗咬，离大户家大门远远的便使劲敲木鱼，高唱佛号。大户的主人也和狗一样，专打穷人的算盘，可是有这么一点和狗有区别，那就是自已知道坏事做得太多，怕死后入地狱，上刀山，下油锅，就得发点“善心”，修修来世，求菩萨保佑。还盼望多生儿女，多发财，生生世世享福，不只这辈子作地主，下下辈子也作地主。要得到菩萨的保佑，就得对和尚客气一些，把从佃户身上榨取来的血汗，豁出一星星作布施，算是对菩萨的贿赂。这样，他们只要听见木鱼响，就知道是作“好事”修来生的机会到了。一勺米，几文钱，绝不吝惜。大户对和尚一客气，狗也落得大方了。要是大户不出来，只要有耐性，把木鱼敲得更响，佛号喊得更高声一些，迟早会有人出来打发。

元璋虽然只住了几十天和尚庙，却成天听的是这一套，见的也是这一套，不会也会了。既然非出去要饭不可，就找人商量，向哪儿走好，听人说往南往西一带年景比较好，反正只要讨得饭吃，活得了命，不管什么地方他都去。也没规定的日子，爱走多久就多久，

① 《龙兴慈记》。

走多远就多远。就一径往南，先到合肥（今安徽合肥），折向西，到固始（今河南固始）、信阳（今河南信阳），又往北到汝州（今河南临汝）、陈州（今河南淮阳），东经鹿邑（今河南鹿邑）、亳州（今安徽亳县），到颍州（今安徽阜阳）。游来游去，只拣庄稼长得好有饭吃的地方走，穿城越村，对着大户人家敲木鱼。[①]软化硬讨，山栖野宿，受尽了风霜之苦，走遍了淮西一带的名都大邑，熟识了这片地区的河流、山脉、地理，尤其是这地区的人情、物产、风俗。见了世面，扩大了眼界，懂得了学会了许多事情，丰富了社会知识，也锻炼了坚强的体力。这时期的情况，他在后来回忆：

> 众各为计，云水飘扬。我何作为，百无所长。依亲自辱，仰天茫茫。既非可倚，侣影相将，突朝烟而急进，暮投古寺以趋跄，仰穷崖崔嵬而倚碧，听猿啼夜月而凄凉。魂悠悠而觅父母无有，志落魄而佒佯。西风鹤唳，俄淅沥以飞霜，身如蓬逐风而不止，心滚滚乎沸汤。[②]

身如蓬逐风，心似滚沸汤的生活，过了三年多。一直到至正八年，听说家乡一带很不安静，勾起了思乡的念头，依然和出来时一样，一顶破箬帽，一个木鱼，一个瓦钵，回到皇觉寺。

淮西在朱元璋游方的几年中，后来西系红军的开山祖师彭莹玉正在这一带潜伏活动，传布弥勒佛下生的教义，组织革命力量。彭莹玉也是游方和尚，朱元璋即使没有见过彭和尚，也必然和彭和尚的门徒有过接触。几年后，这地区又成为东系红军的根据地了，这种子是彭和尚撒下的。朱元璋在这个地区周游了三四年，生活在下层社会，他接受了新的宗教，新的思想，新的政治教育，加入了秘密组织。在智力和体力方面都已成熟了的行童，回到皇觉寺以后，开始交结朋友，物色有志气有胆量、敢作敢为的好汉，还不时进濠州城里探访消息，同时也下决心要多认识一些字，多读一些书，多懂一些道理，准备将来干出一番事业来。[③]

---

① 《明太祖实录》卷一；危素撰：《皇陵碑》。

② 《御制皇陵碑》。

③ 《天潢玉牒》；《皇朝本纪》。

彭莹玉秘密传布的宗教是多元的，并且有外国来的成分。教徒主要的特征是烧香、诵偈，奉的神是弥勒佛和明王，诵读的主要经典有《弥勒下生经》、《二宗三际经》、《大小明王出世经》等等。彭莹玉出家于袁州（今江西宜春），布教于淮西，可以说是南派。另一个系统是北派，头目是赵州栾城（今河北栾城）的韩家。韩家几代以来都是白莲教的教主，烧香结众，很得乡村农民的信仰，潜势力极大，张扬开了，被地方官寻个题目，谪徙到广平府永年县（今河北永年）居住。到韩山童接手当教主以后，便使人到处宣扬天下要大乱了，弥勒佛降生，明王出世，组织力量，准备起义。这两派起兵以后，因为目标相同，都反对元朝，信仰相同，都宣传弥勒佛和明王，就混而为一了。起义的教徒都用红巾裹头，以区别于元朝的军队，当时人称之为红军、红巾，或红巾军、香军；奉的是弥勒佛，也叫弥勒教；宣传明王出世，又叫作明教。①

明教的来源可以上溯到唐朝。原来叫摩尼教，是波斯人摩尼（公元216—277年）所创。这个教是个大杂烩，搀合了基督教、袄教、佛教而成为一个新宗教。主要的教义是二宗三际；他们认为世界上有两种不同的力量，叫作明暗二宗，明是光明，是善，是理，暗是黑暗，是恶，是欲。这两种力量，对立斗争，经过三个阶段，叫初际、中际、后际。初际阶段，还没有天地，便已有了明暗，明性知慧，暗性痴愚，形成对立状态。中际阶段，暗的力量发展扩大，侵占了压迫了明的力量，恣情驰逐，造成“大患”，这时明王就出世了，经过斗争，把黑暗赶走。后际阶段，明暗二宗，各复本位，明既归于大明，暗亦归于积暗。初际明暗对立，是过去，中际明暗斗争，是现在，后际明暗复位，是未来。明教的神叫明使，也叫明尊、明王。② 唐武后延载元年（公元694年）传到唐朝，又传到回鹘，回鹘政府和百姓极为尊信。③ 明教教规不设偶像，不崇拜鬼神，吃斋，

---

① 《明史》卷一百二十二《韩林儿传》：“时皆谓之红军，亦称香军。”参看《元史·顺帝本纪》；陆深《平胡录》；何乔远：《名山藏·天因记》；高岱：《鸿猷录》卷七，《宋事始末》；钱谦益：《国初群雄事略》卷一，宋小明王。

② 《摩尼教残经》，《出家仪》第六。

③ 李文田：《和林金石录》，《九姓回鹘可汗碑》。

禁止杀生，教徒穿白衣服，戴白帽子，天黑了才吃饭。① 回鹘当时帮唐朝打仗有功，因此，回鹘人崇信的明教，唐朝也加意保护。② 到九世纪中期，回鹘内乱，为唐军所败。武宗会昌五年（公元 845 年）禁止佛教，明教也被禁止了，教堂被封闭，不许传播。③ 从此明教便成为秘密宗教，暗地里在民间活动，吸收了佛教和道教许多东西，又渗入许多民间的原始信仰，成为杂七杂八的混合宗教了。

因为明教认为在现在阶段，虽然黑暗势力占优势，但是明王一定要出世，光明一定要战胜黑暗，鼓励革命，主张斗争，这种主张对于长期忍受地主阶级的残酷剥削，没有受教育的机会，缺乏科学知识的农民来说，是极大的鼓舞和启发，因之，明教教义深入民间，是被压迫者被剥削者的宗教，得到广大农民的信仰和支持，成为组织农民起义的力量。五代时明教徒首先在陈州武装起义，被政府军打垮了。④ 一部分教徒逃到福建。北宋时福建南部是明教最重要的教区。明教的一部分经典，编入道教的《道藏》，安置在亳州的明道宫。⑤ 又从福州传到浙江，光是温州（今浙江永嘉县和附近几个县）一地，就有明教斋堂四十多个，斋堂里的长老叫行者，执事有侍者、听者、姑婆、斋姊种种称呼。⑥ 到南宋初年，已经发展到遍及淮南、两浙、江东、江西一带地方了。⑦ 教徒严格执行在密日（日曜日）吃斋，神的画像是摩尼和夷数（耶稣），这两个神都是高鼻子，洼眼睛，黄头发，乡下人看了很稀奇，以为是魔鬼，以此，这教在教外人说起来是“吃菜事魔”，吃菜指的是吃斋，事魔指的是拜魔神，又叫作魔教。明教为了深入农村，广泛吸引农民参加，提倡素食，薄葬，节省消费，同教的人互相帮助，大家凑钱来帮助新参加的和穷苦的教友。每逢初一、十五，出四十九文铜钱，给教头烧香，钱汇

---

① 志磐：《佛祖统纪》卷四十一；《册府元龟》卷九十九。
② 《唐会要》卷十九。
③ 《新唐书》卷二一七下。
④ 《旧五代史·梁书·末帝纪》；《佛祖统纪》卷四十一。
⑤ 徐铉：《稽神录》；洪迈：《夷坚志》；何乔远：《闽书》卷七，《方域志》。
⑥ 《宋会要稿·刑法》。
⑦ 陆游：《渭南文集》卷五。

齐后交给教主作教里的经费。一家有事，同教的人有钱出钱，有力出力，万一有人被捉去坐牢，也是大伙出钱帮着打官司。[①] 做到了有组织，团结、互助和合作，又有一定的经费。贫苦的农民向来只有被官府、地主剥削、压迫，虐待、奴役的份儿，如今有了这么些和自己一样的人，穿一样衣服，说一样的话，诚心诚意来帮助自己，而且团结组织起来了，日后还大有好处，又怎么会不参加？贫苦农民入教的愈来愈多，明教的教区也跟着扩大，明教的力量也就日渐强大起来了。暴动、武装起义，各种反抗地主和官府的行动，就愈来愈多了。从北宋末年起，睦州（今浙江建德和附近几个县）、台州（今浙江临海和附近几个县）、衢州（今浙江衢县和附近几个县）、东阳（今浙江东阳）、信州（今江西上饶和附近几个县）、泾县（今安徽泾县）等地，都曾发生过明教徒的武装革命斗争。[②]

但是，也正因为明教徒主张最后目标是明暗各复本位，互不侵扰，黑暗的力量在经过斗争后依然存在，对农民的剥削、压迫、奴役的制度也依然存在，在领导思想上不但是折衷的，妥协的，半途而废的，而且，流血牺牲的结果，依然是地主对农民的统治，依然是阶级对阶级的压迫，因之也就不能把革命进行到底，取得彻底的完全的胜利。历史上所有这一类型的起义，都以失败而告终。

明教又和民间流行的弥勒教、白莲教两种宗教混合。弥勒教和白莲教都出于佛教的净土宗，一个叫弥勒净土，一个叫弥陀净土。弥勒佛是佛教里的著名人物，据佛教传说，弥勒过去为王，对百姓慈育，是一个好国王。释迦牟尼佛在世时，弥勒侍旁听法，是个好学生。释迦牟尼佛灭度（死）后五十六亿七千万岁，弥勒下降人世而成佛。[③] 佛教诸经典都承认弥勒是遥远世代后继承释迦的佛。并且说释迦灭度后，世界变坏了，种种坏事，全都出现，不但气候坏，庄稼收成坏，连人心也坏了，人们的生活苦到不能再苦。幸得释迦

① 庄季裕：《鸡肋编》中；李心传：《建炎以来系年要录》卷七十六。

② 《建炎以来系年要录》卷三十二、三十六、六十三、一百三十八、一百五十一、一百七十六。

③ 《净名疏》。

牟尼佛在灭度前留下了话，再过若干年，弥勒佛就出世了，这个佛一出世，世界立刻变了样子，土地又宽大，又干净，刺人的荆棘不见了，青青的山，绿油油的水，满地铺着金沙，到处是清汪汪的水池，碧森森的树林，美丽的花朵，芬芳的香草，还有各种无名的宝贝。人心也变好了，抢着做好事，好事做多了，寿命也长了，太太平平过日子。人口一天天加多，城市越来越富庶了。种的稻、麦，下一次种子就有七次的收成，用不着拔草翻土，自会成熟。① 自从出现这个美丽的神话故事以后，成千万的农民都在期望这一天的到来，几十年、几百年过去了，依然在等待，在期望。一听见什么地方有弥勒佛出世的话，就抢着去参加起义。从隋、唐一直到宋、元，七八百年来，历史上写满了弥勒教徒起义的记录。关于弥勒佛若干部经典的翻译，早在两晋时代已经开始，到南北朝时已发生很大影响。举例说，那时候的风气，和尚们化募了钱财，在山岩上挖洞雕刻佛像，一个山有好多洞，一个洞有好多大石佛，往往要费时几年以至几百年才能刻成。刻的佛像最多的就是弥勒佛和阿弥陀佛。经典的传播，佛像的礼拜，传说的鼓动，无数次弥勒佛降生的号召，使得这一神秘而又亲切的名字为朴素的农民所熟悉、信任，成为组织、发动反抗当时统治阶级的力量。信仰弥勒佛的人也穿白衣服，戴白帽子，也烧香。② 也相信世界上有明和暗、好和坏两种力量，大体上和后起的明教类似，结果这两个教也就混合在一起了。

白莲社供养的是阿弥陀佛，劝人念佛修行，多做好事，死后便可以到西方净土白莲池上，过快活日子。这个团体创始于五世纪初年，到十二世纪前期，又加进了天台宗的格言，忌葱乳，不杀，不饮酒，衍变成白莲教。因为仪式和戒条都和明教、弥勒教相近，到十四世纪前期这三个秘密宗教就自然而然混合为一了。③

明教和弥勒教都不满现状，都主张改变现状，都相信不久以后会有而且必然地有更好或最好的世界出现。这幻想世界的出现有一个显

---

① 《法住记》，《弥勒下生经》。

② 《隋书》，《炀帝本纪》，卷二十三《五行志》。

③ 《佛祖统纪》卷四十七；重松俊章：《初期之白莲教》。

明的标识，就是“明王”或“弥勒佛”出世。这样，明王或弥勒佛出世就成为煽动农民参加武装革命最通俗、最简明的号召了。这一号召有力地吸引了陷于贫困绝境的朴素善良的农民，他们用竹竿锄头武装自己，进行英勇的不屈不挠的反抗暴力压迫的正义斗争。虽然每一次的起义都被具有完善组织和威力强大的政府军队所镇压，他们失败了，但是，农民是永远不会屈服的，跌倒了，揩干净血迹，再爬起来，再反抗，永远反抗下去，“野火烧不尽，春风吹又生。”只要封建压迫存在一天，农民的各种形式的，特别是以武装的革命反对武装的反革命的斗争，便永不中止。在广大被压迫被奴役农民的思想深处，尽管不懂得阶级压迫的道理，却都痛恨地主、官僚的无情剥削、虐待，都憧憬着美丽而又富饶的远景，相信总有一天会翻身，“明王”、“弥勒”会出世！

远在朱元璋出生前三年，元泰定二年（公元1325年）六月，息州人赵丑厮、郭菩萨就宣传弥勒佛要来治理天下了。① 十二年后，陈州人棒胡（闰儿）又宣称弥勒佛已经降生了，烧香会齐教友，在汝宁府、信阳州武装起义，打下归德府、鹿邑，烧了陈州。（陈州正是四百多年前明教徒起义的根据地。）② 这年，朱元璋已经十岁了。第二年，元顺帝至元四年戊寅（公元1338年）弥勒教徒周子旺在袁州起义，周子旺是袁州慈化寺和尚彭莹玉③（又叫彭翼，敌人叫他

① 《元史·泰定帝纪》。

② 《元史·顺帝本纪》。

③ 彭莹玉的籍贯：

一、籍贯资料

甲、袁州说

1. 权衡《庚申外史》卷上：“袁州妖僧彭莹玉徒弟周子旺以寅年寅月寅日寅时反……莹玉本南泉山慈化寺东邨庄民家子。”

2. 《明太祖实录》卷八：“袁州慈化寺僧彭莹玉以妖术惑众，其徒周子旺因聚众为乱。”

3. 《明史》卷一百二十三《陈友谅传》：“元末盗起，袁州僧彭莹玉以妖术与麻城邹普胜聚众为乱。”

乙、浏阳说

1. 叶子奇《草木子》：“先是浏阳有彭和尚能为偈颂，劝人念弥勒佛。”

2. 陆深《平胡录》：“先是浏阳人彭和尚名翼，号妖彭，能为偈颂，劝人念弥勒佛。”

二、史源之比较

权衡，吉安人。元末兵乱（至正十二年闰三月，徐寿辉红军陷吉安），避居彰德。明初归江西。

叶子奇，龙泉人。明初曾上书处州总制孙炎。

陆深，上海人。弘治乙丑（公元1505年）进士。

权衡为江西吉安人，和彭莹玉同时。《明实录》、《明史》都据权衡说，今从之。（叶子奇也和彭同时，但他是浙江人。陆深则约后于彭莹玉一百五十年。）

妖彭）的徒弟，他们劝人念弥勒佛号，每晚点着火炬，烧香礼拜，口宣佛偈，信从的极多。教徒约定寅年寅月寅日寅时起兵，参加的人背上都写一佛字，以为有佛爷保佑，刀兵都不能伤了。年月日时都凑齐了，周子旺自称周王，改了年号，率领五千人起事。这一支没有经过训练的农民军，刚一动手，就被地方军队残酷地镇压了，周子旺被杀。彭莹玉经常用矿泉水替附近农民治病，袁州老百姓当他是活神仙，争着荫蔽他。官府搜缉得紧，家乡呆不下去了，他只好逃亡到淮西，淮西地区老百姓早知道彭祖师的名声，也抢着掩护他，便索性在淮西住下，秘密传教，组织更大力量，准备再干。

朱元璋这几年内所到的地方，息州、陈州、信阳和淮西流域，前三个是弥勒教徒起义失败的场所，淮西流域则是彭莹玉秘密传教的地区。①

三、红军起义

元顺帝至正十一年（公元 1351 年）五月，江淮流域各地区的贫苦农民——元朝蒙汉地主阶级所特别歧视的南人，短衣草履，头包红巾，擎着鲜红的大旗，扛着竹竿锄头，长枪板斧，杀官僚，占城邑，开仓散粮食，破牢放囚犯，自立名号，敲响了元朝政府的丧钟，这就是历史上有名的红军起义。

红军的队伍，到处都是。拣重要的著名的说吧：东系在颍州发动的，头目是杜遵道、刘福通，占领了元朝的米仓朱皋（镇名，属河南光州固始县），开仓散米，一下子就发展到十几万人。攻下汝宁（今河南汝南）、光州、息州、信阳；芝麻李（李二）的队伍控制了徐州（今江苏铜山）和附近各县，以及宿州（今安徽宿县）、五河（今安徽五河）、虹县、丰（今江苏丰县）、沛、灵璧，南边到了安丰（今安徽寿县）、濠、泗（今安徽临淮）。西系起于蕲（今湖北蕲春）、

① 吴晗：《读史札记·明教与明朝》。

黄（今湖北黄冈），由彭莹玉和尚组织，推徐真逸（寿辉）作头目，攻下德安（今湖北安陆）、沔阳（今湖北沔阳）、安陆（今湖北钟祥）、武昌（今湖北武昌）、江陵（今湖北江陵）、江西（今江西九江、南昌一带）诸府。起于湘水、汉水流域的，推布王三、孟海马为头目：布王三的队伍叫北琐红军，占领了唐（今河南唐河）、邓（今河南邓县）、南阳（今河南南阳）、嵩（今河南嵩县）、汝、河南府（今河南洛阳及附近各县）；孟海马率领南琐红军，占领了均（今湖北均县）、房（今湖北房县）、襄阳（今湖北襄阳）、荆门（今湖北荆门）、归峡（今湖北秭归）。这几支红军都打着明王出世、弥勒佛降生的旗帜，前后不过几个月功夫，东边从淮水流域，西边到汉水流域，都插满了红旗，像腰斩似地把元皇朝拦腰切作两段。①

元朝政府的崩溃，是由于蒙汉官僚地主阶级对广大农民残酷的剥削和无情的压迫，农民忍无可忍，被迫拿起武器，进行长期的壮烈的阶级斗争；是由于蒙古、色目贵族对汉、南人的残酷粗暴的民族压迫、掠夺和戕害，广大人民挺身而起，进行长期的英勇的民族斗争；是由于蒙汉统治阶级的腐化和阶级内部矛盾的尖锐化，分裂、对立，自相残杀，掘下自己的坟墓。斗争的开始是以被压迫阶级反对统治阶级的阶级斗争形式出现于历史舞台的，到后期，阶级斗争的实质因地主阶级的参加而被阉割了，突出地强调了民族斗争，朱元璋统一南北，建立了明朝。

蒙古灭金以后，圈占广大土地作为牧场，有的竟至千顷以至十万余顷。②灭宋以后，没收了宋朝的官田和一部分贵族的土地。蒙古诸王、后妃、公主和大官、将帅以及汉、南人投降的文官武将，僧侣寺观，都以侵占或赏赐的方式占有大量土地，把原来耕种土地的农民抑为佃户。如诸王中晋王也孙帖木儿单是归还朝廷的地就有七千顷，没有归还的一定多于此数是没有问题的。③西安王阿剌忒纳失里

---

① 权衡：《庚申外史》上。

② 《元史》卷一百三十四《和尚传》，卷一百三十五《塔里赤传》，卷一百五十四《郑制宜传》。

③ 《元史》卷二十七，《英宗本纪》。

有平江（今江苏吴县）赐田三百顷。① 郯王彻彻秃有苏州赐田二百顷。② 没收宋朝后妃的田地归太后所有，专设江淮财赋都总管府掌管。另一大批没收田地归皇后所有的，专设江浙财赋府掌管。③ 文宗时（公元1329—1332年）鲁国大长公主有平江等处赐田五百顷。④ 顺帝时公主奴伦引者思有地五千顷。⑤ 大臣如伯颜有河南赐田五千顷⑥，和蓟州宝坻县稻田提举司所辖田土。⑦ 脱脱有松江等处稻田提领所的田土。⑧ 应该指出，江浙地区土地肥沃，人口稠密，几百顷就是了不起的大数目了。此外，金和宋的投降官僚不但保持有原来的田土，而且还乘机兼并，有的一年收租数量竟达到二三十万石，占有佃户二三千户之多。⑨ 他们和蒙古、色目地主联合一起，奴役人民。由于元朝尊信宗教，寺观也往往占田几百顷、千顷，最多的如大承天护圣寺前后两次共赐田三十二万五千顷。⑩ 大护国仁王寺有水陆田地十万多顷，佃户三万七千五十九户。⑪ 白云宗和尚沈明仁强夺民田二万顷。⑫ 江南寺院佃户多到五十万户有余。⑬ 尽管上边这些土地占有情况不是同一个时候发生的，也不是这一大片土地在元朝整个历史时期都归最初占领的这一家一族所有的，但是，就凭这些材料，也可以看出元朝蒙、汉地主阶级贪婪无厌的占有土地情况，大量的土地被高度集中的情况，佃户数目较过去历史时期大量增加的情况，也就是阶级斗争的日趋激烈的不可避免的情况。

---

① 《元史》卷三十二，《文宗本纪》。

② 《元史》卷三十九，《顺帝本纪》。

③ 赵翼：《廿二史札记》卷三十，《元以江南田赐臣》下。

④ 《元史》卷三十四，《文宗本纪》。

⑤ 《元史》卷三十九，《顺帝本纪》。

⑥ 《元史》卷一百三十八《伯颜传》，卷三十九《顺帝本纪》。

⑦ 《元史》卷三十八，《顺帝本纪》。

⑧ 《元史》卷四十一，《顺帝本纪》。

⑨ 《元典章》新集，《户部差发》；《元史》卷一百二十六《廉希宪传》，卷一百四十六《耶律楚材传》。

⑩ 《元史》卷四十一《顺帝本纪》："至正七年十一月拨山东地土十六万二千余顷属大承天护圣寺。"赵翼：《陔余丛考》卷十八，《元时崇奉释教之滥》。

⑪ 程钜夫：《雪楼文集》卷九，《大护国仁王寺恒产之碑》。

⑫ 《元史》卷二十六，《仁宗本纪》。

⑬ 《通制条格》卷三，《寺院佃户》。

蒙古诸王后妃大臣还有食邑，从几千户到几万户不等，也有从一县十几县到一路以至三路的。最多的如孛儿帖可敦有真定食邑八万户。① 元成宗以安西、平江、吉州三路为皇太子的食邑。② 食邑的地方官由领主推荐，农民要向领主缴纳五户丝和钞，还要向元朝政府缴纳赋税。③

就这样，土地大量集中在少数蒙汉贵族官僚手里，广大农民和中小地主失去土地，或者被迫降为佃户，或者被迫逃亡他乡。江南的佃户按地主定下的规矩和地主对半或者四六分收成，赶上青黄不接，水旱灾伤，不得已向地主借贷口粮，立下契约，连本带利，写上数目，候收割时验数归还。才到秋收，所收粮食，除交给地主一份以外，有的佃户把自己应得的一份全数拿来还债，还不够付清本利，被迫抵当人口，折合家具作数，甚至连锄头镰刀也给折走了，活不下去，只好逃走。佃户逃亡的越多。田土荒废的也就多了，生产的粮食也就少了。④ 另一等佃户缴纳高额地租，还要承当地主家的杂泛差役，赤贫化的结果买不起农具、肥料，地里收成一少，就被地主夺佃，失去活路。即使家里人力多，侍候得地肥了些了，收成稍多，地主就要加租，交不起，还是种不成地。有些地方的佃户，生男供地主奴役，生女作地主婢妾，甚至计口立契，随田地买卖，和买卖牲口一般。⑤ 北方的农民比南方的受苦也不轻，剥削的名目更多，种的桑枣禾稼经常被蒙古驻军和官僚地主的牧马作践，有的田地索性被占作牧场，靠近大都（今北京）的畿内一带地方，为了长马草，时常禁止农民秋耕。⑥ 农民养的马匹耕牛一碰上有战争，就被官府抢走，有时给低价，有时不给一个钱。⑦ 淮河以北一

---

① 《元史》卷二，《太宗本纪》；屠寄：《蒙兀儿史记》卷五十六，《阿里不哥传》。

② 《元史》卷二十二，《成宗本纪》。

③ 吴晗：《元代之社会》，载《清华大学社会科学》一卷三期。

④ 《元典章》卷十九，《户部》五，《种佃》。

⑤ 《元典章》卷三，《圣政记》二，《减私租》；卷五七，《刑部》十九，《禁典》；卷四十二，《刑部》四。

⑥ 《元史》，世祖、武宗、仁宗《本纪》。

⑦ 《元史·世祖本纪》；《大元马政记》。

带以至河南河北的农民，千百成群地逃向南方，元世祖至元二十年（公元1283年）一次逃亡的农民就有十五万户。① 二十三年以汉民就食江南者多，特派使臣尽徙北还。还专派官员在黄河、淮河、长江的关卡津渡检查，凡汉民没有通行公文的，一律不许通过。又立下法令，逃民必须押解还乡，并禁止聚众到千人，犯禁的罚杖一百。② 顺帝元统元年（公元1333年）京畿大水，饥民四十多万人。第二年江浙大饥，饥民五十九万多户。③ 地主阶级的剥削越重，农民的日子过得越苦。地主兼并土地的速度越快，农民反抗的手段——逃亡也就越多。田地荒废的数目越大，粮食的产量就越少；闹灾荒的面积、次数，越大越多，阶级矛盾就越发尖锐，达到不可调和的地步，爆发了一次接着一次的农民革命战争。

为了缓和阶级矛盾，元朝政府也曾经使用减轻赋税、赈济、设立常平仓、派遣劝农官等等办法，但是免赋只免到地主和自耕农，佃户还是得照样向地主交租。④ 赈济呢，佃户也还是轮不到。甚至像至正四年（公元1344年）河南北大饥，第二年又大疫，十成人死了五成那样大灾荒，朝廷说要赈济灾民，出卖官爵得了若干钞和粮食，但后来听说还有几成收成，就不赈济了，把赈款吞没了事。⑤ 常平仓呢，有仓无米。⑥ 即使有米，也还是落入大官、地主们手里，分配不到农民。⑦ 至于劝农官的设立，除了多设几个剥削掠夺的官僚以外，没有别的意义。

除了蒙汉地主阶级的阶级压迫以外，还有蒙古、色目人对汉、南人的民族压迫。

---

① 《元史》卷一百七十三，《崔彧传》。

② 《元史》卷十四《世祖本纪》，卷一百零三《忙或台传》；《元典章》卷六，《台纲》二，《体察》。

③ 《元史》卷三十八，《顺帝本纪》。

④ 《元史》卷十八，《成宗本纪》。

⑤ 余阙：《青阳集》卷八，《书合鲁易之作颍川老翁歌后》；《元史》卷四十一，《顺帝本纪》。

⑥ 《元史》卷二百零五，《卢世荣传》；《元文类》卷四十，《经世大典序录》。

⑦ 《元史》卷九十六，《食货志》。

蒙古、色目贵族为了便于巩固军事统治，永远剥削和奴役以汉族为主体的贫苦人民，把社会划分为四个阶层：蒙古人最贵，色目人第二，汉人第三，南人最下。蒙古军事贵族在灭金之前，已经征服了中亚细亚花剌子模诸国，统称这些国家的投降人口为色目人，被利用来压迫较后被征服的汉人。汉人指的是金朝统治下的汉人和女真、高丽、契丹等民族；南人指的是最后被征服宋朝统治下的以汉人为主体的各族人民。为了分化汉族的团结，蒙古统治阶级稍微给北方汉族地主一些政治上的小好处，和南人有明显的区别。四等人的权利与义务，是极不平等的，对汉、南人平民的防制，最为严刻。并贱称汉人为"汉子"，南人为"蛮子"。同时，在蒙古各族中，穷苦牧民也和汉、南人中的贫苦农民一样，被迫自备马匹武器去当兵，受到统治阶级穷凶极恶的剥削。

应该指出，民族间的压迫是形式上的，是对没有政治地位的平民百姓的压迫。实质上，蒙古、色目、汉人、南人的地主阶级的联合政权，对所有各族的贫苦人民，无例外地进行剥削、掠夺和奴役，归根到底，本质上仍然是阶级压迫。

蒙古统治者在灭金灭宋的战争中，除开攻城略地，大量屠杀以外，更掠夺人口，叫作驱口，地位和奴隶一样，所生子孙，永远世袭。① 蒙古、色目、汉、南人官吏也多强占民户为奴隶。② 上都（今内蒙古自治区多伦县）、大都设有马市、牛市、羊市、人市，人畜同样买卖。江南贩卖人口之风更盛。主人怕驱口奴隶逃走，或饮以哑药，或用火烙足，驱使同畜牲一样。驱口和奴隶在法律上待遇同等，实际区别是在军前俘获称奴，掠卖人口称驱，奴不得自立门户，驱得自立门户，但不得自由迁徙。驱丁对朝廷每年纳丁税粟一石，对主人负耕田、供役、纳贡赋、代主人服兵役的义务。③ 如大将阿里海牙破湖南，没收降民三千八百户为家奴。④ 十四世纪初年，江南

① 陶宗仪：《辍耕录》卷十七，《奴婢》。

② 《廿二史札记》卷三十，《元初诸将多掠人为私户》。

③ 《元史》卷一百六十二《李忽兰吉传》，卷十《世祖本纪》，卷十九《成宗本纪》；《元典章》卷三十四，《军役》。

④ 《元史》卷一百六十三，《张雄飞传》。

官僚地主强占民户作奴隶动辄百千家，有多到万家的。[①] 蒙古戍兵和平民生活穷困的，也被迫卖妻鬻子为奴婢。[②] 元代官私奴隶在人口总数中占了很大的比例。[③] 奴隶数量越多，佃户的数量就不能不相对地缩小了，这不只阻碍了生产的发展，也损害了各族中小地主阶级的利益，造成了统治阶级的内部矛盾。

在政治地位上，元朝中央政府各个机构的正长官，都是蒙古人做，一般汉人是不能做的。次要的官也大半是蒙古人和色目人。顺帝至元三年四月又再次规定，省、院、台、部、宣慰司、廉访司及部府幕官之长，并用蒙古、色目人。[④] 直到元朝末年，南人始终被排挤在中央政治领导的圈外。[⑤] 兵权更不让汉人掌管，汉人虽也有作军政官的，但不能与闻军政，参与机密，阅兵籍，知兵数。[⑥] 行省长官一般是蒙古人，其次是色目世臣，缺官才轮到色目和汉人。[⑦] 地方官以汉人作总管，色目人作同知，但总揽实权的却是蒙古的监督"达鲁花赤"[⑧]。宫廷的卫队只用蒙古、色目人，不许汉人、南人投充。[⑨] 蒙古贵族子弟从宫廷卫队出身作官，升迁很快。汉、南人则只能从科举或学校出身。科举也有民族差别，蒙古、色目人作一榜，汉人、南人作一榜，蒙古、色目人考二场，汉、南人则须考三场；考试题目汉、南人比蒙古、色目人的难，及格授官的却又正好相反，蒙古、色目人比汉、南人高。[⑩] 国立学校的学生名额，也是以种族作标准的，国子监生蒙古五十人，色目二十人，汉人三十人。考试蒙古生从宽，色目生稍加严，汉生考的内容最多。毕业后授官

---

① 《元史》卷二十三，《武宗本纪》。

② 《元史》卷一百三十四《和尚传》，卷二十六《拜住传》，卷二十五《仁宗本纪》；《元典章》卷五十七，《刑法》一九，《禁典卖蒙古子女》。

③ 有高岩：《元代奴隶考》。

④ 《元史》卷八十五《百官志序》，卷二十五《仁宗本纪》，卷三十九《顺帝本纪》，卷一百八十六《成遵传》，卷一百四十六《太平传》。

⑤ 《元史》卷一百九十二，《王艮传》。

⑥ 《元史》卷一百八十四《王克敬传》，卷九十八《兵志》。

⑦ 《元史》卷十九《成宗本纪》，卷三十二《泰定帝纪》。

⑧ 《元史》卷六，《世祖本纪》。

⑨ 《元史》卷一百零六，《刑法志·卫禁》。

⑩ 《元史》卷八十一，《选举志·科举》。

蒙古生六品，色目生正七品，汉人从七品。①

文武官员的荫叙和升迁的等级，也作了优待蒙古、色目人的规定。蒙古高于色目，色目又高于汉人和南人。② 官员的惩罚，法令规定色目人和汉人不勤于职的，处死刑还要抄家，蒙古人则例外。③

除了政治地位不平等之外，元朝政府还特别制订了压迫汉族的法律，来保障和巩固自己的统治权。顺帝元统二年（公元1334年）下令蒙古贵族和色目人犯奸盗诈伪，由专管蒙古贵族的机关“大宗正府”处理，汉、南人犯法的归普通法庭判处。蒙古人官员犯法定罪行杖，必须由蒙古人判刑和监杖。④ 蒙古贵族和色目人不但受特殊法庭的保护，而且遇有重大刑事案件，最后裁决权属于蒙古大臣⑤，更加了一层保障。蒙古人打死汉人，只判处当兵出征和罚交烧埋银。⑥ 蒙古人员殴打汉儿人，不得还手，只能指定证人到官府告状。反过来，如汉人打死或打了蒙古人，就要严行断罪。⑦ 并禁止汉人聚众与蒙古人互殴。⑧ 汉、南人犯窃盗罪例须在脸上刺字，蒙古、色目人则免刺。⑨

对汉、南人地区用军事力量控制秩序，镇压起义。办法是解除汉、南人武装；由朝廷分兵驻防各地；建立社甲制度。元世祖至元十三年（公元1276年）元军入临安（今浙江杭州市）后，就下令没收民间兵器。南人在军中的尺铁寸杖不得在手。⑩ 民户有铁尺、手挝和杖之藏刃的都要一律交官。⑪ 有马的拘入官。⑫ 私藏甲仗的处死。⑬ 把民间

---

① 《元史》卷八十一，《选举志·学校》。
② 《元史》，《成宗本纪》，卷八十二《选举志》。
③ 《元史》卷十，《世祖本纪》。
④ 《元史》卷三十八《顺帝本纪》，卷一百零二《刑法志·职制》。
⑤ 《元史》卷二百零五，《铁木迭儿传》。
⑥ 《元史》卷一百零五，《刑法志·杀伤》。
⑦ 《元典章》卷四十四，《刑部》六。
⑧ 《元史》卷七，《世祖本纪》。
⑨ 《元史》卷三十八，《顺帝本纪》。
⑩ 《元史》卷一百六十八，《陈天祥传》。
⑪ 《元史》卷十四，《世祖本纪》。
⑫ 《元史》卷三十九，《顺帝本纪》。
⑬ 《元史》卷一百零五，《刑法志·禁令》。

兵器最坏的销毁，稍好的给色目人，最好的收归武库，留作蒙古人用。汉人在出征时所用兵器，打完仗就要交官，完全解除汉、南人在军中的非战时武装。① 甚至汉人将领非经特许也不许执持武器。② 各路、府、州、县为了捕盗的需要，所用弓矢也严格限制为各路十副，府七副，县五副。③ 不许汉人打猎。④ 不许汉人学习武艺。⑤ 不许汉人集众祠祷⑥，祈赛神社，集场买卖。⑦ 甚至学习蒙古、色目文字，也不许可。⑧

驻防（镇戍）军以蒙古军和探马赤军（色目诸部族军）为主力分屯河、洛、山东，以探马赤军汉军和新附军（宋的降兵）驻防淮水以南直到南海，都以蒙古宗王为大将。蒙古军就营地住家，其他军队按时换防，都有一定制度。江南三行省凡设戍兵六十三处，驻防地区几十年不改。⑨ 蒙汉地主政府用蒙古军镇压淮水以北金地的汉人，用诸部族军、汉军辅以宋的降兵镇压淮水、长江以南宋地的南人，利用种族矛盾来贯彻军事控制，运用军队力量来维护统治威权，加强阶级压迫和民族压迫。民族间的猜忌越大，仇恨也就越深。

和驻防军相结合的社甲制度，是蒙汉地主统治机构的基层组织。在灭宋以前，元世祖至元七年下令诸县所属村疃，凡五十家立为一社，择年高晓农事的一人为社长，户数达到百家的增设社长一员，不及五十家的与近村合为一社。⑩ 社原来是贫苦农民为了反抗封建压迫，自愿结合的一种组织形式，历代统治者曾屡次加以禁断，在禁断无效的时候，便利用原来基础，把它纳入政府系统，成为官办

① 《元史》卷十《世祖本纪》，卷二十四《仁宗本纪》，卷二十九《泰定帝纪》，卷三十二《文宗本纪》。

② 《元史》卷十五《世祖本纪》，卷四十三《顺帝本纪》。

③ 《元史》卷十四，《世祖本纪》。

④ 《元史》卷十六，《世祖本纪》。

⑤ 《元史》卷二十七，《英宗本纪》。

⑥ 《元史》卷一百零五，《刑法志·禁令》。

⑦ 《元典章》卷五十七，《禁聚众》。

⑧ 《元史》卷三十九《顺帝本纪》。

⑨ 《元史》卷九十九，《兵志·镇戍》；《元文类》卷四十一，《经世大典序录·政典总序》。

⑩ 《元典章》卷二十三，《户部》九，《劝农入社事理》。

的社，通过这一组织，督促农民努力生产，达到增加税收便于统治的目的。元朝政府继承了这一制度，目的是为了加强统治和搜括，但是，有了这个组织，也就赋予了广大农民为了反抗阶级压迫的秘密组织以合法的形式，使得农民普遍组织起来，就有了强大的反抗力量了。三年以后，为了便于监视汉民，又令探马赤军随处入社与编民等。蒙古、色目人虽然有随便居住各地的权利①，蒙古军却不与汉儿人户一处相合为社。② 这是北方地区的情况。到灭宋后，把南方人民编二十家为甲，以蒙古人为甲主，对甲内编户有绝对的威权："衣服饮食唯所欲，童男少女惟所命。"城乡到处编甲，甲主糟蹋掠夺平民妻女，谁也不敢说话。③ 甚至夜间禁止人民通行，以钟声为号，一更三点钟声绝，禁人行，五更三点钟声动，听人行。违者笞二十七。只有在禁钟之前，晓钟之后，才许市井点灯作买卖，平民人家点灯读书、工作。④ 这虽然只是灭宋以后的初期情况，但给南方人民的惨酷印象却是世代难忘的。元朝蒙汉地主阶级透过了社长甲主，向农民施行凶残的掠夺，在各种名目的苛捐杂徭下，到元朝中叶以后，每年田税赋役所征调的数量，比元初时增加到二十倍以上。⑤ 因而使全国农业生产下降，广大农民陷入破产的深渊。

从官书记载的户口数字来看，宋的户口，嘉定十六年（公元1223年）户数一千二百六十七万，口数二千八百三十二万。金的户口，泰和七年（公元1207年）户数七百六十八万四千，口数四千五百八十一万。两国合计有户约二千万，口约七千四百万。这个数字当然不包括蒙古、色目的户口数字。可是到元世祖至元十八年（公元1281年），全国合计户数只有一千三百二十万，口数五千八百八十三万，这个数字是应该包括蒙古、色目的户口数在内的。两数比较，可以看出长期战争破坏的结果，户数减损了约七百万，口数减

---

① 《廿二史札记》卷三十，《色目人随便居住》。

② 《元典章》卷二十三，《户部》九，《蒙古军人立社》。

③ 徐大焯：《烬余录》。

④ 《元史》卷一百零五，《刑法志·禁令》。

⑤ 《元史》卷二百零五，《铁木迭儿传》；柯绍忞：《新元史》卷六十八，《食货志序》。

损了约一千五百万。到元文宗至顺元年（公元 1330 年），全国户数还是一千三百四十万，和至元十八年的数字差不多，经过了五十年的漫长岁月，户数仍然停留在原来的基础上，尽管过去官书的户口数字是很不可靠的，但就这许多数字对比起来看，也可以说明这五十年间户口损耗情况，奴隶占有情况，这是阶级压迫和民族压迫的悲惨结果。

蒙古统治阶级内部矛盾的尖锐化和政治的腐化，是元朝政府崩溃的内因。

蒙古大汗国是由成吉思大汗子孙所分封的几个汗国组织成功的，以元朝皇帝的宫廷作中心。自从忽必烈大汗（元世祖）破坏了蒙古向来召开大会选举大汗的习俗，采用汉人封建制度立嫡长子为皇太子以后，帝位继承的争夺造成蒙古贵族上层矛盾的深化，政变、内乱，接连不断，削弱了元朝政府的统治力量，政治局面经常在不稳定之中。

事实上，蒙古大汗国的分裂是元世祖即位以前的事。蒙古人习惯于游牧生活，终年随水草转徙，没有一定住处，也没有城郭可以守护。如果没有强而有力善于指挥作战的军事领袖，在突然遭遇强敌袭击时，就会崩溃不可收拾。多少世代以来，在蒙古的部族社会组织里，所有关于各部族共同酋长——大汗的选举与罢免，对其他部族的战争，和应付严重的天灾和迁徙等大事，都由部族成员的全体大会——“库利尔台”来解决。原任大汗有提名继承人之权，但大会也可以另选他人。因之，各族中军力最强大的军事领袖，对选举的决定权也最大。遇有意见不一致，坚持的双方军事力量又不相上下的时候，就不可避免地各自承认一个大汗，造成分裂以至用武力解决，陷于长期内战的境地。从成吉思大汗以来，历次大汗的选举都为几个强大的军事集团所操纵，发生了内战。长期内战的结果，蒙古大汗国瓦解了，元世祖和他的子孙所直接统治的只是中国这一部分土地。①

---

① 《廿二史札记》卷二十九，《元代叛王》；《元史纪事本末》卷二，《北边诸王之乱》；箭内亙：《蒙古库利尔台之研究》。

元世祖以后的元朝帝位的继承，不是宫廷阴谋，便是军事实力贵族的争夺战，大会通过只不过是照例文章罢了。① 从元世祖死到元顺帝立（公元1294—1333年）四十年间，换了九个皇帝，政变不到四五年就爆发一次，特别是从公元1328年到1333，六年之中竟换了六个皇帝，蒙古贵族上层内部的矛盾更加深化激化了，自相残杀更厉害，政治局面变化更快，更不稳定，统治阶级的力量也就进一步更加削弱；皇朝权力愈弱，地方的权力也就愈重，内轻外重，政令不行，最后就造成了军事贵族混战，自掘坟墓的局面。

一面是统治阶级的争权夺利，自相残杀，一面是统治阶级的荒淫无耻，堕落腐化。

元世祖从灭宋以后，为了积累更多财富，发动了多次海外侵略战争。至元十九年发兵十万打日本，遭飓风大败而回。又三次兴兵打安南（公元1284—1294年），两次打缅国（公元1282—1287年），打占城（公元1282—1284年），打爪哇（公元1292年），越打败仗，越不服气。军费的负担天天扩大，财政发生困难，只好任命一批刮钱能手的商人作大臣，专门搜括财富，增加赋税，卖官鬻爵，剥削人民，造成了贪污腐化的政治风气。②

巨额军费之外，还有对诸王贵族的巨额岁赐（定期赏赐），特赐（额外赏赐），朝会赏赐，库利尔台大会后的赏赐。岁赐如斡真那颜位银一百锭（五十两为锭），绢五千九十八匹，缎三百匹，诸物折中统钞一百二十锭，羊皮五百张，金一十六锭四十五两；特赐如中统四年（公元1263年）赐公主古巴银五万两；朝会赏赐如元贞二年（公元1296年）定太祖位下金千两、银七万五千两，世祖位下金各五百两，银二万五千两等，成吉思大汗的子孙遍布欧亚两洲，元朝历年这笔开支该有多大？库利尔台大会尽管是个形式，但为了报答诸王贵族的支持，赏赐数目更是惊人，如至大四

---

① 《廿二史札记》卷二十九，《元诸帝多由大臣拥立》；《元史纪事本末》卷十九至二十二。

② 《元史》卷二百零五，《奸臣传》；《元史纪事本末》卷七，《阿合马桑卢之奸》；《廿二史札记》卷三十，《元世祖嗜利黩武》。

年（公元1311年）仁宗即位后的赏赐总数为金三万九千五百五十两，银一百八十四万九千五十两，钞二十万三千二百七十九锭，币帛四十七万二千四百八十八匹。这一年的额外赏赐是钞三百余万锭。往往开一次大会，把上都、大都的库藏全部给光了还不够数。① 这种种不同名目的赏赐，实质上都是为争取诸王贵族支持所付出的贿赂，来源就是汉、南人辛勤劳动所创造的财富。此外，还有供养僧侣的大量费用，因为要利用宗教麻醉人民，元朝对各种宗教都予以保护，历代皇帝都崇奉佛教，在即位前都先受佛戒，尊"番僧"为帝师、国师，穷极供奉。内廷作佛事，最多的一年达到五百多次。各寺作佛事，有的每天用羊一万头。② 据至大三年（公元1310年）的统计，元朝政府经费用在寺院的占很大的比重。③ 至大四年的财政收支情况，岁出钞约二千万锭，岁入常赋却只有钞四百万锭，其中上缴到大都的只有二百八十万锭。赤字为岁收的七倍多。这一年十一月国库的现金只有钞十一万绽。④ 弥补赤字的办法是预卖盐引，加税加赋，甚至动用钞本（发行钞的准备金、银）。至顺二年（公元1331年）的财政岁出入，亏空钞二百四十万锭。⑤ 元朝初年的钞法原来有相当完整的制度，发行有定额，可以随时兑取现金，和物价有一定的比例，通行全汗国，信誉极好。到了财政无办法时，把钞本都支用完了，变成不兑现纸币，加上无限制地发行，发行得越多，币值越跌，相对的物价就愈高，到了十四世纪中期，整车整船运钞到前线，一贯钞还不值一文钱，纸币既失去效用，民间只好进行物物交换，皇朝财政和国民经济都接近崩溃的边缘了。⑥

---

① 《新元史》卷七十八，《食货志》，《赐赍》下；《元史》卷二十四，《仁宗本纪》。

② 陶宗仪《辍耕录》二《受佛戒》："累朝皇帝先受佛戒九次，方受大宝，而近世陪位者九人或七人，译语谓之煖答世，此国俗然也。"《元史》卷三十四《文宗本纪》："至顺元年二月丁酉，帝及皇后燕王阿剌忒纳答剌并受佛戒，己亥，命明宗皇子受佛戒。至顺三年十月甲子，皇弟燕帖古思受戒于西僧加儿麻哇剌。"《陔余丛考》卷十九，《元时崇奉释教之滥》。

③ 张养浩：《归田类稿》卷二，《时政书》。

④ 《元史》卷二十四，《仁宗本纪》；《新元史》卷六十八，《食货志序》。

⑤ 《元史》卷一百八十四，《陈思谦传》。

⑥ 吴晗：《读史札记·元代之钞法》。

政治方面的情况也和经济相适应。从元武宗以来，用人不问才力，只要得到皇帝欢心，就可作大官，一无所长的人有作到中书左丞、平章、参政的；国公、司徒、丞相也非常之多。诸王贵族随便杀人，随便荐人作官。地主豪民犯法该杀的，只要买通帝师、国师，就可以得到皇帝特赦。后来索性卖官鬻爵，贿赂公行了。[①] 地方官吏贪污的情况，元朝末年浙江人叶子奇作了典型的刻划，他说，蒙古、色目的官吏，根本不知道有廉耻这回事，问人讨钱，各有名目，例如下属来拜见有“拜见钱”，无事白要叫“撒花钱”，逢节要“节钱”，过生日要“生日钱”，管事要“常例钱”，送迎有“人情钱”，发传票拘票要“赍发钱”，打官司要“公事钱”。弄得钱多说是“得手”，除得美州县（肥缺）说是“好地分”，补得职近说是“好窠窟”。甚至监察官都可以用钱买，出钱多的得缺。肃政廉访司官巡察州县，各带库子（管钱的吏役），检钞秤银，争多论少，和作买卖一般。[②] 大官吃小官，小官吃百姓。民间有诗嘲官道：“解贼一金并一鼓，迎官两鼓一声锣，金鼓看来都一样，官人与贼不争多。”[③] 地方官对百姓剥削得太穷凶极恶了，元朝政府怕百姓反抗，造成民变，有时也派大员到各地方宣抚，企图缓和一下官民之间的矛盾。宣抚刚出京时，地方官吏大为震动，谁知到了地方以后，还是一样要钱，大收贿赂，和地方官“官官相护”起来了。百姓也给他们编了几句顺口溜：“奉使来时，惊天动地，奉使去时，乌天黑地，官吏都欢天喜地，百姓却啼天哭地。”又说：“官吏黑漆皮灯笼，奉使来时添一重。”“九重丹诏颁恩至，万两黄金奉使回。”“奉使宣抚，问民疾苦，来若雷霆，去若败鼓。”[④] 温州、台州一带的老百姓，在村子边树起旗子，上面写着：“天高皇帝远，民少相公多，一日三遍打，不反待如何！”[⑤] 老百姓再不造反，活不下去了。

军队从灭宋以后，驻防在内地繁华都市，日子久了，生活腐化，

---

① 张养浩：《归田类稿》卷二，《时政书》。

② 叶子奇：《草木子》卷四，《杂俎篇》。

③ 叶子奇：《草木子》卷四，《谈薮篇》。

④ 《辍耕录》卷十九，《阑架上书》；《明太祖实录》卷六十。

⑤ 黄溥：《闲中今古录》。

忘记了怎样打仗，也不愿意打仗了。军官们大都是世袭的贵族子弟，懂吃，懂喝，懂玩，会发脾气，会克扣军粮，会奴役虐待兵士，更会抢劫百姓，就是不会打仗。蒙古初起时的军事主力，勇敢慓悍健儿的子孙，已经完全变质了，失去战斗力量了。至正元年（公元 1341 年）山东“强盗”纵横至三百余处，七年蔓延到济宁、滕、邳、徐州等处。近畿的临清、广平、滦河也到处“盗”起。河南从至正七年“盗贼”出入不常，八年福建、海宁州、沭阳等处“盗”起。甚至每年运粮几百万石到大都的运河也被骑“盗”阻劫，至正六年三月骑“盗”四十人，劫船三百艘，元军不敢捕。至正七年十一月，海“盗”摽劫沿江江阴、通、泰、镇江、真州一带，海“盗”才三十六人，元军万数不能进讨，反为所败。通州在大都东面，至正七年“盗贼”蜂起。京畿从至元三年到至正六年都有“盗贼”四起。甚至连军事中心的大都，至正二年也闹到“强贼”四起了。① 蒙古、色目统治阶级压迫汉、南人的工具腐朽了，再也经不起红军雷霆万钧的打击了。

阶级的压迫，民族的压迫，重重叠叠压在汉、南各族的老百姓身上，压迫愈重，汉、南人的反抗力量也就越大。汉、南各族劳苦人民都反对阶级压迫、民族压迫，都要用反抗的手段解除这种压迫，武装斗争，前仆后继，从南宋灭亡，一直到红军大起义，这七十年中汉人、特别是南人的反抗，一直没有停止过。从可歌可泣的崖山之役，张世杰、陆秀夫壮烈牺牲以后，起兵抗元，几次失败，百折不回的文天祥终于在至元十九年十二月被杀于大都，成仁取义，发挥了民族正气，感动、号召了各族人民和后代子孙。文天祥死后的第二年，建宁路总管黄华起义，用宋祥兴年号。至元二十三年西川赵和尚自称宋福王子，在广州起事。后至元三年（公元 1337 年）合州大足县县民韩法师起兵，自称南朝赵王，都用恢复赵宋作号召。此外如至元二十年广州的罗平国，漳、邕、宾、梧、韶、衡诸州（福建、广西、广东、湖南）的农民暴动，二十三年婺州（今浙江金

---

① 《元史·顺帝本纪》；《草木子·克谨篇》。

华）永康县民陈巽四的起义，二十五年广东、浙江，二十七年江西，成宗元贞二年赣州的暴动，以至至元三年（公元1337年）广州的大金国起义，都是南人各族人民英勇斗争的记录。至正八年（公元1348年）汉人也起义了，辽东锁火奴和辽阳兀颜拨鲁欢都自称大金子孙，反抗元朝。同时，各地区各族贫苦人民也先后起义，起了削弱元朝军力，瓦解元朝统治阶级政权的巨大作用，从至顺四年到至正十四年（公元1333—1354年）的二十年中，湖南、广西的瑶族人民不断起义，先后攻陷道州（今湖南道县）、贺州（今广西贺县）、连州（今广东连县）、桂州（今广西桂林）、靖州（今湖南靖县）、浔州（今广西桂平）、武冈（今湖南武冈）、沅州（今湖南芷江）、黔阳（今湖南黔阳）、宝庆（今湖南邵阳）、全州（今广西全县）、辰州（今湖南沅陵）、衡州（今湖南衡阳）等地。靖州瑶族领袖吴天保从至正六年到九年，四年中四陷武冈，五攻沅州，大量杀伤了元朝的军力。从至元元年到至正十四年（公元1335—1354年），西北的"西番族"到处起兵，阻断岭北驿道，至正七年起兵的就有两百多处，攻陷哈剌火州（新疆吐鲁番城东，今作哈剌和卓）。东北辽阳"吾者野人"和"水达达"也于至正六年起兵反抗。前面跌倒了，后面的跟上去，倒下一个两个，起来了百个千个。这许多次的反抗运动起因虽不完全相同，目标却只有一个，解除阶级压迫和民族压迫。汉、南人虽然同样被压迫奴役，但是，元朝的主要的强大的军事力量，用在控制以大都为中心的腹里地区，江南地区的军事控制力量相对地是比较薄弱的，以此，南人的各族人民的武装起义就有可能一次接着一次爆发。到了元朝军事力量被无数次起义所日益削弱，汉人也有可能揭竿起义了。加上腹里地区"盗贼"四起，元朝军力分散，失去全面控制、镇压的能力，全面起义的条件便成熟了，至正十一年的红军大起义，正是这一系列反抗运动的延续和发展。

红军大起义的导火线是蒙汉统治阶级对汉、南人的加强压迫和歧视。

元顺帝（妥懽帖木儿）以亲王的身份从广西进京作皇帝，河南行省平章伯颜率领部下蒙古汉军护送。太师燕帖木儿杀了元顺帝的父亲明宗，顺帝作了皇帝，他心怀疑惧，溺于酒色而死。伯颜升为丞相。伯颜仗着功劳大，独擅朝权，贪污舞弊，弟侄都作了大官。他又仇恨汉人，反对蒙古人读汉人书，告诉元顺帝说："陛下有太子，休教读汉人书，解人。又其间好生欺负人，往时，我行，有把马者久不见，问之曰往应科举未回。我不料科举都是这等人，得了!"就这样，把至元元年礼部科举停止了。更恨南人，为的是南人经常"作反"。养着一个"西番"师婆叫畀畀，常问她来年好歹，自己身后事如何？畀畀说当死于南人之手，因之益发忌恨。下令汉、南人不得持军器，凡有马的都拘收入官。至元三年（公元 1337 年）河南棒胡起义于汝宁信阳州，朱光卿、石昆山在广南惠州起义，李智甫、罗天麟在漳州起义，至元四年彭莹玉、周子旺在袁州起义，十一月河南范孟端起义，伯颜益发气忿，说造反的全是汉人，汉人有在朝廷作官的，要提出诛捕造反汉人的办法，表明心迹。接着又荒唐地主张杀张、王、刘、李、赵五姓的汉、南人，因为这五姓人数最多，汉、南人杀了大半，自然造不了反了。五年四月又重申汉、南人执持军器的禁令，还颁布一条法令，蒙古、色目人殴打汉、南人，汉、南人只许挨打，不许还手。伯颜又和元顺帝发生矛盾，和皇太后计较，要把顺帝废掉。这话被伯颜的侄儿御史大夫脱脱知道了，脱脱暗地里告诉顺帝，作了准备，趁伯颜出城打猎，收回兵权，关上城门，贬伯颜外地安置，伯颜进退不得，只好自杀。伯颜的兄弟马札儿台继为丞相，又下令禁民间藏兵器。脱脱嫌他父亲挡住自己当权，劝他辞位，自己作了丞相。红军起义消息报到大都，中书省官员把报告加标题"谋反事"，脱脱看了，改题作"河南汉人谋反事"，把河南全部汉人都算作起义军了。① 伯颜、脱脱一家人接着作首相，这一系列仇视敌视汉、南人的政策，反映了蒙古统治阶级上层的脆弱和无知，这些疯狂的绝望的镇压措施，逼使汉、南人进一步团结起来，组织起来，逼使汉、南人非用武力反抗，非用自己的

① 《庚申外史》卷上。

力量来解除阶级压迫、民族压迫不可，除此以外，是没有别的出路的。在这样紧张、对立的情况下，有人登高一呼，自然全国响应了。

至正三年五月，黄河在白茅口决口。四年五月大雨二十多天，黄河水暴溢，平地水深二丈，北决白茅堤，六月又北决金堤，曹、濮、济、兖诸州都遭了水灾，不但农田民居被淹，连盐场也极为危险，皇朝税收遭受很大损失。① 有人建议堵口，脱脱派人勘察，回来报告说河工太大，开工有困难，而且河南一带遍处都有农民起义队伍，要开工，便要集合几十万河工，万一和起义军结合起来，无法收拾。脱脱不听，决意动工，派贾鲁为工部尚书兼河防使。至正十一年四月二十二日，发汴梁大名十三路民夫十五万，庐州等地戍军二万兴工，从黄陵冈南到白茅口，西到阳青村，开河二百八十里，把黄河勒回旧道。韩山童得了消息，叫人四处散布童谣说："石人一只眼，挑动黄河天下反。"暗地凿了一个石人，脸上只有一只眼睛，偷偷埋在黄陵冈当挖处。元朝政府发的河工经费，被修河官照例贪污，河工不能按时按数拿到钱，吃不饱，正在怨恨。② 韩山童又打发几百个教徒去做挑河夫，宣传天下要大乱了，弥勒佛已经降生了，明王已经出世了，传来传去，不上几天工夫，河南、江淮一带的农民全知道了。韩山童和亲信刘福通、杜遵道商量，农民是起来了，还得念书的作官的一起来干，力量就更大。至少也要做到让念书的作官的同情反元，不站在敌人方面去。刘福通说过去许多农民起义队伍都打着赵宋的旗子，我们的祖先都是宋朝的老百姓，只要提出复宋的旗号，说得切实些，念书的作官的不会不支持。韩山童很赞成，就按着这个意思作了部署。有一天，挑河夫挖到黄陵冈的一段，果然在一棵树下挖出一只眼的石人，一嚷嚷，看的人越来越多，几万挑河夫挤得水泄不通，骇得目瞪口呆，再加上韩山童派的教徒的鼓动，一霎时闹翻了天，人人口中念佛，三个一堆，五个一群，纷纷议论，大家心里明白，这是一个信号，要出头了，翻身的日子到了，是动手的时候了。

---

① 《元史》卷四十一《顺帝本纪》，卷六十六《河渠志》。

② 《草木子·克谨篇》；《庚申外史》卷上。

韩山童聚集了三千人在白鹿庄，斩白马乌牛，祭告天地，宣称韩山童是宋徽宗的第八代孙子，当为中国主。刘福通是宋朝大将刘光世的后人，该辅佐旧主起义，恢复天下。大家齐心推奉韩山童为明王，克定日子起兵。① 四处派人通知，同时发动，以头裹红巾为记号。正在歃血立誓，分配任务，举杯庆祝，兴高采烈的时候，不料消息走漏了，永年县的县官带领马快弓手，冷不防团团围住白鹿庄，韩山童脱身不及，被擒去杀了。山童妻杨氏带着儿子林儿趁着慌乱，逃出重围，躲入武安山中，隐姓埋名，等候外边消息。刘福通苦战逃出，事已如此，等不得预定的起义日子，整顿了队伍，出敌人不意，攻占颍州、罗山、上蔡、正阳、霍山，分兵取舞阳、叶县等处。黄陵冈的挑河夫得到信号，呐喊一声，杀了监工的河官，头上包了红巾，漫山遍野一片红，一股红流和主力部队会合在一起，不上十天，红军已经是五六万人的大部队了。两淮、江东西的贫困农民、工匠、小商小贩、城市游民，已经等待了多少年月，这时昼夜不停地赶来入伍，到了队伍就像到了自己家里一样。红军声势一天比一天浩大，占领了汝宁、光、息，得到大量粮食，部队发展到几十万人。② 各地红军闻风响应，半个中国照耀着红光。③ 各别攻城占地，开仓库，救穷人，建立政权，严守教规，不杀平民，不奸淫，不抢劫，越发得到广大人民拥护。④ 当时民间流传着一阕《醉太平》小令，也不知道是谁写的，从大都一直到江南，到处唱着，词道：

堂堂大元，奸佞当权，开河变钞祸根源，惹红巾万千。官法滥，刑法重，黎民怨。人吃人，钞买钞，何曾见？贼做官，官做贼，混贤愚，哀哉可怜！⑤

另一首流传的歌谣：

---

① 何乔远：《名山藏·天因记》。

② 《庚申外史》卷上；《明史·韩林儿传》；陆深：《平胡录》；高岱：《鸿猷录·宋事始末》；钱谦益：《国初群雄事略》卷一，小明王。

③ 陆深：《豫章漫钞》。

④ 《辍耕录》卷二十八，《刑赏失宜》；《国初群雄事略》卷一，小明王。

⑤ 《辍耕录》卷二十三，《醉太平小令》。

> 天遣魔军杀不平（不公平的人），不平人（被不公平对待的人）杀不平人（不公平的人），不平人（被不公平对待的人）杀不平者（不公平的人），杀尽不平（不公平的人）方太平。①

魔军指的是红军，红军信奉明教，明教在教外被称为魔教，他的军队当然是魔军了。

朱元璋在寺里接连不断得到外边的消息，前些日子红军占了襄阳，元兵死了多少；另一支占了南康，元兵不战而逃；芝麻李、赵社长八个人打扮成挑河夫，一晚上占了徐州。② 说的人津津有味，听的人心花怒放。红军檄文指斥元朝罪状，最精彩最打进人心坎里的话是“贫极江南，富夸塞北”③。想着可不是种庄稼的一年到头劳碌辛苦，收了粮食，却吃草根树皮！什么好东西，粮食布帛，珍宝财富，都给括空了运到北边！种庄稼的为什么穷？为什么苦？一辈辈受熬煎呢？从他记得事情起，祖父是怎么过日子的，父母和哥哥是怎样死的，以前只怪穷人命苦，这两句话却明确指出穷、苦，辈辈子受熬煎的原因，敌人是谁，现在明白了。如要活命，就得改变这个局面，把吃人的朝廷推翻。隔几日，又听说徐寿辉已在蕲水建都，作了皇帝，国号天完，年号治平，拜邹普胜作太师，彭和尚、项奴儿带的一支军队已进了江西。元兵到处打败仗，好容易调了六千回回阿速军和几支汉军来进攻颍上红军，阿速军素号精悍，擅长骑射，只是纪律不好，到处抢劫。几个将军喝酒玩女人，昏头昏脑，刚和红军对阵，望见红军阵势大，吓得直发抖，主将急急扬鞭勒马往后跑，嘴里连叫“阿卜！阿卜！”阿卜是走的意思，全军立刻退却，红军往前直冲，元兵一败涂地。淮东、淮西人把这一仗当作笑话，无人不晓。④ 又听说脱脱调其弟御史大夫也先帖木儿为知枢密院事，统三十万大军收复汝宁，一支前锋部队几万人屯在汝宁沙河岸边，将军们白天黑夜沉溺酒色，都醉倒了，红军黑夜偷营，元军

---

① 《辍耕录》卷二十七，《扶箕诗》。
② 《庚申外史》卷上。
③ 《草木子·克谨篇》。
④ 《庚申外史》卷上。

大败，大将也不见了，第二天在死人堆里找到尸首。元兵一溃退就是几百里。① 也先帖木儿亲自统军，才到汝宁城下，尚未交锋，见红军势盛，便跃马后退，地方官急了，挽住马缰不放，也先帖木儿更急，拔刀便斫，叫道："我的不是性命!"飞马先逃，三十万大军跟着溃散，军资器械，扫数丢光。也先帖木儿只剩下万把人，踉踉跄跄溜回大都，仗着哥哥是丞相，不但没有罪责，还依旧作御史大夫。② 蒙古、色目、汉军都不能打仗了，一上阵就垮，真正和红军拼你死我活的是各地方官和大地主们募集的"义兵"和"民兵"，地方官怕被红军杀害，大地主要保家产，又怕农民报仇，出大价钱雇了城乡游民和盐丁，拼死顽抗，到底力量少，兵力又分散，面对着声势浩大的到处蜂起的红军，怎么也抗不住。"义兵"、"民兵"为了和红军作对，穿戴着朝廷规定的服装，一色的青衣青帽，也叫青军。③ 到十二年二月底，又听说濠州也给红军占了，头目是郭子兴、孙德崖和姓俞、姓曾、姓潘的一伙人。

郭子兴是定远县（今安徽定远）有名的土豪，原是曹州（今山东曹县）人。他父亲到定远卖卦相命，有一家地主的瞎女儿，嫁不出去，他父亲娶了，得了一份财产，生下三个儿子，子兴是老二。兄弟几个都会盘算生理，贱时买进，贵时卖出，买田地，开店铺，一二十年间居然盘剥成地方上数一数二的地主了。只是有一件懊恼事，门户低微，靠不上大官府，三天两头受地方官作践，地方上派捐款，出民兵钱，供应粮秣，总是头一户，连马快弓手也成天上门要这要那，稍不遂意，就瞪眼睛，拍桌子，好歹得化些钱打发。实在气忿不过，便入了弥勒教，索性使钱交结宾客，接纳江湖好汉，焚香密会，盘算有朝一日，要出这口气。红军大起义以后，钟离、定远的农民，背上锄头镐钯，一哄就会合起万数来人，地方官平时只会要钱，这时却一点办法也没有了，装着不知道，惹不起，也犯不着多事。二月二十七日，郭子兴带了几千人，趁黑夜，里应外合，

① 《庚申外史》卷上。
② 《草木子·克谨篇》。
③ 《元史》卷四十《顺帝本纪》："至元五年十月壬辰，许男子裹青巾。"

偷入濠州，半夜里一声号炮，闯入州官衙门，杀了州官，在先有过杜遵道的号令，五个头目都称濠州节制元帅。① 元朝将军彻里不花远远隔濠州城南三十里扎营，怕红军厉害，不敢攻城。却派兵到各村庄骚扰，捉了壮丁，给包上红布，算是俘虏，向上官报功请赏。老百姓给元兵害苦了，村子里再也存不住身，呼亲唤旧，鱼贯入城，濠州声势越发壮大。

朱元璋盘算了又盘算，虽然相信彭莹玉的话，吃人的元朝政府一定可以推翻，穷苦人一定可以翻身，眼下就是出头的时候了。只有一条路，投奔濠州。但是，又听人说起，城里五个元帅各作主张，谁也不服谁，甚不和睦，跟着他们走，怕有风险，去不得。留在寺里呢，迟早给官军捆去请赏号，脑袋保不住，留不得。想了又想，委实决断不下。②

一天，有人从濠州捎来一封信，是汤和写的，他带了十几个壮士投奔红军，已经积功作到千户，催他快来入伍。背着人读了，越发一肚皮心事。在大殿上踱过来，踱过去，以口问心，以心问口，反复计较。猛然省悟，把信就着长明灯烧了，还是下不了决心。又过了几天，同房的师兄偷偷告诉他，前日那信有人知道了，要向官军告发，催他赶紧逃走。元璋急得无法，到村子里找着刚从外乡回来的周德兴，讨一个主意。周德兴寻思了好些时候，说只有投奔红军才能活命，劝他向菩萨讨一个卦，是吉是凶？决定去留。元璋心头忐忑不定，慢慢踱回寺里，还不到山门，就嗅到一股烟焰气味，大吃一惊，飞奔进去，只见东一堆瓦石，西一堆冒烟的梁柱，大殿只剩下半边，僧房斋堂全烧光了，只剩下伽蓝殿，隔着一片空地还完整。满院子堆着马粪，破衲衣，烂家具，僧众星散，不知去向。冷清清只剩下几尊搬不动烧不烂的铜菩萨。原来元朝军队以为僧寺里供着弥勒佛，红军念弥勒佛号，怕和尚给红军作间谍，把附近的寺庙都抢光烧光了，这一天轮到皇觉寺。元璋呆了一阵，知道寺里再也停留不得了，下定决心到红军队伍里去。向伽蓝神磕了头，讨

① 《国初群雄事略》卷二，滁阳王。

② 沈节甫：《纪录汇编》卷五，明太祖：《御制纪梦》。

了卦。① 二十六年后他写《皇陵碑》回忆这时候的心情道：

> 住（皇觉寺）方三载，而又雄者跳梁。初起汝、颍，次及凤阳之南厢。未几陷城，深高城隍，拒守不去，号令彰彰。友人寄书，云及趋降，既忧且惧，无可筹详。旁有觉者，将欲声扬。当此之际，逼迫而无已，试与知者相商，乃告之曰，果束手以待罪，亦奋臂而相戕？知者为我画计，且默祷以阴相，如其言往卜去守之何祥，神乃阴阴乎有警，其气郁郁乎洋洋，卜逃卜守则不吉，将就凶而不妨。

友人寄信催他参加红军，可见他和红军是早有联系的，既忧且惧的心情也是真实的，决心是下定了，卜卦只是加强了决心。但是他在《皇陵碑》中却把自己的决心完全归功于神佛的启示，表明他的行动是受命于天的，弄神弄鬼，故作玄虚，这一段狡狯骗人的叙述和他一生利用佛道两教的政治作用是一致的。

第二天，他离开皇觉寺，参加红军去了。

这一年，朱元璋二十五岁。

① 《纪录汇编》卷十一，《皇朝本纪》。

第二章　红军大帅

一、九夫长

元至正十二年闰三月初一，朱元璋到了濠州城下。这时濠州仍然在元军包围中，元军虽然不敢攻城，远远地屯营对峙，城中红军还是不敢大意，城墙上布满了守兵，旌旗林立，城垛下堆满了擂石、石灰，守兵个个弓满弦，刀出鞘，巡逻哨探的更是川流不息。黎明时城门守兵挡住一个穿得极其破烂的和尚，盘问根脚，他只说是投军来的，更无别话，不由得引起了疑心，以为是元军的奸细，三言两语闹翻了，把和尚一索子捆了，派人报告郭元帅，请令旗要杀。郭子兴听了缘由，仔细一想，甚是可怪，若是奸细，怎能这般从容？也许真是来投顺的好汉，不要枉杀了好人。骑一匹快马赶到城门口，远远看见二三十个兵和老百姓围成一圈，人头攒动，指手画脚在骂着呢。连忙喝退众兵，只见一个个子高大、长得怪头怪脑的丑和尚，五花大绑，捆在拴马桩上。衣服虽然褴褛，露出的肌肉却很结实，眼睛里充满着火气，神色镇定，毫不害怕。子兴心里已有点喜欢，下马问明底细，知是孤庄村来的，入过教，是汤和写信叫他来的，和红军中好些弟兄都有来往，就喊人松了绑，收为步卒。①

元璋入了伍，参见了队长，逐日跟弟兄们上操，练习武艺。他体格好，记性强，才十几天功夫已是队里顶尖顶上的脚色。几次出城哨探，他计谋多，有决断，态度沉着，临机应变，同队的都愿听

① 《御制纪梦》；《明太祖实录》；《皇陵碑》；张来仪撰：《滁阳王庙碑》；《天潢玉牒》。

调度。每次出去，总是立了功，不损伤一人一卒，喜欢得连队长也遇事和他商量了。不知不觉过了两个多月。一日郭元帅带着亲兵出来巡查，经过元璋的营房，全队排成一字向主帅行礼，元璋身材高大，排在队头。子兴见了，记起那天的事，唤队长问这投效的心地和能耐如何，队长满口称赞，夸是千中选一的人材，子兴大喜，就吩咐升元璋作亲兵九夫长，调回帅府当差。①

元璋作事小心勤谨，又敢作敢为。得了命令，执行很快，办理得好。打仗时身先士卒，得到战利品，不管是金、银，是衣服，是牲口粮食，扫数献给元帅。得了赏赐，又推说功劳是大伙儿的，公公平平分给同出去的战友。平时说话不多，却句句有斤两。又认得一些字，队伍上一有文墨的事情，元帅的命令，杜遵道、刘福通的文告，以至战友们的家信，伙伴们都找他解说。几个月后，不但在军中有了好名声：勇敢，能干，大方，有见识，讲义气，人缘好，甚至郭元帅也当他作心腹体己，不时和他商量事情，言听计从了。

郭元帅的第二夫人张氏，抚养了一个孤女，原是子兴的老友马公托付的。马公是宿州人，子兴起兵时，马公回到宿州，筹划起兵响应，不料回去不多久就死了。子兴十分感念，看待孤女甚好。子兴爱重元璋，要他出死力，和张夫人商量要招赘作上门女婿，张夫人也听说元璋才能出众，子兴脾气不好，和四个元帅都合不来，得有个细心能干的身边体己人帮着些，就一力撺掇，择日替两口子成婚。元璋平白地作了元帅娇客，前程有了靠山，更何况是元帅主婚，自然满口应承。从此军中就改称元璋为朱公子，有了身份了，起一个官名叫元璋，字国瑞。②

孙德崖一伙四个元帅，都是贫苦农民出身，性情直爽，有什么说什么，除了种庄稼，有力气以外，别的事情懂得少，也说不上来。军粮摊派，孙德崖一伙主张当然该多派地主，贫苦农民连饭都吃不饱，再派粮，不是要他们的命。郭子兴却有另一种主张，地主要少派些，横竖地面上只有数得出的几十家地主，派多了，地主吃不消，

① 《御制纪梦》；《明太祖实录》卷一；《皇朝本纪》。

② 《明太祖实录》卷一；谈迁：《国榷》。

会逃跑，贫农小户虽然油水少，但是人数多，一家派一点，汇总起来就是一个大数目。两家里争来争去，子兴一张嘴吵不过四个人，心里很不服气。他又嫌他们一伙人粗里粗气，说话做事没个板眼，没个体统，虽然名位都在子兴之上，却看不上眼，相处久了，遇事就吵，益发嫌恶。两下里面和心不和，议事时孙德崖四个人一个见识，子兴总是摇头，拿话顶驳，有时还说些带刺的话伤人，使人不好受。孙德崖四人也讨厌郭子兴闹别扭，索性遇事都先商量好了，你不依也得依。每次议事，孙德崖四人按时来，子兴一肚子不高兴，总是迟到，谈不拢时，子兴发怒走开，四人也就把事办了，子兴越发不耐烦。有时几天才公会一次，子兴一来，四个人都瞪着眼睛看他。子兴觉着不对头，心里不安，也想不出主意，索性闲住在家，不管事了。五个元帅谁也管不了谁，谁也不服谁，各自发号施令，占了濠州大半年了，除了向四乡要粮秣、牲口以外，竟不能出濠州一步。子兴知道四个元帅合在一起对付他，这个亏吃定了，得有对付的主意才好，和元璋商量，元璋劝他打起精神，照常和四帅公会，商量办事，心一齐，力量就大，局面也就会好一些了。假如自己老不管事，却怪不得别人管事，凡是事总得有人管啊！因为不齐心，事情搞坏了，大家都得吃苦头，那时却也分不出你我了。子兴听了，第二天就出去公会，过不了三几天，又闹决裂了。两边的感情越搞越坏，都怕对方下毒手，互相猜忌提防。元璋劝说不动子兴，背地里向孙德崖赔小心，说好话，着意联络，以免真的闹翻了。①

九月间元丞相脱脱统“番”汉兵数十万攻徐州，招募了当地盐丁和趫勇健儿三万人，穿黄衣，戴黄帽，号为黄军，令作先锋。用巨石作炮，昼夜猛攻，城破，下令屠城，见人便杀，见屋便烧，芝麻李奋战逃出，被元兵逮住杀了。② 彭大、赵均用率领残兵投奔濠州，脱脱命贾鲁领兵追击。③ 彭大、赵均用的兵势大，到了濠州以后，濠州五帅都受他们节制。彭大勇悍有胆略，有智数，敢作敢为，

① 《明太祖实录》卷一；《皇朝本纪》。

② 《庚申外史》；《元史》，《脱脱传》、《也速传》。

③ 《明太祖实录》卷一。

和郭子兴气味相投。赵均用出身社长，孙德崖一伙都向着他，两边明争暗斗，闹了好些日子。孙德崖想了个借刀杀人的法子，拿话来挑拨赵均用，说郭子兴眼皮浅，只认得彭将军，百般趋奉，对将军却白眼看待，瞧不起人。赵均用大怒，就派孙德崖即时率领亲兵，径来火并，在大街上冷不防把子兴俘虏了，毒打了一顿，锁闭在冷屋里。这时朱元璋正好出差在外，得信奔回，郭家大小正在着急忙乱，不知如何是好。元璋估计这桩祸事准是因为郭子兴厚彭薄赵，祸头是赵社长，要解这个结，非彭大出头不可。第二天他陪着小张夫人和子兴二子天叙、天爵，一径到彭大处央告，彭大听了，勃然大怒说：他们太胡闹了，有我在，谁敢害你家元帅！立刻喊左右点兵，元璋也全身盔甲，带兵团团围住孙家，掀开屋瓦，救出子兴。只见子兴项带木枷，脚带铁靠，浑身被打得稀烂。当时打开枷靠，背回私宅将息。赵均用知道彭大出头，怕伤了和气，只好隐忍着了事。①

贾鲁进围濠州，大敌当前，红军的头领们才着了慌，暂时放下嫌怨，一心一意坚守城池。从这年冬天一直到第二年春天，濠州整整被围了七个月，幸得城高濠深，粮食充足，元军不明城中虚实，以为只要围得水泄不通，断绝粮道、救兵，红军自然困死，不用损折兵将，便可取胜，因此两下相持，没有什么大战斗。一天，元将贾鲁病死，元军顿兵坚城之下，日久疲敝，军无斗志，主将一死，便解围他去。濠州方面，虽然松了一口气，也折损了不少人马，吃了大亏。

元璋奉命领兵攻五河，取定远。在元兵合围之前，又出兵攻怀远、安丰，招收壮丁。合围以后，又领奇兵突围出来，攻克含山县、灵璧县和虹县。

元兵他去，彭大、赵均用兴高采烈，彭大自称鲁淮王，赵均用自称永义王，郭子兴和孙德崖等五人仍然是节制元帅。②

---

① 《皇朝本纪》；《明太祖实录》卷一。

② 《元史·贾鲁传》；《国初群雄事略》卷二，滁阳王。

二、小军官

濠州缺粮，兵力也缺。元璋想法子弄了几引盐，到怀远卖了，换了几十石粮食，献给子兴。① 又回到钟离，竖起红军招兵大旗，少年伙伴和乡里徐达、周德兴、郭兴、郭英、张龙、张温、张兴、顾时、陈德、王志、唐胜宗、吴良、吴祯、费聚、唐铎、陆仲亨、郑遇春、曹震、张龚、丁德兴、孙兴祖、陈桓、孙恪、谢成、李新、何福、邵荣以及耿君用、炳文父子，李梦庚、郁新、郭景祥、胡泉、詹永亨等人，听说元璋作了红军头目，都来投效。其中徐达比元璋小三岁，生得长身高颧，性格刚毅武勇，和元璋十分契合。比元璋先来的汤和比元璋大三岁，身高七尺，倜傥有智谋，虽然已经作了军官，却对元璋格外尊重。邵荣打起仗来，英勇出众。和周德兴等人以后一直跟着元璋，冲锋陷阵，出死入生，成为元璋部下基本队伍。又都是淮西人，有着乡里、宗族关系，到了元璋的军事力量日益扩大的时候，这些淮西老将便都分别作了领兵将帅，成为军中的骨干。以后元璋作了皇帝，淮西诸将和幕府僚属都成了开国功臣，他们不但有汗马功劳，也有了政治地位，在明朝初年的政治局势中，淮人自然而然地形成了很突出的地位。

徐达等人投效红军以后，来投军的人便越发多了，不上十天功夫，招募了七百人，子兴大喜。至正十三年六月，升元璋作镇抚，从此，元璋就一跃成为带兵官了。② 一年以后，又以军功升作总管。③

彭、赵二王的部队缺乏训练，纪律不好。元璋看出老是局促呆在濠州，不但不能发展力量，迟早还会闹事。便把新兵交代了，禀准主将，带领贴身伙伴徐达、费聚等二十四人，往南到定远掠地，

① 《皇朝本纪》。

② 《御制纪梦》；《明太祖实录》卷一；光绪《凤阳县志》。

③ 《国初群雄事略》，引俞本：《纪事录》。

又招收了一些人马。听说张家堡驴牌寨有“民兵”三千人，孤军无援，又断了粮，处境很困难。决定亲自去驴牌寨，那里的主帅原是郭子兴的相识，元璋告诉他，你孤军缺粮，附近有一支军队要来打你，你是顶不住的。为今之计，要就跟我们走，保全力量，否则就趁早转移，别的办法是没有的。那主帅答应了，说过几天就来。元璋留下骑士费聚等候。不料过了三天，费聚来报，变了卦了，他们要转移了。元璋立刻带了三百人又去，左说右说，不得要领。只好使计，派一个勇士去请那主帅议事，主帅一到，几百人就把他重重围住，边嚷嚷边走，走了十几里，再派人去传主帅的命令，说是移营了，三千人就都跟着来了。元璋得到这支军队，就指挥它向东袭击横涧山。

横涧山有“民兵”二万，主帅是定远人缪大亨，他纠集了一大批地主武装力量，进攻濠州没有占到便宜，元兵溃走，他率众二万退守横涧山，元朝封为义兵元帅，派军官张知院监军。元璋令勇将花云带了队伍，趁黑夜敌人不防，四面包围，鼓声呐喊声震天动地，张知院吓慌了，只身逃走。元璋部下有人和缪大亨交好，元璋派他劝缪大亨投降，缪大亨想想没有出路，只好答应。元璋得了当地七万人口，选出精壮二万，组成一支浩浩荡荡的大队伍，用元璋自己的话来形容，真是：“赤帜蔽野而盈岗。”①

元璋得了这支生力军，立刻重新编制，加紧训练。他最着重纪律，在检阅新军时，特别指出这一点，恳切地训诫将士说：“你们原来是很大的部队，可是毫不费事就转到我这边来了。原因在哪里呢？一是将官没有纪律，二是士卒缺乏训练。现在我们必须建立严格的纪律，做到严格的训练，才能建功立业，大家都有好处。”三军听了，无不喜欢。② 就这样，元璋不但有数量众多的骁将，也有了几万人的经过训练的大部队，为此后的军事活动打下了坚强的基础。

定远人冯国用、国胜（后来改名胜，又名宗异）两兄弟，家里有几百亩田地，几十家佃户，是个中小地主。两兄弟都喜欢读书，

---

① 《纪梦》；《御制阅江楼记》；《皇明本纪》；《御制皇陵碑》。

② 《明太祖实录》卷一。

通兵法。国用深沉有计谋，国胜慓勇多智略。红军兵起，他们团结地方上的地主和乡民，结寨自保。只是力量单薄，怕被别的“民兵”大队伍吃掉。缪大亨一投降，越发自危，多方打听，知道元璋军队纪律好，便带领部队来投效，甚见亲信。元璋问以攻敌方向，国用以为建康（元集庆路，今南京）形势险要，古书上说是“龙蟠虎踞”，是历代帝王建都的地方。如今应该先取作根据地，以后逐步发展，扩充地盘。不贪子女玉帛，多做好事，取得人民的支持，建功立业不是难事。元璋大喜，任用为幕府参谋。①

在南下攻滁州（今安徽滁县）的路上，定远人李善长到军门求见。善长是地方上有名人物，读书有智谋，善于料事，治法家学问。从他的经历，年轻时便能够一意读书，不必操心生活来看，出身于地主家庭是没有问题的。他和元璋谈得很投机。元璋问他四方兵起，什么时候才能太平？善长劝他学汉高祖，说汉高祖也是平民出身的，为人气量大，看得远，也看得宽。善于用人，也不乱杀人，五年功夫，便平定了天下。元朝不得人心，上下不和，已到土崩瓦解地步。濠州和沛相去不远，你如能学习这位同乡的长处，天下太平也就快了。元璋连声叫好，留下作幕府的掌书记（秘书长），嘱咐他：“如今群雄四起，天下糜烂，仗要打好，最要紧的是要有好参谋人员。我看群雄中管文书和作参谋的幕僚，总爱说左右将士的坏话，文武不团结，将士施展不了才能，自然非失败不可。将士垮了，好比鸟儿去了羽翼，主帅势孤力单，也非灭亡不可。你要替我作一个桥梁，调和和帮助将士，不要学那些幕僚的坏样子。”从这时候起，元璋心目中时时有个老百姓出身的皇帝同乡在作榜样，说话，办事，打仗，事事都刻心刻意向他学习。② 善长也一心一意当好幕僚长，沟通将士、幕僚和主帅，以及将士间的意见。建议提拔有功和有能力的，处分不称职的将吏，使得部下都能人尽其才，安心做事。③ 但是，他也有致命的缺点，乡里观念是他很重的包袱，在战争年代，这个

① 《明史》卷一百二十九，《冯胜传》。

② 《明太祖实录》卷一；《明史》卷一百三十五，《孔克仁传》。

③ 《明史》卷一百二十七，《李善长传》。

缺点还不很明显，到了南北统一以后，他对用人行政还是从淮西人的利害出发，朱元璋虽然倚靠淮西人的力量起家，却比李善长看得宽些，大些，他要倚靠全国各个地方可以倚靠的力量，因此，他们两人之间，在战争全局取得胜利之前，互相信任，利害是一致的，但在胜利以后，矛盾便逐步展开了，尽管关系很久很深，最后还是免不了彻底决裂。

滁州守军力量单弱，元璋的前锋长身黑面绰号“黑先锋”的花云单骑冲破敌阵，在如雷的战鼓声中，全军跟着进攻，把滁州占了。元璋亲侄文正、姐夫李贞带着外甥保儿（后起名文忠）得到消息，奔来投靠。说起家乡情况，才知道二哥三哥都已去世了，免不得大家哭了一场。又伤心又欢喜，伤心的是偌大一家人只剩了这儿口，欢喜的是处在这样乱世，还能团聚。“一时会聚如再生，牵衣诉昔以难当。”① 还有定远人沐英，父母都已死去，孤苦可怜。元璋把三个孩子都收养作义子，改姓为朱。原来收养义子是当时军队中流行的风气，带兵的将领要培养心腹干部人才，都喜欢收养俊秀勇猛的青年在身边，不但打仗时肯拼死命，在紧要关头，还可以用来监视诸将，起耳目心腹的作用。沐英在军中称为周舍，又叫沐舍，舍是舍人的简称（文武官员的儿子叫舍人）。元璋义子除朱文正、李文忠、沐英以外，还有二十几个，后来所占城池，专用义子作监军和将官同守：如得镇江用周舍，得宣州用道舍，得徽州用王驸马，得严州用保儿，得婺州用马儿，得处州用柴舍、真童，得衢州用金刚奴、也先。此外，还有买驴、泼儿、老儿、朱文逊等人。柴舍即朱文刚，后来在处州死难；道舍即何文辉，马儿即徐司马，保儿即平安，朱文逊小名失传，在太平阵亡，王驸马、真童、金刚奴、也先、买驴、泼儿、老儿，复姓后的姓名也都失传了。② 至正十八年胡大海、李文忠占领严州后，两人意见不和，元璋派帐前都指挥使首领郭彦仁

① 《御制皇陵碑》；《明太祖实录》卷一；《明史》卷一百二十六，《李文忠传》。

② 《国初事迹》；孙宜：《洞庭集》，《大明初略》三；王世贞：《弇山堂别集·诏令杂考》；《明史》，卷一百二十六《沐英传》，卷一百三十四《何文辉传》，卷一百四十四《平安传》。

告诫李文忠说："保指挥（保儿）我之亲男，胡大海我之心腹，前者曾闻二人不和。且保指挥我亲身也，胡院判（大海官衔行枢密院判官的简称）即我心腹也，身包其心，心得其安，心若定，身自然而定。汝必于我男处丁宁说知，将胡院判以真心待之，节制以守之，使我所图之易成。"李文忠代表元璋监视大将胡大海，并有节制之权。这一个例子说明了义子的作用，也说明了元璋驾驭将士的策略。①

除用义子监军以外，另一办法是规定将士家眷必须留在后方居住。这法子在刚渡江时便实行了。元璋统兵取集庆，马夫人和诸将家属留在和州（今安徽和县）。② 取集庆后，定下制度："与我取城子的总兵官，妻子俱要在京住坐，不许搬取出外。""将官正妻留子京城居住，听于外处娶妾。"这样，将官顾虑妻子安全，自然不敢投敌以至反叛，平时征调差遣，也方便得多了。可是，也有相反的情况，后来骁将邵荣的怨望以至图谋暗杀朱元璋，正是因为常年征战，不能和家人团聚的缘故。

此外，他还提防将官和读书人勾结，规定："所克城池，令将官守之，勿令儒者在左右议论古今，止设一吏，管办文书，有差失，罪独坐吏。"凡是元朝的官吏和儒士，都要由他自己选用，逃者处死，不许将官擅用。③

元璋进攻滁州时，彭大、赵均用率领濠州红军主力，攻下了盱眙、泗州。两人为郭子兴的事结下怨恨，竟闹决裂了。均用和孙德崖四帅合成一伙，彭大孤立，手下得力的人也逐渐被均用收买过去，气闷不过，发病死了。他儿子早住接着也称鲁淮王，均用没把他看在眼里，倒也相安无事。郭子兴原来倚仗彭大作靠山，彭大一死，孙德崖几次寻题目要害子兴，碍着元璋在滁州有几万部队，投鼠忌器，不好下手，便撺掇均用下令牌调元璋来守盱眙，一箭双雕，一窝子收拾掉。元璋知道这是陷阱，委婉推辞，说是元军要来进攻，

① 《国初事迹》。

② 《明史》，《高皇后传》，卷一百二十五《常遇春传》，卷一百三十《康茂才传》；宋濂：《宋文宪公集》卷四，《开平王神道碑铭》、《蕲国武义康公神道碑铭》。

③ 《国初事迹》；《洞庭集》。

部队移动不得。又使钱买通均用左右得力人物，劝均用不要听小人挑拨是非，自剪羽翼，万一火并了，他部下不服，也不得安稳。说话的人又劝他好好地看待子兴，让他出气力，占地方，保疆土。成天有人在旁说好话，均用不由得不信，竟放子兴带本部人马到滁州。子兴一到，元璋交出兵权，三万多兵强马壮的队伍，旗帜鲜明，军容整肃，子兴大喜。①

至正十四年十一月，元丞相脱脱统兵大败张士诚于高邮，分兵围六合。

张士诚原名九四，淮南泰州（今江苏泰县）白驹场人。泰州在海边，居民都靠晒盐过活，苦于官役过重，度日艰难，怨恨官府。士诚从小泼皮讲义气，有膂力，会武艺，和兄弟士义、士德、士信一家子都靠撑船贩私盐过日子，贩私盐利大，士诚轻财好赒济穷困，很得人心，私盐贩子推他作头目。当地地主拣便宜买私盐，又欺侮他们，有时赖账不给钱，也告不得状。弓兵丘义专和私盐贩子作对，受了士诚的贿赂，还不时寻事，三天两头拦截盐船。士诚气忿不过，趁各处兵起，带着兄弟和李伯昇、潘原明、吕珍等十八壮士，杀了丘义和仇家地主们，一把火烧了房子。事情闹大了，索性招兵买马，盐丁们和无业游民、贫苦农民都来跟从，攻下泰州、高邮，占了三十六盐场，自称诚王，国号大周，改年号为天祐。这是至正十四年正月间的事。②

元兵围六合，六合守将派人到郭子兴处求救。六合在滁州东面，是滁州屏障，要保滁州，就非守住六合不可。郭子兴和六合守将有嫌怨，不肯出兵，元璋费尽唇舌才说服了。元兵号称百万，诸将不敢去，推托求神不吉。子兴派元璋领兵出救。元兵排山倒海似地来攻，六合城防工事全被摧毁，守兵拼死抵住，赶修了堡垒，又给打平了。眼看抵挡不住，只好把老弱妇孺掩护撤退到滁州，元璋在中途设下埋伏，令耿再成佯装败阵逃走，元兵追击遇伏，滁州守军鼓

① 《明太祖实录》卷一；《国初群雄事略》卷二，滁阳王；钱谦益：《太祖实录辨证》一。

② 《辍耕录》卷二十九，《纪隆平》；《国初群雄事略》卷七，《明史》卷一百二十三，《张士诚传》。

噪迎击，元兵大败，元璋得了好多马匹。却顾虑到滁州孤城无援，恐元兵增兵围困，忍气打点牛酒，派地方父老把马匹送还，推说全是良民，团结守护，是为了防御寇盗，情愿供给大军军需给养，请并力去打高邮，饶了这一方老百姓吧。元兵打了败仗，丢失马匹，正没主张，怕受上官责备。一见来人说好话求情，马也送回来了，正好下场，就引兵他去，滁州算是保全了。①

元兵一退，郭子兴喜欢极了，打算在滁州称王。元璋劝他：滁州是山城，不通船只商贾，也没有险要地形可守。一称王目标大了，元兵再来怕保不住。子兴才放弃了作王爷的念头。②

脱脱大军用全力攻高邮，外城已被攻破，城中支持不住，想投降又怕不肯赦罪，正在两难间，张士诚急得唉声叹气，准备突围下海。突然间元顺帝颁下诏旨，责备脱脱，说他："往年征徐州，仅复一城，不久又丢掉了。这回再当统帅，劳师费财，已经过了三个月，还无功效。可削去兵权，安置淮安路。弟御史大夫也先帖木儿安置宁夏路。如胆敢抗拒，即时处死。"宣读后全军忿恨大哭，即时四散，一部分投入红军，红军越发强大。张士诚趁机出击，不但转危为安，而且从此基础巩固，地盘日渐扩大。

脱脱交出兵权，被押解西行，鸩死于吐蕃境上。③

这一变化，是蒙古统治阶级内部矛盾尖锐化的必然结果。脱脱是蒙古贵族世臣，有能力，有办法，元顺帝极为信任，付以军政大权。从徐州攻下后，元顺帝就以为天下太平了，该好好享乐一番。宠臣哈麻背着人引进了会房中运气之术的西天僧，他能使人身之气，或消或胀，或伸或缩，号"演揲儿法"，也叫秘密佛法，多修法。顺帝大喜，封西天僧为司徒、大元国师。国师又荐了十个皇亲贵族会这佛法的，叫作十倚纳，内中有个叫老的沙的是顺帝的母舅。上都穆清阁修成，一溜儿几百间房子，千门万户，朝朝宴会，夜夜笙歌，君臣都玩昏了。哈麻的母亲是元宁宗的乳母，他出身宫廷禁卫，深

① 《明太祖实录》卷一；《皇朝本纪》。

② 《明太祖实录》卷一。

③ 《元史》卷一百三十八，《脱脱传》；《国初群雄事略》卷七，周张士诚。

得元顺帝宠爱，初时依附脱脱兄弟，作到中书右丞，有地位了，和脱脱的亲信闹意见，被调官为宣政院使，位居第三。哈麻恨极，向奇皇后和皇太子爱猷识里达腊挑拨，说立皇太子后好久没有行册命和告庙之礼，都是脱脱兄弟在阻挠。又诬告脱脱师劳无功。脱脱出师在外，失去宫廷的支持，被贬毒死，哈麻代为丞相。

脱脱使计谋排斥伯父伯颜，取得相位，在对汉、南人的政策上，却和伯颜一致。当红军初起时，凡议军事，不许汉、南人参预。有一天脱脱进宫报告军事，中书官（中书省的属官，机要秘书一类的官职）两人照例随后跟着，因为这两人是汉人，脱脱忙叫禁卫喝住，不许入内。又上奏本说，如今河南汉人造反，该出布告，一概剿捕汉人；诸蒙古、色目犯罪贬谪在外的，都召回来，免得被汉人杀害。这榜文一出，不但河南，连河北汉人也不能不参加红军了，红军声势因之日益浩大。①

脱脱死后，元顺帝越发无所忌惮了，为所欲为。这时东南产米区常州、平江、湖州（今浙江吴兴）一带都被张士诚占领，浙江沿海地区被方国珍占领，往北运河沿线被红军控制，陆运和内河运输线全被切断了。另一粮食补给区湖广（湖南、湖北）也早已失去。南方的粮食不能北运，大都过百万军民立刻缺粮，闹粮荒，加上中原地区连年闹蝗灾、旱灾、兵灾，老百姓饿极只好吃蝗虫，大都的军民则连蝗虫也吃不上，饿死的不计其数，又闹瘟疫，惨到人吃人的地步。② 在这样严重的境况中，元顺帝却毫不在意，在内苑造龙舟，亲自打图样，龙舟长一百二十尺，宽二十尺，驶动时龙的头眼口尾都跟着动，内有机括，龙爪自会拨水。元顺帝每登龙舟，还命盛妆彩女，两岸牵挽。③ 又自制宫漏，高约六七尺，宽三四尺，造木为柜，暗藏诸壶其中，运水上下。柜上设西方三圣殿，柜腰立玉女捧时刻筹，到时候自然浮水而上。左右站两金甲神，一悬钟，一悬钲，到夜里金甲神会按时敲打，不差分毫。当钟钲打响时，两旁

---

① 《庚申外史》上；《元史》，《脱脱传》，卷二百零五《哈麻传》。

② 《草木子》卷三，《克谨篇》。

③ 《庚申外史》下；《元史》卷四十三，《顺帝本纪》。

的凤凰狮子也会飞舞应和。柜的东西面有日月宫，飞仙六人立于宫前，到子、午时飞仙排队度仙桥到三圣殿，又退回原处。精巧准确，的是空前的科学制品。① 又喜欢搞建筑，自画屋样。爱造宫殿模型，高尺余，栋梁楹槛，样样具备，匠人按式制造，京师人叫他作鲁班天子。内侍们想得到新殿的金珠装饰，一造好就批评不够漂亮，说比某家的不如，他就马上拆毁重造，内侍们都发了财。② 他爱好机械制造，爱好建筑艺术，爱好音乐歌舞，成天搞这样，修那样，就是懒得管政事，每日游船饮宴，打仗的事也不在意了。老百姓成批饿死，更是漠不关心。有限的一点存粮全运到女宠家里，百官俸禄只好折支茶纸杂物。宫廷里充满了腐臭淫乱的生活，表面上装点出一片繁丽升平的气氛。③

滁州在战乱后，突然增加几万大军，粮食不够吃，军心不安。元璋建议南取和州，移兵就食。虹县人胡大海生得高个子，黑脸膛，智力过人，带全家来归附，元璋就用他为前锋，一鼓攻克和州。至正十五年正月，子兴得到占领和州的捷报，派元璋作总兵官镇守。

元璋在子兴诸将中，名位不高，年纪又轻，奉命总兵，怕诸将不服。寻思了半天，想出主意。他叫人撤去大厅上主将的公座，只摆一条木凳子。次日五鼓，诸将先到，当时座位高低按蒙古习俗以右首为尊，元璋故意迟到，一看只留下左末一席，不作声就坐下了。到谈论公事时，诸将只会冲锋陷阵，要判断敌情，决定大事，却什么也说不出来，面面相觑。元璋随事提出办法，合情合理，有分寸，有决断，诸将才稍稍心服。末后议定为了更好地防御敌人进攻，要分工修理城池，各人认定地段长度，限三天完工。到期会同诸将查验工程，只有元璋认定的一段作完了，其余的全未修好。元璋沉下脸，摆公座朝南坐下，拿出子兴命令，对诸将说："奉主帅令总兵，责任重大。修城要事，原先各人分别认定，就该如期完工。如今都延误了，一有敌情，这仗怎么打？军务紧急，竟这般不齐心，还有

---

① 《元史》卷四十三，《顺帝本纪》。
② 《庚申外史》；《元史·顺帝本纪》。
③ 《庚申外史》下。

什么纪律？现在说明白，既往不咎，今后如再有不遵军令的，就要严格执行军法，可顾不得弟兄情分了！”一来确是子兴的令牌，元璋是和州的主将，违拗不得；二来诸将误了军机，理亏，作声不得。大家只好谢罪求饶。尽管如此，诸将还仗着是子兴老部下，面子上认输，心里仍然不服气。只有汤和小心谨慎，最听话，也最守纪律，作出一个榜样。李善长左右沟通，尽心调护，元璋的主将地位才逐渐巩固下来。从此，元璋又从总管升成总兵官，从带领几千人的小军官成为镇守一方的大将了。①

一天，元璋出外，有一小儿在门外啼哭，元璋问他为什么哭，说是等他父亲。问父在何处，说在官养马。母亲呢？说也在军营里，和父亲不敢相认，但以兄妹相呼。他不敢进去，只好在门外等着。原来子兴的部队数量发展大了，“民兵”、“义兵”都成批地大量地掺杂进来，这些地主的武装队伍，成分复杂，流氓、地痞，什么样人都有，他们在攻破城池以后，就乱杀人，乱抢东西，俘虏壮丁，霸占妇女，闹得老百姓妻离子散，家破人亡。元璋认为情势严重，再这样胡搞下去，军队是站不住脚的。立刻召集诸将，申明约束：“大军从滁州来此，人皆只身，并无妻小。入城后乱搞一起，虏人妻女，使老百姓夫妇离散。军队没有纪律，怎么能够安定地方。以后取城子，凡有所得妇人女子，惟无夫未嫁者许之，有夫的妇人不许擅有。”第二天召集全城男子妇女在衙前集会，让男子分列门外大街两旁，所虏妇女从门内一个接一个走出，下令是夫妇即便相认，一时夫妻父子纷纷互相叫唤，闹哄哄挤成一团，有哭的，有笑的，有先哭后笑的，也有又哭又笑的，一霎时有多少家庭团圆，也有不少孤儿寡妇在啜泣。原来惨惨凄凄路上断人行，商贾罢业的景象，登时改变了，和州城稍稍有了生气，不光是一座有驻军的城子，也是一座有人民的城子了。②

孙德崖因濠州缺粮，一径率领部队到和州就食。将领兵士携妻挈子，不由分说，占住和州四乡民家。德崖带了亲兵，进驻州衙。

① 《明太祖实录》卷二。

② 《明太祖实录》卷二；《皇朝本纪》。

元璋无法阻拦，正在叫苦。郭子兴得了消息，也从滁州赶来，两个死对头挤在一处，多时积聚的怨恨集中爆发了。

子兴性情暴躁，耳朵软，容易听人闲话，开头有人说元璋多取妇女，强要三军财物，已是冒火。接着又听说孙德崖和元璋合伙去了，越发怒气冲天，也不预先通知，黑夜里突然来到。一进门，子兴满面怒容，好半晌不说话。元璋跪在下面，也不敢说话。突然子兴问你是谁，答说总兵朱元璋。子兴大喊："你知罪吗？你逃得到哪里去！"元璋放低了声气说："儿女有罪，又逃得到哪里去。家里的事迟早好说，外面的事要紧，得有个主张。"子兴忙问是什么事，元璋站起来，小声说："孙德崖在此地，上回的事结了深仇。目前他的人，城里城外都挤满了，怕会出事。大人得当心，安排一下。"子兴一听，才明白元璋不是和孙德崖结成一伙，气就消了。

天还不亮，孙德崖派人来说："你丈人来了，我得走了。"元璋知道不妙，连忙告诉郭子兴。又去劝孙德崖："何必这样匆忙呢？"德崖说："和你丈人相处不了。"元璋看德崖的神色，似乎不打算动武，就劝说两军同处一城，要走也得让部队先走，元帅殿后好镇压，免得临时出事故，伤了和气。德崖答应了。元璋放心不下，亲自替孙军送行，走了十多里，正要回来，后军传过话来，说是城里两军打起来了，死了许多人。元璋慌了，忙喊随从壮士耿炳文、吴祯靠近，飞马奔回。孙军抽刀拦住去路，揪住马缰绳，簇拥向前，见了许多将官，都是旧友，大家七嘴八舌，以为城内两军火并，元璋一定知情。元璋矢口分辩，边说边走，趁人不提防，勒马就往回逃。孙军的军官几十人策马追赶，枪箭齐下，侥幸衣内穿了连环甲，伤不甚重。逃了一阵，马力乏了，追骑赶上，元璋中枪堕马，被用铁索锁住脖子。有人就要举刀砍杀，又有人劝住，说孙元帅现在城里，如此时杀了朱元璋，孙元帅也活不了。不如派人进城看明白再作道理。立时有一军官飞马进城，见孙德崖正锁着脖子，和郭子兴对面喝酒呢。郭子兴听说元璋被俘，也着慌了，情愿走马换将。可是两家都不肯先放，末后有人出个主意，郭子兴先派徐达到孙军作抵押，换回元璋，元璋回到城里再放孙德崖，孙德崖回去了，再放回徐达。

元璋被孙军拘囚了三天，几次险遭毒手，亏得有熟人保护，才能平安脱身回来。①

元至正十五年（宋龙凤元年）二月，红军统帅刘福通派人在砀山（今江苏砀山）夹河访得韩林儿，接到亳州，立为皇帝。又号小明王，臣民称为主公。建国号为宋，年号龙凤。拆鹿邑太清宫木材，建立宫殿。小明王尊母杨氏为皇太后，以杜遵道、盛文郁为丞相，刘福通、罗文素为平章政事，福通弟刘六为知枢密院事。军旗上写着鲜明的联语："虎贲三千，直抵幽燕之地；龙飞九五，重开大宋之天。"上联声言要统一全国，下联说明这个政权是继承赵宋的。杜遵道的出身是元朝枢密院掾史，作了丞相，得宠擅权。刘福通不服他，私下埋伏甲士，挝杀遵道，自为丞相。不久又改作太保。红军军政大权全部掌握在他一人手里。韩宋刚刚建立的新政权，还没有完备、巩固，内部就发生冲突，自相残杀，削弱了自己的力量。②

郭子兴恨死了孙德崖，逮住了正要杀害，出一口气，为了交换元璋，只好放走。心中怏怏不快，成天忧郁发闷，得了重病，三月间不治身死，葬在滁州。军中军务由子兴子天叙、妇弟张天祐和元璋共同掌管。正在发愁，主帅新死，万一元军来攻，孤军无援；又怕孙德崖乘机来接管兵权，无法应付。正好杜遵道派人来计较立帅，军中公推张天祐到亳都面议，不久就带回小明王命令，委任郭天叙为都元帅，张天祐为右副元帅，朱元璋为左副元帅，军中文告都用龙凤年号。③

三、大元帅

和州都元帅府三个元帅，依军中阶级说，郭天叙是主帅，张天

---

① 《明太祖实录》卷二；《皇朝本纪》。

② 《辍耕录》卷二十七，《旗联》；《元史》卷四十四，《顺帝本纪》；陆深：《平胡录》；《国初群雄事略》卷一，宋小明王。

③ 《皇朝本纪》；《国初群雄事略》，宋小明王。

祐和朱元璋是副职，一切军务都应该由都元帅发号施令。但是，一来郭天叙年轻，没有军事经验，出不了主意；张天祐一勇之夫，逢事无决断；二来朱元璋不但有大批勇猛善战的贴身伙伴，徐达、邵荣、汤和等战将，更重要的是他有自己系统的军队，这一支军队占郭子兴军事力量的很大比重；第三，元璋处心积虑，要自立门户，又有李善长、冯国用等一帮弄文墨的作助手，越发施展得开。以此，元璋虽然在军中坐的是第三把交椅，却作得主，办得事，俨然是事实上的主帅。

虹县人邓愈，十六岁就跟父兄参加红军，父兄都阵亡了，邓愈带着部队，每战挺身当前，先登陷阵，军中都服其勇武。怀远人常遇春，勇猛过人，精于骑射，世乱没活路，跟人做了些时候强盗，眼看那些头目只会打家劫舍，没出息，不成气候，决心自找出路。两人都来投奔，邓愈有队伍，命为管军总管，常遇春以勇猛命作前锋。①

和州东南靠长江，城子小，屯驻的军队多。元兵几次围攻之后，虽然坚决顶住，却又闹粮荒了。跨过长江，正对面是太平（今安徽当涂）。太平南邻芜湖，东北达集庆（今江苏南京），东倚丹阳湖。湖周围的丹阳镇、高淳、溧水、宣城都是产米区。部队没饭吃，却眼看着对岸有成仓成库的粮食，只是被长江隔断了，怒涛汹涌，浪花起伏，没船只如何过得去？即使有船，少了也不济事，总得上千条才行，一时又怎么打造得起来？即使有了那么多船，没有水手又怎么驶得过去？元璋和文武将佐昼夜商量，也没个主意。

正好巢湖水军头目李扒头（国胜）派部将俞通海来商量军事。原来从颍上红军起义以后，巢湖周围地区彭莹玉的门徒金花小姐、赵普胜、李扒头等人纷起响应。至正十二年李扒头据无为州，双刀赵（普胜）据含山寨，联结各地起义头目俞廷玉、通海、通源、通渊父子，廖永安、永忠兄弟，赵仲中、庸兄弟，桑世杰、张德胜等

---

① 《明史》卷一百二十五《常遇春传》，卷一百二十六《邓愈传》。

人，和元军力战。在一次大战中，金花小姐战死，李扒头、双刀赵退屯巢湖，建立水砦，有一千多条大小船只，万多人水军，因为都是彭莹玉的门徒，这水砦就称为彭祖家，也叫彭祖水寨。大伙推李扒头作大头目，双刀赵坐二把交椅。他们和庐州（今安徽合肥）头目左君弼结下怨仇，吃了好多回败仗，势孤力单，三次派人来求救兵。元璋大喜，亲自到巢湖连络，劝以与其死守挨打，不如两家合力，一起渡江，寻谋出路。正好五月间霉雨季节，一连下了二十几天雨，大小河流都涨满了水，毫不费事，船只鱼贯出了巢湖。双刀赵不愿和元璋合伙，半路上率领所部逃归彭莹玉，余下大小船只扫数到了和州。①

龙凤元年（元顺帝至正十五年，公元1355年）六月初一日，元璋率领徐达、邵荣、冯国用、汤和、常遇春、邓愈、耿君用、毛广、廖永安、李善长诸将分领水陆大军乘风渡江，直达采石，常遇春跳上岸，挥戈奔向元军，诸军鼓勇续进，元兵惊溃，缘江堡垒，一齐归附。红军将士饿了多时，一见粮食牲口，欢天喜地，抢着搬运，打算搬回和州慢慢享用。元璋和徐达商量，退守和州，过些日子还得闹饥荒，不乘势打开局面，更待何时？决计乘胜直取太平。下令把船缆都砍断了，把船推入急流，霎时间大小船只顺流东下，江面上空空如也，片帆不见，诸军慌乱叫苦。元璋使人喊话，前面就是太平府，子女玉帛，无所不有，打下了随意搬回家。军士听了，饱餐后径奔太平城下，一鼓攻克，正要大杀大抢，元璋事先叫李善长写了禁约："不许虏掠，违令按军法处置。"四处张贴，还派一班执法队沿街巡察。军士看了只得住手。有一小兵犯法，立时斩首。太平一路的百姓顿时安定下来。又怕军心不稳，勒令当地大财主献出些金银财帛，分赏将士，大小三军无不欢喜。②

从和州渡江是巢湖水军的功劳，李扒头起了野心，打算吞并元璋的军队，在船上摆酒庆功，阴谋杀害。桑世杰不以为然，劝阻不

---

① 《明太祖实录》卷二，卷十八；《皇朝本纪》；《国初群雄事略》卷二，滁阳王；高岱：《鸿猷录·龙飞淮甸》；《明史》卷一百三十三，《廖永安传》、《俞通海传》。

② 《皇朝本纪》。

住，便暗地告知元璋，元璋推病不去。隔几天，元璋设宴回请，李扒头不防，被灌醉捆住手脚，丢在江里。扒头手下诸将，全部投降。元璋从此又有了水军。①

太平地方儒士李习、陶安率领地方父老出城迎接红军。陶安建议："如今群雄并起，攻城夺邑，互相雄长。他们眼里只看见子女玉帛，烧杀抢掠，成不了气候。将军若能一反群雄所为，不杀人，不掳掠，不烧房子，东取集庆，据其形势，出兵以临四方，是可以平定天下的。"元璋很以为然，留在元帅府作令史。下令改太平路为太平府，以李习为知府。置太平兴国翼元帅府，元璋作元帅，以李善长为帅府都事，潘庭坚为帅府教授，汪广洋为帅府令史。点乡下老百姓精壮的作民兵，居民积蓄扫数运进城来，命诸将分守各门，修城浚濠，准备固守。②

元兵分两路包围太平：水路以大船封锁采石，堵住红军的归路；陆路由"义兵"元帅陈野先率军数万进攻，形势急迫。元璋亲自率领壮士拼命拒守。新讨的二夫人孙氏，劝把府库的金银抬到城上，分给有功将卒，鼓舞士气。徐达别出一军，绕到敌人背后，前后夹击，元军大败，生擒陈野先，元璋劝他投降，宰白马乌牛，祭告天地，结为兄弟。第二天野先全军归降，合军进攻集庆。

野先的妻子被留在太平作质，部下被张天祐领去攻集庆。他家是大地主，极恨红军，暗地里嘱咐部下，只装做打仗的样子，千万别认真打，三两日内自己脱了身，就回来打红军。七月间，红军进到集庆城下，元朝守将福寿力战，张天祐带的人只有小半人在打，大半人在看，吃了一个大败仗，回来好生没趣。

九月间，郭天叙、张天祐和陈野先合军再攻集庆，把集庆团团围住，打了七天。野先早已和元将福寿约好，城内外表里夹攻，他备宴请两个元帅吃酒，席间伏下壮士，生擒郭天叙、张天祐，送给福寿，即时杀了。元军乘机反攻，红军大败，死了两万多人。陈

---

① 《国初事迹》。

② 《国初事迹》；《明太祖实录》卷三。

野先一鼓作气，追击红军到溧阳，当地元朝“民兵”不明底细，只听说他投降了红军，设下埋伏，也把他杀了。部队由从子兆先接管。①

郭、张二帅死后，子兴的旧部就全归元璋指挥了。他现在是名实一致的都元帅，小明王麾下的大将。子兴的三子天爵，后来小明王命为中书右丞，在元璋底下作官，无兵无权，不免发牢骚，和子兴一部分老部下合谋，想除掉朱元璋，自立门户，被发觉后处死。②

元璋率领大军渡江，马夫人和将士的家眷仍留在和州。和州是后方基地，得有亲人镇守，将士家眷有人照看，也可以使将士安心作战。和州和太平的交通只有水路，虽然七八个月来，陆续占领了溧水、溧阳、句容、芜湖一些城子，集庆孤立，三面被包围，可是水路却被元军切断了，消息不通。一直到龙凤二年二月，元璋大败元水军，尽俘其舟舰以后，两地的交通才完全畅通，军心也安定了。

三月初一，元璋自太平亲率水陆大军并进，三攻集庆。城外屯兵陈兆先战败投降，得兵三万六千人。集庆城破，守将福寿战死，水寨元帅康茂才和军民五十余万归降。元璋入城后，召集官吏军民大会，剀切宣告：“元朝政治腐烂，到处起兵反对它，老百姓吃够了苦头。你们困处危城，成天担心害怕，生命没有保障。我带兵到这里是为你们除乱的。大家都要各安职业，不要疑惧；贤人君子愿意跟我建功立业的，以礼任用；作官的不许横暴，作践百姓；旧制度对百姓不好的立刻改掉。”一番话安定了人心，建立了正常的秩序。

---

① 《国初事迹》；《明太祖实录》卷三；《国初群雄事略》卷二，滁阳王。陈基《夷白斋稿》卷十《南台御史西夏永年公勋德诗序》：“至正十六年五月，淮西寇渡江，攻陷太平，纵兵四劫，潜趣集庆，攻南门……秋七月，贼复至，又败之。九月，贼大至，围城四面，凡七日……先是淮西义兵元帅陈也先率其徒渡江，屯集庆城南之板桥，行台用言者计，命也先与官军并征太平，也先陷贼，贼质其妻子，使为先锋，务必取集庆。也先素服公威信，输密款，愿擒首贼以自效，众皆疑其诈，公独决听之无惑，令俾官军与也先表里合攻，遂生擒伪元帅郭、张二人及其余伪官甚众，杀死者无算。因乘胜逐北，鼓行趣太平，且旦暮克复，而也先为乡兵误杀，举军痛惜之。”

② 《国初群雄事略》卷二，滁阳王。

老百姓高兴极了，互相庆贺。当下改集庆路为应天府，设天兴建康翼统军大元帅府，以廖永安为统军元帅，以赵忠为兴国翼元帅守太平。儒士夏煜、孙炎、杨宪等十几人进见，先后录用。小明王得到捷报后，升元璋为枢密院同佥。不久又升为江南等处行中书省平章，李善长为左右司郎中，以下诸将都升元帅。①

元璋得应天后，他的地盘以应天作中心，西起滁州，划一直线到芜湖；东起句容到溧阳。西边长，东线短，是一块不等边形，横摆着恰像个米斗，西线是斗底，东线是斗口。四面的形势是：东边元将定定扼守镇江；东南张士诚已据平江，破常州，转掠浙西；东北面青衣军张明鉴据扬州（今江苏江都）；南面元将八思尔不花驻徽州（今安徽歙县），另一军驻宁国（今安徽宣城）；西面池州（今安徽贵池）已为徐寿辉所据；东南外围则元将石抹宜孙守处州（今浙江丽水），石抹厚孙守婺州（今浙江金华），宋伯颜不花守衢州（今浙江衢县）。元璋局面小，兵力不强，处境四面受敌，虽然有了粮食，部队不致挨饿，军事形势却十分不利。

幸亏这时元军正用全力和小明王作战，顾不上朱元璋这地区的军事。前一年十二月元将答失八都鲁大败刘福通于太康，进围亳州，小明王奔安丰。察罕帖木儿和红军转战河南，一时分不出力量来打南面。红军主力军的威力暂时销沉，张士诚的兵锋又活跃起来了，徐寿辉也在湘汉流域攻城掠地，元军处于两线作战的危境，非常被动。龙凤二年秋天，小明王的红军主力经过整顿补充，决定北征战略，分兵出击：一路破武关（在今陕西商县东），陷商州，进攻关中（今陕西省）；一路攻克了山东北部。第二年刘福通分兵三路：大将关先生、破头潘、冯长舅、沙刘二、王士诚一路趋晋、冀（今山西、河北）；白不信、大刀敖、李喜喜一路攻关中，毛贵一军由山东北上；第一路军又分两路：一军出绛州（今山西新绛县），一军出沁州（今山西沁县），过太行山，破辽、潞（今山西辽县、长治县），陷冀宁（今山西太原），攻保定（今河北保定），下完州（今

① 《国初事迹》；《明太祖实录》卷四；《国初群雄事略》卷二，滁阳王。

河北完县），掠大同、兴和（今山西大同，内蒙古自治区张北县）塞外部落，攻下上都，转掠辽阳（今辽宁辽阳），侵入高丽，从西北折到东北，兜了一个半圆圈。第二路军陷凤翔（今陕西凤翔）、兴元（今陕西南郑），南进四川；另一支部队又陷宁夏，转掠灵武诸边地。第三路军尽占山东西北部、河南北部，北取蓟州（今河北蓟县），犯漷州（今北京通县南四十五里），略柳林（今北京通县南，故漷县西），直逼大都。福通亲自统军占山东西南和河南北部，出没河南北。龙凤四年五月，攻下汴梁（今河南开封），建作都城，接小明王来定都。① 红军所到地方，攻无不取，战无不胜，元朝地方官吏吓破了胆，一听有红军来攻，便忙着逃命。当时有童谣形容道：

满城都是火，府官四散躲，城里无一人，红军府上坐。②

二三年间，红军长驱深入，转战万里，来回地兜圈子，元朝主力军队用尽一切力量抵抗和进攻，军力大大地削弱了，而且大敌当前，也就顾不到这东南地区新起的红军小头目了。朱元璋趁元军无力南顾期间，逐步巩固根据地，扩充实力，逐步消灭元朝的分散兵力和割据群雄，开辟疆土。虽然他所处的地理位置在东南地区说是四面受敌，但是在全国范围说，和元朝主力军对峙的形势上说，恰好中间隔着三个割据政权，东面是张士诚，北面是小明王，西面是徐寿辉，东西两面虽是敌国，免不了打仗，却起了隔绝元朝主力军进攻的作用，北面是红军主力，更不用说，这三个大卫星保护着朱元璋，给他以发展壮大的机会。等到小明王的军事力量已被元朝消灭以后，两败俱伤的结果，元朝的军事力量也已经消耗殆尽了。相反的，在这段期间，朱元璋取得向南面和东南外围，处在被隔绝、孤立、分散的元军主动进攻的军事成果，拥有广土众民，财力充足，他的军队已成为从战斗中锻炼出来的有组

---

① 《庚申外史》；陆深：《平胡录》；《国初群雄事略》卷一，宋小明王；《明史》卷一百二十二，《韩林儿传》。

② 《辍耕录》卷九，《松江官号》。

织有训练的最强大的军事力量，可以和元军打硬仗，比高下，角雌雄了。

在这一斗形地区所处的军事形势，东边镇江如落在张士诚手里，便可以直捣应天；南边宁国如给徐寿辉占了，就像背上插一把尖刀，关系十分重大。要确保应天的安全，就非取得这两个据点不可。元璋在应天才安顿停当，便派徐达统兵攻下镇江，分兵占领金坛、丹阳等县，向东线伸出一个触须。到六月，又派邓愈攻下广德路，把住后门。在出兵时，为了整顿军队纪律，和徐达商量好了，故意找出徐达错处，绑了请王命牌要处死刑，李善长和一群幕僚再三求情，说好说歹，才放了绑。当面分付，这次出兵，攻下城子，不烧房子，不抢财物，不杀百姓，才准将功折罪。徐达破镇江时，号令严肃，百姓安安静静，照常过日子作买卖，像不曾打过仗似的。别的城子听说朱元璋的军队不杀人，军纪好，都放了心。这名气传遍了，元璋军事上的成功和巩固便有了保障，把元军和一些地主军都孤立起来了，此后便一个胜利接着一个胜利，地盘随着一天天扩大，经济力量和军事力量也随着日益强大了。① 接着分遣诸将攻克长兴、常州，亲自攻下宁国，又先后占领江阴、常熟、池州、徽州、扬州等地，在龙凤三年这一年中，把应天周围的战略据点全数取下，作为向外发展的前哨基地。在战略上，东起江阴，沿太湖南到长兴，划一条直线，构成防线，堵住张士诚西犯的门路；在宁国、徽州屯驻大军，安排进入浙东的步骤；西线和天完（徐寿辉的国号）接境，采取以守为攻的战略；北面是友军，只放少数军力镇压地方就可以了。元璋看清楚了周围情况，集中力量，攻其弱点，先伸出南面的拳头，消灭和本部完全隔绝、孤立无援的浙东元军，形势已和一年前大大不同了。

元璋懂得读书的好处，因为祖先的许多成功、失败的经验都写在上面，不读书便没有办法取得这些经验，也苦于自己读书不多，许多道理还不大说得明白，以此，他很尊敬有学问的读书人。也懂

---

① 《皇朝本纪》；《明太祖实录》卷四。

得读书人能替人出主意，办事。这些儒士，谁对他们尊重，给面子，给好处，养得好，吃得饱，就替谁出力作事，这种办法叫作“养士”，是自古以来就已行之有效的老办法。他要想建立好自己的基业，管好占领的地方，就非养士不可。而且，假如不养，儒士跑到敌人方面去或者纠集地主武装抵抗，结果只能是削弱自己，壮大敌人，是十分有害的。并且，儒士掌握着知识，在地方上有声望，老百姓怕官府，有了什么事都得找儒士出主意；在经济上儒士处于中小地主地位，有许多佃户，佃户是不敢不听田主的话的，儒士和老百姓之间有着多方面的联系，把他们养了，老百姓也就好管了。因之，每逢占领一个新地方，必定访求这地方的儒士，软的硬的方法都用，总之是非来不可，罗致在幕府里作秘书、顾问、参谋一类的工作，表现忠心的就派作地方的长官。在打下徽州时，老儒朱升告诉元璋三句话：“高筑墙，广积粮，缓称王。”意思是要他第一巩固后方，第二发展生产，第三缩小目标，长远打算，对元璋后来事业极有影响。①

渡江以后不久，又遭遇到粮食不足的困难。这是因为几年来到处战乱，农村壮丁大部分从军去了，土地上的劳动力大感缺乏；加之，因为战争的破坏，堤坝失修，耕牛被屠杀，粮食产量下降。元璋军队驻在各处的给养，只好采取强征办法，到处张贴大榜，招安乡村百姓缴纳粮草，叫作寨粮。农民收的粮食被征发得多了，生产的积极性也就低了，懒得深耕细作，粮食产量因之更加减少，军队越发吃不饱了。② 这情况是具有普遍性的，扬州的青衣军甚至拿人作粮食。③ 朱元璋的军队在行军的时候，出征军士概不支粮，按元璋军令：“凡入敌境，听从捎粮。若攻城而彼抗拒，任将士检括，听为己物。若降，即令安民，一无所取。如此，则人人奋力向前，攻无不克，战无不胜。”④ 捎粮也就是寨粮。检括这一词的来源，出于

---

① 《明史》卷一百三十六，《朱升传》。

② 《国初事迹》。

③ 《辍耕录》卷九，《想肉》；《明太祖实录》卷五。

④ 《国初事迹》。

同时的苗军，苗军打仗，靠检括供给。检括的意思就是抄掠，不过还要重一些，重到括干净不留一点儿的地步。① 胡大海和常遇春先后提出意见，以为寨粮这办法行不通：占领地区政权的巩固主要依靠老百姓的支持，要粮要税都出在老百姓身上，捎粮没有个数目，老是捎粮，老百姓受不了，不是经久之计。元璋想了又想，和幕僚们研究出一个老办法，要“广积粮”，除了老百姓出一点，还得部队自己动手搞生产。古书上有过屯田的例子，是条好经验。几年来兵荒马乱，农田圩围堤坝都破坏了，老百姓修不起。龙凤四年二月以元帅康茂才为都水营田使，要他专责兴修水利，分巡各处，做到高地不怕旱，洼地不怕涝，务使用水蓄泄得宜，恢复农业生产，供给军需；又分派诸将在各处开垦荒地，立下章程，用生产量的多少来决定赏罚，且耕且战，除了供给本部军饷以外，还要做到有存粮。一年后，康茂才的屯区得谷一万五千石，余粮七千石。元璋下令褒奖，指出要解决粮食不足的困难，减轻农民负担，强兵足食，必须做好屯田工作。几年工夫，到处兴屯，仓库都满了，军食够了。龙凤六年五月才明令禁止各州县征收寨粮，农民很高兴。水利修多了，粮食产量也相应增加了。在设置营田使的同一年，又立管领民兵万户府，抽点民间壮丁，编作民兵，农时则耕，闲时练习战阵，作为维持地方安宁的力量，这样便可以抽出正规军专门打仗，一面把作战力量和生产力量合而为一，另一面又把保卫地方武装力量和进攻作战军队分开，不但加强了生产力，也同时加强了战斗力。这一番作为，说明了为什么当时群雄都先后失败，惟独后起的朱元璋所以成功的原因。②

外围的军事威胁已经解除，内部的粮食生产也有了办法，元璋的进攻矛头立刻指向土地肥沃盛产粮食丝绸的浙东、西谷仓。先取皖南诸县，从宁国经过徽州时，听说当地儒士唐仲实很有学问，就找他谈话，问以汉高祖、光武帝、唐太宗、宋太祖、元世祖都统一了全国，是什么道理？唐仲实说：“这几个皇帝都不喜欢乱杀人，所

① 《辍耕录》卷八，《志苗》。

② 《明太祖实录》卷六、卷八、卷十二。

以能做到统一。现在你攻取城池，军队纪律好，民心安定，这是大好事。但是，我还要说，老百姓虽然安心了，可是生产还没有信心，负担还重。”元璋说：“你的话很对。我的蓄积少，费用多，只好多拿老百姓一点，这是没有办法的事。也经常想到让老百姓能够松一口气，与民休息，这事我要牢牢记住。”① 由徽州进取建德路，改为严州府。先头部队东达浦江，构成侧面包围婺州的形势。龙凤四年十二月，元璋亲自统率十万大军，军旗上挂着金牌，刻着“奉天都统中华”字样。围城后，同乡儒士王宗显来说，城中守将各自为心，第二天守将就开城迎降了。元璋就在婺州置中书浙东行省，于省门建二大黄旗，上面写着：“山河奄有中华地，日月重开大宋天。”两傍立两个木牌，写着：“九天日月开黄道，宋国江山复宝图。”② 一入城就下令禁止军士剽掠，有亲随知印黄某抢了百姓财物，立刻斩首号令。隔了几天，又召集诸将大会，申明军纪说：“要平定天下必须讲仁义，光靠军事威力是不能取得人民支持的。打仗占城子要用兵，安定民心要用仁。前时进集庆，做到秋毫无犯，百姓很喜欢。这回新占婺州，百姓安堵，要用心抚恤，使人民乐于归附，这样，其他郡县就会闻风归附了。我每回听到诸将下一城，得一郡，不乱杀人，就喜欢得不得了。百姓是喜欢宽厚的政治的，作将帅的能够做到不乱杀人，于国于己，都有好处。能够做到这一条，也就可以建功立业，平定天下了。”③

婺州是两百多年来的理学中心，出了很多著名学者，号为小邹鲁。经过多年战乱，学校关门，儒生四散，没有人讲究学问了。元璋聘请当地著名学者十三人替他讲解经书、历史。建立郡学，请学者当学正、训导。任命金华人叶仪、宋濂为五经师，范祖干为谘议，宋濂是当时有名的文人。他开始和儒学接触了，受宋儒的思想影响了。④

---

① 夏燮：《明通鉴》。

② 《国初群雄事略》卷一，宋小明王，引俞本：《纪事录》。《国初事迹》作：“于南城竖大旗，上写‘山河奄有中华地，日月重开大统天’”，大宋作大统。大统无意义，显然是后来窜改的。

③ 《明太祖实录》卷六，卷七。

④ 《明太祖实录》卷六；《明史》卷一百二十八，《宋濂传》。

这种思想学说是为封建统治阶级的利益服务的，元璋觉得很有用，认真学习。

龙凤五年五月，小明王升元璋为仪同三司江南等处行中书省左丞相。[①] 八月，元将察罕帖木儿攻陷汴梁，刘福通奉小明王退保安丰。元璋的浙东驻军先后占领诸暨、衢州和处州，东南一带被孤立的元军据点，次第消灭。他的领土遂成为东面北面邻张士诚，西邻陈友谅，东南邻方国珍，南邻陈友定的局面。四邻的敌国，比较起来，张士诚最富，陈友谅最强，方国珍、陈友定志在保土割据，并无远大企图。因之，元璋的军事计划，适应新的军事形势，又改变了重点，采取对东南取守势，东北和西线取攻势的战略。以张士诚和陈友谅相比，士诚出身私盐贩子，遇事斤斤计较，顾虑多，疑心重。友谅是打鱼出身的，惯在风浪里过日子，野心大，欲望高，一个保守持重，一个冒险进取。以此，对东北面和西线的攻势又分清先后缓急，对士诚以守为攻，用精兵扼住江阴、常州、长兴几个据点，使士诚不能向西进一步；对友谅则以攻为守，使友谅不能不分散兵力，驻守可能被攻击的要塞，不能集中运用兵力。元璋区别不同的敌人，运用不同的战术，在军事上取得了主动的有利的优势。

浙东虽已大部平定，地方上有名望的豪族叶琛、章溢、刘基等人还躲在山里不肯出来。元璋派人礼请，他们都是反对红军的地主，虽然手里都有武装力量，可是军力少、弱，抵抗不了；替红军做事，当然不干，因此，只一味说好话推托。叶琛是丽水人，在元将石抹宜孙幕府，官行省元帅；章溢，龙泉人，是理学大师许谦的再传弟子，组织“乡兵”和蕲、黄红军作战，累官浙东都元帅府佥事。元璋平处州，叶琛、章溢避走福建。[②] 刘基是青田大族，元朝至顺年间考中了进士，做过高安丞、江浙儒学副提举等官。方国珍起兵后，行省荐刘基为元帅府都事，和元将石抹宜孙守处州。刘基主张用兵力平定方国珍，方国珍贿赂京中权要，元朝决定用官爵招安，刘基被夺去兵权，回到青田。地主们怕被方国珍扰害，都来投靠，刘基

① 《国初事迹》；《国初群雄事略》卷一，宋小明王。

② 《明史》卷一二八，《叶琛传》、《章溢传》。

组织了“民兵”，方军不敢进犯。他是死心塌地忠于元朝的，但元朝不用他，牢骚满腹，写了许多诗，如《次韵和孟伯真感兴》四首的一首：

平时盗贼起成云，厚禄能无愧庶民，樽俎自高廊庙策，经纶不用草茅人。……

《次韵张德平见寄》：

贾谊奏书哀自哭，屈原心事苦谁论？

《感兴》三首：

乾坤处处旌旗满，肉食何人间采薇？

以贾谊、屈原自比，怨元朝政府不用草茅，不问采薇，自艾自叹。对红军则辱骂为盗贼、群盗，对元朝军队的军纪也极为不满，如《忧怀》：

群盗纵横半九州，干戈满目几时休？官曹各有营生计，将帅何曾为国谋！猛虎封狼安荐食，农夫田父苦诛求，抑强扶弱须天讨，可怪无人借箸筹！

如《次韵和石抹公春晴》诗：

赤眉青犊终何在，白马黄巾莫漫狂，将帅如林须发踪，太平功业望萧张。

对朱元璋的起义，直斥为盗贼，如《次韵和孟伯真感兴》：

五载江淮百战场，乾坤举目总堪伤，已闻盗贼多于蚁，无奈官军暴似狼。……

《闻高邮纳款漫成口号》：

闻道高邮已撤围，却愁淮甸未全归，圣朝雅重怀柔策，诸将当知虏掠非。……①

---

① 刘基：《诚意伯文集》卷十六。

江淮、淮甸，都指的是朱元璋，圣朝当然是元朝，刘基的立场、思想、感情是很坚定、很清楚的。但是，朱元璋也很坚定，要确保浙东的地方秩序安定，首先得把这些人物收为己用，处州总制孙炎奉命再三邀聘，刘基还是不肯出来，孙炎便写了一封几千字的长信，反复说明利害，概括成一句，就是不出来不行。陶安和宋濂也写信劝他们应聘，实在没办法了，三人才勉强于三月间到应天。① 刘基离开青田时，有人劝他带着部队去，他不听，把部队交给亲兄弟刘陛和得力家人统率，要他们善守境土，提防方国珍进攻。② 到了应天以后，元璋大喜，特别盖了一所礼贤馆，作为贤士的住处。③ 这几个人都是地主，都做过元朝的官，都是地方上的豪绅巨室，并且还是军事首领。在思想上继承宋儒的传统，坚决维护旧制度、旧秩序，仇视红军，骂红军是“妖寇”、“红寇”、“红贼”。④ 在行动上组织地主军队，建立“乡兵”、“义兵”，修筑堡砦，保卫身家产业，帮助元朝政府抗拒红军。一直到元朝在浙东的军事力量完全被消灭，失去了依靠，怕红军不能相容，才不得已逃避山谷。经过元璋多次派人礼聘，讲清楚不算旧账，只要肯出来，不但可以保全身家，还可以作官办事，共治天下。他们弄清楚了这个新政权并不是和地主作对的，相反，是和自己的阶级利益完全一致的，心上一块石头落了地，再加上元璋对他们的重视和优厚待遇，倾听他们的意见，才死心塌地作朱元璋的官。不久，李文忠也举荐儒士许元、王天锡、王祎，同处礼贤馆。他们指望依靠朱元璋的强大军力，建立统一的国家，享受和平安定的生活；指望通过新政权，继续维持一千多年来的封建秩序和文化、习惯，保持和发展地主阶级的利益。过去他们为了这些要求，坚决和元朝政府合作反抗红军，现在也正因为朱元璋看来可以实现这些要求，反过来和元璋合作，进行推翻元朝的民族斗争了。在朱元璋这方面，由

---

① 《明史》卷二百八十九，《孙炎传》。

② 《诚意伯文集》；吴伯生：《诚意伯刘公行状》。

③ 《国初礼贤录》；《明太祖实录》卷八。

④ 徐勉：《保越录》；陈基：《夷白斋稿·精忠庙碑》。

于得到一部分旧地主阶级的合作和支持，元朝的抵抗力量就日益减少了；由于刘基等地主头目的归附，地方的秩序安定也有了保证了。后来在洪武三年（公元1370年）授刘基为弘文馆学士诰就明说："朕亲临浙右之初，尔基慕义。及朕归京师，即亲来赴。当是时，括苍（处州）之民，尚未深信，尔老卿一至，山越清宁。"① 就这样，随着军事胜利和占领地区的日益扩大，地主阶级知识分子参加的就越来越多，朱元璋的军事力量也就越加壮大，取得了更多更大的胜利。同时，元璋部下诸将，虽然大部分是明教徒，对旧地主阶级有着强烈的仇恨，但是，随着军事胜利所取得的政治地位，庄田、奴隶和其他财富，诸将本身也已经从农民阶级转化为新兴的地主阶级了，阶级成分改变了。一部分旧地主阶级的合作和新地主阶级的成长，从根本上逐步改变了朱元璋政权的性质，这个政权现在已经不是原来的农民阶级政权，而是日渐向地主阶级的政权转化了。这个政权，从李善长、陶安、李习参加的时候，就开始变质，到了刘基、宋濂、叶琛、章溢等地主大量参加以后，变质的过程就更加迅速了。政权的本质逐渐改变了，斗争的目标自然也非跟着转变不可。就这样，阶级斗争的内容被取消了，新政权要从地主阶级本身的利益来考虑一切问题，农民阶级的利益要服从地主阶级的利益。另一面，民族斗争的口号被放在突出的主要的地位，通过反元来争取和团结具有民族意识的地主、农民和知识分子，从而加速全面胜利的取得。元璋决心争取地主阶级的合作，封建统治阶级的孔孟儒术理论的支持，来加强和建立自己的基业。他在小明王的军事力量还相当强大，在北线还可以起掩护自己和牵制元军作用的时候，对宋是君臣关系，发命令办事都用"皇帝圣旨"；但是到了小明王的军事主力被元军消灭以后，他的态度就突然改变了，他完全站在地主阶级立场上，在文字上口头上公开斥责红军为"妖寇"、"妖贼"了。他谈孔说孟，自命为恢复封建旧秩序，保存封建旧文化的卫道者了。从此

① 《诚意伯文集》。

以后，他更进一步接受这些旧封建地主阶级知识分子的深刻影响，思想作风和“大宋”日益对立，和为封建统治阶级利益服务的儒家日益接近。①

① 吴晗：《读史札记·明教与明朝》。

第三章 从吴国公到吴王

一、鄱阳湖决战

弥勒教首领彭莹玉从元顺帝至元四年袁州起义失败以后，逃避在淮西一带地方，依靠当地人民掩护，秘密传布教义，组织武装力量，准备更大规模的起义。这人信仰坚定，有魄力，有口才，善于组织、宣传鼓动工作，他在和农民共同生活中，经常和农民谈话，说出老百姓的苦处，指出元朝政府一定会被组织起来的人民所推翻，给受苦难的人民以希望和信心。尽管他使用的是宗教的语言，掺杂着大量的迷信、落后的内容，但是，要起来革命，只有革命才有出路，这一点却是明确的，是能够为广大人民所理解和支持的。他辛辛苦苦在地下工作了十四年，成千成万的穷苦人民团结在他的周围。至正十一年，他和铁工麻城邹普胜，渔人黄陂倪文俊组织西系红军，举起了革命的旗帜。邹普胜膂力出众，讲义气，结交江湖朋友，很有威信。倪文俊是水上英雄，打鱼的人也和贫苦农民一样，要交鱼税，交船税，成天这样税，那样税，被剥削得实在受不了，倪文俊出头带领渔夫抗税抗捐，官兵来追捕，他率众抗拒，大败官兵，就成了黄陂一带的起义领袖。

徐寿辉是罗田的布贩，又名真逸、真一。布贩子经常来往城市和农村，他人缘好，结交了不少朋友。又长得魁梧奇伟，相貌出众，入了教，彭莹玉推为首领，说他是弥勒佛下生，当为人世之主。这年八月间，一切都准备好了，就焚香誓众，起兵反元。九月占领蕲水和黄州路，以蕲水为都城，取意于西方净土莲台，号为莲台省。[1]立寿辉为皇帝，国号天完，年号治平。分兵两路，一路由邹普胜、倪文俊率领，占领汉阳、武昌、安陆、江陵、沔阳、岳州等地；一路由彭莹玉、项甲（又名项奴儿、项普、项普略）率领，攻克江州（今江西九江）、饶州（今江西鄱阳）、信州（今江西上饶）、袁州、徽州。至正十二年七月，由饶、徽集中兵力，入昱岭关，取杭州路。天完疆域扩充到今湖北、湖南、江西、安徽南部和浙江西北部。这支军队纪律好，不杀百姓，不奸淫掳掠，口念弥勒佛号。每攻克城池，便登记归附的人民姓名，各令安业，只运走官府府库里的金帛，作为军费，很得人民拥护。[2]彭祖师的威名，吓得元朝地方官吏胆战心惊。

彭莹玉连下徽、杭，分兵取浙西、浙东州县，正在兵力分散的时候，突然遭到元军的意外袭击。这支元军主力在攻陷安丰后，正要进攻濠州，中途奉紧急军令回援江南，趁彭莹玉在杭州还没有站稳脚跟，军力孤单，出其不意，乘虚进攻，红军大败，彭莹玉、项甲战死，杭州、徽州又为元军所占。[3]

---

① 《草木子》卷三，《克谨篇》。

② 《辍耕录》卷二十八，《刑赏失宜》。

③ 《元史》卷一百八十八《董抟霄传》："至正十一年除济宁路总管，奉旨从江浙平章教化征进安丰……遂复安丰。十二年有旨命抟霄攻濠州，又命移军援江南，遂渡江至湖州德清县。而徽、饶贼已陷杭州。教化问抟霄计，抟霄曰：贼皆野人，见杭州子女玉帛，非平日所有，必纵欲，不暇为备。宜急攻之……遂进兵杭城，贼迎敌至盐桥，抟霄麾壮士突前斩杀数级，而诸军相继击之，凡七战，追杀至清河坊，贼奔接待寺，塞其门而焚之，贼皆死，遂复杭州。已而余杭、武康、德清次第以平。"钱谦益《牧斋初学集》卷八十《答凤督马瑶草书》："徐寿辉之众，久而弥炽。欧普祥陷袁州，妖彭、项甲陷徽、饶。"《回金正希馆丈书》："尝观元末，盗起汝、颍，而襄、汉、蕲、黄应之。蕲、黄之贼既陷江州，旋略南康、鄱阳，即由婺源犯休宁，一夕而陷徽州，由是而陷昱岭关，破杭州，蔓延吴兴、延陵，江南之涂炭从此始。当时克复徽、杭，杀妖彭、项奴儿诸盗魁，遏楚贼方张之势，董抟霄、三旦八辈督师剿御（之功）。"

彭莹玉死于至正十二年（公元1352年）七月，至元四年（公元1338年）他在袁州起义，假定起义时为三十岁，彭莹玉存年约为四十五岁左右（公元1308—1352年）。

柯绍忞《新元史》卷二二六《徐寿辉传》记彭莹玉于至正十三年六月被杀于瑞州："初袁州有妖僧彭莹玉用泉水治病多愈，远近神之。至正十年其徒周子旺以妖术惑众，从者五十余人，僭称周王，官军获而杀之。莹玉遁去，匿淮西民家，日夜密构异图。寿辉浴于池，莹玉之徒见其有赤光，异之。十一年八月乃拥寿辉为王，聚众剽掠……其众以红巾裹首，与汝、颍妖贼同……十二年二月彭莹玉陷瑞州……未几，项普略陷饶州、信彭莹玉失败的原因，主要的是：弥勒教的未来天国是幻想，是神话，是迷信，它吸引了组织了大量的贫苦农民、小手工业者、小商小贩来参加反元斗争，对当时的封建统治阶级起了打击作用。但是，它认为封建统治皇朝一经推翻，不必再努力劳动，也不必再进行革命斗争，就会出现所期望的“地上乐园”了。在这种束手等待好日子

州……十三年六月行省左丞火你赤复瑞州，执彭莹玉，斩而脔之。莹玉攻城略地，所至无噍类，至是就戮，天下快之。七月项普胜陷婺源州、徽州，自昱岭关入浙西，遂陷杭州……是年元帅董抟霄复杭州，受代去。寿辉兵复入昱岭关，陷于潜，行省檄抟霄御之，事具《抟霄传》。”按《元史》卷四十二《顺帝本纪》：“至正十二年三月丁未，徐寿辉伪将陶九陷瑞州。”《新元史》卷二十五《顺帝本纪》同，由此可知陷瑞州的是陶九，不是彭莹玉。项普略陷杭州年月，《新元史·顺帝纪》也作：“至正十二年七月庚辰，项普略陷杭州路，参知政事樊克敬死之。济宁路总管董抟霄复杭州路，遂复徽州。”和同书《徐寿辉传》自相矛盾。再按王逢《梧溪集》卷三《题岁寒桥》：“至正壬辰七月七月徽寇犯杭，时樊时中执敬为浙省参政，亟御于桥，遂死之。”《辍耕录》卷十一《女奴义烈》、卷十四《忠烈》、卷二十八《刑赏失宜》也记蕲、黄军于七月初十日入杭州城，《元史》卷一百八十八《董抟霄传》同。由此可见《新元史》的记载不但自相矛盾，也是错误的。今不取。

附录：这本书写成以后，中国科学院历史研究所杨讷同志知道我正在研究彭莹玉的史实，抄送给我一些前所未见的材料，附录如下。

（1）正德《瑞州府志》卷十一《遗事志》：“至正八年，万载妖人彭国玉诡白莲教以惑众，倡言撒豆成兵，飞茅成剑，谋为不轨。事败，逃至麻城，纠邹普胜，合众数万，以红巾为号。十二年国玉及其党闵总管导贼将况普天拥众寇瑞，据焉，大肆杀戮。乡民立寨自保者，亦称红巾应之。未几，左丞火逆赤等克复本路，擒况普天、闵总管、彭国玉，并家属无少长脔之。民之应者，亦戮以徇。”

崇祯《瑞州府志》卷二十四附《余志》所记同。

②赵汸《东山存稿》卷四《休宁县达鲁花赤八侯武功记》：“至正十二年十一月十三日，民有言项奴儿自广德陷常、湖，为大军所逼，弃其众逃来，已入休宁境中者，侯（八忒麻失理）与邑义士分道遮捕，斩首三十余级，生得项奴儿及其将二人。”卷五《克复休宁碑》：“项奴儿之众溃于浙西，间道逃来，民争起逐之。侯（八忒麻失理）与邑义士遮捕，生得项奴儿，槛车送行省伏诛。”《代举留沙元帅状》：“初复徽州，（沙不丁）亲入贼阵，射杀蕲、黄贼首伪彭万户。”卷四《休宁县达鲁花赤八侯武功记》：“（至正十二年九月）十八日，行省兵大破贼，元帅沙不丁射伪万户之据徽州者，殪之。”

晗按：正德《瑞州府志》记彭莹玉为彭国玉，项普略为况普天，火逆赤即《新元史》的火你赤。这条记载大概就是《新元史》的根据。

《瑞州府志》记彭莹玉、项普略死于江西瑞州，赵汸则以为二人死于安徽，彭万户于至正十二年九月十八日被沙不丁射杀，项奴儿则于同年十一月十三日被擒送行省被杀。两书记载互异，从时间先后看，彭莹玉、项普略在杭州战败后，退走江西或安徽，中伏被擒杀是有可能的。但是，不管彭莹玉死在何处，死的时间是至正十二年则是一致的。

到来的懒汉思想指导下，攻占城邑以后，只是发放库粮给穷人，搬运金帛回老家，吸引更多的贫苦农民和游民来壮大自己的队伍，再去攻占新的城邑，拿不出积极的具体的方针政策，这样，也就不可能巩固和发展所得到的胜利果实，更不可能解决当时社会上存在的阶级矛盾，建立新的社会。其次，各地红军的力量虽然很大，但从来没有统一的指挥和通盘的军事调度，“各有其众，各战其地”①。宋和天完的军队都是单独作战，尽管在个别战役上，都起了削弱元朝军力的作用，但在全面战局上，却不能互相支持、互相配合，取得决定性的胜利，甚至有时还发生内部冲突，以致抵销、削弱自己的力量。因之，在反抗腐朽的元朝统治的斗争中，当红军力量集中的时候，很容易取得胜利，相反，当红军军力分散的时候，也极容易遭到失败，胜利得快，失败得也快，占地方虽多，却守不住，巩固不了。第三是江浙一带土地特别集中，大地主人数多，军力强，顽强地抵抗红军，这股力量和元军主力结合，就造成红军局部的军事劣势，一遭意外袭击，便非失败不可了。②

彭莹玉虽然牺牲了，但他的威名和事迹仍然为淮西和蕲、黄一带的农民所传诵歌唱，记录红军起义的历史家也片断地叙述了他的活动。③ 十四年后，罗田县的弥勒教徒还假冒他的名字，铸印章，设官吏，反抗朱元璋的统治。④ 洪武六年（公元1373年）罗田县又有人自称弥勒佛降生，传写佛号。⑤ 蕲州弥勒教徒烧香聚众。⑥ 都为明兵捕杀，也可见其影响入人之深了。

---

① 《初学集》卷八十《答凤督马瑶草书》：“元季盗之初起，先自汝、颍，而后徐寿辉起蕲、黄，布三王起邓州，孟海马起襄阳，各有其众，各战其地。”

② 《初学记》卷八十《回金正希馆丈书》：“当时克复徽、杭，杀妖彭、项奴儿诸盗魁，遏楚贼方张之势，虽董搏霄、三旦八辈督师剿御，而汪同、程国胜、俞茂结集民兵，誓死血战，恢复城栅，其功尚多。”

③ 《庚申外史》；《草木子》卷三，《克谨篇》；《国初群雄事略》卷三，引俞本：《纪事录》；《明太祖实录》卷八，《徐贞一本传》；陆深：《平胡录》；《明史》卷一二三，《陈友谅传》。

④ 《明太祖实录》卷十五。

⑤ 《明太祖实录》卷八十一。

⑥ 《明太祖实录》卷七十八。

徐寿辉是以人缘好、相貌好被推作皇帝的，庸庸碌碌，没才干，也没见识。彭莹玉一死，失去依靠，越发手足无措。他嫌蕲水不够繁华，迁都到汉阳。丞相倪蛮子（文俊）掌握兵权，寿辉为其所制，毫无实权。治平七年（元至正十七年，公元 1357 年）寿辉和左右图谋，想去掉倪文俊，倪文俊也设计谋杀寿辉，被人告发，率兵出奔黄州。文俊部将沔阳人陈友谅，家世打鱼为生，力气大，有一身好武艺。在县里当贴书，和上官不合，屡被责罚，发怒投奔红军，立了战功，作领兵元帅。文俊逃到黄州，正是他的防区，用计袭杀文俊，夺过军队，自称平章。向东侵占安庆、池州、南昌诸地，和朱元璋接境。两军对峙，打仗互有胜负。龙凤六年五月，陈友谅挟徐寿辉统大军攻下太平，元璋守将花荣战死。陈友谅进驻采石，志得意满，自为以可以克日占领应天了，使人杀了寿辉，等不得择日子，挑地方，就以采石五通庙为行殿，在暴风雨里，即皇帝位，国号汉，改年号为大义，尽有江西、湖广之地。①

群雄中陈友谅的军力最强，疆土最广，野心也最大。朱元璋在应天，友谅顺流而下，看元璋是笼中的鸡，手到拿来。派遣使者和张士诚相约，东西夹攻，瓜分朱元璋的领地。友谅水军大舰名为混江龙、塞断江、撞倒山、江海鳌等共一百多艘，战舸几百条，真是“投戈断江，舳舻千里”。应天的文官武将都吓慌了，有人主张投降；有人主张放弃应天，保存军力，再作计较；有人主张主动出击太平，牵制友谅兵力。七嘴八舌，乱成一团。胆子小的竟背地里收拾细软，盘算城破后的去处了。②

刘基到了应天之后，元璋征求他对军事形势的意见，刘基分析东西两面情况说：“张士诚龌龊无大志，只想保住他那块地方，不会有什么作为，暂时不必管他。主要的危险的敌人是陈友谅，他拥有精兵大舰，而且据我上游，野心勃勃。面对这样形势，军事上就必需争取主动，针对主要的敌人，集中力量先除陈友谅，上游无事，张士诚便势孤了，一举可定。然后再北取中原，可成王业。”元璋听

① 《国初群雄事略》卷三，天完徐寿辉；《明史》卷一百二十三，《陈友谅传》。

② 《明太祖实录》卷八。

了，极为称赞。

陈友谅东下的警报传来以后，元璋和刘基两人在卧室内密议：投降不是办法，逃走更不是办法，目前的出路只有坚决抵抗。抵抗有两种打法：一种是两线同时作战，东西兼顾，兵力一分，拿自己的一半兵力去对付陈友谅的全部军力，必败无疑；另一种打法是迅速集中主要兵力，看准敌人弱点，作致命的一击，取得胜利后，再回师来对付另一线，这也还是两线作战，不同的是以自己的全部兵力集中打击敌人的全部兵力，先打垮一个，再匀出手打另一个。关键只在于争取军事上的主动。两人仔细研究两线形势，断定主要的敌人是陈友谅，论兵力陈强张弱，论士气陈旺张馁，论水军陈多张少，那么，就很明白，只要先集中力量打败陈友谅，张军势孤，连进攻都不可能了。①

要先打击陈军，最好使他先来进攻，造成有利战机。元璋部将康茂才和陈友谅是老朋友，茂才的老门房也侍候过陈友谅。茂才受命使老门房偷跑到友谅军中，带了茂才的亲笔降书，还告诉了许多假军事情报，愿以自己一军和友谅里应外合，并劝友谅分兵三路直取应天。友谅喜极，问康将军现在何处，说现守江东桥，问是石桥还是木桥，答是木桥。约好友谅亲自进军江东桥，以喊“老康”作信号。②

陈友谅的进军路线和军力分配都弄清楚了。元璋一面调胡大海军进取广信（今江西上饶），捣友谅的后路，一面按友谅进军路线，设下重兵埋伏。连夜把江东木桥改为石桥，一切准备停当，只等友谅自投罗网。

元璋亲自在卢龙山顶这个踞高点指挥，规定信号，发现敌人举红旗，伏兵出击举黄旗。友谅兴匆匆带领主力军赶到江东桥，一看是大石桥，知道被骗，大吃一惊，锐气便挫了一半，连喊老康，又无人答应，越发胆战心惊。正在犹疑间，山上黄旗招展，四周伏兵高声呐喊，奋勇出击，把友谅这支精兵团团围住，战鼓雷鸣，山上、平地、水里一齐打，这一仗把友谅的主力全军歼灭，杀死淹死不计

---

① 宋濂：《平汉录》；《国初礼贤录》。

② 《明太祖实录》卷八；《平汉录》。

其数，俘虏了两万多。友谅水军正值潮退搁浅，动弹不得，全被俘获。元璋乘胜收复太平，下安庆，取信州、袁州。①

友谅吃了大败仗，张士诚也不敢出兵了。

龙凤七年正月，小明王封元璋为吴国公。②

友谅不服输，七月间又遣将攻下安庆。元璋大怒，召开军事会议，决定溯江西伐。龙骧巨舰上建立大旗，上面写着“吊民伐罪，纳顺招降”八个大字。

友谅为人忌能护短，从杀徐寿辉后，寿辉的将帅不服，又怕友谅杀害，纷纷投降元璋。部下骁将双刀赵（普胜）屡次攻陷元璋西线军事重镇，是元璋死敌，被元璋使反间计，友谅一怒把他杀了。双刀赵的将领心怀怨恨，也就不肯出力死战。元璋趁友谅将帅不和，士气低落，大举进攻。亲自统军一鼓攻下安庆、江州，友谅守将丁普郎、傅友德全军归附，友谅逃奔武昌。江西州县和湖北东南角，就此全归元璋版图。朱元璋的领土日益扩大，陈友谅的却日益缩小，几年来的军事局面，在这一战役后完全倒转过来，元璋的军事实力已经可以和友谅一决雌雄了。③

当江南朱、陈两军血战正酣的时候，江北的军事局面也起了极大的变化。红军接连失败，形势很危急。元朝大将察罕帖木儿收复关、陇，趁着山东红军内部分裂，自相残杀，招降红军丞相花马王田丰，平定山东，军威复振。

几年来山东在小明王大将毛贵的治下，扩大疆土，建立制度，局面日渐稳定。毛贵有政治才能，有策略，有办法，他招降了元“义兵”万户田丰、俞宝、王信，壮大了军力；立宾兴院，选用元朝官吏分守诸路。于莱州立屯田三百六十，每屯相去三十里，造大车百辆，往来运粮。定制无论官田民田，收成十分止取二分。冬则陆运，夏则水运，供给前方军需。④ 原来在濠州的赵均用、彭早住，驻

---

① 《平汉录》；《国初礼贤录》。

② 《国初群雄事略》卷一，宋小明王，引俞本：《纪事录》。

③ 《明太祖实录》卷九。

④ 《元史》卷四十五，《顺帝本纪》；《明史》卷一百二十二，《韩林儿传》。

军淮泗一带，早住病死，均用被元军攻逼，抵挡不住，便北上和毛贵合伙。均用最恨元朝官吏，毛贵不但选用元朝官吏作地方官，还先后招降从黄军出来的红军死对头田丰一伙大地主武装力量，均用十分气忿，龙凤五年四月冷不防袭杀毛贵。七月间毛贵部将续继祖从辽阳回到益都（今山东益都），杀了赵均用。田丰又和扫地王王士诚两军自相仇杀，山东大乱。察罕帖木儿乘机进兵，攻下宋都汴梁，小明王退保安丰。（元军撤离后，安丰又回到红军手里。）龙凤七年六月，察罕帖木儿统兵进攻山东，遣使招降田丰、俞宝、王士诚，进围益都。

北边的军事形势发生急转直下的变化，山东失去后，不但小明王的都城安丰保不住，连元璋的根据地应天也随着暴露在敌人面前，岌岌可危了。元璋所占领地区几年来的安定形势和军事发展，全靠小明王的红军主力在北边掩护，如今局面突变，万一安丰失守，就得直接面对元军的主力进攻，估计彼我实力，相差太远，硬打硬守是有困难的。远交近攻，要想尽一切办法，避开和元军主力决战的危机。朱元璋在这样形势之下，决心向察罕帖木儿求和，派了两次使臣去见察罕帖木儿，送上重礼和亲笔信，要求通好，实质上也就是表示投降。使臣回来，知道益都红军正在奋死拒守，一时还不致失陷，察罕帖木儿在取下这个重要据点之前，是没有余力进攻安丰的。元璋正确估计了北边军事局势，放了心，才敢抓住这一间隙，西攻陈友谅。

察罕帖木儿的使臣元户部尚书张昶带了御酒、八宝顶帽，和任命元璋为荣禄大夫江西等处行中书省平章政事的宣命诏书航海到了浙东，在方国珍处等候了一年，方国珍两次派人告诉朱元璋以元朝使臣到达的情况，元璋为了等候北边的军事变化，置之不理。一直到龙凤八年十二月张昶一行才从江西到达应天。这时察罕帖木儿已被田丰、王士诚刺杀，他的养子扩廓帖木儿（察罕帖木儿的外甥，原名王保保）继为统帅。不久，又得到情报，扩廓帖木儿和另一大将孛罗帖木儿正在争夺地盘，打得十分激烈，眼见得元军不会南向了。这才放下心，改变主意，准备下一步军事发展的计划。①

---

①《国初事迹》；《明太祖实录》卷九；《国初群雄事略》卷一，宋小明王。

当张昶带着元朝的官诰到应天招降的时候，宁海人叶兑写信给元璋，劝他不要受元朝官职，自创局面，立基业。并且指出战略步骤说：

愚闻取天下者必有一定之规模，韩信初见高祖，画楚、汉成败，孔明卧草庐，与先主论三分形势是也。今之规模，宜北绝李察罕，南并张九四（士诚），抚温、台，取闽、越，定都建康，拓地江、汉，进则越两淮以北征，退则画长江而自守。夫金陵古称龙蟠虎踞，帝王之都，借其兵力资财，以攻则克，以守则固，百察罕能如吾何哉！江之所备，莫急上流，今义师已克江州，足蔽全吴，况自滁、和至广陵（今江苏扬州市）皆吾所有，匪直守江，兼可守淮也。张氏倾覆，可坐而待，淮东诸郡，亦将来归，北略中原，李氏可并也。今闻察罕妄自尊大，致书明公，如曹操之招孙权，窃以元运将终，人心不属，而察罕欲效操所为，事势不侔，宜如鲁肃计，定鼎江东，以观天下大衅，此其大纲也。

至其目有三：张九四之地，南包杭、绍，北跨通、泰，而以平江为巢穴。今欲攻之，莫若声言掩取杭、绍、湖、秀，而大兵直捣平江。城固难以骤拔，则以锁城法困之，于城外矢石不到之地，别筑长围，分命将卒，四面立营，屯田固守，断其出入之路；分兵略定属邑，收其税粮以赡军中。彼坐守空城，安得不困！平江既下，巢穴已倾，杭、越必归，余郡解体，此上计也。张氏重镇在绍兴，绍兴悬隔江海，所以数攻而不克者，以彼粮道在三斗江门也。若一军攻平江，断其粮道，一军攻杭州，断其援兵，绍兴必拔。所攻在苏、杭，所取在绍兴，所谓多方以误之者也。绍兴既拔，杭城势孤，湖、秀风靡，然后进攻平江，犁其心腹，江北余孽，随而瓦解，此次计也。

方国珍狼子野心，不可驯狎。往年大兵取婺州，彼即奉书纳款。后遣夏煜、陈显道招谕，彼复狐疑不从。顾遣使从海道报元，谓江东委之纳款，诱令张昶赍诏而来，且遣韩叔义为说客，欲说明公奉诏。彼既降我而反欲招我降元，共反覆狡狯如是，宜兴师问罪。然彼以水为命，一闻兵至，挈家航海，中原

> 步骑，无如之何。夫上兵攻心，彼言宁越（婺州）既平，即当纳土，不过欲款我师耳。攻之之术，宜限以日期，责之归顺。彼自方国璋之没，自知兵不可用。又叔义还称义师之盛，气已先挫，今因陈显道以自通，正可胁之而从也。事宜速，不宜缓。宣谕之后，更置官吏，拘其舟舰，潜收其兵权，消未然之变，三郡可不劳而定。
>
> 福建本浙江一道，兵脆城陋，两浙既平，必图归附，下之一辩士力耳。如复稽迟，则大兵自温、处入，奇兵自海道入，福州必克。福州下，旁郡迎刃解矣。声威既震，然后进取两广，犹反掌也。①

叶兑并不知道元璋两次遣使通好察罕帖木儿的事，也不知道张昶之来，是元璋遣使的结果，更不知道元璋因察罕帖木儿之死和扩廓帖木儿与孛罗帖木儿的内战，已经改变了降元的主意。不过他所计划的攻取战略，却是经过深思熟虑，确有见解的。后几年元璋平定东南和两广的策略和步骤，果然和他所建议的相差不多。叶兑反对降元的举动，正也代表了当时一部分反对元朝、要求统一，要求享受和平生活的地主阶级知识分子的看法。同时也说明了当时一部分地主阶级知识分子突然改变了那么坚定地反对红军的立场，转而支持朱元璋的原因。

张昶作了元朝多年大官，懂得朝章典故，名物制度。元璋告诉刘基、宋濂说："元朝送一大贤人与我，尔等可与之议论。"任命为行中书省都事。同来的副使都被处死。②

小明王从称帝以后，军政大权完全由刘福通掌握。福通勇悍果决，善于冲锋陷阵，却不会作军事上的通盘调度，统一指挥；性情刚直，不善于调和诸将；占领了很多城池，却不会定立有效的制度管理；领兵在外的大将，原来都是福通的同伴兄弟，不都坚决服从指挥；军队数量虽多，却号令不一；打了胜仗，得不到主力部队的

---

① 《明史》卷一百三十五，《叶兑传》。

② 《国初事迹》；《国初群雄事略》卷一，宋小明王。

支援，继续扩大战果；派出的三路大军，全都孤军深入，远离后方，兵力分散，被敌人各个击破；打了败仗，到处乱窜，到处被包围；占的地方虽多，没有联成一片，也不巩固，不久又个别被元军攻下；有的大将打了败仗，怕受处分，索性投降敌人，翻过来打红军，龙凤七年五月李武、崔德叛降于李思齐。破头潘、关先生一军侵入高丽，遭遇高丽军民坚决抵抗，沙刘二、关先生被杀，逃出的一部分还攻上都，被孛罗帖木儿击败投降。李喜喜的一支，东西转战，喜喜死，全军也垮了。其余的零星队伍也被察罕帖木儿和孛罗帖木儿两支地主军打垮了。只剩下山东一部分军力，作安丰的掩护。到益都被扩廓帖木儿大军包围以后，情势危急，刘福通亲自统兵援救，大败逃回。益都陷落，安丰孤立。龙凤九年二月，张士诚部下大将吕珍乘机攻围，安丰粮尽援绝，军民饥困。实在支持不下去了，刘福通只好派人到元璋处征兵解围。

在元璋出兵之前，刘基极力阻止，以为大兵不当轻出，万一陈友谅乘虚来攻，便进退无路；而且如救得小明王出来，当发放何处？是继续让他当皇帝？还是关起来？杀掉？要是后者，救他作甚！要是前者，岂不自讨没趣，平白找个顶头上司管制自己，丧失自由、主动之权。元璋则以为安丰如失守，应天就失去屏蔽，救安丰即是保应天。遂亲自统兵出救，不料军队还没有到，吕珍已击杀刘福通，元璋率军力战，吕珍不支逃走。元璋摆设銮驾伞扇，迎小明王到滁州居住，建造宫殿，供养极厚，把宫中左右宦侍都换上自己的人。形式上是尊崇，实际上是把皇帝关起来了。①

三月十四日，小明王内降制书，封赠元璋三代：曾祖九四资德大夫江西等处行中书省右丞上护军司空吴国公，曾祖母侯氏吴国夫人，祖初一光禄大夫江南等处行中书省平章政事上柱国司徒吴国公，祖母王氏吴国夫人，父五四开府仪同三司上柱国军国重事中书右丞相太尉吴国公，母陈氏吴国夫人。② 从封赠元璋父亲官爵来看，元

---

① 《国初事迹》；《国初群雄事略》卷一，宋小明王。

② 《国初群雄事略》卷一，宋小明王，引《龙凤事迹》；郎瑛：《七修类稿》卷七，《朱氏世德碑》。

璋这时的官位是宋的中书右丞相了。

当元璋出兵援救安丰的时候，陈友谅果然乘虚进攻，以大兵围困洪都（今江西南昌），占领了吉安、临江、无为州。这一次倒真正是东西两线夹攻了，虽然张士诚并不知道。汉军进攻规模比上一次更大，友谅看着疆土日渐缩小，气忿不过，特造大舰数百艘，高数丈，一色丹漆，上下三层，层层都有走马棚，下层设板房，有橹几十支，舻箱用铁裹。上下层住的人相互听不见说话。大的容三千人，小的容二千人。自以为必胜，载着家小百官，空国而来，号称六十万。洪都城原来紧挨着赣江，上次友谅攻城，趁着水涨船高，汉军从船上攀附登城，以致失守。洪都收复后，元璋立刻下令把城墙改筑退后，改建为去江岸三十步。这次汉军又大举进攻，大舰就靠不拢城墙了，只好登岸围攻。洪都守将朱文正坚决死守，汉军用尽攻城的方法，文正也用尽防御的方法。八十五天的攻守战，城墙被攻破了多次，敌兵涌进，都被火铳击退，文正连夜赶修工事，用木栅掩护筑城，敌兵夺栅，守军且战且筑，攻城和守城的人都踩着尸首作战，战斗激烈，双方的死亡都十分惨重。尽管洪都孤城无援，却像一座大山似的挡住汉军，不许前进一步。一直打到七月，元璋亲统二十万大军来救，汉军才不得已解围，掉过头来到鄱阳湖迎战。

这一次水战，两军主力苦战三十六天之久，是一次决定生死存亡的大会战。

在决战开始前四天，元璋派出伏兵，封锁鄱阳湖到长江的出口，堵住敌人的归路，关起大门来打。两军的形势，汉军号称六十万，元璋是二十万；水军船舰，汉军的又高又大，连舟布阵，一连串十几里，元璋的都是小船，要仰着头才能望见敌人，论人力和装备，元璋都处于劣势。但是，元璋也占有优势：就士气说，汉军在洪都城下苦战了三个月，不能前进寸步，闹得死伤惨重，精疲力竭，动摇了必胜的信心；元璋方面则是千里救危城，生死存亡决于一战，士气高涨；就船舰说，汉军几十条大舰用铁索连在一起，虽然不怕风浪，缺点是转动不便，既不快也不灵活，元璋方面虽是小船，载的人数少，却操纵灵活，进退自如，体积方面虽居劣势，运动方面却占优势。就作战指挥说，友谅性情暴躁多疑，将士不敢陈说意见，上下隔绝，彼此疑忌，内部是不团结的。元璋恰好相反，他虚心谨慎，有经验丰富的谋臣和作战勇敢的将帅，上下一心，谋定后战。更重要的是军队给养的补充，汉军的后路被切断了，粮尽兵疲，元璋军队数量少，有洪都和后方的源源接济，将士吃得饱，自然仗也打得好。

元璋军的主要战术是火攻，用大量火器焚烧敌方的大舰，火器有火炮、火铳、火箭、火蒺藜、大小火枪、大小将军筒、大小铁炮、神机箭，都充分利用了火药，燃烧力很大；还有一种叫“没奈何”，用芦席作圈，周围五尺，长七尺，糊以布纸，缠以丝麻，内贮火药捻子及诸火器，用竿挑于头桅之下，和敌船相遇，便点燃火线，割断悬索，使“没奈何”落于敌船，同时元璋水军火器齐放，敌船不及扑灭，焚毁无救；另外还用火药和芦苇装满几条船，敢死队驶着冲进敌阵，点起火来和敌舰同归于尽。元璋军指挥的信号是，白天用旗帜，黑夜用灯笼，远的用信炮，近的用金鼓，全军动作一致。接战时分水军为十一队，每队都配备火铳、长弓、大弩，分作几层，先发火铳，再射弓弩，最后是白刃战，短兵相接，喊杀声震天地，箭如雨点，炮如雷轰，刀光飞舞，波浪掀天，杀得连湖水都红了。两军战士从这船跳到那船，头顶上火箭炮石齐飞，眼面前一片刀光剑影，耳朵里只听见斫击喊杀的声音，胸膛里怀着拼个你死我活的决心，湖面上漂流着战死的将士和挣扎呼号的伤兵。汉军船红色，元璋船白色，一会儿几十条白船包围着红船，一会儿又是红船追赶着白船，一会儿红船白船混杂在一起，打得难解难分；有几天白船像是占了上风，有几天又是红船占了优势。元璋激励将士坚持战斗，多少次身边的卫士都战死了，坐舰被炮石打碎，换了船又搁浅动弹不得，险些被俘。两军相持，尽力苦战，互有胜负，死伤都很大，却谁也不肯后退一步。一直打到最后几天，汉军已经绝粮，在军事会议上，友谅的右金吾将军主张烧掉船，全军登陆，直走湖南，左金吾将军主张继续打下去。友谅同意走陆路的办法，左金吾将军怕被处分，领军来降，右金吾将军看清这仗实在打不下去了，也跟着来投降。友谅军力越发削弱，决定退兵，打算冲出湖口，不料迎面的又全是白船，前后受敌。在激战中，友谅要亲自看明情况，决定战术，刚把头伸出船舱外，就被飞箭射死，全军溃败。部将载友谅尸首和太子陈理连夜逃回武昌。①

元璋虽然最后取得决战的完全胜利，但是也付出了极大的代价，单是七月二十一这一天的战况，红船损失六万人，白船也损失七千多人，骁将宋贵、陈兆先、张志雄、韩成、丁普郎等战死。友谅战死的第二天，元璋焚香拜天，慰劳将士，答应将来天下一家，和巴都儿②们共享富贵，作大官。③ 后来又对刘基说："我真不该到安丰去！假如友谅趁我远出时，应天空虚，顺流而下，直捣应天，我便进无所成，退无所守了。幸而他不直攻应天，反而去围洪都，洪都坚守了三个月，给了我充分的时间来集中兵力，友谅出此下计，不亡何待。可是，这一仗虽然打胜，也是够险的啊！"

后来在一次军事会议上，诸将以为自古水战，必得天时地利乃可取胜，如周瑜之破曹操，因风水之便。这一仗却相反，陈友谅兵据鄱阳，先处上流而待我，他得了地利；而且，我千里赴援，我劳而他佚，结果反而我得胜利，是什么道理呢？元璋说："你们不懂得天时不如地利，地利不如人和的道理，归根结底，打仗的是人。陈友谅虽然兵强势众，但是内部不团结，人各一心，上下猜疑。并且，用兵连年，老是打败仗，不会蓄积力量，抓住有利时机，一会儿在东边打，一会儿在西边打，劳而无功，军心失望。必须懂得，用兵要得时，时则威，威则胜。我军得了时，将士一心，像鸷鸟搏击，巢卵俱覆，得了人和，此其所以成功。"第一是全军将士团结，第二是捕捉有利战机，这个分析、总结是科学的，正确的，诸将都叹服。④

---

① 《明太祖实录》卷十二；宋濂：《平江汉颂序》；《国初群雄事略》卷四，汉陈友谅；《明史》卷一百二十三，《陈友谅传》。

② 即拔都，巴图鲁，蒙古话勇士的意思。

③ 《国初群雄事略》卷四，汉陈友谅，引俞本：《纪事录》。

④ 《国初事迹》；《明太祖实录》卷十三。

陈友谅战死，汉军残部指日可以肃清。张士诚局促自守，不能为害。北边的扩廓帖木儿和孛罗帖木儿两军为了争夺防区，正在打得不可开交。元璋疆土日广，政事日益繁多，吴国公的名号已经和当前的政治局面不相适应了，寻思也得称王才好，问题是称什么王。张士诚在九月间已经自立为吴王了，应天正是历史上孙权吴国的都城，而且，几年前就有童谣："富汉莫起楼，贫汉莫起屋，但看羊儿年，便是吴家国。"① 非得称吴王不可。龙凤十年正月，元璋自立为吴王，设置百官，建中书省，以李善长为右相国，徐达为左相国，常遇春、俞通海为平章政事，汪广洋为右司郎中，张昶为左司都事。立长子标为世子。② 发布命令，用"皇帝圣旨，吴王令旨"的名义。③ 同时有两个吴王，民间叫张士诚作东吴，元璋作西吴。④ 军队服装原先只是用红巾作记号，穿的却五颜六色，也给画一了。规定将士战袄、战裙和战旗都用红色，头戴阔檐红皮壮帽，插"猛烈"二字小旗。攻城系拖地棉裙，取其虚胖，箭不能入。箭头原来是用铜做的，现在疆土扩大，有了铁矿，改用铁制。并且制造大批铁甲、火药、火铳、石炮，武器更犀利耐用。⑤

二月，元璋亲率水陆大军征武昌，陈理请降，立湖广行中书省。到年底，友谅原来的疆土，从汉水以南，赣州以西，韶州（今广东曲江）以北，辰州（今湖南沅陵）以东这一广大地区，都为元璋所有。⑥

陈友谅虽然失败了，但他毕竟是反对元朝蒙汉地主阶级统治的英雄人物，在历史上起过作用，当时人民对他是同情的、怀念的，他的坟墓到今天还在新建的长江大桥下被保存着，供来往游人悼念。

---

① 《庚申外史》上；《元史》卷五十一，《五行志》二；钱谦益：《太祖实录辨证》卷一。

② 《明太祖实录》卷十四。

③ 陶安：《陶学士文集》；祝允明：《九朝野记》。

④ 《国初群雄事略》卷七，引《月山丛谈》。

⑤ 《国初事迹》。

⑥ 《明太祖实录》卷十四。

二、取东吴

陈友谅兵强地广，雄踞长江上流，两次亲统大军要吞并西吴，结果反被消灭。西线的强敌解决了，朱元璋的军力更加壮大了，第二个进攻目标，便是东吴张士诚了。

元璋和谋士们分析当时的军事形势，他指出："天下用兵，河北有孛罗帖木儿，河南有扩廓帖木儿，关中有李思齐、张良弼。河北军队数量多而没有纪律，河南的稍有纪律而军力不强，关中的一部分道途不通，粮饷接济不上。江南只有我和张士诚，士诚多奸谋，会用间谍，可是部队全不讲纪律。我有几十万大军，固守疆土，修明军政，建立严格军事纪律，委任将帅，捕捉有利战机，逐个消灭，统一天下是有把握的。"① 便一心一意整顿军队，加强纪律教育，练习攻城本领，准备下一个战役的攻坚战。

元末南方群雄，分作两个系统：一是红军系，一是非红军系。红军系分东西两支，东支以淮水流域为中心，小明王是东支的共主，郭子兴是滁、和一带的头目，子兴死，元璋代起，日渐强大。西支以汉水流域为中心，从徐寿辉到陈友谅，以及寿辉部将割据四川的明玉珍。非红军系如东吴张士诚，浙东方国珍。红军的主要成分是广大的贫苦农民和小手工业者以及一部分城乡游民，他们深受元朝蒙汉地主阶级的残酷剥削、压迫，怀着深刻的阶级仇恨，提出鲜明的政治目标，一定要推翻蒙汉地主阶级，取得自己的解放。他们和蒙汉地主阶级是势不两立的，决不妥协的，坚决斗争到底的。非红军系便不同了，领导人物和基本队伍主要是私盐贩子、盐丁、中小地主和摇摆不定的中农，和一部分贫雇农，尽管他们也是被剥削、被压迫、被欺侮的对象，反元起义的动机也是因为遭受元朝官吏、地主的凌辱、作践，奋起反抗。但是领导集团却没有明确的政治目

---

① 《明太祖实录》卷十四。

标，更没有反抗阶级压迫的宣传鼓动工作。割据地方以后，便以为事业成功了，贪图生活享受，日渐腐化。他们在元朝兵力暂时不能到达的时候，自立名号，和元朝政府对抗。但是一遭受到统治阶级的强大军事压力，形势不利的时候，就变成软骨头了，妥协了，投降了。元朝政府从一开始便对他们采取招抚的政策，只要投降，就给官做，他们做了元朝的官以后，一看到元朝政府军事上的失利，便再次闹独立，另立名号。每反复一次，个人的名位就高了一等，地盘也扩大了一些，向元朝政府讨价钱的资本也就愈大。另一方面，他们对红军的态度却正好相反，决不投降，斗争到底，立场是十分坚定的。张士诚对小明王和朱元璋从一开始便处在敌对状态，十年来连兵不解；方国珍地小兵弱，虽然没有力量进攻红军，但也不肯真心讲和修好，表面上有时候表示低头，实质上却要顽抗到底。

张士诚对元朝政府的关系是不稳定的，反反复复，时而对抗，时而投降。至正十三年元朝政府招降，授以官职，要他出兵进攻濠、泗红军，士诚怕吃亏，不肯去。知道泰州守军虚弱，袭取泰州，破兴化，据高邮。十四年自称诚王，国号大周，改元天祐。这年十一月，元丞相脱脱统大军围高邮，大败周军，士诚坚守无援，高邮将被攻破，突然脱脱被解去兵权，元军奔散，周军乘隙反击，声势复振，取昆山、嘉定、崇明、常熟、平江、常州、湖州、淮安等地。十六年三月建都于平江，改为隆平郡。改历法为明时。开弘文馆，招礼儒士。以阴阳术人李行素为丞相，弟士德为平章，提调各郡兵马。以蒋辉为右丞，居内省理庶务，潘原明为左丞，镇吴兴，史文炳为枢密院同知，镇松江。① 郡州县正官，郡称太守，州称通守，县曰尹，同知称府丞，知事称从事。②

从至正十六年起，张士诚便和朱元璋兵戎相见，大小数百战，互有胜负。这年六月，朱元璋的部将，原来是地主军的降将陈保二执詹、李二将降于张士诚。这时元璋的主要力量放在西线，为了避免两线同时作战，派遣使者和张士诚通好，要求“睦邻守国，保境

① 《秘阁元龟政要》；《辍耕录》。

② 《国初群雄事略》，周张士诚；周昂：《元季伏莽志》。

息民”。士诚置之不理。[①] 七月士诚以水军进攻镇江，和元璋军发生激战，大败于龙潭。徐达乘胜进围常州，士诚派士德驰救，为徐达所擒。士德有勇有谋，礼贤下士，帮助士诚创基立业，被俘后坚决不降，还秘密带话给士诚，劝他投降元朝，为元璋所杀。

至正十七年二月元璋部将耿炳文取长兴，三月取常州。五月取泰兴，六月赵继祖、吴良取江阴。长兴和江阴都是重要军事据点，长兴踞太湖口，从陆路可通广德诸郡，江阴枕大江，扼平江、通州济渡之处，元璋得了长兴，派耿炳文镇守，士诚的步骑不敢出广德，窥宣、歙；得了江阴，派吴良镇守，士诚的水军不能溯大江，上金、焦，士诚的军事局势，从此便急转直下，处于劣势了。加上东面的嘉兴，驻有苗军杨完者的部队，这支少数民族军猛冲猛打，作战很勇敢，几次打败张士诚的进攻，士诚两面受敌，抵挡不住。几年来元江浙右丞相达识帖木儿千方百计劝士诚投降，到此只好听兄弟的话，再次投降了。元朝政府以士诚为太尉。士诚表面上作元朝的官，实际上有自己的打算，他设参军府和枢密院，分辖地为江浙、淮南二省。以李伯昇总军事，六七年间，南侵江浙，占了杭州、绍兴，北逾江、淮，直到济宁（今山东），西略汝、颍、濠、泗，东面到海，有地二千余里。

士诚降元，是因为军事上受到元璋的威胁，元朝招降士诚，也有他们的打算。原来从红军起义后，大都缺粮，支持不下去了。达识帖木儿为了解决南粮北运，便不能不对张士诚和方国珍采招抚政策，他安排士诚出粮，国珍出船，由海运接济大都。但是两人心里都怀着鬼胎，张士诚怕把粮食交给方国珍，被吞没了，赔了粮不见功劳；方国珍却怕他的船出海被扣，张士诚乘虚进攻，达识帖木儿两面疏通，费了多少事，从至正二十年到二十三年，算是每年运了十几万石。杨完者的部队纪律极坏，抢钱抢人，奸淫烧杀，无恶不作。驻防过的地方比经过战争还惨，民间有民谣形容道：“死不怨泰州张（士诚），生不谢宝庆杨（完者）。”[②] 仗着有实力，不听达识帖

① 《明太祖实录》卷四。

② 《辍耕录》卷二十九，《纪隆平》；姚桐寿：《乐郊私语》。

木儿约束。达识帖木儿要除掉杨完者，和士诚定计，攻杀完者，苗军将士大部分逃降元璋。达识帖木儿没有军队的支持，政权也随之失去了，事事受士诚挟制，不久便被拘禁。士诚乘虚进驻苗军防区。二十三年九月又自立为吴王，达识帖木儿自杀，从此元朝征粮，再也不肯答应了。①

士诚所占地方盛产粮食，又有鱼盐桑麻之利，人口众多，最为富庶。他生性迟重，不多说话，待人宽大，但没有一定主见，只想守住这块基业，怕冒险吃亏出差错。大将大臣们都是当年走私的江湖兄弟，如今成了局面了，有福同享，作错事以至打了大败仗，士诚也不忍责备，赏罚不明。将军大臣们修府第，建园池，养女优，玩古董，和诗人文士们宴会、歌舞，上下都腐化了。甚至大将出兵，也带着妓女清客解闷。损兵失地，回来照样带兵作官。张士德（九六）重待文学之士，当时有名的诗人陈基、饶介、王逢、高启、杨基、张羽、杨维桢等人都和他来往，有的在他幕府作事。浙西地区的开辟和国事的决策，士德很起作用。士德被擒死，士信（九七）作丞相，贪污无能，疏远旧将，上下隔绝。士诚也养尊处优，懒得管事。元璋着人打听了这情形，对人说："我诸事无不经心，法不轻恕，尚且有人瞒我。张九四（士诚）终岁不出门，不理政事，岂不着人瞒！"② 士信任用姓黄、蔡、叶的三个人作参谋，弄权舞弊，东吴有一民谣道："丞相做事业，专凭黄蔡叶，一朝西风起，干瘪！"③

士诚降元以后，要见当时著名诗人杨维桢，维桢拒绝不去。士诚又叫人征求意见，维桢回了一封信，指斥他的缺点，信上说：

> 阁下乘乱起兵，首倡大顺，以奖王室，淮吴之人，万口一词，以阁下之所为，有今日不可及者，四：兵不嗜杀，一也；闻善言则拜，二也；俭于自奉，三也；厚给吏禄而奸贪必诛，

① 《辍耕录》，卷八《志苗》，卷二十九《纪隆平》；《元史》卷一百四十，《达识帖木儿传》；《明太祖实录》卷二十；吴宽：《平吴录》。

② 《国初事迹》。

③ 《明太祖实录》卷二十；《平吴录》；《明史》卷三十，《五行志》。《实录》文字有不同，作："黄蔡叶，作齿颊，一夜西风来，干瘪！"

> 四也。此东南豪杰望阁下之可与有为也。
>
> 阁下孜孜求治，上下决不使相狥也；直言决不使遗弃也；毁誉决不使乱真也；惟贤人失职，四民失业者尚不少也。吾惟阁下有可畏者又不止是：动民力以摇邦本；用吏术以括田租；铨放私人不承制；出纳国廪不上输；受降人不疑；任忠臣而复贰也。六者之中，有其一二，可以丧邦，阁下不可以不省也。
>
> 况为阁下之将帅者有生之心，无死之志矣；为阁下之守令者有奉上之道，无恤下之政矣；为阁下之亲族姻党者无禄养之法，有奸位之权矣；某人有假佞以为忠者；某人有托诈以为直者；某人有饰贪虐以为廉良者。阁下信佞为忠，则臣有靳尚者用矣；信诈为直，则臣有赵高者用矣；信贪虐为廉良，则跖、跻者进，随、夷者退矣。又有某绣使而拜虏乞生，某郡太守望敌而先遁，阁下礼之为好人，养之为大老，则死节之人少，卖国之人众矣。是非一谬，黑白俱紊，天下何自而治乎？
>
> 又观阁下左右参议赞密者，未见其砭切政病，规进阁下于远大之域者，使阁下有可为之时，有可乘之势，而迄无有成之效。其故何也？为阁下计者少而为身谋者多，则误阁下者多矣。身犯六畏，衅阙多端，不有内变，必有外祸，不待智者而后知也。阁下狃于小安而无长虑，此东南豪杰又何望乎！①

杨维桢是站在元朝政府立场说话的，信里所责备："铨放私人不承制，出纳国廪不上输。"骂他自选官吏，不缴粮食，的是实情。除此以外，指出张士诚的四个优点，四个缺点，特别批评张士诚的将帅、守令、亲族等等只为自己打算，张士诚不分是非、黑白，刑赏失宜，狃于小安而无长虑，预言他不有内变，必有外祸。杨维桢和张士诚同时，他的朋友有不少人在东吴作官，这些批评都有事实根据，是可信的、公道的。

士诚从元至正十六年（宋龙凤二年，公元1356年）起和元璋接境，便互相攻伐，至正十八年十月徐达、邵荣攻克宜兴，廖永安率

---

① 贝琼：《贝清江集》卷二，《铁崖先生传》。

水军深入太湖，后军不继，为吕珍所俘，不肯投降，被囚到死。次年正月，胡大海攻克士诚的重镇诸暨，杭州受到威胁，士诚倾全力要夺回诸暨，六月，士诚绍兴守将吕珍攻诸暨，决水堰灌城，胡大海夺堰反灌，吕珍退去。二十年九月第二次攻诸暨，二十二年三月乘元璋金华、处州苗军叛变的机会，以张士信统万余人三围诸暨，守将谢再兴苦战二十九日，设伏城外，大败士信军。士信发急，增兵再攻，再兴求援于李文忠，李文忠命胡德济驰援，扬言徐达、邵荣已从严州领大军增援，士信军心动摇，计划退兵，德济和再兴于夜半率壮士出击，士信军大乱溃退。二十三年九月李伯昇又领大军围诸暨，诸暨城守坚固，不克退去。二十五年二月张士信又统兵二十万来攻，为李文忠所大败。这五次争夺战，消耗了东吴大量军力。

在第三次诸暨争夺战之后，发生了谢再兴叛降张士诚的意外挫折。

谢再兴是淮西旧将，元璋亲侄朱文正的妻父。士诚绍兴守将吕珍在诸暨筑堰，每年水发，动辄淹城，再兴不时遣人偷决，力战功多。部下有两个将领派人带违禁物品去扬州贩卖，元璋发觉了，怕泄漏了军机，杀了这两个人，把头挂在再兴厅上，再兴已经受不住了。元璋又作主把他的次女嫁给徐达。召再兴到应天计议军事，返防后另派参军李梦庚节制诸暨兵马，再兴成为副将。再兴大愤，说："女嫁不令我知，有同给配。又着我听人节制！"竟执李梦庚向绍兴吕珍投降，元璋气极，说："谢再兴是我亲家，反背我降张氏，情不可恕。"① 从此种下了他对部下将领的猜疑心理，对他们的监视越发严密了。

西吴和东吴另一据点的争夺战是长兴，至正二十一年十一月，东吴司徒李伯昇率十余万众，水陆并进，包围长兴，城中守兵只有七千人，苦战月余，常遇春、邵荣先后驰救，伯昇败去。二十四年十月张士信又攻长兴，为耿炳文、汤和所击败。

此外，至正十九年二月邵荣攻湖州，十二月常遇春攻杭州，胡

---

① 《国初事迹》；《元季伏莽志》。

大海攻绍兴，虽然都打了胜仗，却都不能攻克城池，取得决定性的战果。

在和东吴作战的长期战役中，元璋部下骁将邵荣、赵继祖立了不少功劳。邵荣、赵继祖也是元璋初起时的战友，邵荣于至正十八年和徐达攻克宜兴，十九年大破张士诚军于余杭，攻湖州大败李伯昇，二十一年三月以战功从枢密院同知升为中书平章政事，地位在大将常遇春之上。二十二年处州苗军叛变，命邵荣统兵平定。凯旋回应天后，和参政赵继祖密谋暗杀朱元璋，为检校①宋国兴所告发，元璋命廖永忠安排酒宴，席间擒了二人，锁了脖子，元璋和他们喝酒，问："我与尔等同起濠梁，望事业成，共享富贵，为一代之君臣，尔如何要谋害我？"荣答曰："我等连年出外，取讨城池，多受劳苦，不能与妻子相守同乐，所以举此谋。"不肯喝酒，对赵继祖说："若早为之，不见今日，猎狗在床下死，事已如此，泣何益！"两人都被缢死。② 这件公案，明朝史书记载都以为是谋叛，只有明末的史家谈迁认为当时朱元璋和邵荣都是宋的将领："渡江勋旧，俱鱼服之侣，臣主未定，等夷相视，见兵柄独握，未免为所欲为耳。"③ 他们的行为说不上是什么造反，这个看法是正确的。尽管如此，这件事给元璋的影像是深刻的，内部发生了裂痕，非加强控制不可。不久又发生谢再兴投敌的事件，越发使他认识到必须牢牢掌握军权，建立一套必要的制度，使将不能专兵，军队不能由任何将领掌握，后来军卫法的制定和杀戮功臣，都和这两件事有密切关系。

元璋和张士诚相持了十年，打来打去，双方都占不到便宜，直到元璋从武昌凯旋以后，集中军力，进攻东吴，局面才发生剧烈的变化。④

---

① 元璋的特务人员称为检校。

② 此据刘辰：《国初事迹》；《明太祖实录》卷十一。支伟成《吴王张士诚载记》引俞本《纪事录》作："八月，平章邵荣、参政赵继祖等部海船于二村港，哨张氏谋叛，部下士密告之，朱吴公命廖永忠等谋邀饮擒之，泣数其罪，共宴数日，中秋夜俱斩开聚宝门。"以为邵荣、赵继祖要带海船投降张士诚，记载不同。

③ 《国榷》卷一。

④ 《明史》卷一百二十三，《张士诚传》；《国初群雄事略》卷七，周张士诚，引逸名：《农田余话》。

元璋对东吴的攻势，分作三个步骤：第一步攻势起于至正二十五年十月，攻击目标是东吴北境淮水流域，到二十六年四月间，尽取通州、兴化、盐城、泰州、高邮、淮安、徐州、宿州、安丰诸州县，孙德崖早已死去，濠州四面受敌，也投降了。半年功夫，完成预定任务，使东吴军力局促于长江之南。

第二步攻势起于二十六年八月，分兵两路，进取湖州、杭州，切断东吴的左右两臂，到十一月间，湖、杭守军投降，造成北西南三面包围平江的形势。

第三步攻势是平江的攻围战，从二十六年十二月到吴元年九月，前后一共十个月，才攻下平江，俘执士诚，结束了十年来的拉锯战。

元璋于尽占淮水诸城之后，至正二十六年五月，传檄声讨张士诚，檄文详尽说明当时情势，和自己起兵经过，檄文说：

> 盖闻伐罪吊民，王者之师，考之往古，世代昭然……近睹有元之末，主居深宫，臣操威福，官以贿成，罪以情免，宪台举亲而劾仇，有司差贫而优富。庙堂不以为虑，方添冗官，又改钞法，役数十万民，湮塞黄河，死者枕藉于道，哀苦声闻于天。致使愚民，误中妖术，不解偈言之妄诞，酷信弥勒之真有，冀其治世，以苏困苦，聚为烧香之党，根据汝、颍，蔓延河、洛。妖言既行，凶谋遂逞，焚荡城郭，杀戮士夫，荼毒生灵，千端万状。元以天下兵马钱粮而讨之，略无功效，愈见猖獗，然而终不能治世安民。是以有志之士，旁观熟虑，乘势而起，或假元氏为名，或托乡军为号，或以孤兵自立，皆欲自为，由是天下土崩瓦解。
>
> 予本濠梁之民，初列行伍，渐至提兵，灼见妖言，不能成事，又度胡运，难与立功，遂引兵渡江。赖天地祖宗之灵，及将帅之力，一鼓而有江左，再战而定浙东。陈氏称号，据我上游，爰兴问罪之师，彭蠡交兵，元恶授首，父子兄弟，面缚舆榇，既待以不死，又列以封爵，将相皆置于朝班，民庶各安于田里，荆、襄、湖、广，尽入版图，虽德化不及，而政令颇修。
>
> 惟兹姑苏张士诚，为民则私贩盐货，行劫于江湖，兵兴则

首聚凶徒，负固于海岛，其罪一也；又恐海隅一区，难抗天下大势，诈降于元，坑其参政赵琏，囚其待制孙㧑，其罪二也；厥后掩袭浙西，兵不满万数，地不足千里，僭称改元，其罪三也；初寇我边，一战生擒其亲弟，再犯浙省，扬矛直捣其近郊，首尾畏缩，乃又诈降于元，其罪四也；阳受元朝之名，阴行假王之令，挟制达丞相，谋害杨左丞（完者），其罪五也；占据江浙钱粮，十年不贡，其罪六也；知元纲已堕，公然害其丞相达识帖木儿、南台大夫普化帖木儿，其罪七也；恃其地险食足，诱我叛将，掠我边民，其罪八也。凡此八罪……理宜征讨，以靖天下，以济斯民。爰命中书左丞相徐达率领马步官军舟师，水陆并进，攻取浙西诸处城池。已行戒饬军将，征讨所到，歼厥渠魁，胁从妄治，备有条章。凡我逋逃居民，被陷军士，悔悟来归，咸宥其罪。其尔张氏臣寮，果能明识天时，或全城附顺，或弃刃投降，名爵赏赐，予所不吝。凡尔百姓，果能安业不动，即我良民，旧有田产房舍，仍前为主，依额纳粮，余无科取，使汝等永保乡里，以全室家。此兴师之故也。敢有千百相聚，抗拒王师者，即当移兵剿灭，迁徙宗族于五溪、两广，永离乡土，以御边戎。凡予所言，信如皎日，咨尔臣庶，毋或自疑。

檄文开始："皇帝圣旨，吴王令旨，总兵官准中书省咨，敬奉令旨。"结尾："敬此，除敬遵外，敬请施行，准此，合行备出文榜晓谕，故依令旨事意施行。所有文榜，须议出给者。龙凤十二年五月二十二日本州判官许士杰赍到。"① 和这篇檄文同时，还有性质相同的一道宣谕徐州吏民的文告说：

近自胡元失政，兵起汝、颍，天下之人以为豪杰奋兴，太

① 檄文全文见《平吴录》、祝允明《前闻记》、《野记》、陆深《续停骖录》四书。《前闻记》和《平吴录》文字不同处很多，有事后窜改的，如元璋在发此檄文时为吴王，皇帝指小明王，《前闻记》元璋自称朕，《平吴录》则称予称我，显然《平吴录》是比较可靠的。也有些地方如乡军指地主军，《前闻记》作香军，《平吴军》作乡军，也据《平吴录》。

平可致。而彼惟以妖言惑众，不能上顺天意，下悦民心，是用自底灭亡。及元兵云集，其老将旧臣，虽有握兵之权，皆无戡乱之略，师行之地，甚于群盗。致使中原版荡，城郭丘墟，十有余年，祸乱极矣。①

这两篇文字，充满了封建理论的代表者儒家的思想，可以明白看出是刘基、宋濂等人的策略，也可能出于他们的手笔。指责张士诚的八款罪状，除了第四款和第八款和西吴有关以外，其他六款都是张士诚背叛元朝的罪状，不看头尾，使人容易误会成是元朝政府的讨伐令，朱元璋竟然站在他所反对的元朝政府立场声讨敌人了，由此也可以看出朱元璋这一方面实在举不出张士诚什么罪状。檄文末段分化东吴军民，说明只杀首恶，不追究从犯；东吴臣僚投降的都给官做；逃亡居民和投降军士，都许他们回来；百姓——主要是地主能够安业的，许其保有原来田产房舍，争取东吴治下官僚、地主的归顺，减少大军进攻的抵抗力量。这一段文字明确声明他的立场的改变，从反对封建地主突变为维护封建地主的既得利益，他的根本立场改变了。特别值得注意的是，为了消除东吴官僚、地主对红军的疑惧，在第一段强调指斥弥勒教为妖术、妖言、凶谋，列举他们杀人放火，主要是杀戮士大夫的罪状，并且还严肃声言自己已经灼见妖言不能成事，不相信这一套了。他已经背叛了弥勒教了。陈友谅父兄子弟归降，都封列侯，将相都作大官，地主和农民各安生理，就是他不相信弥勒教的证据，也就是东吴官僚、地主的榜样。就这样，声讨张士诚的檄文实质上是声讨红军的檄文，而被声讨者的最高人物——皇帝，恰恰就是红军的首脑宋帝小明王！表面上看来充满了矛盾，而在实质上却并不矛盾。这两篇文告公开、正式宣告了朱元璋对弥勒教、对红军的斥责、背叛，否认了自己和全军过去对弥勒教的信奉，脱去宗教迷信的外衣，进一步宣称进军的任务是为了伐罪救民，是为了使民庶各安于田里，使百姓永保乡里，公开地取消了阶级斗争的内容，公开地声明他对于农民起义的背叛，

① 《明太祖实录》卷十六。

明确维护旧的封建地主阶级秩序，保证给官僚、地主、庶民以和平安定的生活，这是朱元璋一生中划时代的转变，从农民起义的领袖，转变为地主阶级的领袖的转变。陶安、李习、刘基、宋濂等这一地主儒生集团几年来所起的作用，到这时候明朗化了，具体化了，公开化了。宋的军队没有了，将领都已死亡，小明王寄居滁州，仅存名号，红军的招牌已经没有号召作用，元璋的周围充塞着地主阶级的首脑人物，政权的本质起了根本性质的变化，和这基础相适应，便不能不提出新的口号争取地主巨绅的支持，各地"民兵"、"乡军"的支持，士大夫的同情和拥护。这两篇文告把朱元璋一生划作两个时期，前一时期他是弥勒教徒，农民起义的领袖，任务是破坏旧的封建社会秩序；此后则公开和地主、巨绅联合，成为他们的保护人，封建统治理论的代表者儒家的护法，不但要巩固封建地主阶级的既得利益，并且要建立并维持旧的和新的地主阶级政权和封建秩序了。

朱元璋已经公开宣告和红军决裂，小明王的存在就没有意义了。至正二十六年（龙凤十二年）十二月，元璋派大将廖永忠迎接小明王，于瓜洲渡江，中流把船凿沉，永忠径回应天复命。小明王死，宋亡。[①] 此后，朱元璋不再提龙凤的事，连当年镇江西城打败东吴的纪功碑，因为有龙凤年号，也捶毁灭迹。[②] 文书上有关的龙凤史料，更是销毁得干干净净。元璋死后所编的《明太祖实录》，不提元璋和龙凤臣属关系一字，这一段历史被湮灭，被歪曲了几百年。

元璋对东吴的第二步攻势，动员了二十万大军，以大将军徐达、副将军常遇春为统帅。在出兵前商讨战略，常遇春坚决主张直取平江，以为巢穴既破，其余诸郡可以不战而下。元璋却决定用叶兑的次策，以为士诚出身盐枭，和湖、杭诸郡守将都是愍不畏死之徒，同甘共苦。如先攻平江，湖、杭守军必然齐心并力，来救老家，援兵四合，不易取胜。不如想法分散他的兵力，先取湖、杭，士诚无法援救，我军可以集中兵力，个别击破，枝叶一去，根本动摇，使

---

① 《庚申外史》；朱权：《通鉴博论》；高岱：《鸿猷录·宋事始末》；潘柽章：《国史考异》十六。

② 《国初事迹》。

士诚疲于奔命，然后移兵直取平江，必然可以成功。遂分兵攻围杭州、湖州。元璋亲自誓师，叮咛嘱咐，要将帅和睦，不许左右欺凌军士，进城时不要烧杀掳掠，不要挖掘坟墓，尤其平江城外张士诚母亲的坟，千万不可侵毁，以免刺激东吴人民，增加抗拒心理。说了又写成戒约，印发给军士。①

第三步攻势，湖、杭既下之后，应用叶兑的销城法，进围平江，徐达军葑门，常遇春军虎丘，郭兴军娄门，华云龙军胥门，汤和军阊门，王弼军盘门，张温军西门，康茂才军北门，耿炳文军城东北，仇成军城西南，何文辉军城西北，四面筑长围困之。又驾木塔三层，下瞰城中，名曰敌楼，每层施弓弩火铳于上。又设襄阳炮日夜轰击。士诚死守，外无援兵，内无粮草，突围又失败了。元璋一再派人劝降，士诚坚决拒绝。城破时亲自率兵巷战，看到实在不行了，一把火烧死了家属，他也上吊自杀，被部将解救，西吴兵已到府中，俘送应天。在船上闭眼不说话，也不进饮食。元璋问话不理，李善长问话，挨了一顿骂。元璋气极，一顿乱棍把他打死，连尸骨都烧成灰，这年士诚四十七岁，东吴亡。②

元璋后来和群臣总结战胜汉、吴两大敌人的经验说；“元末群雄中，张士诚、陈友谅最强大，士诚地方富庶，友谅军力雄厚，我都不如，只靠不乱杀老百姓，说话算话，刻苦作事，和大家同心协力，才能成功。开头夹处在汉、吴两大之间，士诚尤其逼近，有人主张先向东吴进攻。我的看法是，友谅志骄，士诚器小，志骄的好生事，器小的没长远打算，所以决定先攻友谅，鄱阳湖这一场决战，士诚果然不能出平江一步。假如先攻士诚，友谅一定空国而来，我便被迫两线作战，腹背受敌，胜负便很难说了。”③

李伯昇是士诚十八兄弟之一，同时起事，父亲李行素作丞相，

---

① 《明太祖实录》卷十六。关于张士诚母亲的坟，确是受到保护，完整无损的。这个坟在1964年6月下旬因扩建小学被发现，进行了科学的发掘，详情见《考古》1965年第五期《苏州吴张士诚母曹氏墓清理简报》。

② 《国初群雄事略》卷七，周张士诚，引俞本：《纪事录》；《明太祖实录》卷二十；《平吴录》。

③ 《明史·太祖本纪》。

他官为司徒，守湖州，兵败出降。平江固守，使说客招降的是他，把士诚交给常遇春的也是他。平江人记住这段历史，凡是出卖朋友的人就叫作“李司徒”①。

张士诚从起兵到败死，前后十四年。城破前他把征收赋税的鱼鳞图籍全部烧毁，平江固守十月，朱元璋恨当地人为士诚坚决拒守，取沈万三家租簿定额，格外加赋，每亩完粮七斗五升。② 六百年来，苏州人每年于七月三十日烧九四香，托名为烧地藏香，九四是士诚小名，七月三十是士诚生日。③ 从这两件事看来，士诚得到当地地主的坚决支持，他的政权也是变了质的，是属于地主阶级的政权。

元璋大军凯旋后，论功行赏，第二天诸将来谢，元璋问有没有摆酒席庆贺，都说吃了酒席，高兴得很。元璋说：“我也何尝不想和诸军欢宴一天，但中原尚未平定，还不是晏安的时候。你们应该记取张士诚的教训，他经常和将相们宴会、酣歌、逸乐，今天怎么样了，要引以为戒才是。”又对东吴降将讲话：“你们都是张士诚旧部，作将官带部队，计穷势屈，才不得已投降。我厚待你们，还让你们作将校。但是要给你们讲清楚一条道理，我所用诸将，多是濠、泗、汝、颍、寿春、定远诸州的人，勤苦俭约，不知奢侈。不比江浙地方富庶，耽于逸乐。你们也不是富贵人家出身的，一朝作了将军带了兵，就胡乱取人子女玉帛，什么坏事全做了。如今既然在我这里，就得改去老毛病，像我的濠、泗诸将那样，才能保住爵位。人人都想富贵，但是取富贵不难，长保富贵却是难事。你们真能尽心尽力，和大军一起除暴平乱，早日统一天下，不但你们能享富贵，连子孙也可以享福。假如只图一时快意，不向前看，虽然暂时快乐，却保不住日后丧败。这是你们亲见的事，不可不戒。”④

平江合围后，吴元年九月元璋又遣将攻讨浙东方国珍。令参政朱亮祖率浙江、衢州、金华等卫马步舟师攻台州，征南将军汤和、

① 《国初群雄事略》卷七，引《冶城客论》。

② 顾公燮：《消夏闲记》。

③ 柴萼：《梵天庐丛录》。

④ 《明太祖实录》卷二十。

副将军吴祯率常州、长兴、宜兴、江阴诸军攻庆元（今浙江宁波）。又命征南副将军廖永忠率水军从海路进攻，与汤和军相会合，切断国珍逃入海中的退路。

方国珍从至正八年聚众海上起事，吴元年十二月降西吴，在群雄中最先起事，称雄浙东二十年。

台州黄岩靠近海边，人多地少，无地少地的农民只好靠海吃饭，打鱼晒盐，飘洋过海，在海上过的日子此陆地上的多。国珍和兄弟国璋、国瑛、国珉一家子，世代贩盐浮海为业。国珍是地方上有名的土豪，生得身材高大，黑紫脸膛，体力强壮，快步如飞。至正初年海盗劫掠商民，抢了运皇粮漕船，杀了督运使臣，地方官千方百计追捕，国珍的仇家向官府告发国珍私通海盗，坐地分赃，国珍杀了仇家，带领全家和邻里怕事的逃入海中，集结了几千人，四处抢劫。① 元朝发兵围杀，国珍打败官军，连将官也俘虏了。受招安作定海尉。不久又反，俘获元朝大将，又受招安作了大官。如此时降时叛，每反复一次，便升一次官。到至正十七年一直做到元浙东行省参知政事海道运粮万户。他以庆元为根据地，兼领温州、台州，占有浙东沿海一带地方，拥有水军千艘，控制着丰富的渔盐资源，兄弟子侄全作大官，心满意足，只想保住这份好基业。②

元璋攻取婺州后，和国珍邻境相望。国珍兵力弱小，北有张士诚，南有陈友定，他和这两家都不大和洽，见元璋兵势甚盛，怕被吞并，就派使臣向元璋送金银绸缎，接受龙凤官诰，口头还说愿意献出三郡，只是不肯奉龙凤年号。元璋多次派使臣督责，国珍推说："当初献三郡，为保百姓，请上位（当时人称君主为上位）多发军马来守，交还城池。若遽奉正朔，张士诚、陈友定来攻，援兵万一赶不到，就危险了。不如姑以至正为名，他们便找不出罪名来攻。若真要我奉龙凤年号，必须多发军马，军马一到，便以三郡交还。情愿领弟侄到应天听命，止求一身不作官，以报元之恩德。"元璋听

① 叶子奇：《草木子》；宋濂：《方国珍神道碑铭》；《明太祖实录》卷八十八；《国初群雄事略》卷八，方谷真。

② 《明史》卷一百二十三，《方国珍传》。

说，笑了一声："也好，且摆在那里。等我取下平江，那时他要奉正朔也晚了。"① 国珍一面向西吴进贡，一面又替元朝运粮，脚踏两只船，左右摇摆。到元璋取了杭州以后，国珍越发害怕，使人北通扩廓帖木儿，南联陈友定，打算结成犄角之势，抵抗西吴进攻。还盘算万一两头的支援都靠不住，敌不过，好在他有千数的海船，到时载满金银财宝，合家逃奔大海，也还够一辈子享用。主意打定，日夜搜集珍宝，修治船只，准备随时下海。②

吴元年九月，朱亮祖军进占台州、温州，汤和大军长驱直取庆元，国珍逃入海中，又为廖永忠水军所败。走投无路，只好哀辞求降。西吴军从进攻到凯旋，前后不过三个多月。③

这一年，韩林儿已死，龙凤年号不能再用了，更不能用元至正年号。按甲子这年是丁未年，未属羊，童谣不是说"但看羊儿年，便是吴家国"吗，东吴已在包围中了，为了再一次应童谣，元璋下令叫这年为吴元年。

三、南征北伐

朱元璋在出兵征服方国珍的同时，决定了南征北伐的大计。

吴元年九月间，元璋统治的疆土，大体上据有现在的湖北、湖南、河南东南部和江西、安徽、浙江，包括汉水下游和长江下游，是全中国土地最肥沃，物产最丰富，人口密度最高，最繁荣富庶的地区。

中国南部除元璋所占地区以外，分裂成几个军事割据地区：以四川为中心的是夏国明昇，云南有元宗室梁王镇守，两广也是元朝的势力，福建陈友定虽然跋扈，仍然对元朝效忠。

元璋见夏国主幼兵弱，不会有所作为；云南太远，暂时可以不

---

① 《国初事迹》。

② 《明史》卷一百二十三，《方国珍传》。

③ 《国初群雄事略》卷八，方谷真。

问。决定首先进军目标是福建和两广。

中国北部在表面上属于元朝政府统治，但情况十分复杂：山东是黄军（地主军）王宣的防地；河南属扩廓帖木儿；关内陇右则有李思齐、张良弼诸军；孛罗帖木儿一军镇大同。扩廓帖木儿和李、张二将不和，孛罗帖木儿又和扩廓帖木儿对立。当元璋进兵江浙的时候，元朝这几个将军正在争军权，抢地盘，一心一意打内战，拼个死活，谁也不管整个战局。和军事领袖内部冲突的同时，元朝统治阶级最上层宫廷的内部矛盾，也日益深化激化了。宫廷的阴谋政变和军事领袖的公开内战相结合，并且互相利用，元朝统治阶级分裂成为两个互相倾轧、残杀的集团，双方都要夺取政权，都有贵族官僚支持，都有武装力量，势均力敌，争得热闹，杀得热闹，造成“鹬蚌相争，渔翁得利”的局面。元璋趁着元朝内部打得火热的有利形势，乘机东征南伐，扩大地盘，充实军力。等到元璋北伐大军兵临城下，元朝的军事领袖们才着了慌，停止互相残杀，却又不肯也不甘心和别人合作，听别人指挥，仍然是各保地方，人自为战，为朱元璋造成集中强大军力进行个别歼灭的良好战机。元朝政府分散的军事力量一股接着一股被消灭的结果，长期进行阶级压迫和民族压迫的蒙汉地主联合政权，也随之被消灭了。

元朝军事领袖内部斗争的历史可以追溯到几年以前。

红军起义后，元朝正规军队抵抗不住，四处打败仗。坚决顽强地和红军作战的是“义军”，这是由地主土豪所组织的保卫私家生命财产的地方“民兵”，也叫作“乡军”。红军要推翻地主阶级的统治，地主们却要保卫自己的统治，这是你死我活的阶级斗争，旗帜十分鲜明，斗争自然非常激烈。“义军”中最强大的有两支：一支是起自沈丘（今河南沈丘）的察罕帖木儿和李思齐，察罕帖木儿的祖先是元初征占河南的蒙古军人，子孙在沈丘落户，至正十二年和罗山地主李思齐率领乡里子弟袭破红军所占领的罗山，元朝政府授官汝宁府达鲁花赤，各地的地主武装闻风先后参加，组成万人的一支地主军，几年来连败红军，重占河北、关陕，陷汴梁，取河南，号令达江浙，屯重兵于太行山。正准备大举进攻山东时，和另一支“义军”

发生了内战。[1] 一支是元朝世将答失八都鲁所招募的襄阳官吏和流亡土豪的两万“义丁”，和刘福通作战有功，重占襄阳、亳州。[2] 答失八都鲁死，子孛罗帖木儿代之掌兵，移镇大同。山西晋冀之地原本是察罕帖木儿的部队进占的，察罕帖木儿大军东出，孛罗帖木儿就进军晋冀，强占察罕帖木儿的防地，察罕帖木儿自然不甘心，两军就大打特打，交战几年，元朝政府无力制止，屡次派人调停讲和。察罕帖木儿被刺死后，孛罗帖木儿又领兵来争晋冀，内战又起。[3]

和军事领袖公开内战的发展同时进行的是元朝宫廷的阴谋政变。

脱脱丞相贬死后，哈麻代为丞相。哈麻阴谋废元顺帝而立皇太子，事泄被杀。皇太子生母高丽奇皇后和皇太子仍旧阴谋废立，使宦官朴不花和丞相太平商量，太平不肯，太子愤恨，把太平害死了。宫廷里分作两派，丞相搠思监和朴不花帮太子，贵臣老的沙帮皇帝。太子派靠扩廓帖木儿作外援，皇帝派就拉拢孛罗帖木儿来对抗。

老的沙得罪于皇太子，逃入孛罗帖木儿军中。皇太子怨恨孛罗帖木儿收容他的仇人，搠思监、朴不花就诬害孛罗帖木儿图谋不轨，至正二十四年四月元朝政府下诏数孛罗帖木儿罪状，解其兵权，削其官爵。孛罗帖木儿也不客气，竟自带领大军进向大都，元顺帝慌了，缚送搠思监、朴不花谢罪，孛罗帖木儿才回师大同。太子失败了，不甘心，逃出大都，再征扩廓帖木儿出兵打孛罗帖木儿，孛罗帖木儿又举兵进攻大都，太子战败，逃到太原。孛罗帖木儿入都，作中书左丞相。二十五年太子调扩廓帖木儿和诸路兵进攻，孛罗帖木儿战败，被刺死于宫中，扩廓帖木儿入都代为丞相。

太子奔太原时，要仿效唐肃宗灵武故事，自立为皇帝，扩廓帖木儿不赞成。扩廓帖木儿入都时，奇皇后又要他带重兵拥太子进宫，逼顺帝让位，扩廓帖木儿又不肯，离京三里就命大军驻下，止带数骑入朝。以此，奇皇后和太子深恨扩廓帖木儿，元顺帝也疑忌他兵权太重，朝中大臣嫌他不是根脚官人（世代贵族），另眼相看。扩廓

---

① 《元史》卷一百四十一，《察罕帖木儿传》。

② 《元史》卷一百四十二，《答失八都鲁传》。

③ 《庚申外史》。

帖木儿在军中日子久了，不习惯于尔诈我虞的宫廷阴谋斗争，兼之上下都对他嫌忌，自己知道站不住脚，就请求出外带兵，元顺帝便封他为河南王，统率全国军马，代皇太子出征。①

至正二十六年二月，扩廓帖木儿回到河南军中，调度各处军马，用檄文调关中四将军会师。李思齐得调兵劄，勃然大怒，骂说："乳臭小儿，黄发还没有退，敢来调我！我跟你父亲同乡里，同起义兵，你父亲进酒，还三拜才喝，你在我面前连站脚处都没有，居然称总兵，敢来调我！"下令各部，一戈一甲不许出武关，王保保来见，则整兵杀之。张良弼、孔兴、脱列伯三军也不受节制。扩廓帖木儿军令不行，只好把南征一事暂且放下，派一部分军队屯驻济南，防御南方进攻，亲自带领大军入关攻李思齐。李思齐等四将军也会兵长安，盟于含元殿旧基，合力抵抗。两军军力相差不多，整整打了一年，大小几百战，分不出胜负。元顺帝再三命令扩廓帖木儿停战，一意南征，扩廓帖木儿不听。二十七年七月扩廓帖木儿抽调部下最精锐的貊高一军，渡河从背后直捣凤翔，貊高部将中有一部分是孛罗帖木儿的旧将，半路上计议："朝廷调我们打妖贼，如今却去打李思齐，李思齐是官军，官军杀官军，为什么来?"逼貊高倒戈声讨扩廓帖木儿。元顺帝本来疑忌扩廓帖木儿，又恨他不听命令，正在想法夺去扩廓帖木儿兵权，貊高的报告一到，他十分高兴，升貊高为知枢密院兼平章，总河北军马；并下诏书解除扩廓帖木儿统帅权，只领本部兵马，肃清江淮；李思齐等部分兵进取。特设大抚军院，以皇太子总制天下兵马，专防扩廓帖木儿。②

西吴侦探得上面所说的一切情况，元璋决心利用元军忙于内战，主要军力自相抵消的有利时机，南征北伐同时并进。吴元年十月，以徐达为征虏大将军，常遇春为副将军，率甲士二十五万，由淮入河，北取中原。中书省平章胡廷瑞为征南将军，江西行省左丞何文辉为副将军，由江西取福建。湖广行省平章杨璟、左丞周德兴率湖

① 《庚申外史》；《元史》，《顺帝本纪》，卷一百四十一《察罕帖儿传》，卷二百零七《孛罗帖木儿传》；《明史》卷一百二十四，《扩廓帖木儿传》。

② 《国初群雄事略》卷九，扩廓帖木儿。

广诸卫军取广西。

取福建兵分三路：胡廷瑞、何文辉率步骑从江西度杉关为正兵，汤和、廖永忠由明州以舟师取福州为奇兵，李文忠由浦城攻建宁（今福建建瓯）为疑兵。陈友定的根据地延平（今福建南平）和福州犄角，建宁则为延平外线据点，驻有重兵。元璋三路大军分头进攻，正兵使敌人以主力应战，奇兵使敌人不测所以，疑兵分散敌人兵力。

陈友定，福建福清人。出身雇农，作富农的上门女婿，做买卖总是赔钱，投充驿卒。至正十二年红军进攻福建，友定投效作了"民兵"，立了战功，升为小军官，占领很多城池，积官到福建行省平章，镇守闽中八郡。在地方虽然跋扈专行，对元朝政府却极为恭顺，年年运粮到大都。朱元璋占婺州后，和友定接境。至正二十五年二月，友定进攻处州、为西吴大将胡深所败，深乘胜追击，元璋调发江西驻军南下，准备两路会师，一举攻下延平。不料胡深部队进展太快，孤军深入，中伏被俘，为友定所杀，平闽计划受了挫折，暂时搁起。

到方国珍投降后，西吴水师乘胜南下。友定辖境和元朝本部隔绝，孤立无援。福州、建宁先后失去，延平被围。洪武元年正月城破，友定和僚属诀别，服毒自杀不死，被俘到应天。元璋责备他攻处州，杀胡深的罪状，友定厉声回答："国破家亡，死就算了，何必多说！"父子同时被杀。①

西吴从出兵到克服延平，费时四月，从克服延平到平定全闽，又费了八个月功夫。

平定两广的部署，也是分兵三路：第一路杨璟、周德兴由湖南取广西；第二路陆仲亨由韶州（今广东曲江）捣德庆；第三路是平闽的水师，由海道取广州。第一路军于吴元年十月出发，第二、三路军于洪武元年二月出发，所遇抵抗以第一路军为最大。从衡州推进到广西，第一座名城永州（今湖南零陵），第二全州（今广西全县），都是经过激烈血战才占领的，进围靖江（今广西桂林）。第二

① 《明太祖实录》卷二十五；《明史》卷一百二十四，《陈友定传》；《国初群雄事略》卷十二，陈友定。

路军用三个月时间平定北江和西江三角地带，切断了广州和靖江的交通线。第三路军廖永忠遣使向元朝江西福建行中书省左丞何真劝降，大军到潮州，何真送上印章图籍户口，奉表归降。广州和附近州县，不战而下。廖永忠以所部沿西江入广西，北上会合第一路军攻围靖江。洪武元年六月，靖江城破，七月广西平定，两广全归元璋版图。①

福建、两广平定后，南部除了四川、云南以外，都联成一片了，大后方的人力、财力，供给北伐军以无限的支持。

北伐军在出发前，经过元璋和刘基仔细商定了作战计划，再和诸将在军事会议上讨论决定。常遇春提出的方案是攻坚战术，直捣大都，以为南方都已平定，兵力有余，以我百战的精兵消灭元朝疲惫的兵力，必胜无疑。把首都攻下后，以破竹之势，分兵扫荡，其余城池可以不战而下。元璋的计划正好相反，他指出直攻大都的危险性，以为这是元朝经营了上百年的都城，防御工事一定很坚固。假使我孤军深入，一时攻打不下，顿兵于坚城之下，后边的粮饷接济不上，元朝的援兵从四面八方赶到，我军进退不得，岂不坏事？不如用斫树的法子，先去枝叶，再挖老根，先取山东，撤掉大都的屏风；回师下河南，剪断它的羽翼；进踞潼关，占领它的门户，东南西三方面的军事要点都在我军手里了，再进围大都，那时元朝政府势孤援绝，自然不战可取了。大都既下，鼓行而西，云中、九原以及关陇，都可席卷而下。元璋的战术是稳打稳扎，逐步为营，步步推进，逐渐扩大，占领地和后方联结在一起，人力和粮饷的补给线控制在自己的手里，而且以自己的全力集中打击敌人分散的兵力，从积极方面说可以稳操胜算，从消极方面说，也是立于不败之地。这种军事思想是十分高明的，十多年的战斗生活的实践，培养朱元璋成为既细心、又大胆，既看到局部、又看到全局，能够指挥百万大军的统帅了。诸将听了，都同声说好。②

---

① 《明太祖实录》卷二十八；《明史》卷一百三十，《何真传》；《国初群雄事略》卷六，东莞伯何真。

② 《明太祖实录》卷二十一；陆深：《平胡录》；《明史》卷一百二十五，《徐达传》、《常遇春传》。

北伐军的统帅部的组织，也经过慎重研究，选择最优秀的大将组成。在平陈友谅以前，诸将直接由元璋亲自指挥，彼此不相统率。有一次打了个大胜仗，常遇春把汉的降兵全部杀死，徐达阻止不住，才派定徐达作大将军，节制诸将。这次北伐大军，关系更重大，徐达用兵持重，不打无把握之仗，行军有纪律，尤其重要的是他小心谨慎，叫做什么就做什么，靠得住，放得下心，任为征虏大将军，统帅全军。常遇春当百万之众，勇敢先登，摧锋陷阵，所向披靡，任为副将军。元璋担心他健斗轻敌，特别约束告诫，如大敌当前，以遇春作先锋，和参将冯胜分左右翼，将精锐进击。右丞薛显、参将傅友德勇冠诸军，各领一军，使当一面。大将军专主中军，责任是运筹决胜，策励诸将，不可轻动。①

元璋又再三申明纪律，告谕将士以北伐意义：这次北伐的目的不仅仅是攻城略地，重要的是平定中原，削平祸乱，推翻这个坏政府，解除人民痛苦，安定人民生活。见敌人就打，所经地方和打下的城子，不可乱杀人；不可抢财物；不可毁坏民居；不可破坏农具；不可杀耕牛；不可掠人子女。如有收留下遗弃的孤儿幼女，父母亲戚来讨，一定要交还，这是件好事，大家都要这样做。②

要使北方人民明白大军北伐的道理，要解除北方官僚地主对红军恐惧疑忌的心理，和瓦解元军的军心士气，还必须着实做好宣传工作。宋濂奉命写的告北方官吏、人民的檄文说：

> 自古帝王临御天下，皆中国居内以制“夷狄”，“夷狄”居外以奉中国，未闻以“夷狄”居中国治天下者也。自宋祚顷移，元以“北狄”入主中国，四海以内，罔不臣服，此岂人力，实乃天授。彼时君明臣良，足以纲维天下，然达人志士，尚有冠履倒置之叹。自是以后，元之臣子，不遵祖训，废坏纲常，有如大德废长立幼，泰定以臣弑君，天历以弟酖兄，至于弟收兄妻，子蒸父妾，上下相习，恬不为怪，其于父子君臣夫妇长幼

① 《明太祖实录》卷二十一；高岱：《鸿猷录》五，《北伐中原》。

② 《明太祖实录》卷二十一。

之伦，渎乱甚矣。夫人君者斯民之宗主，朝廷者天下之根本，礼义者御世之大防，其所为如彼，岂可为训于天下后世哉！

及其后嗣沉荒，失君臣之道，又加以宰相专权，宪台报怨，有司毒虐，于是人心离叛，天下兵起，使我中国之民，死者肝脑涂地，生者骨肉不相保，虽因人事所致，实天厌其德而弃之之时也。古云“胡虏五百年之运”，验之今日，信乎不谬。

当此之时，天运循环，中原气盛，亿兆之中，当降生圣人，驱逐“胡虏”，恢复中华，立纲陈纪，救济斯民。今一纪于兹，未闻有治世安民者，徒使尔等战战兢兢，处于朝秦暮楚之地，诚可矜闵。

方今河、洛、关、陕，虽有数雄：忘中国祖宗之姓，反就“胡虏”禽兽之名，以为美称，假元号以济私，恃有众以要君，凭陵跋扈，遥制朝权，此河洛之徒也；或众少力微，阻兵据险，贿诱名爵，志在养力，以俟衅隙，此关陕之人也。二者其始皆以捕妖人为名，乃得兵权。及妖人已灭，兵权已得，志骄气盈，无复尊主庇民之意，互相吞噬，反为生民之巨害，皆非华夏之主也。

予本淮右布衣，因天下大乱，为众所推，率师渡江，居金陵形势之地，得长江天堑之险，今十有三年。西抵巴蜀，东连沧海，南控闽、越，湖、湘、汉、沔，两淮、徐、邳，皆入版图，奄及南方，尽为我有。民稍安，食稍足，兵稍精，控弦执矢，目视我中原之民，久无所主，深用疚心。予恭承天命，罔敢自安，方欲遣兵北逐“胡虏”，拯生民于涂炭，复汉官之威仪。虑民人未知，反为我仇，挈家北走，陷溺尤深。故先谕告：兵至，民人勿避。予号令严肃，无秋毫之犯，归我者永安于中华，背我者自窜于塞外。盖我中国之民，天必命我中国之人以安之，“夷狄”何得而治哉！予恐中土久污膻腥，生民扰扰，故率群雄奋力扩清，志在逐“胡虏”，除暴乱，使民皆得其所，雪中国之耻，尔民其体之。

如蒙古、色目，虽非华夏族类，然同生天地之间，有能知礼义，愿为臣民者，与中夏之人抚养无异。故兹告谕，想宜知悉。①

这是元璋幕僚中儒生系统的代表性作品，突出了汉族地主阶级知识分子的大汉族主义思想，突出了儒家的天命论，突出了维护封建秩序的理论。

首先，他们把国内的少数民族都叫作“夷狄”，把中国只看成是汉族的中国，不是多民族共同缔造的中国；中国只能由汉人统治，少数民族的统治便是“冠履倒置”；而且硬说历史上从来没有少数民族统治中国的事实，从现在看来，这些观点都是落后的，陈旧的，反动的，也是不符合历史实际的。事实上，中国从来是一个多民族的国家，在漫长的历史时期，有的朝代的统治者是汉人，也有的朝代的统治者是少数民族；同时，在同一时期，曾经出现这种情况，较大地区统治者是汉人，其他某些地区统治者是少数民族，从社会发展阶段、生产技术和文化科学等方面来说，各民族之间确有先进和落后之分，但是，民族本身并没有什么上下高低之分，相同之点却都是一个阶级对另一个阶级的统治。由于长时期的大汉族主义作怪，使得刘基、宋濂这些人，忘记了自己国家的历史，也看不见蒙古贵族统治全国将近百年，蒙古民族已经加入了中国各民族大家庭的历史，内夏外夷的偏见，在这篇檄文中充分地表达出来了。

天命论也被强调了，说元朝统一，“此岂人力，实乃天授”。是天命。红军起义，“天厌其德而弃之”。元朝又没有天命了。他自己则是“恭承天命”，统一全国的天命又归朱元璋了。把一个旧政权的被推翻和新政权的建立，都归结为天命，这种唯心思想，也是一千多年来儒家的中心思想。朱元璋是由农民起义起家的，正是农民的革命斗争的伟大力量，使他取得胜利，但是在天命论的掩饰下，这个伟大力量被一笔勾销了。人民群众的力量，革命斗争推动社会前进的力量被阉割了，取得革命胜利的原因只是由于朱元璋得了天命。

红军起义是鲜明的阶级斗争，要推翻蒙汉地主阶级的联合统治，

① 《明太祖实录》卷二十一；《鸿猷录》五，《北伐中原》。

要破坏旧的封建秩序。檄文却正好相反，要“立纲陈纪”，这个纲、纪，正是封建秩序的纲、纪，是“御世之大防”，檄文明确提出这个恢复封建地主阶级纲、纪的目标，比不久前讨张士诚的檄文只是消极地谴责红军、背叛红军，又前进了一步了。

尽管如此，这篇檄文在那个时候却在北方广大的官僚、地主、儒生、大汉族主义者中间起了明显的广泛的作用。檄文的中心有三点：第一是民族革命，强调“夷”夏的区别，强调中国应由汉族人来治理，过去蒙古、色目贵族的统治，使“死者肝脑涂地，生者骨肉不相保”。当前北伐的目的，是“驱逐‘胡虏’，恢复中华”，雪中国（这两字指的是汉族）之耻，这两句现实的口号，比之红军初起时所提出的恢复赵宋政权，从狭隘地搬出一个已被遗忘的幽灵，进一步喊出恢复中华的主张，以此为号召，自然更能够获得地主阶级知识分子的支持，大汉族主义者的支持；第二是复兴道统，也就是旧有的封建文化、思想的恢复，檄文中提出“礼义者御世之大防”。“父子君臣夫妇长幼之伦”，“朝廷者天下之根本”，“中国居内以制夷狄”，都是纲是纪，是儒家的中心思想，是多少世代以来维持封建统治的金科玉律。大之治国，小之修身，从政治到生活，都被约束在这一封建思想体系中。蒙古、色目贵族破坏了这一思想体系，“渎乱甚矣!”“岂可为训于天下后世!”这次北伐，目的是“立纲陈纪，救济斯民”。恢复这个世代相传的封建传统文化和生活习惯，这比之红军初起时所宣扬的弥勒佛和明王出世的幻想故事，更能广泛地获得儒生士大夫的同情和支持；第三是统一和安定，几十年来的元君荒淫，有司毒虐，天下兵起，中原之民，久无所主。北伐的目的是为了治世安民，是为了拯生民于涂炭，是为了使人民永安于中华，使民皆得其所。提出统一和安定民生的号召，这是符合于当时各阶层人民要求的，是符合全体人民切身利益的。当时各阶层人民所欢迎所拥护所争取的目标在这篇檄文中特出地揭示出来，这样也就自然产生出不可抗拒的力量，为最后胜利铺平道路。

骂元朝政府，说他破坏封建传统文化，宫廷内乱七八糟，指斥他政治贪污腐化，毒虐人民，是个坏政府，不但人心离叛，连上天也已经厌弃他了。

骂元朝将军，河洛指扩廓帖木儿，扩廓帖木儿原来是汉人王保保，为母舅察罕帖木儿收养，元顺帝赐以蒙古名，是抬举他算蒙古人的意思。关陕指李思齐等四将军。骂扩廓帖木儿用蒙古名字，以“夷”变夏，跋扈要君；骂李思齐等阻兵据险，志在养力。这两个军事集团互相吞噬，不但不能庇民，反为生民之巨害，都不能作为华夏之主。那么，谁应该来治理中国呢？论版图之广大，人民之众多，军力之强大，逐“胡虏”，“除暴乱”，“雪国耻”，“拯生民”的历史任务，就不能不由淮右布衣朱元璋负担起来了。

最后，为了缓和蒙古、色目人的反抗心理，指出只要他们知礼义，愿为臣民，也就和中夏之人同样抚养，一视同仁。

前一年讨张士诚的檄文，还只是消极的斥责弥勒教，空洞的骂元朝政府。到这时候，才鲜明的具体的积极的提出民族革命，复兴封建道统，和统一安定的号召，这是朱元璋进一步的思想转变、政治转变，也是元璋幕府里代表地主阶级利益的儒生们的再一次的胜利。

这一宣传文告发生了巨大的作用，北伐军所到之处，山东、河南州县纷纷降附，名城如济南、益都、汴梁、河南府都不战而降。连蒙古、色目人也望风降附了，扩廓帖木儿的舅父老保投降了，外祖父梁王阿鲁温也投降了，汴梁守将过去守庐州的左君弼也不战而降。有的元朝守将知道抵挡不住，弃城逃走。北伐军因之得以顺利进军，在很短的时间内，取得巨大的胜利。

北伐军徐达一军由淮入河是主力，征戍将军邓愈由襄阳北略南阳以北州郡是偏师，目的在分散元军兵力。

从军事进展情形来说，徐达正确地执行了预定的计划。这个计划如上文所说，是剪其枝叶，步步推进。第一步从出师这天起，到洪武元年正月，前后三个多月，平定山东。

第二步由山东取河南，分兵两路：一路取归德（今河南商丘）、许州（今河南许昌），和邓愈军会师，抄汴梁的后路；一路由郓城渡黄河直达陈桥，两路兵力像两个钳子夹住，汴梁不战而降。进败元军于洛水，河南（今河南洛阳）降，河南全境平定。别将冯胜也攻克潼关，李思齐、张良弼遁走。这是洪武元年三、四月间的事。

鲁、豫既定，潼关一军堵住元关中军的出路，三面包围元大都的军事局势已经造成。五月，元璋亲自到汴梁，大会诸将，重新研究战局和决定下一步骤的战略。

当北伐军以雷霆万钧之势，席卷中原，元朝各地方守将告急的羽书，雪片似飞向大都的时候，元军正忙于内战，打得难解难分，政局反复和军权转移，千变万化。扩廓帖木儿被解除统帅权后，退兵据泽州（今山西晋城），部将关保投向元朝政府。元顺帝见扩廓帖木儿势孤，下诏李思齐等军东出关，和貊高合军围攻扩廓帖木儿，令关保以所部戍守太原。扩廓帖木儿愤极，径自出兵据太原，尽杀元朝政府所置官吏，元顺帝也下诏书尽削扩廓帖木儿官爵，令诸军四面讨伐。元璋北伐大军就趁这大好时机，下山东、取汴梁，元将望风降附，无一人抵抗，无一军堵截，小城降，大城也降，汉官汉将弃城逃走，蒙古、色目官吏将军也弃城逃走，真是“土崩瓦解”，“势如破竹”。

到了潼关失守，貊高、关保又为扩廓帖木儿所擒杀，元顺帝这才着了慌，面对着两个敌人，自己却赤手空拳，一筹莫展。想来想去，只好和扩廓帖木儿和解，让他来替自己挡一阵，但又苦于前头事情做得太决绝了，不好转圜，便把一切过错都算在皇太子名下，下诏书撤消抚军院，尽复扩廓帖木儿官爵，令他和李思齐分道南征。扩廓帖木儿和李思齐看到局势严重，也着了慌，正准备调遣军队，整装出发，可是这时北伐军已经向大都推进，挽救不及了。

第三步攻击的目标才是大都。洪武元年闰七月，徐达大会诸将于临清，布置进军方略。马步舟师沿运河北上，连下德州、通州。元军连吃败仗，毫无斗志，元顺帝知道援军已被隔绝，孤城难守，怕被俘虏，蹈宋徽、钦二帝和瀛国公的覆辙，二十八日夜三鼓，率后妃太子逃奔上都去了。① 八月初二日北伐军进入大都，元朝蒙汉

① 《庚申外史》；《明太祖实录》卷三十。

地主阶级的联合统治，这一天正式被推翻了，广大的各族被压迫被剥削人民的愿望实现了！但是，他们没有想到，代替这蒙汉地主阶级联合统治的，却是汉族旧、新地主阶级的统治，推倒了一座压在头上的大山，换来的仍旧是一座大山，依然被压得喘不得气。

元大都虽下，元顺帝在上都，仍然保有完整的政府机构，元军的主力仍然完整强大，问题并没有最后解决。徐达、常遇春移兵进取山西、陕西，从洪武元年八月到第二年八月，整整打了一年，才取得解放西北的胜利，完成了北伐战役第四步的任务。在这一年中，元军不但坚决抵抗，而且还有力量组织几次大规模的反攻，在整个北伐战役中，这一年打得最激烈，也最艰苦。

西征军从河北进入山西南部，扩廓帖木儿遣将以兵来争泽州，大败西征军。又乘北平（元璋改大都为北平府）空虚，亲出雁门关偷袭北平。徐达得到情报，也不回救北平，径率大军直捣扩廓帖木儿的根据地太原。扩廓帖木儿进军才到半路，闻报回军援救，半夜里被徐达军偷营袭击，不知所措，以十八骑北走，山西平。

洪武二年三月，西征军入奉元路（今陕西西安），李思齐逃奔凤翔，又奔临洮，大军进逼，他势穷力竭，只好投降。元军又乘虚攻通州，北平无重兵，常遇春、李文忠率步骑九万还救，直捣元上都，元顺帝北逃沙漠，北平转危为安。遇春暴卒，李文忠领兵会合大军并力西征，大败围攻大同的元军，生擒脱列伯，杀孔兴。元顺帝组织了几次反攻，都失败了，损失惨重，没有力量再南下了，叹一口气，打消了重回大都的念头。洪武三年死去，皇太子爱猷识里达腊继立。徐达大军继续西进，张良弼逃奔宁夏，为扩廓帖木儿所执。其弟张良臣以庆阳降，不久又叛，城破被杀，陕西平定。

李思齐、孔兴、脱列伯、张良弼兄弟，降的降，死的死，蒙古大将只剩扩廓帖木儿还拥大军驻屯宁夏，不时出兵攻掠，边境守将昼夜提防，十分紧张。刘基警告元璋说："不可轻视扩廓帖木儿，此人真是将材。"洪武三年元璋又命徐达领大军北攻沙漠，扩廓帖木儿方围兰州，解围还救，大败奔和林（今蒙古人民共和国乌兰巴托西南）。五年又遣将率大军分道进攻，到岭北为扩廓帖木儿所大败。二十五年后，元璋想起这次大败仗，还非常伤心，写信告诫他的儿子朱棡、朱棣说："吾用兵一世，指挥诸将，未尝败北，致伤军士。正欲养锐，以观'胡'变。夫何诸将日请深入沙漠，不免疲兵于和林，此盖轻信无谋，以致伤生数万。"据当时人记载，连同过去几次败仗，合计死亡有四十多万人。

扩廓帖木儿逃回和林以后，家属被俘，元璋使人送信劝他投降，娶他妹子为第二子秦王妃。最后派李思齐去作说客，见面时扩廓帖木儿以礼款待，辞回时还派骑士送到交界地方，正欲分别，骑士说："奉总兵令，请留一点东西作纪念。"思齐说："我为公差远来，无以相赠。"骑士直说："我要你的一只手臂。"思齐知不可免，只好砍下一只手臂，回来后不久就死了。① 元璋尝说："如今天下一家了，尚有三事未了，挂在心头。一件少传国玺，一件王保保未擒，一件元太子无音问。"到洪武八年，扩廓帖木儿死。洪武十一年爱猷识里达腊死，子脱古思帖木儿继立，仍然拥有重兵，不时进攻明朝边境。②

元璋事后总结北伐战役的战略方针说："陈友谅、张士诚既灭，举兵北伐，先取山东，次下河洛，止住潼关西进之师，不急攻秦陇，这是因为扩廓帖木儿、李思齐、张良弼都是百战之余，决不肯轻易屈服。而且，大军西攻，正好促成他们联合起来，全力抗拒。不如出其不意，直取大都，根本既除，然后西进，张、李势穷望绝，不战而克。可是扩廓帖木儿还是顽抗到底，费了多少事！当时假如不取北平，就和关中军决战，又会是两线作战形势，我以一敌二，丧失主动，胜利就没有把握了。"他又指出临敌必须持重，不可骄傲大意，告诫诸将说，"土不可以恃广，人不可以恃众，我从起兵以来，与诸豪杰相角逐，每临小敌，亦如大敌，所以能够致胜"③。

北方平定，洪武四年正月，出兵攻夏。以汤和为征西将军，周德兴、廖永忠为副将军，率舟师由瞿塘攻重庆；傅友德为征虏前将军，顾时为副将军，率步骑由秦、陇取成都。

---

① 俞本：《纪事录》；《明史》卷一百二十四，《扩廓帖木儿传》。

② 《草木子·余录》；《庚申外史》；《国初群雄事略》卷九，扩廓帖木儿。

③ 《明史·太祖本纪》；《明太祖实录》卷二十。

明玉珍，随州（今湖北随县）人。世代务农，有上百亩田地产业，是个中小地主。他身长八尺，目有重瞳，性情刚直，乡里间有口舌纠纷，都找他排解，在地方上很有威信。徐寿辉起兵，玉珍招集乡豪，修械筑防，以保乡里，被推作屯长。徐寿辉使人招降，不得已加入红军，积战功作到统兵征虏大元帅，奉命率所部入川攻取城池。寿辉死后，自立为陇蜀王，以兵守瞿塘，和陈友谅断绝来往。至正二十二年即皇帝位于重庆，建国为夏，年号天统。保境安民，礼聘名士，专务节俭，开进士科，求雅乐，赋税十分取一。下令去释道二教，止奉弥勒，各地都建立弥勒佛堂。休兵息民，百姓安居乐业。在位五年，死时才三十六岁。子明昇以十岁孩子继位，诸将争权，互相残杀，国势日渐衰弱。①

夏国见大军压境，倚仗瞿塘天险，以铁索横断关口，凿两岸石壁，引绳作飞桥，以木板平铺放上炮石木竿铁铳，两岸置炮，层层布防，以为敌人舟师决不能通过。汤和水军果然被阻，三个月不能前进一步。

夏人把重兵都配置在东线，北边防务空虚，傅友德乘隙南下，连克名城，将攻克城池日子写了木牌，投在长江里。廖永忠得到消息，从间道绕到夏军背后，两面夹攻，断飞桥，烧铁索，水陆并进，夏兵抵挡不住，明昇乞降。傅友德进军成都，成都守将知重庆已失，也投降了。十月汤和等全定川蜀郡县，夏亡。②

---

① 《明太祖实录》卷十六；杨学可：《明氏实录》。

② 《明史》卷一百二十三，《明玉珍传》；《国初群雄事略》卷五，明玉珍。

第四章　开国皇帝

一、国号大明

吴元年（公元 1367 年，元顺帝至正二十七年）十二月，朱元璋的北伐大军已经平定山东，南征军已降方国珍，移军取福建，水陆两路都势如破竹。一片捷报声使应天的文武臣僚欢天喜地，估计着自己的强大的军事力量，各族人民渴望统一的拥护和支持；估计着元朝政府的无能、腐败，元朝将军们正在疯狂地进行你死我活的内战，统一全国已经是算得出日子的事情了。为了适应这新的局面，必须建立全国性的统治政权，从过去历史实际得出的结论，王只是局部地区的统治者，全国性的统治者应该称皇帝，以此，吴王应该改称皇帝，王府臣僚自然应该提高一级作新皇朝的将相了。

一切都商量好了，准备好了，中书省左丞相宣国公李善长领头率文武百官奉表请元璋作皇帝，十天后，元璋搬进新盖的宫殿，把要作皇帝的意思，祭告于上帝皇祇说："惟我中国人民之君，自宋运告终，帝命真人于沙漠，入中国为天下主，其君臣父子及孙百有余年，今运亦终。其天下土地人民，豪杰分争。惟帝赐英贤为臣之辅，遂戡定群雄，息民于田野，今地周回二万里广。诸臣下皆曰生民无主，必欲推尊帝号，臣不敢辞，亦不敢不告上帝皇祇。是用明年正月四日于钟山之阳，设坛备仪，昭告帝祇，惟简在帝心：如臣可为生民主，告祭之日，帝祇来临，天朗气清。如臣不可，至日当烈风异景，使臣知之。"①

---

① 《明太祖实录》卷二十四。

这篇祭告文把元朝蒙汉地主阶级联合政权的倾覆和自己皇朝的建立，都推到上帝身上。前朝的建立和倾覆是天命，自己作皇帝也是天命。上帝的意旨是不可违背的，秉承上帝意旨作皇帝的权力自然也是不可违背的，他就凭这个上帝命令来统治全国人民，叫人明白违背他就是违背上帝，把神权和世俗政权结合在一起。至于挑的日子，当然是经过研究的，刘基是当时有名的天文学家，一直到今天，民间还流传着有关他的许多怪异传说。但据朱元璋对刘基儿子讲的话："他的天文，别人看不着。他只把秀才的理来断，到强似他那等（天文家）。鄱阳湖里到处厮杀，他都有功。"① 看来刘基对气象预测是有专长的，在他那个时代所达到的科学水平，几天以内的气象变化看来是可以掌握的。刘基预测正月初四是天气好的日子，元璋的祭告文里便有充分信心让上帝来选择他配不配当皇帝，承天命了。

即位的礼仪也决定了。这一天先告祀天地，即皇帝位于南郊，丞相率百官和都民耆老拜贺舞蹈，连呼万岁三声，礼成。具皇帝卤簿仪仗威仪导从，到太庙追尊四代祖父母、父母为皇帝皇后，再祭告社稷。宗教仪式都做完了，于是皇帝服衮冕，在奉天殿受百官朝贺，这样就算成为合法的正统的皇帝了。

这一天的天气当然很好，日朗风和。烈风异景，连一点影子也没有，上帝批准了。

皇帝办公的正殿名为奉天殿，皇帝诏书的开头规定用"奉天承运"四字。② 原来元朝皇帝诏书的开头用"长生天气力里，大福荫护助里"，文言译作"上天眷命"，朱元璋以为这口气不够谦卑，改为"奉天承运"，表示他的一切行动都是"奉天"而行的，他的皇朝是承方兴之"运"的，谁敢反抗天命？谁又敢于违逆兴运？

洪武元年（公元1368年）正月初四日，朱元璋定有天下之号曰大明，建元洪武。以应天为京师。

奉天殿受贺后，立妃马氏为皇后，世子标为皇太子。以李善长、

---

① 刘仲璟：《遇恩录》。

② 《明太祖实录》。

徐达为左右丞相，各文武功臣都加官进爵，授予庄田。皇族死的活的全都封王。一霎时闹闹攘攘，欢欢喜喜，新朝廷上充满了蓬蓬勃勃的新气象，新京师里平添了几百千家新地主、新贵族，历史上出现了一个统一的新朝代。

皇族和其他文武官僚、地主家族组成新的统治阶级，代表这阶级执行统治的机构是朝廷。这朝廷是为朱家皇朝服务的，为地主阶级的利益服务的，朱家皇朝的建立者朱元璋，给他的皇朝起的名号是大明。

大明这一朝代称号的决定，事前曾经过长期的考虑。

历史上的朝代称号，都有其特殊的意义。大体上可以分作四类，第一类用初起的地名，如秦、汉；第二类用所封的爵邑，如隋、唐；第三类用当地的物产，如辽（镔铁）、金；第四类用文字的含义，如大真、大元。大明应该属于第四类。①

大明的意义出于明教。明教本有明王出世的传说，经过五百多年公开和秘密的传播，明王出世成为民间所熟知的预言。韩山童自称明王起事，败死后，他的儿子韩林儿继称小明王。西系红军的别支明昇也称小明主。朱元璋原来是小明王的部将，害死小明王，继之而起，国号大明。② 据说是刘基出的主意。

朱元璋部下分红军和儒生两种人，也就是农民和地主两个系统，到建国以后，原来由农民出身的将帅也都成为新地主了。这一朝代称号的采用，使两个系统的人都感觉满意。就出自红军诸将的观点来说，他们大多数起自淮西，受了彭莹玉的教化，其余的不是郭子兴的部曲，就是小明王的故将，或天完和汉的降将，总之，都是明教徒。用大明作新皇朝的称号，第一表示新政权是继承小明王的，所有明教徒都是一家人，应该团结在一起，共享富贵；第二告诉人民以明王已经在世，只此一家，其他的全是冒牌，不要相信；第三

---

① 赵翼：《廿二史札记》卷二十九，《元建国始用文义》。朱国桢《涌幢小品》卷二："国号加大，始于胡元，我朝因之，盖返左衽之旧，自合如此，且以别于小明王也。其言大汉、大唐、大宋者，乃外夷及臣子尊称之词。"

② 孙宜《大明初略》四："国号大明，承林儿小明号也。"祝允明：《野记》卷一。

使人民安心，老实本分，享受明王治下的和平合理生活。就出自地主的儒生集团的观点来说，他们固然反对明教，和红军处于敌对地位，用尽心机，劝诱朱元璋背叛明教，放弃阶级斗争，暗杀小明王，另建新朝代。可是，对于这一朝代称号，却用儒家的看法来理解。明是光明，是火，分开是日月二字，古礼有祀“大明”，朝“日”夕“月”的说法，千多年来“大明”和日月都是朝廷的正祀，无论是列作郊祭或特祭，都为历代皇家所重视，儒生所乐于讨论的。而且，新朝是起于南方的，和以前各朝从北方起事平定南方的恰好相反，拿阴阳五行之说来推论，南方为火，为阳，神是祝融，颜色赤，北方是水，属阴，神是玄冥，颜色黑。新朝建都金陵，是祝融的故墟。① 元朝建都北平，起自蒙古大漠。那么，以火制水，以阳消阴，以明克暗，不是恰好相胜？再则，历史上的宫殿名称有大明宫、大明殿，古神话里“朱明”一词又把皇帝的姓和朝代称号联在一起，尤为巧合。因此，儒生这一系统也赞成用这一朝代称号。这两种人出发点不同，结论却取得一致。②

在元末二十年的波澜壮阔的阶级斗争中，被统治者组织武装力量，所标榜的是“明王出世”和“弥勒降生”的预言。朱元璋是深深明白这类预言，这类秘密组织的鼓动意义的。正因为他是明教徒，正因为他曾崇奉弥勒佛，正因为他是从明教和弥勒教的秘密传播得到机会和成功，成为新兴的统治者，他要把手创的这份产业永远保持下去，传之子孙世代，决不许可别人学他的榜样，危害他的统治。而且，大明已经成为皇朝称号了，更不能容许对这称号有所亵渎。因此，他作皇帝的第一年，就用诏书禁止一切邪教，特别是白莲社、

① 袁义新《凤阳新书》卷一《太祖本纪》：“本姓朱，本祝融。祝融，帝颛顼子，为帝喾火正，有大勋于天下，故别为祝融。在国臣（柯）仲炯言：……太祖定鼎金陵，则祝融之故墟也……故建国号大明，其有祖也。夫祝融大明，容光必照……所以我太祖以大明建国，亦以大明光天，中天下而立，定四海之民，所重民历，以示三纲五常，以昭日月，以引趋光而避凶，此皇明治天下，潜移默化之大旨，所以四海来朝，亦以是赐之耳。知此道者，其可以语我太祖取号大明之秘义乎。故汉德若水，我皇明其德如日月之代明，汉得地道，我皇明得天道，三统之义，皇明统于天矣。”

② 吴晗：《读史札记·明教与明朝》。

大明教和弥勒教。接着把这禁令写成法律条文，《大明律·礼律·禁止师巫邪术》条规定："凡师巫假降邪神，书符咒水，扶鸾祷圣，自号端公、太保、师婆，妄称弥勒佛、白莲社、明尊数、白云宗等会，一应左道乱正之术，或隐藏图像，烧香集众，夜聚晓散，佯修善事，煽惑人民，为首者绞。为从者各杖一百，流三千里。"句解："端公、太保，降神之男子；师婆，降神之妇人。白莲社如昔远公修净土之教，今奉弥勒佛十八龙天持斋念佛者。明尊教谓男子修行斋戒，奉牟尼光佛教法者。白云宗等会盖谓释氏支流派分七十二家，白云持一宗如黄梅、曹溪之类是也。"明尊教即明教，牟尼光佛即摩尼。《昭代王章·条例》："左道惑众之人，或烧香集徒，夜聚晓散，为从者及称为善友，求讨布施，至十人以上，事发，属军卫者俱发边卫充军，属有司者发口外为民。"善友也正是明教教友称号的一种。《招判枢机·定师巫邪术罪款》说："有等捏怪之徒，罔顾明时之法，乃敢立白莲社，自号端公。拭清风刀，人呼太保。尝云能用五雷，能集方神。得先天，知后世。凡所以煽惑人心者千形万状。小则人迷而忘亲忘家，大即心惑而丧心丧志，甚至聚集成党，集党成祸，不测之变，种种立见者，其害不可胜言也。"① 明确指出封建皇朝对人民秘密结社的恐惧，必须严刑禁止。温州、泉州的大明教，从南宋以来就根深蒂固流传在民间，到明初还"造饰殿堂甚侈，民之无业者咸归之"。深为封建皇朝所忌恨，便借口它名犯国号，教堂被毁，教产被没收，教徒被逐归农。② 宋、元以来的明州，也改名为宁波。③ 明教徒在严刑压制之下，只好再改换名称，秘密活动，成为民间的地下组织了。这一系列措施，显示了当时阶级斗争的情况。元末农民起义，是通过秘密宗教的组织活动发动起来的，目的是推翻蒙汉地主统治阶级，现在，明封建皇朝用严刑取缔、压制秘密宗

---

① 《昭代王章》；《明律》十一，《礼》一。王世贞《名卿绩纪》卷三《李善长传》："洪武元年，高帝幸汴还……又请禁淫祀白莲社、明尊教、白云巫觋，扶鸾祷圣书符咒水邪术，诏可。"

② 宋濂：《芝园续集》四，《故岐宁卫经历熊府君墓铭》；何乔远：《闽书》七，《方域志》。

③ 吕毖：《明朝小史》卷二。

教，目的却是维护、巩固封建皇朝的统治，但是，阶级斗争是不能用封建政权的法令压制下去的，只要封建政权的性质不变，阶级斗争就永远不会停止，“野火烧不尽，春风吹又生”，这是人类社会历史发展的必然规律，是任何人也阻止、抗拒不了的。

弥勒教等秘密宗教在民间传播的情况，特别是江西地区的情况，从朱元璋在洪武十九年诰戒人民的话里可以看出来。他说，“元政不纲，天将更其运祚，而愚民好作乱者兴焉。初本数人，其余愚者闻此风而思为之，合共谋倡乱。是等之家，吾亲目睹……秦之陈胜、吴广，汉之黄巾，隋之杨玄感、僧向海明，唐之王仙芝，宋之王则等辈，皆系造言倡乱者。致干戈横作，物命损伤者多。比其事成也，天不与倡乱者，殃归首乱，福在殿兴。今江西有等愚民，妻不谏夫，夫不戒前人所失，夫妇愚于家，反教子孙，一概念诵南无弥勒尊佛，以为六字，又欲造祸，以殃乡里……今后良民凡有六字者即时烧毁，毋存毋奉，永保己安，良民戒之哉！”① 他也讲历史的经验教训，把从陈胜、吴广以来直到元末农民起义，都归结为“作乱”、“倡乱”，后果是“物命损伤者多”，也就是破坏社会生产力，阻止社会发展、前进，立场是十分坚定的。还特别指出凡是造言首事的都没有好下场。“殃归首乱”，他自己呢，是后起的跟从的，是叛变了农民革命的，成了事业，所以“福在殿兴”。他苦口劝人民脱离弥勒教，不奉六字。劝人民不要首事造祸，翻来覆去地说。但是，他所说的“愚民”，还是好作乱，还是“闻此风而思为之”。从洪武初年到永乐七年（公元1409年），小明王在西北的徒党仍然很活跃，王金刚奴自称四天王，其党田九成自称后明皇帝，年号仍用龙凤。何妙顺号天王，高福兴自称弥勒佛。帝号和年号都直接继承小明王，根本不承认朱元璋的统治，前后攻破屯寨，杀死官军。直到洪武三十年九月，才被镇压下去；单是“胁从”被宥为军的就有四千多人，规模之大是可想而知的。② 此外，龙凤十一年八月，罗平县蓝丑儿诈称彭莹玉，“造妖言以惑众”，铸印章，设官吏。洪武三年九月，青州民孙

---

① 明太祖：《大诰三编》，造言好乱第十二。

② 《明成祖实录》卷九十；沈德符：《野获编》卷二十九，《再僭龙凤年号》。

古朴等自号黄巾贼，袭击莒州，杀同知牟鲁。六年正月蕲州王玉二聚众烧香起事。四月罗田县王佛儿自称弥勒佛降生，传写佛号。十一年正月五开洞“蛮”吴面儿以“邪法惑人”起事，直到十八年七月才被汤和以计诱捕，俘获四万余人。十二年四月成都嘉定州眉县彭普贵也以“妖言惑众”起兵。闰五月，陈友谅余部王玉儿起事。十四年八月四川广安州山民有自称弥勒佛者，“集众惑人”。十九年五月，福建将乐县阳门庵僧彭玉琳初名全无，用行脚至新淦，自号弥勒佛祖，烧香聚众，作白莲会，自称晋王，置官属，建元天定。二十一年五月，袁州府萍乡县民有自称弥勒佛“惑民者”。七月，宁都卫擒获大笑山“妖贼”伪招讨周三官等三十一人械送京师。二十四年三月袁州分宜县民以“左道惑众”。九月，宁波府有僧称白莲宗，会合男女，聚众烧香。① 起义地点包括陕西、湖北、山东、四川、江西、福建、浙江、湖广等省，都是过去弥勒教、明教、白莲社长期活动过的地方。特别是西系红军的根据地蕲州、罗田，不但在洪武朝，直到永乐时，还在发生反抗斗争。如永乐四年蕲州广济县“妖僧”守座聚男女立白莲社，毁形断指，假神煽惑被杀。七年在湘潭，十六年在保定，都有弥勒教徒起事失败的记录。湘潭的起事头目是从江西来的。保定的头目演说“应劫”、“五公”诸经，发展到真定、容城、山西洪洞等县人民皆受戒约。② 以后直到明亡，这些秘密宗教仍然不断在各地传播和暴动。

只要封建地主阶级仍然在统治，通过秘密宗教组织起来的农民暴动就永远不会停止，封建朝廷的法令和暴力镇压是无能为力的。

二、统一南北和对外对内政策

朱元璋以洪武元年称帝，建立新皇朝，但是大一统事业的完成，还得花二十年的时期。

---

① 均见《明太祖实录》。

② 《明成祖实录》卷五十六、九十六、二百。

元顺帝北走之后，元朝遗留在内地的军力，还有两大支：一支是云南的梁王；一支是东北的纳哈出，都用元朝年号，秉承元顺帝命令，雄踞一方。云南和蒙古本部距离极远，势力孤单，比较容易解决，所以朱元璋的注意力先集中在西南方面。从洪武四年消灭了割据四川的夏国以后，便着手经营云南，先后派遣使王祎、吴云招降，都被梁王所杀。到洪武十四年，决意用军力进取，派出傅友德、沐英、蓝玉三将军分两路进攻。

这时云南在政治上和地理上分作三个系统：一是直属元朝皇帝，以昆明为中心的梁王；二是在政治上隶属于元朝，但享有内部主权以大理为中心的白族土酋段氏。以上所属的地区都被区分为路、府、州、县；三是在上述两个系统以外和南部思普一带的许多少数民族，就是明代叫作土司的地区。现代贵州的西部，在元代属于云南行省，东部设八番顺元军民宣慰使司，管理彝族及苗族各土司。元至正二十四年，元璋平定湖广，和湖广按界的贵州思南宣慰和思州（今思县）宣抚先后降附。到平定夏国后，四川全境都入版图，和四川接境的贵州宣慰和普定府总管也闻风归附。贵州的土司大部分先后归顺明朝，云南在东北两面便失去屏蔽了。

明兵从东北两面进攻，一路由四川南下取乌撒（今云南镇雄、贵州威宁等地），这地方是四川、云南、贵州三省接壤处，犬牙突出，是一个军事据点，和在昆明的梁王主力军互相呼应，并且是彝族的集中居住区；一路由湖广西取普定（今贵州安顺），进攻昆明。从明军动员那天算起，不过一百多天功夫，东路军便已打到昆明，梁王兵败自杀。东路军再北上和北路军会攻乌撒，把元军消灭了，附近东川（今云南会泽）、乌蒙（今云南昭通）、芒部（今云南缜雄）诸彝族全部降附，昆明附近诸路也都以次归顺。洪武十五年二月设置贵州都指挥使司和云南都指挥使司，建立了军事统治机构。闰二月又设置云南布政使司，建立了政治领导机构。① 分别派官开筑道路，宽十丈，以六十里为一驿，置驿站，设置驿夫、马匹，把四川、

① 《明史》卷一百二十四《把匝剌瓦尔密传》，卷一百二十六《沐英传》，卷一百二十九《傅友德传》，卷一百三十二《蓝玉传》。

云南、贵州的交通联接起来。在要害地区，屯兵驻守，建立卫、所，责成当地土司供给军食，控扼粮运、交通系统的安全。① 布置好了，再以大军西向攻下大理，经略云南西北和西南地方，招降麽些、彝、掸、僰诸少数民族，分兵戡定各土司。分云南为五十二府，六十三州，五十四县。为了云南太远，交通不便，特派义子沐英统兵镇守，沐家子孙世世承袭，在云南将近三百年，竟和明朝相始终。

纳哈出是元朝世将，太平失守被俘，元璋放他北还。元顺帝北走后，纳哈出拥兵蟠踞金山（在今辽宁开原东北，辽河北岸），养精蓄锐，等候机会南下，和元顺帝的中路军、扩廓帖木儿的西路军互相呼应，形成三路钳制明军的军事形势。在东北，除金山纳哈出一军外，辽阳、沈阳、开元一带都有元军屯聚。洪武四年元辽阳守将刘益来降，建辽东指挥使司，接着又建立辽东都指挥使司，总辖辽东军马，以次平定沈阳、开元等地。同时，又从河北、陕西、山西各地出兵大举深入沙漠，击破扩廓帖木儿军主力，进攻应昌（今内蒙古自治区经棚县西境，捕鱼儿海［达尔泊］旁）。明军破应昌，元主远逃漠北。到洪武八年扩廓帖木儿死后，元中路和西路的军力日渐衰弱，不能再深入内地抄掠了。朱元璋乘机经营甘肃、宁夏一带地区，招抚西北各羌族和回族部落，分别给以土司名义或王号，使其个别接受政令，利用诸部族军力，阻止元军的入侵。在长城以北今河北和内蒙古自治区地方，则就各要害地方建立军事据点，逐步推进，用强大军力压迫元军退到更北的蒙古大沙漠，不使靠近边塞，采取以攻为守的军事策略。西北方面的问题完全解决了，再转回头来收拾东北。

洪武二十年，冯胜、傅友德、蓝玉诸大将奉命北攻纳哈出。大军出长城松亭关，筑大宁（今河北平泉）、宽河（今河北宽城）、会州（今河北平泉）、富峪（今河北平泉之北）四城，储粮供应前线，留兵屯守，切断纳哈出和元中路军的呼应。明主力军东向从北面包围金山，纳哈出势穷力蹙，孤军无援，只好投降，辽东全部平定。②

---

① 张纮：《云南机务钞黄》，洪武十五年闰二月二十五日敕。

② 《明史》卷一百二十九《冯胜传》，卷一百三十二《蓝玉传》；《国初群雄事略》卷十一，海西侯纳哈出。

于是立北平行都指挥使司于大宁，东和辽阳，西和大同应援，作为北边边防前线的三大要塞。又向西和开平卫（元上都，今内蒙古自治区多伦县地）、兴和千户所（今内蒙古自治区张北县地）、东胜城（今内蒙古自治区托克托县及茂明安旗之地）诸军事据点，联结成长城以外的第一道边防线。从辽河向西几千里地方，都设卫置所，屯驻军马，建立了保卫长城的长城。① 两年后，元主脱古思帖木儿被杀，部属分散。以后蒙古内部又连续发生政变，叛乱，实力更加衰弱，明朝北边的边防，也因之而获得几十年的安定。

东北的元军虽然降附，还有女真族的问题亟待解决。女真这一少数民族原是金人的后裔，依地理分布，大致分为建州、海西、野人三种。朱元璋采取军事和政治双管齐下的政策，军事上封韩王于开原，宁王于大宁，控扼辽河两头，封辽王于广宁（今辽宁北镇），建立三个军事中心，作为阻止元军和女真族进攻的重镇。政治上采取羁縻政策，对东北地区诸女真部族，遣使用金帛个别招抚，分立为若干羁縻式的卫所，使其自成单位，分而治之，给予各部族酋长以卫所军官职衔，许其秉承朝命世袭，并各给玺书，作为进贡和互市（作买卖）的凭证，满足他们物资交换的经济要求。这样，女真族就依地理分布成为若干卫、所，不相隶属，任何一个单位都没有力量单独进攻内地了。② 到明成祖时代，越发积极推行这个政策，辖地到现在的黑龙江以北，直到库页岛和以北地方，增置的卫所连同旧有的共有一百八十四卫，并设立奴儿干都指挥使司，由朝廷派遣军官镇守。③

辽东平定后，大一统的事业完全成功了。和前代一样，这大一统的皇朝和许多邻国建立了交往关系。从东面算起，洪武二十五年高丽发生政变，大将李成桂推翻亲元的王朝，自立为王，改国号为朝鲜，成为明皇朝最亲密的邻国。其他有政治、文化和经济交往的

---

① 《明史》，《兵志》三；严从简：《殊域周咨录》卷十七，鞑靼；方孔炤：《全边略记》卷三；黄道周：《博物典汇》卷十九。

② 孟森：《清朝前纪》，《明元清系通纪》。

③ 内藤虎次郎：《明奴儿干永宁寺碑考》，载《北平图书馆馆刊》四卷六期。

国家，东南有琉球国，西南有缅甸、安南、真腊、占城、暹罗和南洋群岛诸岛国。内地和边疆则有许多羁縻的部族和土司。

明皇朝对周围邻国的友好关系的建立，是通过使臣的互相聘问，土产物资的互相赠送来进行的。各国的内政都是自主的。为了和海外各国进行物资交换，在沿海地区特开通商口岸，主持通商和接待外国商船的衙门是市舶司。洪武初年指定了三个通商口岸，宁波市舶司通日本，泉州市舶司通琉球，广州市舶司通占城、暹罗和南洋诸岛国。

元朝初期多次对日本、安南、缅甸、占城、爪哇等国的侵略战争，所招致的失败和严重后果，给了朱元璋以深刻的教训。他总结了前朝的失败经验，制定了外交政策，那就是外国来犯我边，就要吃苦头；他不来犯，我也不可兴兵轻犯。他把外国分作两类：一类是不征之国，就是不和他们打仗的国家；一类是必须谨备的敌人，必须区别对待。他特别在《皇明祖训》中郑重告诫说：

> 四方诸“夷”皆限山隔海，僻在一隅，得其地不足以供给，得其民不足以使令。若其不自揣量，来挠我边，则彼为不祥。彼既不为中国患，而我兴兵轻犯，亦不祥也。吾恐后世子孙倚中国富强，贪一时战功，无故兴兵，杀伤人命，切记不可。但“胡戎”（指蒙古）与中国边境密迩，累世战争，必选将练兵，时谨备之。
>
> 今将不征诸国名列于后：
>
> 东北：朝鲜国
>
> 正东偏北：日本国（虽朝实诈，暗通奸臣胡惟庸谋为不轨，故绝之。）
>
> 正南偏东：大琉球国　小琉球国
>
> 西南：安南国　真腊国　暹罗国　占城国　苏门答剌国
>
> 西洋国　爪哇国　湓亨国　白花国　三弗齐国　渤泥国①

---

①《皇明祖训·箴戒章》。

这些国名的列举，显示了当时人对世界的认识，除了亚洲以外，其他各大洲的国家，在明初人的眼光中，都是不存在或者不认识，很少认识的。就当时情况说，中国是一个大国，是一个农业国，工商业不很发达，不需要海外市场，土地面积大，也不需要向外侵略领土；人口众多，也不缺乏劳动力，这是朱元璋坚决反对向外侵略政策的经济根据。历史教训是，向海外诸国侵略，“得其地不足以供给，得其民不足以使令”，没有什么好处。而且对外打仗，还得花钱、死人，打胜仗既然没有好处，打败仗就越发划不来了。因之，朱元璋反复告诫他的子孙，不可倚中国富强，贪一时战功，无故兴兵，杀伤人命。所谓“无故”，就是“彼既不为中国患”，反过来，假如有的国家，不自揣量，胆敢侵犯皇朝边境，那就坚决予以打击，对于这个国家是不祥的，没有好结果的。他一方面坚持反对无缘无故发动对外战争，另一面也不容许别国的侵略，主张保境安民。①从整个历史的发展来说，他的外交政策是进步的，有远见的，应该肯定的。但是从他的政策本质说，把周围各邻国都说成是诸“夷”，僻在一隅。因为“得其地不足以供给，得其民不足以使令”。即使打了胜仗，也还是没有好处，从这个利害观点出发，他的思想认识是大国主义的，功利主义的，和过去曾经发动对外侵略战争的封建帝王是一丘之貉，没有什么上下床之别。

内地土司要定期进贡，酋长的继承要得到朝廷许可，但辖境内的内政也可自主。部族土司领兵的直属兵部，土府土县直属吏部。平时有纳税，开辟并保养道路，战时有调兵从征的义务。土司衙门有宣慰司、宣抚司、招讨司、安抚司、长官司、土府、土县等名目，长官都是世袭，有一定的辖地和土民，总称土司。如土司内部发生纠纷，或反抗朝廷失败后，往往被收回境内统治权，直属朝廷，改用流官治理，叫做“改土归流”。土司和皇朝的关系，在土司方面，假借皇朝所给予的官位威权，镇慑部下百姓，便于奴役搜括；在皇朝方面，用官爵赏赐牢笼有实力的酋长，使其倾心内向，维持地方

---

① 吴晗：《十六世纪前之中国与南洋》，载《清华学报》十一卷一期。

安定，以便榨取，可以说是互相为用的。

概括地说来，明代西南地区各少数民族分布的情况，湖广、四川、贵州三省交界处是苗族活动的中心，向南发展到了贵州；广西则是瑶族（在东部）、僮族（在西部）的根据地；四川、云南、贵州三省交界处则是彝族的聚居地区；四川西部和云南西北部则有麽些族；云南南部有僰族；四川北部和青海、甘肃、宁夏有羌族、回族；西藏和四川西部有藏族。

在上述各地区中，除纯粹由土官治理的土司而外，还有一种参用流官的制度。流官即皇朝所派遣的有一定任期的非世袭的非土著的地方官，这类地区，大致是以土官为主，派遣流官为辅，流官在实际上执行监督的任务。和这类地区相反，在设立流官的州县，辖境内也有不同部族的土司存在。以此，在同一布政使司治下，有流官的州县，有土官的土司，有土流合治的州县，也有土官的州县；即在同一流官治理的州县内，也有汉族和其他各少数民族人民杂居的情况，情形非常复杂。这种复杂情况，是由长期的历史发展所造成的。正因为民族问题错综复杂，最容易引起民族间的纠纷以至战争，其核心的根本的原因是阶级压迫，不管是流官也罢，土官也罢，土流合治也罢，都是代表地主阶级或奴隶主阶级对农民或奴隶进行残酷的阶级压迫的，有了阶级压迫，就必然有阶级反抗，阶级斗争。其次是汉族的大汉族主义在作怪，汉族人民生产技术高，人数多，力量大，他们用经济力量挤，用政治力量抢，用武装力量赶，来夺取各少数民族人民的土地物资。各少数民族人民有的被迫迁徙到山上，过极度艰苦的日子；有的被屠杀消灭了；有的不甘心忍受压迫，组织起来以武力反抗，爆发了地方性的甚至大规模的战争；当然，也还有另外一种情况，那就是有些少数民族的酋长，为了个人的私利，用武力扩张领地，抢劫财物，造成对另一少数民族或汉族的战争的，形式上是民族间的战争，实质上也还是阶级斗争。

各少数民族人民在元末的反元斗争中，曾经积极参加斗争，起了削弱元朝蒙汉地主统治阶级的作用。在明初洪武一朝，也先后爆发了反对封建地主阶级的斗争。著例如洪武十一年六月五开洞“蛮”

吴面儿的起义，这次斗争一直延续到十八年七月，规模很大。十六年广东清远县的瑶族，九月四川松、潘二州的羌族，十七年七月广东儋州宜伦县的黎族，十八年正月广西庆远府东兰州的“蛮”，二月四川松州的羌族，广西思州诸洞“蛮”，五月湖广的大庸“蛮”，十九年正月广西柳州府融县“蛮”，平越卫麻哈苗族，十一月湖广澧州朝纳洞“蛮”，二十年十月云南剑川土酋杨奴的先后起义。二十三年十月东川侯胡海镇压赣州农民起义，生获“蛮”人三千四百人。二十六年七月湖广道州永明县“蛮”起义。特别是从二十七年到三十一年，起义次数更多，二十七年正月的道州瑶族，六月全州及灌阳诸县瑶族，十一月贵州柴江新蓝等处“蛮”的起义，二十八年十一月贵州西堡土官阿傍被镇压，群“蛮”被擒的五千三百二十六人，十二月征南将军左都督杨文镇压瑶族起义，“瑶”、“蛮”被杀的竟达二万八千余人。二十九年正月贵州清水江“蛮”，二月广东潭源诸洞、广西平川、增益等地的起义，三月清水江中平等寨“蛮”，六月广西思恩等县“蛮”，十二月永宁州、肇庆府瑶，三十年三月古州上婆洞“蛮”，八月黔阳、辰溪等处“蛮”，三十一年五月四川新设卫“蛮”的起义，前仆后继，一直没有间断。① 因为起义的地区不同，时间先后不同，都是孤军作战，都被强大的有组织的明朝军队所镇压而失败。

明皇朝统治各少数民族人民的原则，在边境采取放任政策，只要当地土司能够服从朝令，便听任其作威作福，世世相承，不加干涉；在内地则采取同化政策，例如派遣流官治理；开设道路驿站；选拔土司子弟到国子监读书，从而使其完粮纳税，服从征调，逐步加强统治，最后改建土司为皇朝直接治理的流官州县。②

统治西北羌族的办法分两种：一种是用其酋长为卫所长官，世世承袭；一种因其土俗，建立寺院并赐僧侣封号，通过宗教治理当地人民。羌族的力量分化，兵力分散，西边的边防也就没有问题了。③ 现

---

① 以上均见《明太祖实录》。

② 《明史·土司传》。

③ 《明史·西域传》。

在的西藏和四川西部，当时叫作乌斯藏和朵甘，居民信奉喇嘛教，僧侣兼管政事。明朝继承元朝制度，设立了军事统治机构，并封其长老为国师、法王，令其抚治人民，定期朝贡。又因西边各族人民对茶叶特别爱好，设立茶课司，用茶叶和他们交换马匹，入贡的赏赐也以茶叶和布匹为主。西边各少数民族的酋长、僧侣，为了入贡的赏赐，和作买卖的利益，为了保持世代袭官和受封的权利，都认为维持这种关系有好处，相安无事。明朝将近三百年间，西边边防比较平静，没有发生什么大规模的战争。

对蒙古、色目人，继续贯彻北伐檄文中所提出的“愿为臣民者，与中夏之人抚养无异”的政策，蒙古、色目的官吏和汉人同样进用，在朝廷有做到尚书、侍郎的，在地方作知府、知县，临民办事的。① 在军队里就更多了，甚至在亲军中也有蒙古军队和军官。② 由朝廷编置勘合（有骑缝印的执照），给赐汉人姓名，和汉人一无分别。③ 婚姻法令方面，准许和汉人通婚，务要两相情愿，如汉人不愿，许其同族自相嫁娶。④ 这样，这些居住内地的蒙古、色目人，经过几代，都同化了，其中有几十家军人世家，好几代都作将军，立了功。

北伐檄文中所提出的“复汉官之威仪”，也逐步贯彻了。朱元璋下诏书恢复人民的衣冠如唐朝的式样。蒙古族留下的习俗，辫发、椎髻、“胡”服；男袴褶窄袖及辫线腰褶，妇女衣窄袖短衣，下服裙裳，“胡”语、“胡”姓，一切禁止。⑤ 丧葬作乐娱尸，礼仪官品坐次以右首为尊，也废除和改正了。⑥ 并参酌古代礼经和实际生活，规定了各阶级人民的生活服用、房舍、舆从等等制度，一切都要服从封建等级的约束，凡是违反的都要受到法律的制裁。

---

① 《明太祖实录》卷一百九十九、卷二百零二；《明史》卷一百三十八《周桢传》，卷一百四十《道同传》。

② 《明太祖实录》卷七十一、卷一百九十。

③ 《明太祖实录》卷五十；《明成祖实录》卷三十三。

④ 《明律》六，《户律》。

⑤ 《明太祖实录》卷三十。

⑥ 《明史·太祖本纪》。

三、建都和北边防御

朱元璋在称帝建国之后，摆在面前的问题是，第一怎样建立一个有效能的政治中心地区，即首都建在何处？第二用什么方法来维持朱家皇朝子子孙孙的统治？

远在初渡江攻克太平时，陶安便建议先取金陵，据形势以临四方。① 冯国用劝定都金陵，以为根本。② 叶兑上书请定都金陵，然后拓地江广，进则越两淮以北征，退则画长江以自守。③ 谋臣策士一致主张定都应天。经过长期考虑之后，龙凤十二年六月，扩大应天旧城，建筑新宫于钟山之南，到次年九月完工，这是吴王时代的都城。

洪武元年元璋称帝，北伐南征，到洪武二十年辽东全定，南北统一。在这二十年中，元璋的地位由王而帝，所统治的版图由南方一部分地区扩大为全国，吴王时代的都城如何适应这扩大以后的局面，便成为问题了。因为元顺帝及其子孙虽然北走沙漠，却仍然称为北元，保有政府机构和强大的军事力量，时时有南下复辟，卷土重来的企图；同时沿海一带倭寇侵扰，也是国防上的重大问题。国都的确定和国防计划的安排是密切相关的，是当时朝野所最关心的两件大事。

自然环境是这样，从辽东半岛直到广州，沿海漫长的海岸线，处处时时都有被倭寇侵掠的危险。东北、北面和西北面，长城以外便是北元的势力，如不在险要处屯驻重兵，一旦北元铁骑奔驰南下，黄河以北就很不容易守住。防边要用重兵，如把边境军权付托给异姓诸将，邵荣、谢再兴的教训已经够深刻了，而且，即使不出什么问题，边将拥兵过多，尾大不掉，也很可能造成历史上藩镇跋扈的

① 《明史》卷一百三十六，《陶安传》。

② 《明史》卷一百二十九，《冯胜传》；孙承泽：《春明梦余录》卷一。

③ 《明史》卷一百三十五，《叶兑传》。

覆辙；如以重兵直隶朝廷，则国都必须设在国防前线，才便于统辖指挥，在应天距离北边前线太远，是指挥不了的。东南地区是全国的经济中心，粮饷所出，北方为了边防安全，又必须建立为军事中心。国都如建设在东南，和经济中心结合，则北边空虚，无力阻止北元的南侵；如建立在北边，和军事中心合一，则粮食仍须依靠东南供应，运输费用太大，极不经济。

皇朝都城问题之外，还有皇朝制度问题，是郡县制呢？还是封建制呢？就历史上的经验教训说，秦、汉、唐、宋之亡，没有强大的亲藩支持屏卫，是原因之一。可是周代封建子弟，又闹得枝强干弱，天王威令不行。这两种制度的折衷方案是西汉前期的郡国制，一面立郡县，设官分治，集大权于皇朝；一面又建藩国，封建子弟，付以精兵，使为皇家捍御。把皇朝建都和制度问题一起解决，设国都于东南财赋之区，封子弟于北边边防据点，这样，在经济上，在军事上，在皇家统治权的永久维持上，都可以圆满地解决了。

明初定都于应天的重要理由是从经济上出发的：第一因为江浙富庶，不但有长江三角洲大谷仓，而且还是纺织工业、盐业的中心，应天是这些物资的集散地，所谓“财赋出于东南，而金陵为其会”①。第二是吴王时代所奠定的宫阙，也不愿轻易放弃，而且如另建都城，则又得再加一番劳费。第三是朱元璋的左右文武重臣都是江淮子弟，也不愿意远离乡土。第一个理由是主要的，后两个是次要的。虽然如此，朝廷上下又觉得不是十分妥当，因为从照应北方军事的观点来说，这个都城的地理位置偏在东南，显然是不合式的。洪武元年取下汴梁以后，朱元璋曾亲自去视察，认为这地方虽然地位适中，但是在军事上却无险可守，四面受敌，论形势还不如应天。② 只是为了西北未定，要运送粮饷和补充军力，不能不设置一个军事上的补给基地，于是模仿古代两京之制，八月以应天为南京，开封（汴梁）为北京。次年八月，陕西平定，北方全入版图，形势改变了，国都重建问题又再次提出。廷臣中有人主张关中险固，金

① 丘濬：《大学衍义补·都邑之建》。

② 《国初事迹》。

城天府之国；有人建议洛阳为全国中心，四方朝贡距离相等；也有人提出开封是宋朝旧都，漕运方便；又有人以为北平（元大都）宫室完备，建都可省营造费用。各种各样的意见都引史论今，提出讨论。朱元璋批评这些建议都有片面的理由，但都不全面，都不能够适应当前局势。长安、洛阳、开封过去周、秦、汉、魏、唐、宋都曾经建过都，但从今天的情况说，打了几十年仗，人民还未休息过来，如在这些地方新建都城，供给力役都出于江南，百姓负担不了。即使是北平吧，虽然有元朝的旧宫室，总得有些改变，还是费事。还不如仍旧在南京，据形势之地，长江天堑，龙蟠虎踞，可以立国。次之，临濠（濠州）前长江，后淮水，地势险要，运输方便，也是一个可以建都的地方。① 就决定以临濠为中都，动工修造城池宫殿，从洪武二年九月起手，到八年九月，修建工程还在进行。刘基坚决反对，以为临濠虽然是皇帝乡里，但就种种条件说，都不适宜于建都，方才停工。② 洪武十一年下诏改南京为京师，踌躇了十年的建都问题，到这时才下了决心。③

决心虽然下了，但是为了防御北元，控扼北方边防，朱元璋还是有迁都西北的打算，选定的地点仍是长安和洛阳。洪武二十四年八月特派皇太子巡视西北，比较两地的形势。太子回来后，献陕西地图，提出意见。不料第二年太子病死，迁都大事只好搁下不谈了。④

京师新宫原来是燕尾湖，填湖建宫，地势南面高，北面低，就堪舆家的说法是不合格的。太子死后，老皇帝很伤心，百无聊赖中把太子之死归咎于新宫风水不好，这年年底亲撰《祭光禄寺灶神文》说：

> 朕经营天下数十年，事事按古有绪。唯宫城前昂后洼，形

---

① 黄光昇：《昭代典则》。

② 《明史》《太祖本纪》二，卷一百二十八《刘基传》。

③ 《明史》，《地理志》一。

④ 《明史》卷一百一十五《兴宗孝康皇帝传》，卷一百四十七《胡广传》；姜清：《姜氏秘史》卷一；郑晓：《今言》二百七十四。

势不称。本欲迁都。今朕年老，精力已倦。又天下新定，不欲劳民。且废兴有数，只得听天。惟愿鉴朕此心，福其子孙。①

六十五岁的白发衰翁，既迷信，又失去勇气，只好求上天保佑，从此不再提迁都的话了。

分封诸王的制度，决定于洪武二年四月初编《皇明祖训》的时候，三年四月封第二子到第十子为亲王。但是，诸王的就藩，却在洪武十一年决定以南京为京师之后。② 从封王到诸王就藩前后相隔九年，原因是诸子有的没有成年，和国都未定，牵连到立国制度也不能决定。到京师决定后，第二子秦王建国于西安，第三子晋王建国于太原。十三年第四子燕王建国于北平，出镇在沿长城一线的边防重镇。十四年第五子周王建国于开封，第六子楚王建国于武昌。十五年第七子齐王建国于青州，十八年潭王到长沙，鲁王到兖州。以后其他幼王先后成年就国，星罗棋布，分驻在全国各军略要地，镇压人民的反抗。

就军事形势而论，诸王国的建立分作第一线和第二线，或者说是前方和后方。第一线诸王的任务是防止北元入侵，凭借天然险要，建立军事重点，有塞王之称。诸塞王沿长城线立国，又可分作外内二线；外线东渡榆关，跨辽东，南接朝鲜，北联开原，控扼东北诸部族，以广宁为中心，建辽国；经渔阳（今河北蓟县）、卢龙，出喜峰口，切断北元南侵道路，以大宁为中心，包括今朝阳、赤峰一带，建宁国；北平地势险要，建燕国；出居庸，蔽雁门，以谷王驻宣府（今河北省宣化），代王驻大同；逾河而西，北保宁夏，倚贺兰山，以庆王守宁夏；又西向控扼河西走廊，肩嘉峪，护西域诸国，建肃国。东从开原，西到瓜、沙，联成一气。内线是太原的晋国和西安的秦国。后方诸王是对内的，开封有周王，武昌有楚王，青州有齐王，长沙有潭王，兖州有鲁王，成都有蜀王，荆州有湘王，桂林有靖江王等国。③

---

① 顾炎武：《天下郡国利病书》卷十三，江南一。

② 《明史》，《太祖本纪》二。

③ 何乔远：《名山藏》，《分藩记》一。

诸王在其封地建立王府，设置官属。亲王的冕服车旗仅下皇帝一等，公侯大臣见亲王都要俯首拜谒，不得钧礼。地位虽然极高极贵，却没有土地，也不能统治人民，不能干预民政。王府之外，便归朝廷所任命的各级官吏治理。另一方面，诸王却有统兵和指挥军事之权，每王府设亲王护卫指挥使司，有三护卫，护卫甲士少者三千人，多的到一万九千人。① 塞王的兵力尤其雄厚，如宁王所部带甲八万，革车六千，所属朵颜三卫蒙古骑兵，骁勇善战。② 秦、晋、燕三王的护卫特别经朝廷补充，兵力也最强。③《皇明祖训》规定："凡王国有守镇兵，有护卫兵。其守镇兵有常选指挥掌之。其护卫兵从王调遣。如本国是险要之地，遇有警急，其守镇兵护卫兵并从王调遣。"而且守镇兵的调发，除皇帝的御宝文书以外，并须得亲王令旨，方得发兵。《祖训》规定："凡朝廷调兵，须有御宝文书与王，并有御宝文书与守镇官。守镇官既得御宝文书，又得王令旨，方许发兵。无王令旨，不得发兵。"④ 这一项规定使亲王成为地方守军的监视人，是皇帝在地方的军权代表。平时以护卫军监视地方守军，单独可以应变；战时指挥两军，独当一面，朱元璋把军权付托给亲生儿子，这样就可以放心了。诸塞王每年秋天勒兵巡边，远到塞外，练兵习武，叫作"肃清沙漠"⑤。凡塞王都参预军务，内中晋、燕二王屡次受命将兵出塞和筑城、屯田，大将如宋国公冯胜、颍国公傅友德都受其节制，军中小事专决，大事才报告朝廷，二王军权独重，立功也最多。⑥

以亲王守边，专决军务。内地各大都会，也都以亲王出镇，每一个王国都是军事中心，这样，国都虽然远在东南，也不会有什么

---

① 《明史》，《兵志》二，《卫所》；《诸王传序》。

② 《明史》卷一百一十七，《宁王传》。

③ 《明史·太祖本纪》："洪武十年正月辛卯，以羽林等卫军益秦、晋、燕三府护卫。"

④ 《皇明祖训·兵卫章》。

⑤ 《明史》，《兵志》三，《边防》；祝允明：《九朝野记》一。

⑥ 《明史》卷一百一十六，《晋王棡传》。《太祖本纪》三："洪武二十六年三月，诏二王军务大者始以闻。"

问题了。朱元璋以为这样安排，十分妥贴。但是他没有想到，给儿子以过重的军权，会造成皇家的内部矛盾。他死后不久，建文帝就怕诸王过于强大，削夺藩王权力，燕王就起兵反对建文帝，发生内战，燕王作了皇帝，迁都北平。把他的建都和边防两桩计划，打得稀烂。

四、中央集权的加强

朱元璋总结了长时期治理国家的实际经验，和元朝统治九十年的成败教训，经过研究、争论，多次改革，特别是经过残酷的统治阶级内部斗争，逐步建立了统治全国的官僚机构，使之更加集中，更有威权，更加完备起来。

洪武一朝，中央集权制度的加强，是阶级斗争的结果。

大明皇朝的版图广大，必须建立一套有效率的如臂使指的高度中央集权的中央和地方政府机构，才能真真做到统一、集中，才能做到对内镇压、对外保卫国土的强有力的职能。历史发展的趋势和当时客观情况，迫使朱元璋不能不着手进行大刀阔斧的改革。

先说地方机构：元代的行中书省是从大都的中书省分设出去的，中书省有什么官，行中书省也有什么官，中书省统管军政、民政、财政，行中书省也照样管军政、民政、财政，职权过重。到后期四处兵起，地方人自为战，往往大小事都自作主张，元皇朝不能过问，造成地方跋扈分权，皇朝指挥不灵、调度不动，枝强干弱、割据分裂的局面。朱元璋自己就是从宋的行中书省丞相起家的，他做的什么事从来也没有得到过小明王的批准，一个行中书省实际上是一个独立王国。当他作平章、作丞相的时候，权力愈大愈好，龙凤皇帝的牵制愈少愈好，甚至到了羽毛丰满的时候，除了用龙凤的年号以外，根本不把小明王的朝廷看在眼里。现在情况倒转过来了，自己作了皇帝，处在元顺帝、小明王的地位了，矛盾发生了。是地方分权呢？还是中央集权呢？是让各行中书省都像他自己当年那样闹独立呢？还是把一切主要权力都抓在自己手上，紧紧控制地方，要他们奉令唯谨呢？这是一个极为严重的问题，必须妥善解决。

小明王的统治制度是因袭元朝的，元朝朝廷和地方有什么机构，他也照样设立。朱元璋以战功升到江南行中书省丞相，在开拓领土以后，设官分职，也只能继承这个制度。一直到洪武九年，他越来越觉得地方权重的毛病。这些年来，一方面忙于打仗，一方面正研究如何改革，到洪武九年考虑成熟了，决定把所有大权都集中在朝廷，改行中书省为承宣布政使司，设左右布政使各一人。布政使是皇朝派驻地方的使臣，掌一省之政，主要是管财政和民政。皇朝规定政策、法令，办事程序，临时任务，通过布政使下达各府、州、县地方官执行。全国分浙江、江西、福建、北平、广西、四川、山东、广东、河南、陕西、湖广、山西十二布政使司，十五年增设云南布政使司。① 布政使司的地理分区，大体上继承元朝的行中书省，布政使的职权却只管财政和民政，和元朝行中书省的无所不统，轻重大不相同了。由于行中书省这一名词已经叫惯了，虽然改成布政使司，朝廷和民间在口头上还是叫作行省，简称为省。而且就地位论，行中书省是从皇朝中书省的机构分设于地方，是中书省的分出机关，体制很重，布政使则是皇朝派驻地方的使臣，事事都须秉承朝廷意旨，前者是中央分权于地方，后者则是地方集权于中央，性质起了根本的变化。此外，各布政使司掌管法庭、监狱的机构，设提刑按察使司，长官为按察使，主管一省刑名按察之事。布、按二司和掌军政的都指挥使司合称三司，是皇朝派遣到地方的三个派出机关。这样，民政、税收，法庭，常备军三个管理机关分别独立，不相统辖，直接由朝廷指挥，达到收回大权的目的，达到集中、强化皇朝权力的目的，也便于这三个机构互相牵制，便于垂直统治。布政使之下的地方政府分两级：第一级是府，长官为知府；有直隶州，即直隶于布政使司的州，长官是知州，其地位等于知府。第二级是县，长官是知县；有州，长官是知州，其地位与知县同。州县

---

① 明成祖永乐元年（公元1403年）以北平布政使司为北京。十一年置贵州布政使司。明宣宗宣德三年（公元1428年），除南京、北京两京外，定为十三布政使司。

是直接管理人民的政治机构，所谓“亲民之官”，这个改革也把元朝的路、府、州、县的三级制简化了，政令的下达减少了层次，指挥更方便，灵活了。①

朝廷统治机构的改革稍晚于地方。地方的民政、财政、法庭、监狱、常备军的控制指挥权都集中到中书省了，中书省的职权愈重，威权愈大，和皇帝的冲突、矛盾也就日益严重、尖锐，愈益不可调和。洪武十三年政治危机爆发，皇帝和丞相争权的结果，朱元璋直接控制着禁军和特务机构，消灭和打击了和他争夺领导权的淮西新地主集团，丞相胡惟庸和许多元勋宿将被杀。② 朱元璋趁此取消中书省，表面上仿周官六卿之制，提高原来在中书省之下六部的地位，以六部治国：吏部、户部、礼部、兵部、刑部、工部，每部设尚书一人，侍郎（分左右）二人。吏部管全国官吏任命、考绩、升降、惩处；户部管农业税、商税、盐税和人力征调；礼部管典礼、宗教、祭祀、教育、考试和外交；兵部管常备军军官的任免和军令；刑部管法律、法庭和监狱；工部管工程造作（武器、货币、土木营建等）、水利、交通等。都直接对皇帝负责，奉行皇帝的意旨。丞相没有了，朱元璋以皇帝兼行丞相的职权，中央集权发展到最高峰，朱元璋成为历史上权力最大的君主。

军事机关也最费脑筋，关键是军队和统帅的关系问题。要打仗必须任命统帅，总不能每次战争都由皇帝自己统率。但是任命了统帅，统率了大军，在战事结束以后，如何收回这个统帅权呢？不收回，将帅有固定的直属的大军，一旦有变故，他的统治是不牢靠的。要收回，采取什么方法？谢再兴之投敌，就是因为他临阵易帅的缘故，记忆犹新，这个覆辙决不可重蹈。以此，朱元璋把元朝的枢密院改为大都督府，节制中外诸军事，任命兄子朱文正和可靠将领作都督。过了些时候，还是觉得大都督府权重了，洪武十三年分大都督府为中、左、右、前、后五军都督府。一分为五，每府以左右都督为长官，各领所属都指挥使司和卫所，职权和兵部互相配合，也

---

① 《明史·职官志》。

② 《明史》卷三百零八，《胡惟庸传》；吴晗：《胡惟庸党案考》，载《燕京学报》十五期。

互相牵制。兵部有军令、铨选军官之权，却不能指挥军队。都督府虽管军籍、军政，却不直接统率军队。在有战事时，皇帝作了决定，兵部颁发调兵命令，都督府长官才奉令出为将军总兵官，带领所调集的军队，指挥作战。在军中还有皇帝所派的御史或给事中监军（后来又加派监军的太监），直接向皇帝送递军中情报。到战事结束，这个统帅就应该交还将印，回到原职办事。所调集的军队也立即归还原来卫所建制。①

光是这两个系统的政、军管理机关还不够，如何能保证这些机构的官员都忠心、尽职、完善地执行皇帝命令呢？还得另外有一套监察机构。

监察机关原来是元朝的御史台。洪武十五年改为都察院，长官是左右都御史、左右副都御史、左右佥都御史。下有监察御史一百十人，按照布政使司的设置，以一布政使司所辖地区为一道，分掌十三道。职权是纠劾百司，辨明冤枉，凡大臣奸邪，小人构党作威福乱政，百官猥茸贪污舞弊，“学术不正”，和变乱祖宗制度的都可随时举发弹劾。监察御史是七品官，品级和外任的知县一样，但是很有权力，皇帝利用他们来钳制大官，以小制大，以内制外，赋予他们以什么话都可以说，什么意见都可以提，什么大官以至王公都可以告发的权力。这衙门的官员被皇帝看作是耳目，替皇帝听，替皇帝看，随时向皇帝报告。也被皇帝看作是鹰犬，替皇帝追踪、搏击不忠于皇朝的官民，一句话是替皇帝监视官僚的机关，是替皇帝保持传统思想、纲纪的机关。监察御史在朝监察一切官僚机构；出使到地方的，有巡按、清军、提督学校、巡盐、茶马、监军等职务，其中巡按御史算是代替皇帝巡查地方，按临所部，小事立断，大事奏裁，是最有威权的一个差使。

行政、军事、监察三个机关分别独立，不相统属，都单独对皇帝负责。官吏内外互用，交流，其地位以品级规定，自从九品到正一品，共九品十八级，官和品一致，内外官升迁、考绩、调免都有

---

① 宋濂：《洪武圣政记》，肃军政第四。

一定制度。系统分明，职权清楚，法令详密，组织严紧，定员定额，有条不紊，此之唐、宋时代的官和职不相符，职权又有行、守、试等区分的混乱情况，大大提高了一步。在整个官僚机构中，又互相钳制，以监察机关监视一切臣僚，以特务组织镇压威制一切官民，以六部管政事，以都督府管军，大将平时不指挥军队，动员复员之权属于兵部，供应粮秣的是户部，供给武器的是工部，决定政策的是皇帝。把所有权力都集中在皇帝手上，六部、府、院直接隶属于皇帝，不但官僚机构更加完备了，效率提高了，皇帝的威权也大大提高了，发展了。同时，全国统一的基础也比过去时代更加牢固了，坚强了，扩大了。在整个历史发展来说，从统一国家的逐步巩固来说，这是一个不可低估的进步。在这个进步的过程中，朱元璋是起了积极作用的。

法律是确定阶级压迫关系的书面文件，确定统治阶级的特权和强加于被统治阶级种种约束的记录，保护、巩固统治阶级和镇压被统治阶级的具体条文。元朝以法例为条格，非常繁冗。而且，阶级关系和民族关系到了明代都已起了巨大的变化，旧条格不能适应新时代的客观形势要求了。为了运用法律达到保护和镇压的目的，巩固皇朝的统治，朱元璋于吴元年指令台、省官立法要简要严，选用深通法律的学者编定律令，经过缜密的研究、商讨，在三十年内，更改、删定了四五次，编成《大明律》。条例简于唐律，精神严于宋律，是中国法律史上极重要的一部法典。编成后，他又叫人把这部法典里和人民生活有关部分用口语译出，收作“直解”，分发给各府、县，目的是让老百姓都能懂，都遵守他的法令，立纲陈纪，达到阶级统治的目的。①

历史的教训使朱元璋深切明白宦官和外戚对于政治的祸害。他以为汉朝、唐朝的祸乱都是宦官作的孽。这种人在宫廷里是少不了的，但只能作奴隶使唤，洒扫奔走，人数不可过多，也不可用作心腹耳目，作心腹，心腹病，作耳目，耳目坏。驾驭的办法，要使之

① 《明史》卷九十三，《刑法志》一。

守法，守法就作不了坏事；不要让他们有功劳，一有功劳就难于管束了。他立下规矩，凡是内臣（宦官）都不许读书识字。又铸铁牌立在宫门，上面刻着："内臣不得干预政事，犯者斩。"不许内臣兼外朝的文武职衔，不许穿外朝官员的服装，作内廷官品级不许过四品，每月领一石米，穿衣吃饭公家管。并且，外朝各衙门不许和内官监有公文往来。这几条规定条条针对着历史上所曾经发生过的弊端，使宦官名符其实地作宫廷的仆役。① 对外戚干政的预防措施是不许后妃参预政事。洪武元年三月即命儒臣修《女诫》，纂集古代贤德妇女和后妃的故事，来教育宫人。规定皇后只能管宫中嫔妇之事，宫门之外不得干预。宫人不许和外边通信，犯者处死。外朝臣僚命妇按例于每月初一、十五朝见皇后，其他时间，没有特殊缘由，不许进宫。皇帝不接见外朝命妇。皇族婚姻选配良家子女，有私进女口的不许接受。元璋的母族和妻族都绝后，没有外家。后代子孙也都遵守祖训，后妃必选自民家。外戚只给以高爵厚禄，作大地主，不许预闻政事。② 在洪武一朝三十多年中，宦官小心守法，宫廷和外朝隔绝，和过去的历史朝代相比，算是家法最严的了。

其次，元朝以吏治国，法令极为繁冗，档案堆积如山，吏员从中舞弊，无法追究。而且，正因为公文条例过于琐细，办公文办公事成为专门技术。各衙门的掌印官（长官）有一定任期，刚懂得一点又调职了，而吏则一般是终身职业，结果治国治民的都是吏，不是官了。小吏唯利是图，不顾封建统治阶级的利害，政治——其实是吏治就愈闹愈糟，吏治损害了官僚地主集团的利益，危害了蒙汉统治阶级的利益。朱元璋于洪武十二年立"案牍减烦式"颁发各衙门，简化了公文，使公文明白好懂，文吏无法舞弊弄权。从此吏员在政治上被斥为杂流，不能作官。官和吏完全分开，吏只能管事务性技术性的工作，官则主持政令，和元代的情形也大不相同了。③

---

① 《明史》卷七十四，《职官志·宦官》。

② 《明史》卷一百零八《外戚恩泽侯表序》，卷一百一十三《后妃列传序》，卷三百《外戚传序》。

③ 《明太祖实录》卷二十六，卷一百二十六；《明史》卷七十一，《选举志》。

和简化公文相关联的还有文章格式的问题。唐、宋以来的政府文字，从上而下的制诰，从下而上的表奏，照习惯都用骈俪四六文体，华而不实。尽管有多少文人主张复古，提倡改革，所谓古文运动，在民间是成功了，政府却没有动，还是老一套。同一时代用的是两种文字，政府是骈偶文，民间是散文。朱元璋很不以为然，以为古人作文章，讲道理，说世务，和经典上的话，都明白好懂。像诸葛亮的《出师表》，又何尝雕琢文字，立意做文章？可是有内容，有感情，有肉有血，到如今读了还使人感动，想念他的忠心耿耿。近来的文士做文章，文字虽然艰深，意思却很浅近，即使写得和司马相如、扬雄一样好，人家读了不懂，又有什么用！以此，他要秘书（翰林）作文字，只要能够说明白道理，讲得通世务就行，不许用浮辞藻饰。① 他又批评群臣所进笺文："颂美之辞过多，规戒之言未见，殊非古者君臣相告以诚之道。今后笺文只令文章平实，勿以虚辞为美也。"② 对臣下一味歌功颂德，不提规戒意见，加以申斥。到洪武六年，索性下令禁止政府文字用对偶四六文体，并选唐柳宗元代柳公绰所作《谢表》和韩愈的《贺雨表》作为笺表法式。③ 这一改革使政府文字简单、明白，把庙堂和民间打通，现代人用现代文字写作，对当时文风和文学作品的影响很大。

朱元璋不但提倡古文，反对骈偶文字，还提倡用口语写成文字，叫做"直解"，用这种方式对各阶层人民进行教育工作。龙凤十二年命儒士熊鼎、朱梦炎修《公子书》和《务农技艺商贾书》，《公子书》是给公卿贵人子弟读的，这些公子们虽然读书的机会较多，但一般还不能通晓比较深奥的道理，不如编集古代忠良奸恶事实，用通俗话直解，使读者易读易懂，将来即使学业无成就，知道了古人如何立身行事，也有好处。同样，民间农工商贾子弟，也把他们应该知道的业务知识，用直辞解说，编成书本，用以化民成俗，便于统治。书印成后，颁行全国。④

---

① 《明太祖实录》卷三十九。
② 《明太祖实录》卷十七。
③ 《明太祖实录》卷八十五。
④ 《明太祖实录》卷十六。

唐、宋两代还有一样坏风气，皇朝任命官员的命令发表以后，被任用的官员照例要上辞官表，一而再，再而三，甚至辞让到六七次，皇帝也照例不许，用文字一劝再劝，直到这人上任才罢休。辞的劝的都在玩文字游戏，费时误事，浪费纸墨，还养成虚伪不诚实的风气。朱元璋认为这样做作毫无道理，也下令废止了。

唐、宋以来，皇帝上朝照例用女乐，吴元年六月也废止了。①

① 《明太祖实录》卷十九。

第五章　政权的支柱

一、地主、官僚和人民的义务

“在封建国家中，皇帝有至高无上的权力，在各地方分设官职以掌兵、刑、钱、谷等事，并依靠地主绅士作为全部封建统治的基础。”①

红军起义的目的是推翻蒙汉地主阶级的联合统治，就这一点而说，任务是完成了，蒙汉地主阶级的联合统治确是被推翻了。但是，更进一步，解除阶级对阶级的压迫，却失败了。广大各族人民共同斗争的胜利果实被朱元璋所吞没了。在朱元璋二十年血战的过程中，他最初掌握的主要军事力量是地主武装部队，后来一部分旧地主参加了他的政权，还陆续招降了一批地主武装部队，出身农民的红军将领也由于取得政权而转化成新的地主阶级了。其中朱元璋和他的家族便是新地主阶级的代表人物。这种变化是由阶级本质决定的，农民是小土地所有者，勤劳朴素，一生在饥饿线上挣扎，在遭遇到残酷压迫、剥削时，他们会奋不顾身，起而反抗，但是还有小私有者的一面，他们渴望能有更多的土地，过更好的日子，在取得胜利以后，他们中间的一些立了功的将领，就蜕变了，成为过去他们所坚决反对的地主阶级分子了，事物的发展使他们走到了自己的反面。

元末红军起义对旧地主阶级发生了淘汰的作用，特别是中原地区，一部分大地主被战争所消灭了，遗留下数量很大的空闲的土地，

① 《中国革命和中国共产党》，见《毛泽东选集》，2版，第2卷，624页。

元代后期土地过分集中的现象消失了，这些土地由无地少地的农民耕种，在一个历史时期内，中原地区的土地呈现出分散经营的过程，阶级矛盾缓和了。但在另一方面，东南地区一部分旧地主却由于战争而巩固和上升了他们的地位，同时，从战争中又涌现出一批新的地主阶级，他们占有的土地主要在东南人口较为密集的地区，旧新地主占有的土地越多，无地少地的农民也就越多，就这样，这些地区的阶级关系又紧张起来了。结果是从朱元璋建立新皇朝的时候起，江南地区新的农民战争，农民反抗地主的战争就汹涌澎湃地展开了，地区之大，次数之多，斗争的激烈程度，都超过了历史上任何时代。

元末的农民革命战争，破坏了旧秩序和推翻了压迫人民的蒙汉地主阶级联合统治机构。他们痛恨、仇视地主，尽管在认识上还不可能把地主当作一个阶级来对待，但在行动上，却对地主毫不宽容，逮住就杀，没收地主的粮食、浮财，例如地主阶级的文人宋濂记当时情况说：

> 当元之季，“大盗”起沔阳，蔓延江右，陷吉安，既而州兵捣走之。“盗”所过井落，民皆相梃为变，杀掠巨室，惨酷不忍闻。①

贝琼也说：

> 海内兵变，江南北巨姓右族，不死沟壑，则奔窜散处。②

地主阶级则正好相反，他们要保全自己的生命财产，就不能不维护旧秩序，就不能不拥护旧政权，阶级利益决定了农民和地主分别站在敌对的阵营。在战争爆发之后，地主们用全力组织武装力量，称为“民兵”、“义兵”或“乡兵”，青军，黄军，建立堡砦，抵抗农民军的进攻。现任和退休的官吏、乡绅、儒生和军人是地主军的将领，他们受过教育，有文化，有组织能力，在地方上有威望，有势力。虽然各地方的地主军人自为战，没有统一指挥和全面作战计

① 宋濂：《宋学士文集》卷二十八，《故庐陵张府君光远甫墓碣铭》。

② 《贝清江集》卷八，《送王子渊序》。

划，军事力量也有大小强弱的不同，但因为数量多，分布广，作战顽强，就成为反抗红军的主要敌人了。见于明初人记载的如答失八都鲁：

至正十二年五月，招募襄阳官吏及土豪避兵者得“义丁”二万，编排部伍，败“贼”于蛮河。①

刘焘孙：

至正壬辰，天下兵起，红巾乱湖南，常宁陷，州长贰皆弃城遁。（儒学正刘）焘孙独不去，因集民为兵，有众万计，克复其州治，就以“民兵”守之。②

胡深：

至正壬辰，江淮俶扰，“盗贼”蔓延闽浙，由建之浦城、松溪入龙泉……公乃集“乡民”共为守御计，而结寨于湖山。③

胡嘉祐：

元季处州属县“寇”蜂起……嘉祐走白县令……散家财，募武健之士，得千余人而什伍之，大署其旗为“义兵”，“寇”至辄迎击。④

陈天锡：

元至正十二年壬辰，“大盗”起江汉间，郡县相继陷，聚落民争揭竿为旗以应寇。天锡白监郡……“自度乡里健儿，一呼之间可得千人，甲胄糗粮，当一一自给，不以烦县官……”天锡还，朝夕聚兵训练如前谋。⑤

萧思和：

① 《元史》卷一百四十二，《答失八都鲁传》。
② 王祎：《王忠文公集》卷二十一，《刘焘孙传》。
③ 《王忠文公集》卷二十二，《故缙云郡伯胡公行述》。
④ 《苏平仲文集》卷三，《胡嘉祐传》。
⑤ 宋濂：《翰苑别集》卷九，《赠进义副尉金溪县尉陈府君墓铭》。

当元季“寇”乱，所在靡宁……（吉安）萧思和父子挺然发帑倡义，保障其一乡，终乱不见兵，至今号其里曰桃源。①

徽州罗氏：

至正辛卯，蕲“盗”起……罗氏诸子募健儿数百人，整其队伍，部领诣辕门请自效。②

永康吕氏：

元至正之季，民反处州为“盗”，转掠而东，陷永康、婺，诸县绎骚弗宁。永康太平里大族吕君文燧散家资数千万，与弟文烨合谋，募里强壮子弟得二千人，将之与“盗”屡战，“盗”败走，复其邑，斩获甚众。③

东莞李氏：

东莞李氏尤豪于诸族。朝政不行，“盗贼”蜂起，富民各专武断，聚兵自卫。既而各据乡土，争为长雄，或更相攻掠，井邑萧然。府君亦结民为保，内援官军，外御群“盗”，里人赖之以安。④

经过二十年的长期战争，长江南北的巨族右姓，有的死于战争，有的逃亡到外地。如江阴州大姓许晋：

至正十二年七月，红巾陷钱塘，九月陷吴兴、延陵，十月陷江阴州。州大姓许晋与其子如章，聚无赖恶少，资以饮食，“贼”四散抄掠，诱使深入，殪而埋之。战于城北之祥符寺，父子俱死。⑤

安陆刘则礼：

至正辛卯，两河乱，乃割财募兵，隶四川平章夊著麾下，

---

① 杨士奇：《杨文贞集·旌义堂记》。

② 宋濂：《芝园集》卷四，《徽州罗府君墓志铭》。

③ 宋濂：《芝园续集》卷二，《故嘉兴知府吕府君墓碑》。

④ 《王静学集》卷二，《凌府君行录》。

⑤ 陶宗仪：《辍耕录》。

攻安陆、襄、樊、唐、邓，悉讨平之。兄弟子侄多死于兵。①

以上这些例子都是长江以南地区的。至于中原地区，战争更加激烈惨酷，地区更广，时间更久，不只是这个地区的地主大量地为红军所消灭，就是参加扩廓帖木儿、孛罗帖木儿和关中四将的关、陕、鲁、豫等地的地主，也大部分随着这些地主军的消灭而消灭了。

一部分旧的大地主被消灭了。另有一部分中小地主的武装则因势力孤单，兵力不敌，投降了朱元璋，参加到这一新统治集团中来，如至正十八年十二月，浦江县民蒋可大等以“民兵”来降。二十一年池州东流县“乡兵”头目许山，自壬辰兵起，聚众二万余人以捍乡里，至是来降。二十二年江西宁州土豪陈龙遣其弟良平率分宁、奉新、通城、靖安、德安、武宁六县“民兵”二万来降。守吉安的土军元帅孙本立等也来降。二十四年温州土豪周宗道、湘乡土酋易华降等等，至于元璋初起时，裹胁驴牌寨的三千“民兵”，和横涧山“义兵”元帅缪大亨以其众二万人降附，攻集庆时，“义兵”元帅陈兆先和康茂才全军降附，成为元璋军队的主力，那就更不用说了。

这两部分地主，旧地主阶级的残存力量和新兴的地主阶级构成朱元璋统治集团的基本力量，统治基础。

此外，还由于土地分散经营的结果，农业经济的恢复和发展，孳生了为数广大的中小地主阶层。这部分人经济力量不大，却人数众多，有文化，有知识，在政治上没有特权，因而不能不拥护、支持新的统治阶级，企图取得政治上的特权，来保障和扩大自己的财富。这个阶层的代表人物，当时的知识分子——儒士，是新朝官僚机构所需要的官僚的主要来源。

朱元璋和他的绝大部分将领都是贫苦农民出身的，过去都曾亲身经受过地主的剥削和压迫。但是，他初起时掌握的主要军力却是原来的地主武装，在渡江以后，地主阶级的知识分子大量参加了，浙东的几家地主大族参加了，各地的许多地主武装降附了，他的政权也就不能不逐步变质，走到了反面，成为地主阶级的政权了。

① 李继本：《一山文集》卷六，《刘则礼传》。

朱元璋由农民起义领袖逐步转变成为地主阶级的政治利益的代表，他当然是尊重、维护地主阶级的利益的。但是，事情并不如他所想望的那样，大地主们也有两面性，一面同样尊重、维护他的统治，另一面，随着农业经济的恢复和发展，大地主们家里有人做官，倚仗政治力量，用隐瞒土地面积、荫庇漏籍人口等等手段来和皇家统治集团争夺土地和人力，直接影响到皇朝的财政、税收和人力使用，“捐税体现着表现在经济上的国家存在”①。“赋税是政府机器的经济基础。”② 由于大地主们的隐瞒、荫庇、强占、舞弊，皇朝的经济基础发生问题了，地主阶级内部矛盾发展了，激化了，为了保障自己的经济基础，非对大地主加以狠狠的打击不可。

朱元璋从渡江以后就采取了许多保护地主阶级利益的措施，例如龙凤四年取金华，便选用金华七县富民子弟充宿卫，名为御中军。③ 这件事一方面表示对地主阶级的尊重和信任，另一方面也是很重要的军事措施，因为把地主们的子弟征调为禁卫军人，随军作战，等于作质，就不必担心这些地区地主的军事反抗了。洪武十九年选取直隶应天诸府州县富民子弟赴京补吏，凡一千四百六十人④，也是同样作用。对地主本身，洪武三年作的调查，以田税多少比较，浙西的大地主数量最多，以苏州一府为例，每年纳粮一百石以上到四百石的四百九十户，五百石到一千石的五十六户，一千石到二千石的六户，二千石到三千八百石的二户，共五百五十四户，每年纳粮十五万一百八十四石。⑤ 三十年又作了一次调查，除云南、两广、四川以外，浙江等九布政司，直隶应天十八府州，地主们田在七顷以上的共一万四千三百四十一户。编了花名册，把名册藏于内府印绶监，按名册以次召来，量才选用。⑥ 应该看到，田在七顷以上，在长江以南的确是大地主了，但在长江以北，就不一定是大地主，

---

① 《道德化的批评和批评化的道德》，见《马克思恩格斯全集》，第四卷，342页。

② 《马克思恩格斯文选》第二卷，《哥达纲领批判》。

③ 《明太祖实录》卷六。

④ 《明太祖实录》卷一百七十九。

⑤ 《明太祖实录》卷四十九。

⑥ 《明太祖实录》卷二百五十二、卷二百五十四。

而是中小地主了。

地主对封建统治集团和农民来说，也是有两面性的。一面是他们拥护当前的统治，倚靠皇朝的威力，保身立业。朱元璋说过："孟子说：有恒产者有恒心。富民中多有素行端洁，通达时务的。"叫户部保荐交租多的地主，任命为官员、粮长。① 一面他又指出"富民多豪强，故元时此辈欺凌小民，武断乡曲，人受其害"②。以此他对地主的政策，也是两面性的，双管齐下，一是选用作官僚，加强自己的统治基础；一是把他们迁到京师，繁荣首都，同时也削弱了地主在各地方的力量。在科举法未定之前，选用地主作官，叫作税户人才，有作知县、知州、知府的，有作布政使以至朝廷的九卿的。③ 例如浙江乌程大族严震直就以税户人才一直做到工部尚书。④ 又以地主为粮长，以为地方官都是外地人，不熟悉本地情况，容易被黠胥宿豪蒙蔽，民受其害。不如用有声望的地主来征收地方赋税，负责运到京师，可以减少弊病。⑤ 洪武四年九月命户部计算土田租税，以纳粮一万石为一区，选占有大量土地纳粮最多的地主为粮长，负责督收和运交税粮。⑥ 如浙江布政使司人口一百四十八万七千一百四十六户，每年纳粮九十三万三千二百六十八石，设粮长一百三十四人。⑦ 粮长下设知数（会计）一人，斗级（管斗斛秤量的）二十人，运粮夫千人。⑧ 并规定对粮长的优待办法，凡粮长犯杂犯、死罪和徒流刑的可以纳钞赎罪。⑨ 三十年又命天下郡县每区设正副粮长三名，编定次序，轮流应役，周而复始。⑩

---

① 谈迁：《国榷》卷六。

② 《明太祖实录》卷四十九。

③ 吴宽：《匏翁家藏集》卷七十五，《施孝先墓表》。

④ 吴宽：《匏翁家藏集》卷四十三，《尚书严公流芳录序》。

⑤ 宋濂：《朝京稿》卷五，《上海夏君新圹铭》；吴宽：《匏翁家藏集》卷五十二，《恭题粮长敕谕》。

⑥ 《明太祖实录》卷六十八。

⑦ 《明太祖实录》卷七十。

⑧ 《明太祖实录》卷八十五。

⑨ 《明太祖实录》卷一百零二。

⑩ 宋濂：《朝京稿》卷二百五十四。

凡粮长按时运粮到京师的，元璋亲自召见，谈话合意的往往留下作官。[①] 元璋把征粮和运粮的权力交给地主，以为“这个办法是以良民治良民，必无侵渔之患”[②]。“免地方官科扰之弊，于民甚便。”[③] 他把地主也当作良民了。但是事实恰好相反，不少地主在作了粮长以后，在原来对农民剥削的基础上，更加上了皇朝赋予的权力，如虎添翼，肆行额外剥削，农民的痛苦也就更深更重了。例如粮长郝阿乃起立名色，科扰民户，收舡水脚米、斛面米、装粮饭米、车脚钱、脱夫米、造册钱、粮局知房钱、看米样中米等等，通共苛敛米三万二千石，钞一万一千一百贯。正米止该一万石，郝阿乃个人剥削部分竟达米二万二千石，钞一万一千一百贯。农民交纳不起，就强迫以房屋准折，揭屋瓦，变卖牲口，以及衣服、段匹、布帛、锅灶、水车、农具等等。[④] 又如嘉定县粮长金仲芳等三名巧立名色征粮附加到十八种。[⑤] 农民吃够了苦头，无处控诉。[⑥] 朱元璋也发觉粮长之弊，用严刑制裁，尽管杀了不少人，粮长依然作恶，农民也依然被额外剥削，改不好，也改不了。[⑦]

除任用地主作官收粮以外，同时还采用汉高祖徙天下豪富于关中的政策，洪武三年移江南民十四万户于凤阳（这时凤阳是中都），其中有不少是地主。洪武二十四年徙天下富户五千三百户于南京。[⑧] 三十年又徙富民一万四千三百余户于南京，称为富户。元璋告诉工部官员说：“从前汉高祖这样做，我很不以为然。现在想通了，京师是全国根本，事有当然，确实不得不这样做。”[⑨]

江南苏、松、杭、嘉、湖一带的地主被迫迁住凤阳，离开了原来的乡里田舍，还不许私自回去。这一措施对于当时东南地主阶级

---

① 《明史》，《食货志》二，《赋役》；《匏翁家藏集》卷四十三，《尚书严公流芳录序》。

② 《明太祖实录》卷六十八。

③ 《明太祖实录》卷一百零二。

④ 《大诰续诰》，粮长郝阿乃害民第四十七。

⑤ 《大诰续诰》，粮长金仲芳等科敛第二十一。

⑥ 黄省曾：《吴风录》。

⑦ 宋濂：《朝京稿》卷五，《上海夏君新圹铭》。

⑧ 《明太祖实录》卷二百十。

⑨ 《明太祖实录》；《明史》卷七十七，《食货志》一。

是极大的打击。旧社会的地主阶级离开了原来占有的土地，也就丧失了社会地位和政治地位了。相对的以朱元璋为首的新地主阶级却可以因此而加强对这一地区人民的控制了。这些家地主从此以后，虽然不敢公开回到原籍，却伪装成乞丐，以逃荒为名，成群结队，老幼男妇，散入江南诸州县乞食，到家扫墓探亲，第二年二三月间又回到凤阳。年代久了，也就成为习惯。五六百年来凤阳花鼓在东南一带是妇孺皆知的民间歌舞，歌词是：

家住庐州并凤阳，凤阳原是好地方，
自从出了朱皇帝，十年倒有九年荒。①

地主们对作官、作粮长当然很高兴，感激和支持这个维护本阶级利益的政权。但是，地主阶级贪婪的本性是永远也不能改变的，他们决不肯放弃任何一个可以增加占领土地和人力的机会，用尽一切手段逃避对皇朝应纳的赋税和徭役，例如两浙地主所使用的方法，把自己的田产诡托（假写在）亲邻佃仆名下，叫作“铁脚诡寄”，普遍成为风气，乡里欺骗州县，州县欺骗府，奸弊百出，叫作“通天诡寄”。② 此外，还有洒派、包荒、移丘换段等等手段。元璋在处罚了这些地主以后，气忿地指出：

民间洒派、包荒、诡寄、移丘换段，这等俱是奸顽豪富之家，将次没福受用财赋田产，以自己科差洒派细民；境内本无积年荒田，此等豪猾买嘱贪官污吏及造册书算人等，其贪官污吏受豪猾之财，当科粮之际，作包荒名色征纳小户，书算手受财，将田洒派，移丘换段，作诡寄名色，以此靠损小民。③

地主把自己的负担通过舞弊手段转嫁给“细民”、“小户”、“小民”，也就是贫苦农民，结果是富的更富，穷的更穷了。④ 地主阶级侵占了皇家统治集团应得的租税和人力，贫苦农民加重了负担，皇

① 赵翼：《陔余丛考》卷四十一，《凤阳丐者》。
② 《明太祖实录》卷一百八十。
③ 《大诰续诰》，洒派包荒第四十五。
④ 《明太祖实录》卷一百八十。

朝一方面田赋收入和徭役征发都减少了，一方面贫苦农民更加穷困饥饿，动摇和侵蚀了统治阶级的经济基础，阶级内部发生矛盾，斗争展开了，地主不再是良民，而是“奸顽豪富之家”，是“豪猾”了。

朱元璋斗争的对象是地主阶级中违法的大地主，办法有两条，一条是用严刑重法消灭“奸顽豪富之家”；一条是整理地籍和户口。

洪武时代大地主被消灭的情况，据明初人记载，如贝琼说：

> 三吴巨姓享农之利而不亲其劳，数年之中，既盈而覆，或死或徙，无一存者。①

方孝孺说：

> 时严通财党与（胡惟庸党案，见后文）之诛，犯者不问实不实，必死而覆其宗。当是时，浙东、西巨室故家，多以罪倾其宗。②

吴宽说：

> 吴……皇明受命，政令一新，富民豪族，刬削殆尽。③

长洲情况：

> 城东……遭世多故，邻之死徙者殆尽，荒落不可居。④
>
> 洪武之世，乡人多被谪徙，或死于刑，邻里殆空。⑤

有的大地主为了避祸，或则“晦匿自全”⑥，或则“悉散所积以免祸”⑦，或则“出居外地以避之”⑧，或则“攀附军籍以免死”⑨，

① 《贝清江集》卷十九，《横塘农诗序》。
② 《逊志斋集》卷二十二，《采苓子郑处士墓碣》。
③ 《匏翁家藏集》卷五十八，《莫处士传》。
④ 《匏翁家藏集》卷六十一，《先考封儒林郎翰林院修撰府君墓志》。
⑤ 《匏翁家藏集》卷五十七，《先世事略》
⑥ 《匏翁家藏集》卷六十一，《先考封儒林郎翰林院修撰府君墓志》。
⑦ 《匏翁家藏集》卷七十三，《怡隐处士墓表》。
⑧ 《匏翁家藏集》卷七十四，《山西提刑按察司副使朱公墓表》。
⑨ 《匏翁家藏集》卷五十八，《莫处士传》。

但是这样的人只占少数。江浙的“富民豪族，刬削殆尽”。统治阶级内部的斗争是十分残酷的。

另一方面，经过元末二十年的战争，各地田地簿籍，多数丧失，保存下来的一部分，也因为户口变换，土地转移，实际的情况和簿籍不相符合。大部分田地没有簿籍可查，大地主们便乘机隐匿田地，逃避皇朝赋役；有簿籍登载的田地，登记的面积和负担又轻重不一，极不公平合理。朱元璋抓住这中心问题，对大地主进行了长期的斗争。方法是普遍丈量田地和调查登记人口。

洪武元年正月派国子监生周铸等一百六十四人往浙西核实田亩，定其赋税。① 五年六月派使臣到四川丈量田亩。② 十四年命全国郡县编赋役黄册。二十年命国子生武淳等分行州县，编制鱼鳞图册。③ 前后一共用了二十年时间，才办好这两件事。

丈量田地所用的方法，是派使臣到各州县，随其税粮多少，定为几区，每区设粮长，会集里甲耆民，量度每块田亩的方圆，作成简图，编次字号，登记田主姓名和田地丈尺四至，编类各图成册，以所绘的田亩形像像鱼鳞，名为鱼鳞图册。

人口普查的结果，编定了赋役黄册。把户口编成里甲，以一百一十户为一里，推丁粮多的地主十户作里长，余百户分为十甲。每甲十户，设一甲首。每年以里长一人，甲首一人，管一里一甲之事。先后次序根据丁粮多少，每甲轮值一年。十甲在十年内先后轮流为皇朝服义务劳役，一甲服役一年，有九年的休息。在城市的里叫坊，近城的叫厢，农村的都叫作里。每里编为一册，里中有鳏寡孤独不能应役的，带管于一百一十户之外，名曰畸零。每隔十年，地方官以丁粮增减重新编定服役的次序，因为册面用黄纸，所以叫作黄册。

鱼鳞图册是确定地权（所有权）的根据，赋役黄册是征收赋役的根据，通过田地和户口的普查，制定了这两种簿籍，颁布了租税

① 《明太祖实录》卷二十九。

② 《明太祖实录》卷七十四。

③ 《明太祖实录》卷一百三十五、卷一百八十。

和徭役制度，不但大量的漏落的田地户口被登记固定了，皇朝从而增加了物力和人力，稳定和巩固了统治的经济基础，同时，也有力地打击了一部分大地主，从他们手中夺回对一部分田地和户口的控制，从而大大增强了皇家统治集团的地位和权力，更进一步走向高度的集中、专制。朱元璋的政权比过去任何一个皇朝，都更加强大、集中、稳定、完备了。

对城乡人民，经过全国规模的田地丈量，定了租税，在册上详细记载田地的情况，原坂、坟衍、下隰、沃瘠、沙卤的区别，并规定凡买置田地，必须到官府登记及过割税粮，免掉贫民产去税存出弊端，同时也保证了皇朝的财政收入；十年一次的劳役，使人民有轮流休息的机会，这些措施，当然都是封建剥削，但比之统一以前的混乱情况，则确实减轻了一些人民的负担，鼓舞了农民的生产情绪，对于社会生产力的推进，是起了显著的作用的。

对破坏农业生产的吏役，用法律加以制裁，例如“松江一府坊厢中，不务生理，交结官府者一千三百五十名，苏州坊厢一千五百二十一名，皆是市井之徒，不知农民艰苦，帮闲在官。吏有正吏、主文、写发；皂隶有正皂隶、小弓兵、直司；牢子有正牢子、小牢子、野牢子等名色，又有自名小官、帮虎等。不问农民急务之时，生事下乡，搅扰农业。芒种之时，栽种在手，农务无隙，此等游民赍执批文，直到农村，或就水车上锁人下车，或就手内夺去秧苗锁人出田……于城市乡村扰害人民”①。元璋下令加以清理，除正牢子合应正役以外，其他一概革除，如松江府就革除小牢子、野牢子等共九百余名②，一个地方减少四分之三为害农民的吏役，以全国合计，这个数字是很大的，对于农民进行正常生产是有很大好处的。

朱元璋虽然对一部分大地主进行了严重的斗争，对广大农民作了一些必要的让步，一部分大地主被消灭了，一部分大地主的力量削弱了，农民生产的积极性增加了。但是，这个政权毕竟是地主阶级的政权，首先是为地主阶级的利益服务的，即使对农民采取了一

① 《大诰续诰》，罪除滥役第七十四。
② 《大诰续诰》，松江逸民为害第二。

些让步的措施，其目的也还是为了巩固和强化整个地主阶级的统治权。无论是查田定租，无论是编户定役，执行丈量的是地主，负责征收运送粮米的还是地主，当里长甲首的依然是地主，质正里中是非、词讼，执行法官职权的“耆宿”，也是地主，当然，在地方和朝廷作官的更非地主不可，从下而上、从上而下的重重地主统治，地主首先要照顾的是自己家族和亲友的利益，是决不会关心小自耕农和佃农的死活的。由于凭借职权的方便，剥削、舞弊都可以通过皇朝的统治权来进行，披上合法的外衣，农民的痛苦就越发无可申诉了。而且，只要是地主阶级的子弟，就有机会、权利受到教育，通过税户人才、科举、学校等等途径，成为官僚、绅士，官僚、绅士是享有合法的免役权的，洪武十年朱元璋告诉中书省官员：“食禄之家，与庶民贵贱有等，趋事执役以奉上者，庶民之事也。若贤人君子，既贵其家，而复役其身，则君子野人无所分别，非劝士待贤之道。自今百司见任官员之家有田土者，输租税外，悉免其徭役，著为令。”官员是贵人，庶民是贱人，贵人是不应该和贱人一样服徭役的。十二年又下令：“自今内外官致仕还乡者，复其家终身无所与。”① 则连乡绅也享有免役权了。在学的学生，除本身免役外，户内还优免二丁差役。② 一般贫苦农民连饭也吃不饱，哪能上学？上学的学生绝大部分也还是地主子弟，这样，现任官、乡绅、学校生员都豁免差役，还有办法逃避租税，于是，完粮当差的义务，便大部分落在自耕农和贫农身上了。自耕农和贫农不但要出自己的一份，官僚、绅士、地主不交的一份，他们也得一并承担下来，因此，官僚、绅士、生员越多的地方，农民的负担也就越重。明朝二百几十年中，农民起义次数特别多，规模特别大，原因就在这里。

在统治阶级内部斗争中，朱元璋无情地打击了一部分大地主，那么，他的政权到底倚靠谁来支持呢？答案很清楚，朱家政权的支柱是广大的中小地主和富农。在他的官僚机构中，官员的来源主要来自这个阶层。

---

① 《明太祖实录》卷一百十一、卷一百二十六。

② 张居正：《太岳集》卷三十九，《请申旧章饬学政以振兴人才疏》。

官员的任用制度，有荐举、学校和科举三种。

荐举就是任用地主作官，地主有文化，有历史知识，能够办事，更重要的是他们的利益和皇家一致。远在下金陵时，就录用了儒士夏煜、孙炎、杨宪等十几人。龙凤十年三月，命中书省引拔卓荦奇伟之才，地方官选民间俊秀年二十五以上，资性明敏，有学识才干的荐举到中书省，和年老的官员参用。十年以后，年老的退休了，年轻的也学会办事了。从此州县每年都荐举人到中书省。朱元璋还不时派使臣到各地访求贤才，名目有聪明正直、贤良方正、孝弟力田、儒士、孝廉、秀才、人才、耆民、富户、税户人才等等，而以儒士为最多。朝廷和地方大小官员都可以荐举，被荐举的又可以转荐，有一举出来便作朝廷的大官，如尚书、侍郎和地方的布政使、参政、参议的。最多的一次到过三千七百多人，次多的一次为一千九百多人，至于几个人、几十个人一批的，那就不胜列举了。①

荐举只是选用中小地主中会办事的人才，为了培养新的统治人才，还得创办学校，设立国子监。

国子监的教职员由吏部任命。学生有两类：一类是官生；一类是民生。官生又分两类，一类是皇朝品官子弟，一类是外国留学生，如日本、琉球、暹罗等国的学生，和内地西南各土司酋长的子弟。官生是由朝廷指派分发的，民生是由各地地方官保送的府、州、县的生员。② 官生、民生总共名额一百五十名，其中民生只占五十名。③ 可见国子监原来是以培养官生为主的学校。后来官生入学的日少，民生保送的日多，以洪武二十六年在学人数为例，学生总数八千一百二十四名，官生只占四名，国子监已经成为广泛训练民生作官的机构了。

功课内容分《御制大诰》、《大明律令》、四书、五经、刘向《说苑》等书。④ 其中最重要的是《大诰》。《大诰》是朱元璋自己写的，

---

① 《明史》卷七十一，《选举志》。

② 黄佐：《南廱志》卷十五。

③ 《皇明制书·大明礼令》。

④ 《南廱志》卷一；《皇明太学志》卷七。

除《大诰》外，还有《大诰续编》、《大诰三编》、《大诰武臣》，一共四册。主要内容是列举所杀官、民罪状，使官、民知所警戒，和教人民守本分，纳田租，出夫役，老老实实过日子的训话。洪武十九年以《大诰》颁赐监生。二十四年令："今后科举岁贡生员，俱以《大诰》出题试之。"礼部行文国子监正官，严督诸生熟读讲解，以资录用，有不遵者以违制论。① 违制就是违抗皇帝命令，罪名是很重的。至于《大明律令》，因为学生的出路是作官，审案，当然是必读书。四书、五经是儒家的经典，朱元璋面谕国子博士："一以孔子所定经书诲诸生。"② 但对于孟子，却经过一番曲折。洪武三年，朱元璋读到孟子书里有好些对君上不客气的地方，大发脾气，对人说："这老儿要是活到今天，非严办不可！"下令撤去孔庙中孟子配享的牌位，把孟子逐出孔庙。后来虽然有人替孟子求情，说他讲的道理基本上还是对维护皇帝的地位有好处的，才恢复孟子的配享。但对于《孟子》这部书，还是认为有些不妥当。洪武二十七年特命老儒刘三吾编《孟子节文》，把《尽心篇》的"民为贵，社稷次之，君为轻"，《梁惠王篇》国人皆曰贤，国人皆曰可杀一章，"时日曷丧，予与汝偕亡"，《汤誓》引文和《离娄篇》"桀、纣之失天下也，失其民也。失其民者，失其心也"一章，《万章篇》天与贤则与贤一章，"天视自我民视，天听自我民听"，"君有大过则谏，反复之而不听，则易位"，以及类似的"闻诛一夫纣矣，未闻弑君也"，"君之视臣如草芥，则臣视君如寇雠"，一共八十五条，都删去了。只剩下一百七十几条，刻板颁行全国学校。所删去的一部分，"课士不以命题，科举不以取士"③。

从洪武二年到三十一年这一时期国子监生任官的情形来看：第一，监生并没有一定的任官资序，最高的有作到地方大官从二品的布政使，最低的作正九品的县主簿，以至无品级的教谕；第二，监

①② 《南廱志》卷一。

③ 《明史》卷一百三十九《钱唐传》，卷五十四《礼志》四；全祖望：《鲒埼亭集》卷三十五，《辨钱尚书争孟子事》；北平图书馆藏洪武二十七年刊本《孟子节文》，刘三吾：《孟子节文题辞》；容肇祖：《明太祖的孟子节文》，载《读书与出版》二卷四期。

生也没有固定的任官性质，朝廷的部院官、监察官，地方的民政财政官、司法官，以至无所不管的府州县官和学校官，几乎无官不可作；第三，除作官以外，在学的监生，有奉命出使的，有奉命巡行州县的，有稽核百司案牍的，有到地方督修水利的，有大批地去执行丈量、记录田地面积、订定粮额的任务的，有清查黄册的（每年一千二百人），有写本的，有在各衙门办事的，有在各衙门实习的，几乎无事不可以作；第四，三十年来，监生的任用官阶，以洪武二年和二十六年为最高，二年用监生为行省左右参政、各道按察司佥事及知府等官。二十六年用监生六十四人为行省布政、按察两使及参政、参议、副使、佥事等官。这是因为洪武二年建国不久，官员很缺；二十六年蓝玉党案，杀了很多地方官（见后文），需要补充的缘故。任用人数以十九年为最多，“命祭酒、司业择监生千余人送吏部，除授知州、知县等职”。这也是因为十八年发生郭桓盗官粮案、十九年逮捕官吏积年为民害者（均见后文），官员缺额多，必须大量补充的缘故。历史家总结说：“故其时布列中外者，太学生最盛。”①

地方的府、州、县学和国子监一样，都有一定的生员名额和考试制度。地方学校之外，洪武八年又诏地方立社学——乡村小学。此外，也还有地主们私人创办、和贫困知识分子赖以维持生活的私塾。

府、州、县、社学都以《御制大诰》和律令作主要必修科目。②

除立学以外，还派遣教师到各地任敎，洪武初年因为北方经过长期战争破坏，念书的人少，特别派国子监生三百六十六人到北方各府、县办学校。这制度后来也推广到其他各布政使司，选用壮年能文的作教谕等官。

各级学校的普遍设立，教育事业发展了，这比之过去任何历史时期都有了显著的进步。③ 目的性是很清楚的，从这些机构中培养

---

① 《明史》卷六十九，《选举志》。

② 吴晗：《读史札记·明初之学校》。

③ 《明史》卷六十九《选举志》：“盖无地而不设之学，无人而不纳之教，庠声序音，重规叠矩，无间于下邑荒徼，山陬海涯，此明代学校之盛，唐宋以来所不及也。”

大量的中小地主、富农出身的年青的一代，作为官僚机构的后备力量。同时，由于印刷术的进步和洪武元年颁布的书籍免税令①，和科举制度的定期举行，读书、中举、作官，便不再局限于贵族、官僚和地主阶级的子弟，一部分中农、手工业者和小商小贩的子弟，为了改换门庭，为了取得比较舒适、尊荣的地位，为了保护家族免于遭受残酷的剥削压迫，在“万般皆下品，惟有读书高”，社会风气鼓励之下，在家庭宗族支持之下，买得了书本，进了私塾、社学，参加了考试，其中有一部分人公然闯进了统治阶级，成为驾乎人民之上的官僚了。他们改变了阶级成分，做了官，成为地主，扩大了统治阶级的社会基础，加入了新血液，也对封建统治阶级的巩固起了作用。同时，又以阶级成分的改变，改变了他们家属以至亲戚的社会、政治地位，这样，就或多或少地引起各阶级的重新组合和分化。

除国子监以外，皇朝官僚的来源是科举制度。国子监生可以不由科举，直接任官，而从科举出身的人则必须是学校的生员。府、州、县学的生员（通称秀才），每三年在省城会考一次，称为乡试，及格的为举人。各布政使司的举人名额，除直隶（今江苏、安徽）百人最多，广东、广西二十五人最少，其他九个布政使司都是四十人。第二年全国举人会考于京师，称为会试。会试及格，再经一次复试，地点在皇帝的殿廷，叫作廷试，亦称殿试。复试不过是形式，意思是由皇帝亲自主持这最高级的考试，选拔之权，出于一人。发榜分一二三甲（等），一甲只有三人：状元、榜眼、探花，赐进士及第。二甲若干人，赐进士出身。三甲若干人，赐同进士出身。民间又称乡试第一名为解元，会试第一名为会元，殿试二甲第一名为传胪。乡试由布政使司，会试由礼部主持。状元授官翰林院修撰，榜眼、探花授官翰林院编修，二三甲考选为庶吉士的都是翰林官，其他或授给事、御史、主事、中书、行人、评事、太常国子博士；或授府推官、知州、知县等官。举人、贡生多次参加会试不及格的，

① 《明太祖实录》卷三十：“洪武元年八月己卯，诏书籍、田器等物不得征税。”

可以改入国子监，也可选作小京官，或作府佐和州县正官以及学校教官等等。

科举各级考试，专用四书、五经出题。文体略仿宋经义，但要用古人思想行文，并且只能根据几家指定的注疏发挥，绝对不许有自己的见解。格式排偶，叫作制义。这制度是朱元璋和刘基制定的。规定子午卯酉年乡试，辰戌丑未年会试，乡试在八月，会试在二月。每试分三场，初场试四书义三道，经义四道；二场试论一道，判五道，诏诰表内科（选）一道；三场试经史时务策五道。①

学校和科举并行，学校是科举的阶梯，科举是生员的出路。生员通过科举作了官以后，平日不但用不着制义，也用不着书本了。中小地主阶级子弟要作官必须通过科举，中不了举人进士是不能作官的。但是在中举之前，名为生员，却不一定真要上学，后来学校制度日益松弛，生员只需参加定期考试，平时根本不在学校，学校名存实亡，这样，科举日重，学校的地位也就日轻。学校和科举都是培养和选拔官僚的制度，学习和考试的范围完全一样，都是四书五经，不但远离实际生活，并且还禁止接触现实生活，过问政治。用这种方式培养出来的人才，正如当时人宋濂所刻划的："自贡举法行，学者知以摘经拟题为志，其所最切者，惟四子一经之笺，是钻是窥，余则漫不加省。与之交谈，两目瞪然视，舌木强不能对。"②学校则"稍励廉隅者不愿入学，而学行章句有闻者，未必尽出于弟子员"③。到后来甚至弄到"生徒无复在学肄业，入其庭不见其人，如废寺然"④。科举人才一般不读四书五经以外的书，不知时事，学校没有学生，是普遍现象。特别是这种考试制度强制盲从古人的书本，不许有新的思想，不许有和古人不同的思想，结果只能是进步的思想被扼杀了，科学的发展停滞了。在政治上，那个时代所培养的是合于统治阶级需要的驯服忠顺的官僚，在学术文化上，却长期

---

① 《明史》卷七十，《选举志》。
② 宋濂：《銮坡集》卷七，《礼部侍郎曾公神道碑铭》。
③ 宋濂：《翰苑别集》卷一，《送翁好古教授广州序》。
④ 陆容：《菽园杂记》。

被古代的阴魂所垄断，停留在几百年前以至千多年前的水平上，这个损失是非常巨大的。

庶民是被朱元璋叫作贱人的，“趋事执役以奉上者，庶民之事也”。这个事朱元璋也叫作“分”，即应尽的义务。洪武十五年他叫户部出榜晓谕两浙江西之民说：“为吾民者当知其分，田赋力役出以供上者乃其分也。能安其分，则保父母妻子，家昌身裕，为忠孝仁义之民。”不然呢？“则不但国法不容，天道亦不容矣。”应该像“中原之民，惟知应役输税，无负官府”。只有如此，才能“上下相安，风俗淳美，共享太平之福”①。他把东南地区的农民和中原地区的农民区别开来，要东南地区的农民也像中原地区的农民一样，“惟知应役输税，无负官府”。正说明了当时阶级斗争的不平衡情况，中原地区土地分散，阶级关系较为缓和，而东南地区则土地较为集中，阶级斗争也就日益尖锐了。

朱元璋要求人民尽应役输税的义务，定下制度，要官吏奉公守法，严惩贪污，手令面谕，告诫谆谆，期望上下相安，共享太平之福。但是封建地主阶级的官僚是决不肯照他的话办事的，地主作官只会剥削百姓，怎么肯“奉公守法”？结果许多制度命令都成为空文，官僚政治的恶果，当时便已有人明确地指出：

> 今之守令，以户口、钱粮、狱讼为急务。至于农桑、学校，王政之本，乃视为虚文而置之，将何以教养斯民哉！
>
> 以农桑言之，方春，州县下一白帖，里甲回申文状而已，守令未尝亲视种艺次第，旱涝戒备之道也。
>
> 以学校言之，廪膳诸生，国家资之以取人才之地也。今四方师生缺员甚多，纵使具员，守令亦鲜以礼让之实，作其成器者。
>
> 朝廷切切于社学，屡行取勘师生姓名，所习课业。乃今社镇城郭，或但置立门牌，远村僻处则又徒存其名，守令不过具文案备照刷而已。上官分部按临，亦但循习故常，依纸上照刷，

① 《明太祖实录》卷一百五十。

未尝巡行点视也。

官僚办的是公文，公文上办的事应有尽有，和实际情形全不相干。上官按临地方检查的也是公文，上下都以公文办事，做的都是纸上文章，自然“法出而奸生，令下而诈起”了。这是洪武九年的事。① 十二年后，解缙奉诏上万言书，也说：

> 夏税一也，而茶椒有粮，果丝有税，既税于所产之地，又税于所过之津，何其夺民之利至于如此之密也！且多贫下之家，不免抛荒之咎。今日之土地无前日之生殖，而今日之征集有前日之税粮，或卖产以供税，产去而税存；或赔办以当役，役重而民困。土田之高下不均，起科之轻重无别，膏腴而税反轻，瘠卤而税反重。②

道理也清楚得很，正因为是“贫下之家”，才被迫抛荒，地主负担特别轻，不但不会抛荒，而且还尽力兼并。膏腴之田是地主的，瘠卤之田是贫民的，地主阶级自己定的税额，当然是膏腴轻而瘠卤重。

为了巩固统治，朱元璋对贪官污吏用严刑惩治。洪武二年二月，元璋告谕群臣说：“从前我在民间时，见州县官吏多不恤民，往往贪财好色，饮酒废事，凡民疾苦，视之漠然，心里恨透了。如今要严立法禁，凡遇官吏贪污蠹害百姓的，决不宽恕。”③ 四年十一月立法，凡官吏犯赃罪的不赦。下决心肃清贪污，说“此弊不革，欲成善政，终不可得”。二十五年又编《醒贪简要录》颁布中外。④ 官吏贪赃到钞六十两以上的枭首示众，仍处以剥皮之刑。府州县衙门左首的土地庙，就是剥皮的刑场，也叫皮场庙。有的衙门公座旁摆着人皮，里面塞以稻草，叫作官的触目惊心，不敢作坏事。⑤ 地方官上任给以路费，家属给衣料。来朝时又特别诰诫以“天下新定，

---

① 《明史》卷一百三十九，《叶伯巨传》。

② 《明史》卷一百四十七，《解缙传》。

③ 《明太祖实录》卷三十八。

④ 《明太祖实录》卷六十九、卷二百二十。

⑤ 赵翼：《廿二史札记》卷三十三，《重惩贪吏》。

百姓财力困乏，像刚学飞的鸟儿和新栽的树木，拔不得毛，也碰不得根”①。违法的按法处刑。从开国以来，两浙、江西、两广、福建的地方官因贪赃被杀的很多，很少人能做到任满。②

严惩贪污，贪污还是不能根绝，用朱元璋自己的话来证明吧，他说：

> 浙西所在有司，凡征收害民之奸，甚如虎狼。且如折收秋粮，府州县发放，每米一石官折钞二贯，巧立名色，取要水脚钱一百文，车脚钱三百文，口食钱一百文。库子又要辨验钱一百文，蒲篓钱一百文，竹篓钱一百文，沿江神佛钱一百文。害民如此，罪可宥乎！③

折粮原来是便民的措施，浙西运粮一石到南京，要花四石运费，百姓困苦不堪。④ 改折为钞，可以减轻浙西农民五分之四的负担。钞是用不着很大运费和蒲、竹篓包装的，但地方官还是照运粮的办法苛敛，用种种名色加征至九百文，约合折价的百分之五十。急得朱元璋只是跺脚，说：“我欲除贪赃官吏，奈何朝杀而暮犯！今后犯赃的，不分轻重都杀了。”⑤

洪武一朝，“无几时不变之法，无一日无过之人”⑥。是历史上封建政权对贪污进行斗争最激烈的时期，杀戮贪官污吏最多的时期。虽然贪官污吏随杀随犯，朱元璋也下定决心，随犯随杀，这个规模巨大的统治阶级的内部斗争，一直到朱元璋死去才告一段落。但是贪污现象仍然存在，这是社会制度所决定的，朱元璋尽管是最有威权的皇帝，他能够杀人，却改变不了社会制度，改变不了社会性质。

---

① 《明史》卷二百八十一，《循吏传序》。

② 《大诰续诰》。

③ 《大诰》，折粮科敛第四十一。

④ 宋濂：《芝园续集》卷四，《故岐宁卫经历熊府君墓铭》。

⑤ 刘辰：《国初事迹》。

⑥ 《明史》卷一百四十七，《解缙传》。

二、常备军和特务网

高度集中的以中小地主阶级为基础的朱元璋封建统治政权，通过庞大的常备军和严密的特务网，起着镇压人民反抗和保卫国防的作用。

在洪武一朝中，除掉秘密宗教徒和少数民族的多次起义以外，不带宗教色彩的农民起义比过去任何一个历史时期都多。

据史料记载，在朱元璋称帝之前，农民已经起来反抗了。龙凤十一年（公元1365）七月湖南辰州沅陵，十一月江西信州，十二年二月浙江处州青田，十二月永宁鄜县，都曾发生农民起义。称帝以后，洪武元年浙江昌国州，温州南溪，三年山东沂、邳山民，浙江龙泉，福建泉州惠安，湖南绥宁，六年福州府山民，温州府，福建罗源，古田，广东廉州，湖广房州，儋州宜伦，广西永福，十年宿州灵璧，福建泉州，十二年广东潮州海阳，福建漳州龙岩，广东清远，十四年漳州南靖，古田，浙江衢、处、温三府山民，潮州海阳，程乡，福建福安，广州海“寇”，漳州龙岩，十五年惠州龙川河源，潮州海阳，海南会同文昌，万、崖二州，十九年潮州程乡，二十年惠州博罗，二十一年韶州英德，潮州海阳，惠州龙川，二十二年广东韶州，二十六年广东东莞，二十八年广东崖州，二十九年广东连山，都发生了农民暴动。值得注意的是这一系列农民反抗的武装斗争，除洪武三年山东沂、邳山民暴动之外，其余的全部发生在经济比较发达的长江以南地区，其中，浙江温、处州各三次，广东海阳三次，程乡二次，龙川二次，福建龙岩、古田各二次。如以省区计，则广东一省就发生了二十次以上。规模较大的如洪武十四年的广州海“寇”，曹真自称万户，苏文卿自称元帅，会合山“寇”单志道、李子文、李平尺据险立寨，攻掠东莞、南海及肇庆、翁源诸县，被官军镇压，斩杀五千余人，俘掳二万余人，家属八千余人。十五年十月南雄侯赵庸镇压广东铲平王的起义，斩杀八千八百多人，俘虏一万七千八百五十人，家属一万六个余人，降民一万三千二百六十七户。起义的原因，主要有两条，一是官吏贪污，一是守御官军扰害，也就是官逼民反。① 起义的结局，都以被封建皇朝庞大的常备军所血腥镇压而失败。

常备军在国内的任务是镇压人民起义。

朱元璋所建立的常备军是和农业生产密切结合，逐步建成的。在攻克集庆以后，厉行屯田政策，广积粮食，供给军需。他和刘基研究古代的兵制，总结历史经验：征兵制的好处是全国皆兵，有事召集，事定归农，兵员素质好，来路清楚，平时军费开支少；缺点是兵员都出自农村，如有长期战争，便影响到农村的生产。募兵制的好处是应募的多为无业游民，当兵是职业，训练的时期较长，作战能力较高，兵员数量和服役时间，不受农业生产的限制；缺点是平时要维持大量的军队，军费负担很重，而且募的兵大部分来路不明，没有宗族家庭的牵挂，容易逃亡，也容易叛变。较好的办法是折衷于两者之间，吸收其好处，避免其缺点，主要的原则要做到武装力量和生产力量结合起来，既可以灵活指挥，又避免财政上过重的负担。

刘基根据实际情况，经过讨论研究，创立的办法是卫所制度。②

卫所的兵源有四种：一种是从征，即起事时所指挥的部队，也就是郭子兴的基本队伍和他自己所招收的各地地主武装；一种是归附，包括削平群雄所得的部队和元朝投降军队；一种是谪发，指因犯罪被罚当军的，也叫作恩军；一种叫垛集，即征兵，按人口比例，一家有五丁或三丁出一丁为军。前两种是建立制度时原有的武装力量，后两者则是补充的武力，特别是垛集军在数量上占了很大的比例。这四种来源的军人都是世袭的，为了保障固定员额的满员，法律规定军人必须娶妻，世代继承下去，如无子孙继承，则由其原籍家属壮丁顶补。种族绵延的原则被应用到武装部队来，兵营成为武装的集体家庭了。③

军有特殊的社会身份。在明代户籍中，军籍和民籍、匠籍是主

① 均见《明太祖实录》。

② 《明史》卷九十一，《兵志》。

③ 《明史》卷一百二十八，《刘基传》。

要的户口。军籍属于都督府，民籍属于户部，匠籍属于工部。军人不受普通地方行政官吏的管辖，在身份上、法律上、经济上的地位，都和民户不同，军和民是截然地分开的。民户有一丁被垛为军，可以优免一丁差役，作为补偿。军士到戍地时，由宗族替他治装。在卫所的军士除本身为正军外，其子弟称为余丁或军余，将校的子弟则称为舍人。军士的生活费用概由皇朝就屯田所得粮食支给，按月发米，称为月粮。规定马军月支米二石，步军总旗一石五斗，小旗一石二斗，步军一石。守城的照数支给，屯田的支一半。恩军家四口以上一石，三口以下六斗，无家口的四斗。衣服岁给冬衣棉布棉花，夏衣夏布，出征时依例给胖袄鞋裤。①

元璋渡江以后，降附的将领都用原来的称号，有叫枢密、平章的，有叫元帅的，有叫总管、万户的，形形色色，名不称实，高下不一。龙凤十年四月，立部伍法，根据所带的队伍人数来定将领称号，经过点编，有兵五千的作指挥，满千人的作千户，百人的作百户，五十人为总旗，十人为小旗。② 在这个基础上，常备军的组织分作卫、所两级：大体上以五千六百人为一卫，卫的长官是指挥使。卫又分五个千户所，每千户所一千一百二十人，长官是千户。千户所下分十个百户所，每百户所一百十二人，长官是百户。百户下有总旗二，小旗十，一个总旗领五个小旗，小旗领军士十人。大小联比以成军。卫所的分布，根据地理险要，小据点设所；关联若干据点的设卫，集合一个军事地区的若干卫、所，设置都指挥使司，作为军区的最高军事统率机构，长官是都指挥使。卫所陆续建置，到洪武二十五年，全国共有十七个都指挥使司，京师和外地共有三百二十九个卫，六十五个守御千户所。京师和地方的军力分配如下③：

	武官（员）	军士（人）	马（匹）
京师	2 747	206 280	4 751
地方	13 742	992 154	40 329

① 吴晗：《读史札记·明代之军兵》。

② 《明太祖实录》卷十四。

③ 《明太祖实录》卷二百二十三。

全国卫所军总数为一百二十万人。十七都指挥使司分别隶属于皇朝的五军都督府。

军食出于屯田，大略学汉朝赵充国的办法，在边境开屯，一部分军士担任守御，一部分军士受田耕种。目的在于开垦荒地，增加生产，充裕军食，省去运输费用，减轻财政负担。边地开屯有了成绩以后，内地卫所也先后开屯耕种，以每军受田五十亩作一分，官给耕牛农具，开头几年免纳租税，到成为熟地后，每亩收税一斗。规定边地守军十分之三守城，七分屯种，内地则二分守城，八分屯种。全国各地共有军屯田八十九万三千多顷，相当于全国垦田总数十分之一左右。①

除军屯外，还有商屯。边地守军遇有意外，粮食发生困难的时候，朝廷用“开中法”来接济。封建皇朝控制着大量粮食和食盐，但从粮食产地运粮到边境，运费往往为所运粮食的五六倍，费用太大，极不经济。商人有资本，贩卖食盐利润很大，但是食盐是由皇朝专卖的，商人得不到手。“开中法”责成商人运一定数量的粮食到边境，拿到收据就可到产盐地领到等价的食盐，自由贩卖，从而获取厚利。商人是最会打算盘的，边境有的是荒地，索性雇人在边境开立屯田，就地交粮，这样就可以省去几倍的运费。② 在这种特定的交换过程中，边军粮食就够吃了；封建皇朝不但省去大量运费，也省了事；商人发了财；边境荒地开垦得多了，增加了生产，也建立了许多居民点。

在作战时，虽然派有大将军作统帅，但朱元璋还亲自指导攻取方略，根据所得军事情报和实际经验决定前方的行动，即使对最亲信的将领徐达、李文忠也是如此。例如吴元年四月十八日给徐达的手令，在处分军事行动以后，接着说：“我的见识只是如此。你每（们）见得高强便当处，随你每意见行着，休执着我的言语，恐怕见不到处，教你每难行事。”洪武三年四月：“说与大将军知道……这是我家中坐着说的，未知军中便也不便，恁只拣军中便当处便行。”

---

① 《明史》卷七十七，《食货志·田制》。

② 《明太祖实录》卷五十三、卷五十六；《明史》卷一百五十，《郁新传》。

给李文忠的手令："说与保儿、老儿：……我虽这般说，计量中不如在军中多知备细，随机应变的勾当，你也厮活落些儿也，那里直到我都料定。"① 洪武元年北伐军出发后，他亲自画了征进阵图，派使送给徐达。② 提出自己的意见给前方统帅，说明只是参考性质，如不符合军中实际情况，可以拣军中便当处行着。但是在涉及有关原则性问题的时候，所下的命令就很坚决，不能改变的了。例如处理降将降官降兵的原则，龙凤十一年十一月初五日令旨："吴王亲笔：着内使朱明前往军中，说与大将军左相国徐达、副将军平章常遇春知会：十一月初四日捷音至京城，知军中获寇军及首目人等六万余众，然而俘获甚众，难为囚禁。今差人前去，教你每军中将张（士诚）军精锐勇猛的留一二万。若系不堪任用之徒，就军中暗地除去了当，不必解来。但是大头目，一名名解来。"十二年三月且严厉责备徐达不多杀敌军头目："吴王令旨：说与总兵官徐达，攻破高邮之时，城中杀死小军数多，头目不曾杀一名。今军到淮安，若系便降，系是泗州头目青旛黄旗招诱之力，不是你的功劳。如是三月已里，淮安未下，你不杀人的缘故，自说将来者。依奉施行者！"③ 对元朝降将的处理，更是十分注意，再三嘱咐，吴元年十二月十天内接连三次派使人到徐达、常遇春军前传谕，第一次说："将军统率将士，下齐、鲁数十城，求之于古，虽韩信功能不过是也。然事机合变之际，不可不虑。今山东诸将虽皆款附，而未尝遣一人至此。若留降将布列旧地，所谓养虎遗患也。昔汉光武命冯异平三辅营垒，降者遣其渠帅诣京师，散其小民，令就农桑，坏其营垒，无使复聚，古人之虑深矣，将军其思之。"都督同知张兴祖连下山东州县，得士马万计，就用降将领旧兵随军北伐，元璋得到报告，认为不妥，指出："此非良策。闻兴祖麾下降将至有领马军千骑者，若一旦临敌，势不足以相加，因而生变，何以制之？"遣使告诉兴祖，今后得一降将及官吏儒生，才有可用的，统统送到京师，不许留下。又遣使告诉徐

---

① 王世贞：《弇山堂别集》卷八十六，《诏令考》二。

② 《明太祖实录》卷二十八。

③ 《弇山堂别集》卷八十六，《诏令考》二。

达、常遇春："闻大军下山东，所过郡县，元之省、院官来降者甚多，二将军皆留于军中。吾虑其杂处我军，或昼遇敌，或夜遇盗，将变生不测，非我之利。盖此辈初屈于势力，未必尽得其心，不如遣来，使处我官属之间，日相亲近，然后用之，可无后患。"① 这是因为接受了去年十一月沂州王宣、王信父子降而复叛的教训②，叮咛反复，要诸将提高警惕。后来的事实也证明了元璋的远见，洪武元年二月降将乐安俞胜叛，闰七月降将乔佥院叛于济南③，虽然都及时平定了，到底还是招致了军事和政治上的损失。

有一道命令是整饬军队纪律的，龙凤十二年三月，元璋大发脾气："(张士诚军) 男子之妻多在高邮被掳，总兵官为甚不肯给亲完聚发来？这个比杀人那个重！当城破之日，将头目军人一概杀了，倒无可论。掳了妻子，发将精汉来我这里，赔了衣粮，又费关防，养不住。杀了男儿，掳了妻小，敌人知道，岂不抗拒？星夜叫冯副使去军前，但有指挥、千户、百户及总兵官的伴当掳了妇女的，割将首级来。总兵官的罪过，回来时与他说话。"④ 冯副使是冯胜。从下和州时候起，朱元璋就十分注意军队纪律，发还掳获妇女。经过了十二年，西吴的军队纪律是所有起事群雄中较好的。但是，随着战争的不断胜利，疆土的日益扩大，许多地主武装的降附，军队的成分日益复杂化了，违反军队纪律的事件也就不断发生，高邮的杀掠受到了严厉的处置以后，全军的纪律也因而提高了。高邮战役违反军纪案件的经过情况是这样的：总兵官徐达围攻高邮未下，还师救援宜兴，令冯胜督军猛攻，高邮守将诈降，冯胜令指挥康泰带几百人入城，高邮守将关了城门，杀个干净。元璋怒极，叫冯胜回来，打了十大板，还罚他走回高邮。冯胜又羞又气，用全力攻城，徐达也从宜兴回兵合攻，取下高邮。一打进城，要报这怨仇，就忘了多年来的约束了。

特务网主要由检校和锦衣卫组成。

---

① 《明太祖实录》卷二十三。

② 《明太祖实录》卷二十二。

③ 《明太祖实录》卷二十六、二十九。

④ 《弇山堂别集》卷八十六，《诏令考》二。

检校是朱元璋特设的特务人员，职务是："专主察听在京大小衙门官吏不公不法，及风闻之事，无不奏闻。"最著名的头子之一叫高见贤，和佥事夏煜、杨宪、凌说等，专作告发人家阴私的勾当，"伺察搏击"。兵马司指挥丁光眼巡街生事，凡是没有路引（通行证）的人都捉拿充军。元璋尝时说："有这几个人，譬如人家养了恶犬，则人怕。"① 高见贤建议："在京犯赃经断官吏，不无怨望，岂容辇毂之下居之？及在外犯赃官吏，合发江北和州、无为住坐，彼处荒田甚多，每人拨与二十亩开垦，亦且得人纳粮当差。"这个意见就当时情况说来，是正确的，合理的，朱元璋接受了。但是触犯了官僚们的众怒，后来他自己也被杨宪举劾，发和州种田，先前在江北种田的都指着他的脸骂："此路是你开，今亦到此，是报也。"不久被杀。夏煜、丁光眼也犯法先后被杀。这几个人得势时，连元璋最亲信的元勋李善长等人也怕他们，日夜提心吊胆。②

禁卫军官派作检校的：有金吾后卫知事靳谦，从元璋数说他的罪状可以看出是一个亲信人物："朕以为必然至诚，托以心腹，虽有机密事务，亦曾使令究焉。"③ 有何必聚，龙凤五年派帐下卫士何必聚往探江西袁州守将欧平章动静，以断欧平章家门前二石狮尾为证，占袁州后，查看果然不错。④ 有小先锋张焕，还在初克婺州时，就作元璋的亲随伴当从行先锋。一晚，元璋出去私访，遇到巡军拦阻，唤问是谁，张焕回答："是大人。"巡军发怒："我不知道大人是什么人，但是犯夜的就逮住。"解说了半晌才弄清楚。乐人张良才说平话（即说书），擅自写省委教坊司帖子，贴市门柱上，被人告发，元璋大怒说："贱人小辈，不宜宠用！"叫小先锋张焕捆了乐人，丢在水里。龙凤十二年以后，张焕经常被派作特使，到前方军中传达命令和察事。⑤ 徐达入大都，封元故宫殿门，令张焕以兵千人守之。⑥ 又有毛骧、耿

---

① 刘辰：《国初事迹》；孙宜：《大明初略》四；《明史》卷一百三十五，《宋思颜传》。
② 刘辰：《国初事迹》。
③ 《大诰》，沉匿卷宗六十。
④ 钱谦益：《国初群雄事略》卷四，引俞本：《纪事录》。
⑤ 刘辰：《国初事迹》；孙宜：《大明初略》四；《诏令考》二。
⑥ 《明太祖实录》卷三十。

忠，毛骧是早期幕僚毛祺的儿子，以舍人作亲随，用作心腹亲信，和耿忠奉命到江浙等处察访官吏，问民疾苦。毛骧从管军千户积功作到都督佥事，掌锦衣卫事，典诏狱，后来被牵连到胡惟庸党案被杀。耿忠作官到大同卫指挥使，也以贪污案被处死。①

除文官武将作检校以外，和尚也有被选用作这工作的。吴印、华克勤等人都是和尚，因为察事有功，都还俗作了大官。给事中陈汶辉上疏力争，以为“自古帝王以来，未闻缙绅缁流杂居同事而可以共济者也。今勋旧耆德咸思辞禄去位，而缁流俭夫乃益以谗间，如刘基、徐达之见猜，李善长、周德兴之被谤，视萧何、韩信，其危疑相去几何哉!”② 刘基、徐达、李善长、周德兴等人或见猜，或被谤，封建统治集团的核心内部矛盾展开了，矛盾越深化，到了不两立的地步，便酿成一系列屠杀惨案。

检校的足迹是无处不到的，元璋曾派人去察听将官家属，有女僧引诱华高、胡大海妻敬奉西僧，行“金天教”法，元璋下令把两家妇人连同女僧一起丢在水里。③ 吴元年得到报告，要前方总兵官把一个摩尼（摩尼教徒）取来。洪武四年手令：“北平城内有个黑和尚出入各官门下，如常与各官说些笑话，好生不防他。又一名和尚系是江西人，秀才出身，前元应举不中，就做了和尚，见在城中与各官说话。又火者一姓崔，系总兵官庄人……又有隐下的高丽不知数。造文书到时，可将遣人都教来。一名太医江西人，前元提举，即自在各官处用事。又指挥孙苍处有两个回回，金有让孚家奴也教发来。”④ 调查得十分清楚确凿。钱宰被征编《孟子节文》，罢朝吟诗：“四鼓冬冬起着衣，午门朝见尚嫌迟，何时得遂田园乐，睡到人间饭熟时。”第二天，元璋对他说：“昨天作的好诗，不过我并没有‘嫌’啊，改作‘忧’字如何?”钱宰吓得出了一身汗，磕头谢罪。⑤ 宋濂性格诚谨，有一次请客喝酒。隔天，元璋问

---

① 刘辰：《国初事迹》；《明史》卷一百三十五，《郭景祥传》附《毛祺传》。

② 《明史》卷一百三十九，《李仕鲁传》。

③ 刘辰：《国初事迹》。

④ 《弇山堂别集》卷八十六，《诏令考》二。

⑤ 叶盛：《水东日记摘抄》二。

他昨天喝酒了没有，请了哪些客，什么菜？宋濂老老实实回答，元璋才笑着说："全对，没有骗我。"① 国子祭酒宋讷独坐生气，面有怒容。朝见时，元璋问他昨天生什么气，宋讷大吃一惊，照实说了。元璋叫人把偷着给他画的像拿来看，他才明白。② 吏部尚书吴琳告老回黄冈，元璋派人去察听，远远见一农人坐小杌上，起来插秧，样子很端谨。使者前问："此地有吴尚书这人不？"农人叉手回答："琳便是。"使者复命，元璋很喜欢。③ 南京各部皂隶都戴漆巾，只有礼部例外，各衙门都有门额，只有兵部没有，据说这也是皇帝干的事。原来各衙门都有检校暗地里伺察，一天礼部的一个皂隶睡午觉，被取去漆巾。兵部有一晚没有人守夜，门额给人抬走了。发觉后都不敢作声，也就作为典故了。④ 公侯伯功臣赐卒一百十二人作卫队，设百户一人统率，颁有铁册，说明"俟其寿考（死亡），子孙得袭，则兵皆入卫"。称为铁册军。事实上也是防功臣有贰心，特设铁册军监视的。⑤

朱元璋不但派检校侦察官民，有时他还亲自侦察。例如罗复仁是陈友谅旧臣，投降后，官为弘文馆学士，说一口江西话，为人质直朴素，元璋叫他作老实罗。一天，元璋突然跑到罗家，罗家在城外边一个小巷子里，破破烂烂，东倒西歪几间旧房子。老实罗正扒在梯子上粉刷墙壁，一见皇帝来，着了慌，赶紧叫他女人抱小杌子请皇帝坐下。元璋见他实在穷得不堪，老大不过意，说："好秀才怎能住这样破烂房子！"即刻赏给城里一所大邸宅。⑥

检校是职务，不是正式机构，只能执行察听、侦伺工作，并无扣押人犯和处刑之权。胡惟庸案发以后，统治阶级的内部斗争越发尖锐了，洪武十五年特别设立了一个特务机构，有专门的法庭和监狱，叫锦衣卫。

---

① 《明史》卷一百二十八，《宋濂传》。
② 《明史》卷一百三十七，《宋讷传》。
③ 《明史》卷一百三十八，《陈修传》附《吴琳传》。
④ 陆容：《菽园杂记》；祝允明：《野记》一。
⑤ 沈德符：《野获编》卷十七，《铁册军》。
⑥ 《明史》卷一百三十七，《罗复仁传》。

锦衣卫的前身是吴元年设立的拱卫司，洪武三年改为亲军都尉府，管左右中前后五卫军士，十五年改为锦衣卫。

锦衣卫有指挥使一人，正三品；同知二人，从三品；佥事三人，四品；镇抚二人，五品；十四所千户十四人，五品；副千户从五品；百户六品。所统有将军、力士、校尉，掌侍卫、缉捕、刑狱之事。凡盗贼奸宄要秘密缉访，街涂沟洫要经常注视，是一个组织完备的军事特务机构，和皇朝的府、部、院都没有隶属关系，由皇帝直接指挥，只对皇帝负责。

锦衣卫设经历司，掌文移出入。设镇抚司，掌本卫刑名，兼理军匠，也就是民间所称"诏狱"。朱元璋从洪武十五年以后，运用这批特务、法庭和监狱，把全国所有政治性的重罪犯人，都交给它审判和处刑。过了六年，镇压"不轨妖言"的任务告一段落了，洪武二十年下令焚毁锦衣卫刑具，把犯人移交给刑部。又过了六年，胡惟庸和蓝玉案的罪犯都已处理完毕了，又再次申明以后一切案件都由朝廷法司处理，内外刑狱公事不再经由锦衣卫。但是这条法令并没有维持多久，明成祖即位后，又重新利用锦衣卫来镇压建文帝的臣下，恢复了诏狱。以后历代皇帝都倚仗锦衣卫作耳目爪牙，用内官提督东、西厂（诏狱），东、西厂和锦衣卫的职权日益扩大，人员日益众多，造成惨酷的恐怖气氛，一直延续到明亡。①

和锦衣卫有密切关系的一种刑罚叫廷杖，就是在殿廷杖责官员。锦衣卫学前朝的诏狱，廷杖则学的是元朝的办法。著名的例子，元璋亲族被杖死的有亲侄朱文正，勋臣被鞭死的有永嘉侯朱亮祖父子，大臣被杖死的有工部尚书薛祥，部曹被廷杖的有茹太素。这个办法也被他的子孙当作祖宗制度一直继承到朱家统治权被推翻的时候。②

地方则设置巡检司，凡在外各府州县关津要害处普遍建立，设巡检和副巡检，都是从九品官，带领差役、弓兵，警备意外。职权

---

① 王世贞：《锦衣志》；《明史》卷八十九《兵志》，卷九十五《刑法志》。

② 《明史》，《刑法志》三。

是缉捕盗贼，盘诘奸伪。[①] 在交通要冲去处，则专一盘诘往来奸细及贩卖私盐犯人、逃囚、无引面生可疑之人。[②]

引是路引，朱元璋发展了古代“传”、“过所”、“公凭”这套制度，制定了路引，即通行证或身份证。法律规定：“凡军民人等往来，但出百里即验文引，如无文引，必须擒拿送官。仍许诸人首告，得实者赏，纵容者同罪。”[③]处刑的等级：“凡无文引私度关津者杖八十；若关不由门，津不由渡而越度者杖九十；若越度缘边关塞者杖一百，徒三年；因而出外境者绞。”军和民的区别：“若军、民出百里之外不给引者，军以逃军论；民以私度关津论。”[④] 这制度把军、民的行动范围限制在百里之内。路引是要向地方官请领的，请不到的，行动便不能出百里之外。

巡检司只设在交通冲要去处，要全面地约束人民的行动，是办不到的。于是里甲便被赋予辅助巡检司，执行检查的任务。洪武十九年朱元璋手令要“人民互相知丁”，知是了解情况的意思，他说：

> 诰出，凡人民邻里互相知丁。互知务业，俱在里甲，县、府、州务必周知。市村绝不许有逸夫。若或异四业而从释道者户下除名。凡有夫丁，除公占外，余皆四业，必然有效。
>
> 一、知丁之法，某民丁几，受农业者几，受士业者几，受工业者几，受商业者几。且欲士者志于士，进学之时，师友某氏，习有所在，非社学则入县学，非县必州、府之学，此其所以知士丁之所在。已成之士为未成士之师，邻里必知生徒之所在。庶几出入可验，无异为也。
>
> 一、农业者不出一里之间，朝出暮入，作息之道互知焉。
>
> 一、专工之业，远行则引明所在，用工州里，往必知方，巨细作为，邻里采知，巨者归迟，细者归疾，出入不难见也。
>
> 一、商本有巨微，货有重轻，所趋远近水陆，明于引间。归期艰限，其业邻里务必周知。若或经年无信，二载不归，邻

---

① 《明史》卷七十五，《职官志》四。

②③ 弘治《大明会典》卷一一三。

④ 《明律》十五，《兵律》。

里当觉（报告）之询故。本户若或托商在外非为，邻里勿干。（本户假托经商，在外边作坏事，邻里不负连带责任。）

逸夫指的是无业游民。法令规定里甲邻里要负责逮捕逸夫，如不执行，要受连坐处分。他接着说：

一里之间，百户之内，仍有逸夫，里甲坐视，邻里亲戚不拿，其逸夫或于公门中，或在市闾里，有犯非为，捕获到官，逸夫处死，里甲四邻化外之迁，的不虚示。①

又强调告诫：

此诰一出，自京为始，遍布天下。一切臣民，朝出暮入，务必从容验丁。市井人民舍客之际，辨人生理，验人引目，生理是其本业，引目相符而无异，犹恐托业为名，暗有他为。虽然业与引合，又识重轻巨微贵贱，倘有轻重不伦，所赍微细，必假此而他故也，良民察焉。②

异为、非为、他为、他故，都是朱元璋的法律术语，异为、非为是不轨、不法的意思，他为、他故是有秘密、有问题的意思。前一手令是里甲、邻里互相知丁的义务和对逸夫的连坐法，后一手令则是专指流动人口的，特别是对手工业者和商人的。他的前辈彭莹玉在淮西秘密传教所引起的后果，对他来说是最现实的教训。他接受了这个教训，把路引制和里甲制结合在一起，对巡检司起了辅助作用，也对反对封建统治的人们起了管制和镇压的作用。

要组织这样的力量、机构，进行全国规模的调查、登记、发引、盘诘的工作，必须付出极大的努力和准备周密的计划，以及必需的监督工作。差不多经过三十年的不断斗争，朱元璋和他的助手们积累了丰富的经验，把自己的统治机构，威慑力量，逐渐发展、巩固，使之比前代更为完备。③

① 《大诰续诰》，互知丁业第三。

② 《大诰续诰》，辨验丁引第四。

③ 吴晗：《传、过所、路引的历史》，载《中国建设》月刊五卷四期。

第六章　社会生产力的发展

一、农业生产的恢复和发展

“地主阶级对于农民的残酷的经济剥削和政治压迫，迫使农民多次地举行起义，以反抗地主阶级的统治。从秦朝的陈胜、吴广、项羽、刘邦起，中经汉朝的新市、平林、赤眉、铜马和黄巾，隋朝的李密、窦建德，唐朝的王仙芝、黄巢，宋朝的宋江、方腊，元朝的朱元璋，明朝的李自成，直至清朝的太平天国，总计大小数百次的起义，都是农民的反抗运动，都是农民的革命战争。中国历史上的农民起义和农民战争的规模之大，是世界历史上所仅见的。在中国封建社会里，只有这种农民的阶级斗争、农民的起义和农民的战争，才是历史发展的真正动力。因为每一次较大的农民起义和农民战争的结果，都打击了当时的封建统治，因而也就多少推动了社会生产力的发展。”①

明初社会生产力的发展是元末农民起义、农民战争的结果，它大大打击了元末的大地主阶级，并且大大地教训了新统治者朱元璋，迫使他对农民作出了一些让步。这些让步的结果首先表现在农业生产的恢复和发展方面。

经过二十年长期战争的破坏，人口减少，田地荒芜，是明朝初年的普遍现象。例如唐宋以来的南北交通要道、繁华胜地的扬州，为青军（又名一片瓦、长枪军，是地主军队）元帅张明鉴所据，军队搞不到粮食。龙凤三年朱元璋部将缪大亨攻克扬州，张明鉴投降，

---

① 《中国革命和中国共产党》，见《毛泽东选集》，第2卷，625页。

城中居民仅余十八家。新任知府以旧城虚旷难守，只好截西南一隅筑而守之。① 如颍州，从元末韩咬儿在此起义以后，长期战乱，民多逃亡，城野空虚。② 特别是山东、河南地区，受战争破坏最重，“多是无人之地”③。洪武元年闰七月，大将军徐达率师发汴梁，徇取河北州县，“时兵革连年，道路皆榛塞，人烟断绝”④。有的地方，“积骸成丘，居民鲜少”⑤。洪武三年，济南府知府陈修和司农官报告：“北方郡县近城之地多荒芜。”⑥ 四年二月，大同卫指挥耿忠报告：“大同地边沙漠，元季孛罗帖木儿、扩廓帖木儿等乱兵杀掠，城郭空虚，土地荒残，累年租税不入。”⑦ 到洪武十五年，晋府长史致仕桂彦良还说：“中原为天下腹心，号膏腴之地，因人力不至，久致荒芜。”二十一年河北诸处，还是田多荒芜，居民鲜少。南方许多地方情况也是如此，如三十年常德府武陵县报告：“武陵等十县，自丙午（公元1366年）兵兴，人民逃散，长或复业，而土旷人稀，耕种者少，荒芜者多。”⑧ 江西瑞金则因农民起义，户口亡绝过半：“初民户在籍者六千一百九十三户，今亡绝过半，田多荒芜，租税无所从出。”⑨ 名城开封，以户粮数少，由上府降为下府。⑩ 洪武十年，以河南、四川等布政司所属州县，户粮多不及数，凡州改县者十二，县并者六十。⑪ 十七年令凡民户不满三千户的州改为县者三十七。⑫

租税收入减少，劳动力严重不足，情况是很严重的。为了迅速改变这种残破面貌，增加财政收入，朱元璋只能对农民作了让步。

---

① 《明太祖实录》卷五。
② 《明太祖实录》卷三十三。
③ 顾炎武：《日知录》卷十，《开垦荒地》。
④ 《明太祖实录》卷二十九。
⑤ 《明太祖实录》卷一百七十六。
⑥ 《明太祖实录》卷五十三。
⑦ 《明太祖实录》卷六十一。
⑧ 《明太祖实录》卷一百四十八、卷二百五十。
⑨ 《明太祖实录》卷一百九十七。
⑩ 《明太祖实录》卷九十六、卷一百九十三。
⑪ 《明太祖实录》卷一百十二。
⑫ 《明太祖实录》卷一百六十四。

吴元年五月下令，凡徐、宿、濠、泗、寿、邳、东海、襄阳、安陆等郡县，及今后新附土地、人民，桑、麻、谷、粟、税粮、徭役，尽行蠲免三年。让老百姓喘一口气，休息过来，把力量投入生产。① 以后新得的州县，也采用这办法，蠲免几年的租税和徭役。他集中力量，振兴农业，用移民屯田、开垦荒地的办法调剂劳动力的不足；用兴修水利、种植桑、棉的办法，增加农业生产的收入；用官给耕牛种子，垦荒地减免三年租税，遇灾荒优免租粮等措施，解决农民的困难。此外，还设立了预备仓、养济院等救济机关。

他常说："四民之中，农民最劳最苦。春天鸡一叫就起床，赶牛下田耕种。插下秧子，得除草，得施肥，大太阳里晒得汗水直流，劳碌得不成人样。好容易巴到收割了，完粮纳税之外，剩不了多少。万一碰上水旱虫蝗灾荒，全家着急，毫无办法。可是国家的赋税全是农民出的，当差作工也是农民分内的事，要使国家富强，必得让农民安居乐业，才有可能。"② 封建政权的财政收入，主要来自农村，粮食、棉花、布帛、劳动力都靠农民供给，农业生产如不恢复和发展，这个政权是支持不下去的。

移民的原则是把农民从窄乡移到宽乡，从人多田少的地方移到人少地广的地方。洪武三年六月，徙苏州、松江、嘉兴、湖州、杭州无业农民四千多户到濠州种田，给牛具种子，三年不征其税。又移江南民十四万户于凤阳。九年十月徙山西及真定民无产者于凤阳屯田。十五年九月，迁广东番禺、东莞、增城降民二万四千四百余人于泗州屯田。十六年迁广东清远瑶民一千三百七人于泗州屯田。以上皆为繁荣起义根据地及其附近的措施。二十一年八月，以山东、山西人口日繁，迁山西泽、潞二州民之无田者往彰德、真定、临清、归德、太康诸处闲旷之地，置屯耕种。二十二年以两浙民众地狭，务本者少而事末者多，命杭、湖、温、台、苏、松诸郡民无田者，许令往淮河迤南滁、和等处起耕。山西贫民徙居大名、广平、东昌三府者，凡给田二万六千七十二顷。二十五年徙山东登、莱二府贫

① 《明太祖实录》卷十八。

② 《明太祖实录》卷二十二、卷二百五十。

民五千六百三十五户就耕于东昌。二十七年迁苏州府崇明县无田民五百余户于昆山开种荒田。二十八年青、兖、登、莱、济南五府民五丁以上及小民无田可耕者起赴东昌，编籍屯种，凡一千五十一户，四千六百六十六口。到二十八年十一月，东昌三府屯田迁民共五万八千一百二十四户，朝廷收租三百二十二万五千九百八十余石，棉花二百四十八万斤。彰德等四府屯田凡三百八十一处，屯田租米二百三十三万三千三百一十九石，棉花五百零二万五千五百余斤。①凡移民垦田都由朝廷给予耕牛、种子和路费。洪武三年定制，北方郡县荒芜田地，召乡民无田者垦辟，户给十五亩。又给地二亩种蔬菜，有余力的不限顷亩，皆免三年租税。其马驿、巡检司、急递铺应役者，各于本处开垦，无牛者官给之。若王国所在，近城存留五里以备练兵牧马，余处悉令开耕。② 这一条法令使北方广大无地少地的农民得到了田地，投入了生产，改变了这些地区的荒凉面貌，也改善了一部分人民的生活。为了解决土地的产权问题，又令凡开垦荒田，各处人民先因兵燹遗下田土，他人开垦成熟者听为己业。业主已还，有司于附近荒田拨补。复业人民见（现）在丁少而原来田多者，不许依前占护，止许尽力耕垦为业。见（现）今丁多而原来田少者，有司于附近荒田验丁拨付。③ 这条法令规定贫民垦熟的荒田即为己业，明确了产权，解除了开垦者的顾虑。同时，原来逃亡在外的地主复业的，也只许依丁拨田，不许多占，这样，就把战前的地主产权整个否定了，是对旧地主阶级的一个极大的打击。洪武二十四年令公侯大官以及民人，不问何处，惟犁到熟田，方许为主。但是荒田，俱系在官之数。若有余力，听其再开。把全国荒田都用法令规定为封建皇朝所有，只要有劳动力的就许报官开垦。又令山东概管农民，务见丁著役，限定田亩，著令耕种。敢有荒芜田地流移者，全家迁发化外充军。二十八年令，二十七年以后

① 《明太祖实录》卷二百二十三、卷二百三十六、卷二百四十三；《明史》卷七十七，《食货志》一。

② 《明太祖实录》卷五十三。

③ 《大明会典》卷十七，《户部·田土》。

新垦田地，不论多寡，俱不起科（收田租），若地方官增科扰害者治罪。① 鼓励农民大力开垦。这一系列法令执行的结果，数量众多的穷苦农民依法开垦了大量荒地，自耕农的数量大大增加了，元朝后期土地大量集中的情况改变了，这些地区的阶级矛盾较之以前，也就大大缓和了。这就是上文所列举的洪武一朝的农民起义，江南地区很多而北方很少的经济原因。

也有从居庸关西北地区移民到内地屯垦的，如徐达平沙漠，徙北平山后民三万五千八百余户散处诸府卫，充军的给衣粮，为民的给田土。又以沙漠迁民三万二千八百多户屯田北平，置屯二百五十四，开地一千三百四十三顷。

此外，吴元年十月，徙苏州富民到濠州居住，因为他们帮着张士诚拒守，还不断说张王好话的缘故。② 洪武十五年命犯笞杖罪的犯人都送到滁州种苜蓿。③ 二十二年命户部起山东流民居京师，人赐钞二十锭，俾营生业。④ 二十八年徙直隶、浙江民二万户于京师，充仓脚夫。⑤

朱元璋在攻克集庆后，便注意水利。到建国以后，越发重视，进行了一系列大规模的水利建设工程。洪武元年修和州铜城堰闸，周回二百余里。四年修治广西兴安县灵渠，可以溉田万顷。六年开上海胡家港，从海口到漕泾千二百余丈，以通海船。八年开山东登州蓬莱阁河，浚陕西泾阳县洪渠堰，溉泾阳、三原、醴泉、高陵、临潼田二百余里。九年修四川彭州都江堰。十二年修陕西西安府甜水渠，引龙首渠水入城，居民从此才有甜水可吃。十四年筑江南海盐海塘，浚扬州府官河。十七年筑河南磁州漳河决堤，决荆州岳山坝以通水利，每年增官田租四千三百余石。修江南江都县深港坝河道。十八年修筑黄河、沁河、漳河、卫河、沙河堤岸。十九年筑福建长乐海堤。二十三年修江南崇明海门决堤二万三千九百余丈，役

---

① 《大明会典》卷十七，《户部·田土》；《明太祖实录》卷二百四十三。

② 《明太祖实录》卷二十一。

③ 《明太祖实录》卷一百四十三。

④ 《明太祖实录》卷一百九十六。

⑤ 《明太祖实录》卷二百四十三；《明史》卷七十七，《食货志》一。

夫二十五万人。疏四川永宁所辖水道。二十四年修江南临海横山岭水闸，宁海、奉化海堤四千三百余丈，筑上虞海堤四千丈，改建石闸。浚定海、鄞二县东钱湖，溉田数万顷。二十五年凿江南溧阳银墅东坝河道四千三百余丈，役夫四十万人。二十七年浚山阳支家河，凿通广西郁林州相隔二十多里的南北二江，设石陡诸闸。二十九年修筑河南洛堤。三十一年修治洪渠堰，浚渠十万三千余丈。这些规模巨大用人力到几十万人的工程，没有统一的安定的全国力量的支持，是不可能设想的。除此而外，元璋还要全国各地地方官，凡是老百姓对水利的建议，必须即时报告。洪武二十七年又特别嘱咐工部官员，凡是陂塘湖堰可以蓄水泄水，防备旱灾涝灾的，都要根据地势，一一修治。并派国子监生和税户人材到各地督修水利。二十八年综计全国府县开塘堰四万九百八十七处。① 河四千一百六十二处，陂渠堤岸五千四十八处。②

移民屯田，开垦荒地，承认自耕农开成熟地的产权，旧地主复业只能依丁拨田，和兴修水利是增加谷物产量，增加皇朝租税收入，强化国家机器的主要措施，也就是经过元末农民大起义的阶级斗争以后，新皇朝不得不稍为对农民让步的具体表现。此外，朱元璋还特别着重经济作物的增产，主要是桑、麻、木棉和枣、柿、栗、胡桃等等。龙凤十一年六月下令，凡农民有田五亩到十亩的，栽桑、麻、木棉各半亩，十亩以上的加倍，田多的照比例递加。地方官亲自督视，不执行命令的处罚；不种桑的使出绢一匹，不种麻和木棉的出麻布或棉布一匹。③ 洪武元年又把这法令推广到各地，并规定科征之额，麻每亩科八两，木棉每亩四两，栽桑的四年以后再征租。二十四年于南京朝阳门钟山之麓，种桐、棕、漆树五千余万株，岁收桐油棕漆，为修建海船之用。④ 二十五年令凤阳、滁州、庐州、和州的农民，每户种桑二百株，枣二百株，柿二百株。

① 《明太祖实录》；《明史》卷八十八，《河渠》六，《直省水利》。

② 《明太祖实录》卷二百四十三；顾炎武：《日知录》卷十二，《水利》。

③ 《明太祖实录》卷十五；《明史》卷一百三十八，《杨思义传》。

④ 《明太祖实录》卷二十七、卷二百零七；查继佐：《罪惟录》，《明太祖本纪》一。

令全国卫所屯田军士每人种桑百株，并随地宜种柿、栗、胡桃等树木，以备荒年。二十七年令户部教全国百姓务要多种桑、枣和棉花，并教以种植之法。每一户初年种桑、枣二百株，次年四百株，三年六百株。多种棉花的免税。栽种的数目都要造册报告，违令的全家发遣充军。执行的情况，如湖广布政司洪武二十八年的报告，所属州县已种果木八千四百三十九万株。全国估计，当在十亿株以上。二十九年以湖广诸府县宜于种桑，而种之者少。命于淮安府及徐州取桑种二十石，派人送到辰、沅、靖、全、道、永、宝庆、衡州等处，各给一石，使其民种之，发展这一地区的蚕丝生产和丝织工业。① 为了保证命令的贯彻执行，下诏指出农桑为衣食之本，全国地方官考课，一定要报告农桑的成绩，并规定二十六年以后栽种的桑、枣果树，不论多少，都免赋税。② 把栽种经济作物作为官吏考绩的内容之一，违者降罚。又设置老人击鼓劝农，每村置鼓一面，凡遇农种时月，五更擂鼓，众人闻鼓下田，该管老人点闸（名）。若有懒惰不下田的，许老人责决，务要严切督并，见丁著业（每人都得干活），毋容惰夫游食。若是老人不肯劝督，农民穷窘，为非犯法到官，本乡老人有罪。平时老人每月六次手持木铎，游行宣讲劝农务本的道理。③ 朱元璋还颁发教民榜文说：

> 今天下太平，百姓除粮差之外，别无差遣。各宜用心生理，以足衣食，如法栽种桑、麻、枣、柿、棉花，每岁养蚕，所得丝绵，可供衣服，枣、柿丰年可以卖钞，俭年可当粮食。里老尝督，违者治罪。④

对农民吃饭穿衣问题的关切，从历史上封建帝王加以比较，朱元璋是较为突出的。

---

① 《明太祖实录》卷二百十五、卷二百二十二、卷二百三十二、卷二百四十三、卷二百四十六；《明会典》；朱国桢：《大政记》；《明通纪》。

② 《明太祖实录》卷七十七、卷二百四十三。

③ 《明太祖实录》卷二百五十五；谷应泰：《明史纪事本末》卷十四，《开国规模》。

④ 《古今图书集成·农桑部》。

为了鼓励农业生产，洪武元年下诏田器不得征税。① 四年、二十五年两次派官员到广东、湖广、江西买耕牛以给中原屯种之民。②二十八年命乡里小民或二十家或四五十家团为一社，每遇农急之时有疾病，则一社助其耕耘，庶田不荒芜，民无饥窘。户部以此意广泛晓谕。③ 各地方报告修城垣、建营房、浚河道、造王宫等工程，都反复告以兴作不违农时的道理，一定要在秋收农隙时兴工。④ 对农业增产有成效的地方官，加以擢升：如太平知府范常积极鼓励农民耕作，贷民种子数千石，到秋成得了大丰收，官民都庾廪充实。接着兴学校，延师儒，百姓很喜欢。召为侍仪。⑤ 陶安知饶州，田野开辟，百姓日子过得好，离任时，百姓拿他初来时情况比较，歌颂他："千里榛芜，侯来之初；万姓耕辟，侯去之日。"南丰百姓也歌唱典史冯坚："山市晴，山鸟鸣，商旅行，农夫耕，老瓦盆中洌酒盈，呼嚣隳突不闻声。"⑥ 久经丧乱，生产凋敝的农村经济，逐步得到恢复了。

东南地区苏、松、嘉、湖四府是盛产粮食的谷仓，但是租税特别重，自耕农负担不了。洪武七年五月下令减租，如亩税七斗五升者除其半，以苏民力。十三年三月又减了一次，旧额亩科七斗五升至四斗四升者减十之二，四斗三升至三斗六升者俱止征三斗五升，以下仍旧。⑦ 凡各地闹水灾旱灾欠收的，蠲免租税。丰年无灾荒，也择地瘠民贫的地方特别优免。灾重的除免交二税之外，还由官府贷米，或赈米、布和钞。各地设预备仓，由地方耆老经管，存贮粮食以备救灾。设惠民药局，凡军民之贫病者，给以医药。设养济院，贫民不能生活的许入院赡养。月给米三斗，薪三十斤，冬夏布一匹，小口给三之二。灾伤州县，如地方官不报告的，特许耆民申诉，处地方官以死刑。二十六年又令户部，授权给地方官，在饥荒年份，

① 《明太祖实录》卷三十。
② 《明太祖实录》卷六十一、卷二百二十三。
③ 《明太祖实录》卷二百三十六。
④ 《明太祖实录》卷一百十二、卷一百十八、卷一百五十三、卷一百五十九、卷一百六十三。
⑤ 《明太祖实录》卷二十七。
⑥ 朱彝尊：《明诗综》卷一百。
⑦ 《明太祖实录》卷一百三十。

得先发库存米粮赈济，事后呈报，立为永制。三十多年来，赏赐民间布、钞数百万，米百多万石，蠲免租税数量也很大。① 但是这些措施都有其局限性，因为政权是属于地主阶级的，蠲免、减少租额，受益最多的是地主，贫雇农是没有份的。预备仓、惠民药局、养济院等公益机构也掌握在地主的手里，他们用以假公济私，贪污剥削，名义上是为了贫苦人民，实质上是起不了多大作用的。

元朝蒙汉地主阶级的联合统治，带来了落后的奴隶制度，驱、奴的数量很大，大量的劳动力被掌握在私人手里，这对农业生产是非常不利的。在元末长期战争中，也有不少丁壮被迫为奴隶。红军起义以后，打击的矛头针对着蒙、汉地主，这一批地主被消灭了，所役使的大量奴隶也得到了解放；有些奴隶参加了革命斗争，从而改变了阶级成分，当时诗人贝琼有几句诗说明了这种情况：

海岱初云扰，荆蛮遂土崩，王公甘久辱，奴仆尽同升。②

王公久辱，奴仆同升，正是阶级斗争所取得的胜利成果。面对这种社会变革的新形势，朱元璋的立场是矛盾的，为了掌握更多的劳动力，有利于农业生产的发展，他下令解放奴隶，洪武五年五月下诏："曩者兵乱，人民流散，因而为人奴隶者即日放还，复为民。"③ 这个命令是指着全国说的，因之而得到"为民"权利的人数是很多的。这件事在整个历史发展说，是具有进步意义的。此后，他也曾下令由朝廷代为赎还因饥荒典卖的男女，如洪武十九年八月，河南布政使司报告，收赎开封等府民间典卖男女凡二百七十四口，计钞一千九百六十余锭。④ 便是一例。同时，他还立下法令，不许庶民蓄奴，《明律》规定："庶民之家，存养奴婢者，杖一百，即放为良。"⑤ "福建两广等处，有豪户阉割人驱使者，以阉割抵罪，没官为奴。"⑥ 庶

① 《明太祖实录》卷五十三、卷二百零二、卷二百十一、卷二百三十一；朱健：《古今治平略》；《明史》卷七十八，《食货志》二。

② 《贝清江集》诗八，《黄湾述怀二十二韵寄钱思复》。

③ 《明太祖实录》卷七十三；《明史》卷二，《太祖本纪》。

④ 《明太祖实录》卷一百七十九。

⑤ 《明律》四，《户》一。

⑥ 谈迁：《国榷》卷五。

民不许蓄奴，奴隶的数量当然大大减少了。但是，他是地主阶级利益的代表人，贵族、官僚、乡绅的蓄奴权利，则是被法律承认、保护的。他解放了一大批奴隶，并且不许庶民蓄养奴隶，是为了争取更多的农业生产劳动力，同时又肯定了地主阶级蓄养奴隶的合法地位，则是为了保护自己本阶级的利益。

对僧道的政策也是从农业生产出发的，尽管他自己当过和尚，做了皇帝以后，却用法令限制僧道数量的发展。洪武六年十二月，他认为释老教行，僧道日多，蠹财耗民，莫此为甚。下令全国府、州、县止存大观、寺一，僧道并处之。非有戒行通经典者不得请给度牒。又禁女子年四十以下为尼者。① 十七年全国僧道数二万九百五十四人，他以为太多了，其中有很大一部分是为了逃避差役的，规定三年一次出给度牒，严加考试。② 二十年八月作了更严格的规定："民年二十以上者不许落发为僧。年二十以下者来请度牒，俱令于在京诸寺试事三年，考其廉洁无过者，始度为僧。"二十七年正月，又命礼部榜示全国："僧道有妻妾者，诸人许捶逐，相容隐者罪之。愿还俗者听。亦不许收民儿童为僧，违者并儿童父母皆坐以罪。年二十以上愿为僧者，亦须父母具告，有司奏闻，方许，三年后赴京考试，通经典者始给度牒，不通者杖为民。"二十八年十月，以全国僧道数多，皆不务本教，令赴京考试，不通经典的一律开除。年六十以上的免试。③ 规定一步步加严，僧道的数目比元朝大大地减少了，用于僧道的朝廷和民间的费用，也大大地减少了，农业生产劳动力相应地增加了。并且，僧道从此不许有妻有妾，和世俗人民有了显著的区别了。

几十年比较安定的生活，休养生息，积极鼓励生产，解放劳动力的结果。社会生产力不但恢复了，而且大大发展了。

第一表现在垦田数目的增加，以洪武元年到十三年的逐年增加的垦田数目为例：

---

① 夏燮：《明通鉴》卷五。

② 《明太祖实录》卷一百六十七。

③ 以上均见《明太祖实录》。

洪武元年	七百七十余顷
二年	八百九十八顷
三年	二千一百三十五顷（山东、河南、江西的数字）
四年	十万六千六百六十二顷
六年	三十五万三千九百八十顷
七年	九十二万一千一百二十四顷
八年	六万二千三百八顷
九年	二万七千五百六十四顷
十年	一千五百十三顷
十二年	二十七万三千一百四顷
十三年	五万三千九百三十一顷

十三年中增加的垦田数字为一百八十万三千一百七十一顷。到洪武十四年全国官民田总数为三百六十六万七千七百一十五顷。[①]十三年来增垦面积的数字占十四年全国官民田总数的二分之一。由此可知洪武元年的全国已垦田面积不过一百八十多万顷（不包括东北、西北未定地方和夏的领土四川和云南、贵州等地），荒废田地的数量是极为巨大的。再过十年，洪武二十四年的全国已垦田数字为三百八十七万四千七百四十六顷。[②]经过多年的垦辟，更重要的是经过大规模的田地丈量，被地主豪强所隐匿的田地大量地被清理出来了，只隔两年时间，洪武二十六年的全国已垦田数字就激增到八百五十万七千六百二十三顷。[③]比十四年的数字又增加了四百八十四万顷，比洪武元年则增加了六百七十万顷，将近增加四倍。按全国人口平均计算，每人约有耕地十六七亩。

第二表现在本色税粮收入的增加，洪武十八年全国收入麦、米、豆、谷二千八十八万九千六百一十七石。[④]二十三年为三千一百六十万七千六百石。[⑤]二十四年为三千二百二十七万八千九百八十三石。[⑥]

---

① 《明太祖实录》卷一百四十。

② 《明太祖实录》卷二百十四。

③ 《明史》卷七十七，《食货志》一，《田制》。按《后湖志》卷二《黄册事产》作八百八十万四千六百二十三顷零六十八亩，较《明史》所记多三十万顷。

④ 《明太祖实录》卷一百七十六。

⑤ 《明太祖实录》卷二百零六。

⑥ 《明太祖实录》卷二百十四。

二十六年为三千二百七十八万九千八百石。① 二十六年比十八年增加了三分之一的收入。和元代全国岁入粮数一千二百十一万四千七百余石相比，增加了差不多两倍。② 历史家记述这时期生产发展的情况说：“是时宇内富庶，赋入盈羡，米粟自输京师数百万石外，府县仓廪蓄积甚丰，至红腐不可食。岁歉，有司往往先发粟赈贷，然后以闻。”③ 这个叙述并不夸大，有实例作证，例如洪武二十年七月，守大宁前军都督佥事商暠报告；“所筑大宁等四城，见贮粮粟，大宁三十一万石，松亭关五十八万石，会州二十五万石，足供数年边用。”④ 又如洪武二十八年九月户部尚书郁新报告：“山东济南府广储、广丰二仓粮七十五万七千石有奇，止给临清训练军士月粮……二仓蓄积既多，岁久红腐……其今年秋粮宜折棉布，以备给赐。”⑤ 可见“蓄积甚丰”，是有事实根据的。

第三表现在人口数字的增加，洪武十四年统计，全国有户一千六十五万四千三百六十二，口五千九百八十七万三千三百五。⑥ 二十六年的数字为户一千六百五万二千八百六十，口六千五十四万五千八百十二。⑦ 比之元朝极盛时期，元世祖时代的户口：户一千一百六十三万三千二百八十一，口五千三百六十五万四千三百三十七。⑧ 户增加了三百四十万，口增加了七百万。

第四表现在府县的升格，明朝制度以税粮收入多少定府县等级：县分上中下三等，标准为田赋十万石、六万石、三万石以下。府也分三等，标准为田赋二十万石以上、以下，十万石以下。⑨ 从洪武

① 《明太祖实录》卷二百三十。《明史·食货志·赋役》作夏秋二税收麦四百七十余万石，米二千四百七十余万石。

② 《元史》卷九十三，《食货志·税粮》。

③ 《明史》卷七十八，《食货志》二，《赋役》。

④ 《明太祖实录》卷一百八十三。

⑤ 《明太祖实录》卷二百四十一。

⑥ 《明太祖实录》卷一百四十。卷二百十四：“二十四年为户一千零六十八四千四百三十五，口五千六百七十七万四千五百六十一。”口数比十四年少三百万，是不应该的，不可信的，可能是传写有错误，今不取。

⑦ 《明史》卷七十七，《食货志》一，《户口》。

⑧ 《元史》卷九十三，《食货志》。

⑨ 《明史》卷七十八，《食货志》二，《赋役》。

八年起，因为各地方农业经济的恢复和发展，垦田和户口的增加，田赋收入增加了，不断地把一些府县升格，例如开封原为下府，因为税粮数超过三十八万石，八年正月升为上府。河南怀庆府税粮增加到十五万石，陕西平凉府户口田赋都有所增加，三月升为中府。十二月以太原、凤阳、河南、西安岁收粮增加，升为上府，扬州、巩昌、庆阳升为中府，明州之鄞县升为上县等等。① 扬州残破情况最为严重，只经过八年时间，已经恢复到岁收田赋二十万石下的中府了，从这个名城的恢复，可以推知全国各地社会生产力的恢复和发展的情况。

第五由于粮食的增产，特别是经济作物桑、麻、棉花和果木的普遍种植，农民的收入比过去时代有了一些增加，生活比起那蒙汉地主联合统治时代好了一些，比之战争年代就更不用说了，当然社会购买力也相应提高了。农业生产的恢复和发展，一方面为纺织工业提供了原料，一方面农民所增加的购买力又促进了刺激了商业市场的繁荣，出现了许多以丝织、棉布纺织工业为中心和批发绸缎棉布行号的城市。

二、棉花的普遍种植和工商业

棉布传入中国很早，南北朝时从南洋诸国输入，称为吉贝、白叠。② 国内西北高昌（今新疆吐鲁番）产棉，唐灭高昌，置西州交河郡，土贡氎布，氎布就是白叠。③ 宋、元间已有若干地区种棉了，但是在全国规模内普遍种植和纺织技术的提高，则是明朝初年的事情。④

① 《明太祖实录》卷九十六、卷九十八、卷一百零二。

② 张勃：《吴录·地理志》；《南史》，《呵罗单传》、《干陀利传》、《婆利传》、《中天竺传》、《渴槃陀传》；《北史·真腊传》；《梁书·林邑传》；《唐书·环王传》。

③ 《南史·高昌传》；《唐书·地理志》。

④ （明）丘濬《大学衍义补》："至我国朝，其种乃遍布于天下，地无南北皆宜之，人无贫富皆赖之，其利视丝枲盖百倍焉。故表出之，使天下后世，知卉服之利，始盛于今代。"

在明朝以前，平民穿的是布衣，这布衣指的是麻布的衣服。① 冬衣南方多用丝绵作袍，北方多用毛皮作裘。虽然也有用棉布作衣服卧具的，但因为“不自本土所产，不能足用”②。唐人元稹诗：“木绵温暖当棉衣。”元太祖、世祖遗衣皆缣素木绵，动加补缀。③ 宋人谢枋得诗：“洁白如雪积，丽密过锦纯，羔缝不足贵，狐腋难比伦……剪裁为大裘，穷冬胜三春。”④ 可见棉布到宋朝末年还是很珍贵的物品。

宋朝福建、广东的一些地区已经有人种棉花了。⑤ 琼州是那时候的一个手工纺织业中心，当地妇女以吉贝织为衣衾，是黎族的主要副业生产。⑥ 元朝从西域输入棉花种子，试种于陕西，拈织毛丝，或棉装衣服，特为轻暖。⑦ 灭南宋后，浙东、江东、江西、湖广诸地区也提倡棉花的种植，生产量增加了一些，棉布成为商品，服用的人也就多起来了。⑧ 至元二十六年（公元1289年）四月置浙东、江东、江西、湖广、福建木绵提举司，责令当地人民每年输纳木绵布十万匹，以都提举司总之。二十八年五月罢江南六提举司岁输木绵。⑨ 成宗元贞二年（公元1296年）始定江南夏税输以木绵布绢丝绵等物。⑩

---

① 孔鲋《小尔雅》：“麻纻葛曰布。”桓宽《盐铁论》：“古者庶人耋老而后衣丝，其余则仅麻枲，故曰布衣。”《陈书·姚察传》：“门生送南布一端，谓之曰：吾所衣者，止是麻布。”

② （元）王祯：《木棉图谱序》，引《诸番杂志》。

③ 《元史·英宗本纪》。

④ 《古今图书集成·木绵部》。

⑤ 周去非《岭外代答》卷六；赵汝适《诸蕃志》下。方勺《泊宅编》：“闽广多种木绵。”彭乘《续墨客挥犀》上：“闽岭以南多木绵，土人竞植之，有至数千株者，采其花为布，号吉贝布。”《通鉴》卷一五九胡三省注：“木绵江南多有之……织以为布，闽广来者尤为丽密。”丘濬《大学衍义补》：“宋元之间始传其种入中国，闽、广、关、陕首得其利，盖此物出外夷，闽、广通海舶，关、陕接壤西域故也。”李时珍《本草纲目》：“此种出南番，宋末始入江南。”

⑥ 《宋史·崔与之传》。

⑦ 《农桑辑要》。

⑧ 王祯《木棉图谱序》：“木棉产自海南，诸种艺制作之法，骎骎北来，江、淮、川、蜀，既获其利。至南北混一之后，商贩于此，被服渐广，名曰吉布，又曰棉布。”

⑨ 《元史》卷十五，《世祖本纪》。

⑩ 《元史》卷九十三，《食货志·税粮》。

由于种棉面积的增加，种植和纺织的技术需要总结和交流，元世祖至元十年司农司编印《农桑辑要》这部书，以专门篇幅记棉花的种植方法。① 纺绩的工具和技术由于各地方劳动人民的创造和交流，日益进步。据十二世纪八十年代间的记载，雷、化、廉州、南海黎峒的少数民族采集棉花后，“取其茸絮，以铁筯辗去其子，即以手握茸就纺”②。稍后的记载提到去子后，“徐以小弓，弹令纷起，然后纺绩为布”③。到十三世纪中期，诗人描写纺绩情形说：“车转轻雷秋纺雪，弓弯半月夜弹云。”④ 纺织工具已经有了纺车、弹弓和织机了。江南地区的织工，“以铁铤辗去其核，取如绵者，以竹为小弓，长尺四五寸许，牵弦以弹棉，令其匀细，卷为小筒，就车纺之，自然抽绪如缫丝状。”但是所织的布，不如闽、广出产的丽密。⑤ 琼州黎族人民所织的布，上出细字，杂花卉，尤为工巧。⑥ 黄河流域主要陕西地区的纺织工具和技术都比较简陋，只有辗去棉子的铁杖和木板，棉花的用途只是拈织粗棉线和装制冬衣。⑦ 一直到十三世纪末年，松江乌泥泾的农民，因为当地土地硗瘠，粮食不够，搞副业生产，从闽、广输入棉花种子，但是还没有蹈车、椎弓这些工具，只能用手剖去棉子，用线弦竹弧弹制，工具和技术都很落后，产品质量不高，人民生活还是很艰苦。⑧

元成宗元贞年间（公元1295—1296年），乌泥泾人黄道婆从琼州附海舶回到故乡，她从小就在琼州旅居，带回来琼州黎族人民的先进纺织工具和技术，教会家乡妇女以做造、扞、弹、纺、织之具，和错纱、配色、综线、絜花的技术，织成被褥带帨，其上折枝、团凤、棋局、字样，粲然若写。一时乌泥泾所制之被成为畅销商品，

① 《农桑辑要》卷二。

② 赵汝适：《诸蕃志》下；周去非：《岭外代答》卷六。

③ 方勺：《泊宅编》中。

④ 陆心源：《宋诗纪事补》卷七十五，艾可叔：《木棉诗》。

⑤ 《资治通鉴》卷一五九，胡三省注。

⑥ 方勺：《泊宅编》中。

⑦ 《农桑辑要》。

⑧ 陶宗仪：《辍耕录》卷二十四，《黄道婆》。

名扬远近，当地人民由于有了这样一种大受欢迎的农村副业，生活水平大大提高了，靠纺织生活的有一千多家。① 诗人歌咏她："厓州（琼州）布被五色缫，组雾纠云粲花草，片帆鲸海得风回，千柚乌泾夺天造。"② 当地妇女参加纺织生产的情形，诗人描写："乌泾妇女攻纺绩，木绵布经三百尺，一身主宰身窝低，十口勤劳指头直。"③ 到了明朝初年，不但江南地区的农村妇女普遍参加纺绩劳动，连有些地主家庭的妇女，也搞起副业生产，纺纱绩布，以给一岁衣资之用了。④ 松江从此成为明代出产棉布的中心，"其布之丽密，他方莫并"⑤。产品畅销全国，"衣被天下"⑥。松江税粮，宋朝绍兴时只有十八万石，到明朝增加到九十七万石，其他杂费又相当于正赋，负担特别重，主要是依靠纺织工业的收入，"上供赋税，下给俯仰"⑦。

黄道婆传入琼州制棉工具和技术之后二十年，王祯所著《农书》，列举制棉工具有：一，搅车即蹈车，是去棉子用的。二，弹弓，长四尺许，弓身以竹为之，弦用绳子。三，卷筵，用无节竹条扞棉花成筒。四，纺车。五，拨车，棉纱加浆后稍干拨于车上。六，軖车，用以分络棉线。七，线架。到元末又有了檀木制的椎子，用以击弦。⑧ 生产工具更加完备和提高了，为明代纺织工业的发展准备了工具和技术条件。

朱元璋起事的地区，正是元代的种植棉花中心之一。灭东吴后，又取得东南棉纺织业中心的松江，原料和技术都有了基础，使他深

① 陶宗仪：《辍耕录》卷二十四，《黄道婆》；王逢：《梧溪集》卷三，《黄道婆祠》。

② 王逢：《梧溪集·黄道婆祠》。

③ 王逢：《梧溪集》卷七，《半古歌》。

④ 郑涛《旌义编》："诸妇每岁公堂（公共所有）于九月俵散木棉，使成布匹，限以次年八月交收，通卖钱物，以给一岁衣资之用。" 郑涛是浙江浦江著名大族地主郑义门的族长，《旌义编》有洪武十一年宋濂序。

⑤ 《群芳谱》。

⑥ 《梧浔杂佩》。

⑦ 徐光启：《农政全书》卷三十五，《木棉》。

⑧ 参看俞正燮：《癸巳类稿》卷十四，《木棉考》；冯家昇：《我国纺织家黄道婆对于棉织业的伟大贡献》，载《历史教学》，1954（4）。

信推广植棉是增加农民副业收入和皇朝财政收入的有效措施。龙凤十一年下令每户农民必须种木棉半亩，田多的加倍。洪武元年又把这一法令推广到政令所及的一切地区。由于这个法令是具有强制性质的，是符合农民发展生产，提高生活水平要求的，种植棉花从此成为全国性的事业，纺织技术水平也由于千百万人的实践而不断提高，到明代中叶以后，棉布成为全国流通的商品，成为人民普遍服用的服装原料，人不论贵贱，地不分南北，都以棉花棉布作衣服御寒，百人之中止有一人用茧绵，其余都用棉布。过去时代人穿的缊袍，用旧絮装的冬衣，被用木棉装的胖袄所代替了。① 过去时代叫没有作官的平民为布衣，那布衣是麻布，现在却指的是棉布了。就全国而论，北方河南、河北气候宜于植棉，地广人稀，种植棉花的面积最大，是原料的供给中心。南方特别是长江三角洲一带，苏州、松江、杭州等地的农民纺绩技术较高，是棉纺织工业的中心。这样又形成了原料和成品的交流情况，原棉由北而南，棉布由南而北。②商业市场也扩大了，棉花的普遍种植从经济上把南方和北方更紧密地联系起来了。

明初除了松江之外，另一棉纺织业中心是杭州。松江的棉纺织业只是农民的副业，主要劳动者是农村家庭妇女，是不脱离农业生产，也不离开家庭，个体、分散地进行生产的。这种情况可以概括其他地区，具有普遍性质。但是在杭州，却出现了新的生产组织，由于简单商品经济的发展，杭州出现了置备生产工具和原料的大作坊主，和除双手以外一无所有出卖劳动力的手工业工人。大作坊主雇用手工业工人，每天工作到夜二鼓，计日给工资。这种新的剥削制度的出现，正表示着社会内部新的阶级的孕育，这样，除了封建地主对农民的剥削以外，又产生了大作坊主对手工业工人的剥削关系。明朝初年曾经作过杭州府学教授的徐一夔所写的《织工对》一文，典型地记述了这种新现象：

---

① 宋应星：《天工开物》卷上，《乃服》。

② 王象晋：《木棉谱序》；徐光启：《农政全书》卷三十五，《木棉》。

> 钱塘（杭州）相安里有饶于财者，率居工以织，每夜至二鼓。老屋将压，机杼四五具南北向，列工十数人，手提足蹴，皆苍然无神色。日佣为钱二百缗，衣食于主人。以日之所入，养父母妻子，虽食无甘美而亦不甚饥寒。于凡织作，咸极精致，为时所尚。故主之聚易以售，而佣之直亦易以入。
>
> 有同业者佣于他家，受直略相似。久之，乃曰：吾艺固过于人，而受直与众工等，当求倍直者而为之佣。已而他家果倍其直。佣之主者阅其织果异于人，他工见其艺精，亦颇推之。主者退自喜曰：得一工胜十工，倍其直不吝也。①

由此可见元朝末年和明朝初年手工业大作坊的一般情况。值得注意的是：在同一里巷，有若干同一行业的大作坊；大作坊主同时也是商人；从个体生产到大作坊的集体生产，有了单纯协作；出品精致畅销，经营这种大作坊有利可图，大作坊主很赚钱；大作坊多了，付给技术高的工人工资虽为一般工人工资的两倍，但大作坊主仍可得到五倍的剩余价值。手工业工人虽然工时很长，很劳苦，但是因为别无出路，干这行业可以“不甚饥寒”，也就愿意出卖劳动力。更重要的是这些手工业工人的人身是自由的，可以从这一作坊转到另一工资较高的作坊作工，和过去封建制的工人，没有人身自由的有着根本的差别。从“日佣为钱二百缗”来看，工资发的是钞，二百缗数目很大，明朝初年大明宝钞的实值很高，这里指的一定是元钞，数目大而实值极小，文中所描述的情况虽是元朝末年的事情，明朝初年也应该是同样情况。

棉花棉布的生产量大大增加，皇朝的税收也随之增加了。以税收形式缴给国库的棉花棉布，成为供给军队的主要物资，和必要时交换其他军需物资的货币代用品了。洪武四年七月诏中书省：“自今凡赏赐军士，无妻子者给战袄一袭；有妻子者给棉布二匹。”② 每年例赏，如洪武二年六月以木棉战袄十一万赐北征军士。③ 四年七月，

---

① 《始丰稿》卷一，徐一夔浙江天台人；《明史》卷二百八十五有传。

② 《明太祖实录》卷六十七。

③ 《明太祖实录》卷四十二。

赐长淮卫军士棉布人二匹，在京军士十九万四百余人棉布人二匹。① 十二年给陕西都指挥使司并护卫兵十九万六千七百余人棉布五十四万余匹，棉花十万三千三百余斤。② 北平都指挥使司卫所士卒十万五千六百余人布二十七万八千余匹，棉花五万四千六百余斤。③ 十三年赐辽东诸卫士卒十万二千一百二十八人，棉布四十三万四百余匹，棉花十七万斤。④ 十六年给四川等都司所属士卒五十二万四千余人棉布九十六万一千四百余匹，棉花三十六万七千余斤。⑤ 十八年给辽东军士棉布二十五万匹，北平、燕山等卫棉布四十四万三千匹，太原诸卫士卒棉布四十八万匹等等。⑥ 平均每年只赏赐军衣棉布一项已在一百万匹上下。用作交换物资的如洪武四年七月以北平、山西运粮困难，以白银三十万两，棉布十万匹，就附近府县易米，以给将士。又以辽东军卫缺马，发山东棉布贯马给之。⑦ 十三年十月，以四川白渡、纳溪的盐换棉布，遣使入“西羌”买马。⑧ 十七年七月诏户部以棉布往贵州换马，得马一千三百匹。三十年以棉布九万九千匹往“西番”换马一千五百六十匹。⑨ 皇族每年供给，洪武九年规定，亲王冬夏布各一千匹，郡王冬夏布各一百匹。⑩ 在特殊需要的情况下，临时命令以秋粮改折棉布，如六年九月诏直隶府州和浙江、江西二行省，今年秋粮以棉布代输，以给边戍。⑪ 从这些具体史实，可以看到洪武时代棉纺织业发展的概况。

朱元璋对种植棉花极力提倡、推广，对采冶工业却采取听任人民自由开采的方针。磁州临水镇产铁，元朝曾在此地设置铁冶，炉

① 《明太祖实录》卷六十七。
② 《明太祖实录》卷一百二十五。
③ 《明太祖实录》卷一百二十八。
④ 《明太祖实录》卷一百五十。
⑤ 《明太祖实录》卷一百五十六。
⑥ 《明太祖实录》卷一百七十二、卷一百七十四。
⑦ 《明太祖实录》卷六十七。
⑧ 《明太祖实录》卷一百三十四。
⑨ 《明太祖实录》卷一百六十三、卷二百五十二。
⑩ 《明太祖实录》卷一百零四。
⑪ 《明太祖实录》卷八十五。

丁万五千户，每年收铁百余万斤。洪武十五年有人建议重新开采，元璋以为利不在官则在民，民得其利则利源通而有利于官，官专其利则利源塞而必损于民。而且各地铁冶铁数尚多，军需不缺，若再开采，必然扰民。把建议人打了一顿，流放海外。① 济南、青州、莱州三府每年役民二千六百六十户，采铅三十二万三千多斤，以凿山深而得铅少，也命罢采。② 十八年以劳民罢各布政司煎炼铁冶。二十五年重设各处铁冶，到二十八年内库贮铁三千七百四十三万斤，军需后备物资已经十分充足，又命罢各处铁冶。并允许人民自由采炼，岁输课程，每三十分取其二。三十一年以内库所贮铁有限，而营造所费甚多，又命重开铁冶。③ 综计洪武时代设置的铁冶所，江西进贤、新喻、分宜，湖广兴国、黄梅，山东莱芜，广东阳山，陕西巩昌，山西交城、吉州、太原、泽、潞，共十三所。此外还有河南均州、新安，四川蒲江，湖南茶陵等冶，每年输铁一千八百四十余万斤。④ 由于允许人民自由开采矿冶，明代的民间采冶工业有了蓬勃的开展，铁、铜、铅、锡等矿产数量增加了，对于其他工业起了推进作用。

宫廷和军队所需的一切物品，都由匠户制造。匠户是元明两代的一种特殊制度，元朝把有技艺的工匠俘获、征调编为匠户，子孙世袭，分为民匠、军匠二种，数量很大。明初匠户的户籍，依据元代的旧籍，不许变动。⑤ 洪武十一年五月，命工部凡在京工匠赴工者，月给薪水盐蔬，休工者停给，听其营生勿拘。⑥ 准许休工时期的匠户，可以自由经营生产，解放了一部分劳动力，对民间手工业的发展起了有益的作用。十九年又制定工匠轮班的法令。原来工部议定，各地匠户，验其丁力，定以三年为班，更番赴京轮作三月，如期交代，名曰轮班。商量好了，没有执行。这时工部侍郎秦逵又

① 《明太祖实录》卷一百四十五。

② 《明太祖实录》卷一百五十。

③ 《明太祖实录》卷一百七十六、卷二百四十二、卷二百五十六。

④ 《明史》卷八十一，《食货志·铁冶所》；《大明会典》。

⑤ 《大明会典》卷十九，《户口》。

⑥ 《明太祖实录》卷一百十八。

再次提出，量地远近，以为班次，编定簿籍，给以勘合（合同文书），匠户到期带勘合到工部服役，皇朝则蠲免应役匠户家里的徭役，以为补偿。① 这样一来，外地匠户每三年只须到京服役三个月，而且还可以免掉家里应服的徭役，匠户对皇朝的负担大大地减轻了，人人欢喜。二十六年规定每三年或二年轮班到京役作的匠户名额为二十三万二千八十九名。② 由工部管辖。固定作工的叫住坐匠户，由内府内官监管辖。军匠大部分分属于各地卫所，一部分属于内府兵仗局、军器局和工部的盔甲厂。③ 属各地卫所的军匠总数二万六千户。④ 每户正匠做工，得免杂差，仍免家内一丁以帮贴应役。余丁每年出办（缴纳）工食银三钱，以备各衙门因公务取役层雇之用。住坐正匠每月工作十天，月粮由公家支给。⑤ 正匠每月有二十天可以为自己生产，比元朝一代的负担减去三分之二。在这个制度下，无论轮班匠还是住坐匠都只有一部分时间应役，大部分时间可以参加社会上的生产，二十几万有专门技艺的工匠以大部分时间投入社会生产，对这个时代的手工业发展，无疑地是起了巨大的作用的。

轮班匠包括六十二行匠人。后来又细分为一百八十八种行业，从戗纸、表背、刷印、刊字、铁匠、销金、木、瓦、油、漆、象牙、纺棉花，到神箭、火药等等，每种人数由一人到八百七十五人不等。内廷有织染局，神帛房，和后湖（今南京玄武湖）织造局，四川、山西诸行省和浙江绍兴织染局，规模都较大。留在地方的匠户除执役于本地织染局以外，如永平府就有银、铁、铸铁、锡、钉铰、穿甲等二十二行。⑥

匠户人数多，分工细，凡是宫廷和军队所需用的手工业制造品，都由匠户执役的官手工业工场的各局制造供给。这种落后的奴隶制

① 《明太祖实录》卷一百七十七。

② 《大明会典》卷一百八十九；《明史·严震直传》。

③ 《大明会典》卷一百八十八。

④ 《明史》卷一百五十七，《张本传》。

⑤ 《大明会典》卷一百八十九。

⑥ 吴晗：《元明两代之匠户》，载《云南大学学报》。

度的生产，使得消费量最大的宫廷和军队，不需倚靠市场，便可得到满足；同时，它所生产的成品，也不在市场流通，这样，就直接对社会上的私人手工业作坊的扩大生产起了束缚和阻碍的作用，延缓了社会的向前进展。并且，官手工业工场的生产，是不须计较成本的，因为一切劳动力和原料都可以向人民无代价征发或由全国各地以贡品的方式供应，不受任何限制，官手工业工场的产品即使有部分作为商品流入市场，私人手工业作坊的产品也不能和它竞争。在另一方面，自元初以来，把技术最好的工人签发为匠户，子孙世袭，连技术也被宫廷垄断了，私人手工业作坊所能雇用的只是一般工人，技术提高受到了一定的限制。明初把匠户分作住坐、轮班两种，轮班的除分班定期轮流应役以外，其余的时间归自己支配，住坐的也有三分之二的时间归自己支配，制成的产品可以在市场出售，对于市场商品的扩大，技术的交流和改进，都发生了一定的刺激作用。以此，明初对匠户生产力的解放尽管是不彻底的，但比之元朝的奴隶制生产，却是一个大大的进步，有其积极意义。另一方面，因为解放是不彻底的，还保留着部分的变相奴隶制劳动，这种无偿的强制的劳役，不能不引起匠户的反抗，除了逃亡之外，唯一可以采取的手段便是怠工和故意把成品质量降低。以此，匠户制度束缚和阻碍生产技术的不断提高；妨碍私人手工业工场的发展；隔绝商品的流通，对社会生产力的发展和原始资本的积累都是起着扼制、停滞的消极作用，我国封建社会的长期停滞，止足不前，看来匠户制度是要负一些责任的。

对于商业，朱元璋也十分重视，远在和张士诚对峙时期，便派遣专人到敌境作买卖："两淮、浙盐场俱系张士诚地面，元璋以军民食盐难得，令枢密院经历司给批与将官家人，驾船往高驮沙界首，以货易盐，到京货卖军民食用。后得诸暨，于唐口关立抽分所，得处州于吴渡立抽分所，许令外境客商就两界首买卖。于是绍兴、温州客人用船载盐于唐口、吴渡交易，抽到盐货，变作银两，及买白藤琉黄等物以资国用。"平陈友谅后，在江西、湖广设官办课（税），每年得谷一百余万石。平张士诚、方国珍后，在浙江及直隶府州设官店，设官收课。在江州设茶运司，抽取茶税。[①] 规定凡商税三十分取一，过此者以违令论。税收机构在京为宣课司，府县为通课司。洪武元年诏中书省，命在京兵马指挥司并管市司，三日一次校勘街市斛斗秤尺，稽考牙侩姓名，规定物价。在外府州各城门兵马，一体兼管市司。[②] 十三年谕户部，自今军民嫁娶丧葬之物，舟车丝布之类都不征税。并大量裁减税课司局三百六十四处。南京人口密集，军民住宅连廊栉比，没有空地，商人货物到京无处存放，有的停在船上，有的寄放城外，牙侩从中把持价格，商人极以为苦。元璋了解这种情况以后，就叫人在三山门等门外，盖了几十座房子，叫作塌坊，专存商货，上了税后听其自相贸易。并禁止对贫民负贩的科税。[③] 为了繁荣市面，二十七年命工部建十五座楼房于江东诸门之外，令民设酒肆其间，以接四方宾客，名为鹤鸣、醉仙、讴歌、鼓腹、来宾、重译等等。修好后还拿出一笔钱，让文武百官大宴于醉仙楼，庆祝天下太平。[④]

棉花的普遍种植，棉布质量的不断提高，工资制手工业作坊的出现，新的蚕丝纺织工业区的开辟，轮班匠住坐匠的产品和技术的投入市场等等，加上税收机构的减缩和轻税、保护商业政策的刺激，商业市场大大活跃了，不但联系了南方和北方，也联系了城市和乡村以及边远地区，繁荣了经济，在一定程度上改善了提高了人民的生活，进一步加强了国家的统一。

商品的生产和吐纳的中心，手工业作坊和批发行号的所在地，集中着数量相当巨大的后备手工业工人和小商摊贩，城市人口剧烈地增加了。明初的工商业城市有南京、北平、苏州、松江、镇江、淮安、常州、扬州、仪真、杭州、嘉兴、湖州、福州、建宁、武昌、荆州、南昌、吉安、临江、清江、广州、开封、济南、济宁、德州、临清、桂林、太原、平阳、蒲州、成都、重庆、泸州等地。[⑤]

---

① 刘辰：《国初事迹》。

② 《明太祖实录》卷三十四。

③ 《明太祖实录》卷二百十一；《明史》卷八十一，《食货志·商税》。

④ 《明太祖实录》卷二百三十四。

⑤ 《明宣宗实录》卷五十。

随着农业生产的恢复和发展，工商业的活跃，作为贸易媒介的全国统一货币的需要是愈来愈迫切了。

在朱元璋称王以前，元朝的不兑现纸币中统交钞因为发行过多，军储供给，赏赐犒劳，每日印造，不可数计，舟车装运，舳舻相接，发生了通货膨胀的严重危机，京师用钞十锭（一锭为五十贯，一贯钞的法定价格原为铜钱一千文）换不到一斗米。① 至正十六年中统交钞已为民间所拒用，交易都不用钞，所在府县都以物货相交易。② 十七年铸至正之宝大钱五品称为权钞，以硬币代替纸币，由于第一不能兑现，第二也没有储备相当物资来交换，结果纸币也罢，大钱代钞也罢，人民一概不要。人民嘲笑权钞，歌谣中说："人吃人，钞买钞，何曾见？"

朱元璋占了集庆以后，首先铸造大中通宝钱，以四百文为一贯，四十文为一两，四文为一钱。平陈友谅后，命江西行省置货泉局。即帝位后，发行洪武通宝钱，分五等：当十，当五，当三，当二，当一。当十钱重一两，当一钱重一钱。在应天置宝源局，各行省都设宝泉局，专管铸钱，严禁私铸。洪武四年改铸大中、洪武通宝大钱为小钱，虽然有了统一的货币，但是铜钱分量重，价值低，不便于数量较大的贸易，也不便于远地转运，并且，商人用钞已经有了长期的历史，成为习惯了，用钱感觉不方便，很有意见。③

因为铜钱不便于数量较大的贸易，便决定发行纸币。洪武七年设宝钞提举司，下设抄纸、印钞二局，宝钞、行用二库。八年命中书省造大明宝钞，以桑穰为纸料，纸质青色，高一尺，广六寸，外为龙文花栏，上横额题"大明通行宝钞"，其内上栏之两旁各篆文四字，右旁篆"大明宝钞"，左旁篆"天下通行"。其中图绘钱贯形状，以十串为贯，标明币值一贯，下栏是"中书省（洪武十三年后改为户部）奉准印造大明宝钞，与铜钱通行使用，伪造者斩，告捕者赏银二十五两（十三年后改为赏银二百五十两），仍给犯人财产，洪武

① 《元史》卷九十七，《食货志·钞法》。

② 孔齐：《至正直记》卷一；《元史》卷九十七，《食货志·钞法》。

③ 《明史》卷八十一，《食货志·钞法》。

年　月　日”。背和面都加盖种印（见下图）。一贯的画钱十串，五百文的画五串，以下是四百文、三百文、二百文、一百文，共六种。规定每钞一贯准钱千文，银一两。四贯准黄金一两。二十一年加造从十文到五十文的小钞。①

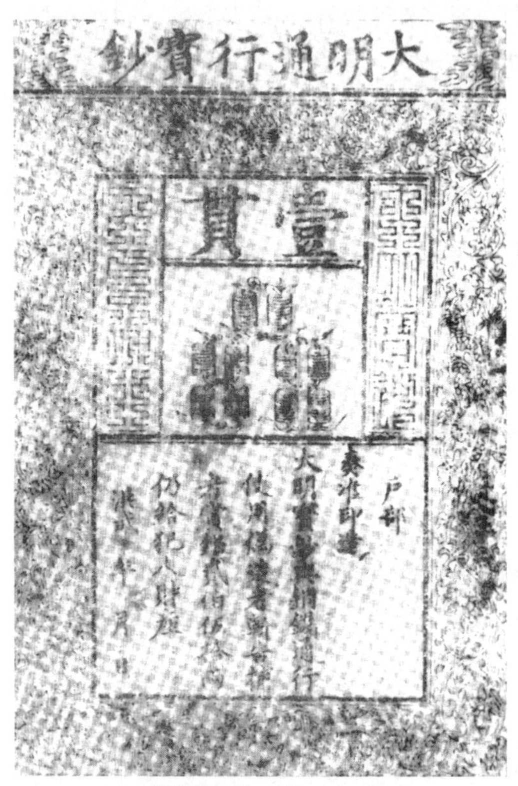

大明通行宝钞（背面有硃印）

为了保证大明宝钞的流通，在发行时就以法律禁止民间不得以金银货交易，违者治罪，告发者就以其物给赏。人民只准以金银向朝廷掉换宝钞，并规定商税钱钞兼收，比例为收钱十分之三，收钞十分之七，一百文以下的只收铜钱。② 在外卫所军士每月食盐给钞，各盐场给工本钞。十八年命户部凡天下官禄米以钞代给，每米一石给钞二贯五百文。③

大明宝钞的发行是适应当时人民需要的，对商业的繁荣起了作用。但是朱元璋照样抄袭了元朝的钞法，他只学了元朝后期中统钞崩溃时期的办法，没有懂得元朝前期钞法之所以能够通行，受到广大人民喜爱的道理。原来元朝初年行钞，第一有金银和丝为钞本（准备金），各路无钞本的不发新钞；第二印造有定额，计算全国商税收入的金银和烂钞兑换数量作为发行额数；第三朝廷有收有放，丁赋和商税都收钞；第四持

---

① 《大明会典》卷三十一，《钞法》；《明史》卷八十一，《食货志·钞法》。
② 《大明会典》卷三十一，《钞法》。
③ 《明太祖实录》卷一百七十六。

钞人随时可以向钞库兑换等值的金银。相反，元朝后期钞法之所以溃崩，是因为把钞本动用光了：无限制滥发造成恶性通货膨胀；只发行不收回；不能兑换金银；烂钞不能换新钞。① 洪武钞法以元朝后期钞法作依据，因之，虽然初行的几年，由于发行数量少，行用方便和习惯，还能保持和物价的一定比例，但是后来由于回收受限制，发行额没有限制，发行过多，收回过少，不兑现纸币充斥于市场，币值便不能维持了。

洪武宝钞发行的情况，以洪武十八年二月二十五日到十二月止为例，宝钞提举司钞匠五百八十名所造钞共九百九十四万六千五百九十九锭。② 明朝以钞五贯为一锭，这一年的发行额约为五千万贯，合银五千万两。明初国库银的收入，每年不过几万两，一年的宝钞发行额竟相当于银的收入一千倍左右，加上以前历年所发，差距就更大了。更由于印制的简陋，容易作假，伪钞大量投入市场③，币值就越发低落了。二十三年两浙市民以钞一贯折钱二百五十文④，二十七年降到折钱一百六十文。⑤ 到三十年杭州诸府商贾，不论货物贵贱，一律以金银定价，索性不用宝钞了。⑥ 朱元璋很着急，三番五次地下令申明钞一贯应折钱一千文；旧钞可以换新钞；禁用铜钱；禁用金银交易等措施，还是不济事，钞值还是日益低落，不被人民所欢迎。到成化时（公元1465—1487年）洪武钱民间全不通行，洪武宝钞只在官府间流转，一贯仅值银三厘，或钱二文，跌到原来法定价格的千分之二。⑦

洪武宝钞成为明朝的形式货币，民间交易只用金银。大约百年以后，由于对外贸易的发展，白银流入国内的一天天增多了。这样，

---

① 吴晗：《读史札记·元代之钞法》，《记大明通行宝钞》。

② 《大诰续诰》，钞库沿弊第三十二。

③ 《大诰》伪钞第四十八："宝钞通行天下，便民交易。其两浙江东西民有伪造者，句容县民杨馒头本人起意，县民合谋者数多，银匠密修锡板，文理分明，印纸马之户同谋刷印，捕获到官。自京至于句容，所枭尸之相望。"

④ 《明太祖实录》卷二百零五。

⑤ 《明太祖实录》卷二百三十四。

⑥ 《明太祖实录》卷二百五十一。

⑦ 陆容：《菽园杂记摘抄》卷五。

在官府和市场就同时使用两种货币，皇朝给官员的薪俸，一部分是宝钞，大部分是米，给军队的赏赐用银子，征收商税和罪犯处刑折赎一部分是宝钞，田赋改折则全收银子；至于市场出入则都用银子。银子终于取代宝钞成为全国通用的通货。

第七章　统治阶级的内部矛盾

一、胡蓝党案

以朱元璋为首的淮西农民武装集团，在起事时是坚决反对当时占统治地位的蒙汉地主阶级的，但在取得胜利以后，便都转化为拥有大量土地、佃户的大地主，成为皇帝、国公、列侯，高官显爵，治理六千万臣民的封建统治阶级了。

洪武四年统计，韩国公李善长、魏国公徐达、郑国公常茂（常遇春的儿子）、曹国公李文忠、宋国公冯胜、卫国公邓愈六个国公和延安侯、吉安侯等二十八个侯，都拥有大量庄田，佃户凡三万八千一百九十四户。①

皇帝是淮人，丞相李善长、徐达和功臣汤和、耿君用、炳文父子、郭兴、郭英、周德兴、郑遇春、陆仲亨、曹震、张翼、陈桓、孙恪、谢成、李新、何福、张龙、张赫、胡泉、陈德、王志、唐胜宗、费聚、顾时、唐铎、马世熊，幕僚李梦庚、单安仁、郁新、郭景祥等都是凤阳人，其中汤和、周德兴还是元璋同村子的人。绝大部分公、侯和朝廷重要官员都是淮人。远在朱元璋初据集庆时，诗人贝琼的诗就说："两河兵合尽红巾，岂有桃源可避秦？马上短衣多楚客，城中高髻半淮人。"② 淮水流域在春秋时是楚的地方，从这几句诗可以看出当时儒生、文人对"楚客""淮人"显赫一时的看法。到了朱元璋建国称帝以后，淮人在政治上、军事上、经济上越发占压倒的优势，非淮人被排挤、压抑，他们不甘心，也想尽一切办法

① 《明太祖实录》卷六十八。

② 《清江诗集》卷五，《秋思》。

取得朱元璋的信任，就这样，封建统治阶级内部展开了非淮人和淮西集团争权夺利的斗争，矛盾越来越尖锐，朱元璋就利用这种矛盾，重用淮人而又运用非淮人来监视淮人，加强和巩固自己的权力。

功臣以血战立功封公侯，拥有部曲、义子和大量奴仆，他们又和各地卫所军官有过统率关系，在和平环境里，这种虽然数量不大的武装力量和袍泽关系，却有可能成为倾覆皇家统治的因素。

管理全国政事的机构中书省这个制度，是从元朝继承下来的。中书省丞相综理政务，职权很重。相权重了，皇帝的权力就相对地削弱了，朱元璋是个权力欲极强的人，凡事都要自己作主。但是有长期历史传统的丞相制度，却对皇帝的至高权力起了牵制作用。

贵族地主对人民的非法剥削，对皇朝赋役的隐蔽侵占；淮西集团对非淮人的排挤、打击；军事贵族可能发生叛变的威胁；相权和君权的矛盾，这些内部矛盾的因素随着国家机器的加强而日益发展，冲突日益严重，最后达到不可调和的地步。朱元璋倚靠中小地主的支持，运用检校和直接掌握的军队，采取流血手段，巩固了自己的政权。洪武十三年杀丞相胡惟庸，二十六年杀功臣蓝玉，胡惟庸和蓝玉的关联人犯被杀的称为胡党、蓝党，人数在四万人左右。

贵族地主侵犯人民和皇朝利益，破坏法纪的情况，是由来已久的。龙凤十年朱元璋就曾当面向徐达、常遇春等人说过："尔等从我起身，艰难成此功勋，匪朝夕所致。比闻尔等所蓄家僮，乃有恃势骄态，逾越礼法，小人无忌，不早惩治之，或生衅隙，宁不为其所累。"① 洪武三年："时武臣恃功骄态，得罪者渐众。"② 四年："时诸勋臣所赐公田庄佃，多倚势冒法，凌暴乡里，而诸勋臣亦不禁戢。"③ 六年五月朱元璋以功臣多倚功犯法，奴仆杀人，隐匿不报，封建统治集团的核心破坏了皇朝的法纪，侵犯了人民和皇朝的利益，情况日益严重，只好采取内部约束的办法，特别命令工部制造铁榜，铸了申诫公侯的条令：

---

① 《明通鉴前编》卷三。

② 《明通鉴》卷三。

③ 《明太祖实录》卷七十。

凡公侯之家强占官民山场、湖泊、茶园、芦荡及金银铜场、铁冶；

凡功臣之家管庄人等，倚势在乡欺殴人民；

凡功臣之家屯田佃户、管庄干办、火者、奴仆，及其他亲属人等，倚势凌民，夺侵田产财物者；

凡公侯之家除赐定仪仗户及佃田人户，已有名额报籍在官，敢有私托门下、影蔽差徭者；

凡公侯之家，倚恃权豪，欺压良善，虚钱实契，侵夺人田地房屋孳畜者；

凡功臣之家受诸人田土，及朦胧投献物业。

逐项规定了处罚和处刑的法律。① 其中公侯家人倚势凌人，夺侵田产财物，和私托门下，影蔽差徭都处斩罪。很清楚，前者破坏了皇朝的保护私有财产的法纪，后者破坏了皇朝的徭役政策，都是非严厉制裁不可的。从朱元璋必须制定专门法律条例来约束淮西集团的公侯功臣和他们的管庄人等，说明了铁榜所列举的罪状已经是带有普遍性和严重性，也说明了朱元璋和这个集团的首脑人物，尽管在过去同生死，共患难，但并不是铁板一块，而是随着内部矛盾的产生、滋长、发展，逐步走到了对立面。具体事例如汤和的姑夫隐瞒常州的田土，为元璋所杀。② 立铁榜以后，蓝玉专恣暴横，蓄庄奴假子数千人，出入乘势渔猎。尝占东昌民田，百姓向御史告状，御史依法提审，蓝玉一顿乱棍把他打走。③ 又令家人私买云南盐一万余引，倚势兑支，侵夺民财，阻坏盐法。④ 郭英私养家奴百五十余人，又擅杀男女五人。周德兴营第宅逾制。⑤ 朱亮祖镇岭南，作为擅专，贪取尤甚。⑥ 可见封建皇朝的法律对这批淮西集团的贵族地主的约束力是并不大的。

---

① 《明太祖实录》卷七十四。

② 刘辰：《国初事迹》。

③ 《明太祖实录》卷二百二十五。

④ 刘辰：《国初事迹》。

⑤ 《明史》卷一百三十，《郭英传》；光绪《凤阳县志》。

⑥ 《明太祖文集》卷十六，《朱亮祖圹志》。

朱元璋为了巩固自己的统治权力，极力维护为统治阶级服务的法纪，触犯、违反法律的决不宽徇。早在取金华时，因为缺乏粮食，严令禁酒，这时大将胡大海正领兵围绍兴，其子胡三舍、王舅等三人犯酒禁，朱元璋下令处死刑，都事王恺劝他："胡大海见总兵攻绍兴，可以本官之故饶他。"元璋发怒说："宁可胡大海反了，不可坏我号令！"自己抽刀把这几人杀了。渡江旧将赵仲中守安庆，陈友谅遣大军围攻，城破，仲中遁走，元璋大怒，命按失陷城池律处死，常遇春劝说："仲中系渡江旧人，姑用赦之。"元璋说："不依军法，无以戒后。"给弓弦一条，令其自缢。谢再兴叛降张士诚后，其弟谢三、谢五守余杭，李文忠率军围城，叫他们投降，谢五于城上拜说："保得我性命，便出降。"文忠指天起誓："我是总兵官，不得杀你。"谢五兄弟投降后，元璋命押送南京，文忠以为如杀二谢，恐失信人，后无肯降者。元璋说："谢再兴是我亲家，反背我降士诚，情不可恕！"还是把谢三、谢五杀了。① 为了保护封建法纪，他宁肯让前敌领兵将领叛变，也非处死犯禁者不可，朱元璋一直坚持这种精神，并且总结成为理论，他说："奈何胡元以宽而失，朕收平中国，非猛不可！"② 以猛、以严治国，这样，也就不能不日益和淮西集团分裂以至对立，用流血手段解决问题了。

淮人官僚集团的中心人物是李善长。他是朱元璋起兵后的幕府书记，称王时的右相国，称帝后的左相国、左丞相，在朝廷上位列第一。儿子是皇帝的女婿驸马都尉。他的亲戚同乡胡惟庸也继为丞相。从李善长到胡惟庸先后掌权的十七年中，极力排挤非淮人，不使当权。浙东地主集团的领袖刘基也是开国功臣，是朱元璋的亲信谋士，元璋对他儿子说过："我到婺州时，得了处州。他那里东边有方国珍，南边有陈友定，西边有张家，刘伯温那时挺身来随着我……鄱阳湖里到处厮杀，他都有功。"在和陈友谅、张士诚的争夺战中，他都向元璋提出了正确的意见。组成明朝军队的军卫制也是他的建议，功劳很大。但在大封功臣时，刘基只封诚意伯，岁禄二

---

① 《国初事迹》。

② 刘基：《诚意伯文集》卷一，《皇帝手书》。

百四十石。李善长则封韩国公，岁禄四千石。朱元璋到汴梁大会诸将，李善长和御史中丞刘基在南京留守，善长的亲信中书省都事李彬犯法，善长求情，刘基不听，向元璋书面报告，批准后就把李彬杀了。浙东地主集团本来是淮西集团的眼中钉，再加上这件事，仇恨就越发深了。元璋回来后，听了善长的挑拨，就让刘基请假回家。洪武四年索性要他告老回乡闲住了。在此以前，元璋曾和刘基商量丞相的人选，有人攻击李善长，刘基说他是旧人有功，能够调和诸将。元璋说：他多次要害你，你怎么还替他说好话。我看还是你来当丞相吧。刘基自己知道在淮西集团当权的情况下，他是站不住脚的，坚决辞谢。元璋又问他杨宪、汪广洋、胡惟庸如何？杨宪是刘基的好朋友，但是刘基认为杨宪虽有相才，但器量不够，汪广洋褊浅，胡惟庸更不行。几年后，胡惟庸当权，他恨刘基说他的坏话，借个由头在元璋面前攻击，革掉刘基岁禄。刘基只好到南京请罪，连家也不敢回去了，忧愤生病，胡惟庸派医生来看，吃了药，病越发重了，洪武八年死去。胡惟庸案发后，有人告发，刘基是被胡惟庸毒死的。① 元璋后来和刘基的儿子谈话，也多次说："刘伯温他在这里时，满朝都是党，只是他一个不从，吃他每蛊了。"又说："你休道父亲吃他每（们）蛊了。他只是有分晓的，他每便忌着他。若是那无分晓的呵，他每也不忌他。到如今，我朝廷是有分晓在，终不亏他的好名。"又说："刘伯温在这里时，胡家结党，只是老子说不倒。"又说："后来胡家结党，吃他下了蛊，只见一日来我说：上位，臣如今肚内一块硬结怛，谅看不好。我着人送他回去，家里死了。后来宣得他儿子来问，说道胀起来紧紧的，后来泻的鳖鳖的，却死了，这正是着了蛊。他大儿子在江西也吃他药杀了。"② 从这些话中，可以清楚地看出封建统治阶级内部两个不同地区的地主集团尖锐斗争的情况。山西阳曲人杨宪是元璋初期的检校，历官到御史台中丞。元璋爱他有才力，尝说杨宪可居相位。杨宪和检校凌说、高见贤、夏煜轮流向元璋诉说李善长无宰相材，要挤掉善长，元璋

---

① 《明史》卷一百二十八，《刘基传》。

② 刘仲璟：《遇恩录》。

说："善长虽无相材，但是与我同乡，一起兵就跟我，经过艰险，勤劳簿书，功劳很多。我作皇帝，他自然该作宰相，这是用旧臣功臣，今后不要再说了。"话虽这般说，听多了又有些动摇，便和刘基商量，要用杨宪为相。胡惟庸听得风声，连忙告诉善长说："杨宪为相，我等淮人不得为大官矣。"这件事关系到整个淮西集团的切身利益，是个你死我活的斗争，他们便团结一致，合力倾陷，杨宪终于被杀，凌说、高见贤、夏煜也先后被处死刑。[①] 同样，杨宪对不是他自己系统的人也是用尽一切方法排挤的，例如曾经作过方国珍幕府都事判上虞的宁海人詹鼎，为人有才学，作官有好名声，到南京上万言书，元璋看了很中意，要给官做。杨宪却忌他的才华，极力阻止。到杨宪死了，才做了一个小官。[②] 淮西集团和浙东集团的倾轧，杨宪等人对淮西集团的倾轧，对不是自己系统中人的排挤，从乡土观念出发演成的政治斗争，是洪武初期政治上的一个特征。

军事贵族对皇家统治的威胁，从谢再兴叛变，邵荣案发以后，就使朱元璋十分紧张，提高警惕，用尽一切方法来维护自己的独裁统治。

元璋对将领不敢信任，以其家属留京作质。邵荣、赵继祖被杀后，元璋对诸将越发不放心，倚靠检校侦察将士私事，将领人人自危。徐达、汤和为人十分小心谨慎，也被猜疑，朝臣纷纷传说，越发造成紧张气氛。洪武五年的铁榜用法律形式规定：凡内外各指挥、千户、百户、镇抚并总旗、小旗等，不得私受公侯金帛、衣服、钱物；内外各卫官军，非当出征之时，不得辄于公侯门首侍立听候；公侯等官，非奉特旨，不得私役官军。[③] 元璋对公侯大将的防制愈严密，矛盾就愈益深刻，裂痕也日益扩大。

最后，封建统治阶级的内部矛盾集中表现为皇权和相权的斗争。

胡惟庸是元璋在和州时的帅府奏差，李善长的亲戚，淮西官僚集团的重要人物。由于李善长的极力推荐，洪武三年官中书省参知

---

① 《国初事迹》。

② 《明通鉴》卷一。

③ 《明太祖实录》卷七十四。

政事，六年升右丞相，进左丞相。深得元璋信任，权势日盛。仗着是淮西旧人，又有李善长等元老重臣的支持，便一意专行，朝廷上生死人命和升降官员等大事，有时径自处理，不向元璋报告。内外诸衙门的报告有对自己不利的也就扣压下来。各地想做官、升官的，功臣、军人失意的都奔走在他的门下，送金帛、名马、玩好不计其数。作了七年宰相，门下故旧僚友结成了牢固的小集团。

中书省综掌全国大政，丞相对一切庶务有权专决，统率百官，只对皇帝负责。在胡惟庸以前，丞相李善长小心谨慎，徐达经常统兵在外，和朱元璋的冲突还不十分明显。接着是高邮人汪广洋，文人爱喝酒，庸庸碌碌没主张，不大敢管事，也被淮西集团排挤，得罪被杀。胡惟庸在中书省最久，权最重，已经使元璋觉得大权旁落，很不高兴，特别是得罪被谴责的功臣吉安侯陆仲亨、平凉侯费聚都和惟庸密相往来，军事贵族和朝廷政治首脑结合在一起，和朱元璋的冲突便更加严重了。① 朱元璋直接统率军队和检校，决心消灭这一心腹之患，洪武十三年以擅权枉法的罪状杀了胡惟庸，趁此机会取消了中书省，由皇帝直接管理国家政事。并立下法度，以后不许再设丞相这一官职。二十八年下令：“自古三公论道，六卿分职。自秦始置丞相，不旋踵而亡。汉、唐、宋因之，虽有贤相，然其间所用者多有小人，专权乱政。我朝罢相，设五府、六部、都察院、通政司、大理寺等衙门，分理天下庶务，彼此颉颃，不敢相压，事皆朝廷总之，所以稳当。以后嗣君并不许立丞相，臣下敢有奏请设立者，文武群臣即时劾奏，处以重刑。”② 这里所说的朝廷就是他自己，和过去的朝廷有本质上的区别。从罢相以后，府、部、院、司分理庶务，目的是把权力分散，“不敢相压”，“事皆朝廷总之”，一切大权都由皇帝个人掌握，“所以稳当”，再也不怕大权旁落了。从中书省综掌政权一变而为由皇帝亲自管理庶政，封建专制的政权从此更加集中，集中于一人之手，皇帝便成为综揽一切政事的独裁者了。

杀胡惟庸是为了独揽政权。二十六年又以有人告大将蓝玉谋反，

---

① 《明史》卷三百零八，《胡惟庸传》。

② 《明太祖实录》卷二百三十九。

族诛蓝玉。蓝玉定远人，常遇春妇弟。在常遇春麾下领兵，骁勇善战，多立战功。洪武二十年以征虏左副将军从大将军冯胜征纳哈出，冯胜得罪，即军中代为大将军。二十一年帅师十五万打蒙古，一直打到捕鱼儿海，北元主脱古思帖木儿以数十骑遁去，大胜而回，封凉国公。常遇春、徐达死后，蓝玉继为大将，总军征战，立了大功，就骄傲自满起来，蓄庄奴假子数千人，乘势暴横，在军中擅自黜陟将校，进止自专，不听元璋命令。又嫌官小，不乐意在傅友德、冯胜之下，所提意见，元璋又多不采纳，越发怏怏不满。总兵多年，麾下骁将十数人，威望很高。洪武二十六年元璋的特务组织锦衣卫官员首告蓝玉谋反，说他和景川侯曹震等公侯打算在元璋出去籍田时起事，审讯结果，连坐被族诛的一万五千多人。这一案把军中勇武刚强之士差不多杀个干净。

从胡惟庸被杀以后，胡案成为朱元璋进行政治斗争的方便武器，凡是心怀怨望的，行动跋扈的，对皇家统治有危险性的文武官员、大族地主，都陆续被罗织为胡党罪犯，处死抄家。胡惟庸的罪状也随着统治阶级内部矛盾的发展而发展，随时扩大。最初增加的罪状是私通日本，接着又是私通蒙古，日本和蒙古是当时两大敌人，通敌当然是谋反了。后来又发展为串通李善长谋反，把淮西集团的主要力量完全摧毁。最后是蓝玉案，则连淮西集团中的军事贵族也大部分消灭了。被杀的都以家族作单位，杀一人也就是杀一家。死于胡案的主要人物有御史大夫陈宁、中丞涂节、太师韩国公李善长、延安侯唐胜宗、吉安侯陆仲亨、平凉侯费聚、南雄侯赵庸、荥阳侯郑遇春、宜春侯黄彬、河南侯陆聚、宣德侯金朝兴、靖宁侯叶昇、申国公邓镇、济宁侯顾敬、临江侯陈镛、营阳侯杨通、淮安侯华中；大将毛骧、李伯昇、丁玉和宋濂的孙子宋慎等，宋濂也被牵连，贬死四川茂州。死于蓝党的主要人物有吏部尚书詹徽、户部侍郎傅友文、开国公常升、景川侯曹震、鹤庆侯张翼、舳舻侯朱寿、东莞伯何荣、普定侯陈桓、宣宁侯曹泰、会宁侯张温、怀远侯曹兴、西凉侯濮玙、东平侯韩勋、全宁侯孙恪、沈阳侯察罕、徽先伯桑敬和都督黄辂、汤泉等人。胡案有《昭示奸党录》，蓝案有《逆臣录》，把用刑讯所得的口供和判案详细记录公布，让全国人都知道他们的“罪状”。①

胡惟庸被杀后十年，洪武二十三年，太师韩国公李善长也被牵涉到胡惟庸案里，朱元璋假托有星变，得杀大臣应灾，把李善长和妻女弟侄家口七十余人一起杀掉，这年善长已经七十七岁了。一年后有人替他上疏喊冤说：

> 善长与陛下同心，出万死以取天下，勋臣第一，生封公，死封王，男尚公主，亲戚拜官，人臣之分极矣。藉令欲自图不轨，尚未可知。而今谓其欲佐胡惟庸者，则大谬不然。人情爱其子，必甚于兄弟之子，安享万全之富贵者，必不侥幸万一之富贵。善长与惟庸，犹子之亲耳，于陛下则亲子女也。使善长佐惟庸成，不过勋臣第一而已矣，太师国公封王而已矣，尚主纳妃而已矣，宁复有加于今日？且善长岂不知天下之不可幸取？当元之季，欲为此者何限，莫不身为齑粉，覆宗绝祀，能保首领者几何人哉！善长胡乃身见之，而以衰倦之年身蹈之也？凡为此者，必有深仇激变，大不得已，父子之间，或至相挟，以求脱祸。今善长之子祺，备陛下骨肉亲，无纤介嫌，何苦而忽为此？若谓天象告变，大臣当灾，杀之以应天象，则尤不可。臣恐天下闻之，谓功如善长且如此，四方因之解体也。今善长已死，言之无益，所愿陛下作戒将来耳。②

问得都有道理，元璋看了，无话可驳，只好算了。

二案以外，开国功臣被杀的，洪武八年德庆侯廖永忠以僭用龙凤不法等事赐死；十三年永嘉侯朱亮祖父子被鞭死；十七年临川侯胡美以犯禁死；二十五年江夏侯周德兴以帷薄不修的暧昧罪状被杀；二十七年杀定远侯王弼、永平侯谢成、颍国公傅友德；二十八年杀宋国公冯胜。③

---

① 钱谦益：《太祖实录辨证》；潘柽章：《国史考异》；吴晗：《胡惟庸党案考》，载《燕京学报》十五期。

② 《明史》卷一百二十七，《李善长传》。

③ 王世贞：《史乘考误》；钱谦益：《太祖实录辨证》；潘柽章：《国史考异》。

不但列将以次被杀，甚至坚守南昌七十五日，力拒陈友谅立了大功的义子亲侄朱文正也以“亲近儒生，胸怀怨望”被鞭死。① 义子亲甥李文忠南征北伐，立了大功，也因为左右多儒生，礼贤下士，被毒死。② 徐达为开国功臣第一，洪武十八年生背疽，据说这病最忌吃蒸鹅，病重时元璋却特赐蒸鹅，徐达流泪当着使臣的面吃下，不多日就死了。③

功臣宿将侥幸得以善终的有几个例子：一个是汤和交还兵权，他是朱元璋同村子的人，一块儿长大的看牛伙伴。徐达、李文忠死后，元璋想要解除诸宿将兵权，只是不好意思说出口。汤和懂得老伙伴心事，便首先告老。元璋大喜，立刻派官给他在凤阳修建府第，赏赐礼遇，特别优厚。④ 另一个例子是曹国公李景隆、武定侯郭英归还庄田和佃户，洪武二十三年崇山侯李新建议：“公侯家人和仪从户都有规定数目，超过的应该归还朝廷。”元璋正对这批贵族地主多占田地佃户极为不满，听了很高兴。下令叫把超过规定的人户都发凤阳为民。还叫礼部编一部《稽制录》，严禁公侯奢侈逾越。二十六年李景隆交还庄田六所，田地山塘池荡二百余顷。郭英交还佃户，依法纳税。这两人在洪武朝都没有出事。⑤

二、空印案和郭桓案

贪污腐化是封建社会官僚政治的正常现象，念书识字，做八股，参加科举，侥幸得了一官，便千方百计弄钱，买田地，蓄家奴，官做得越大，弄的钱也就愈多，升官发财，是封建社会知识分子的人生哲学，“万般皆下品，惟有读书高。”这两句话是有其深刻的社会根源的。

---

① 刘辰：《国初事迹》；孙宜：《大明初略》三；王世贞：《史乘考误》一。

② 王世贞：《史乘考误》一；钱谦益：《太祖实录辨证》五；潘柽章：《国史考异》二。

③ 徐祯卿：《翦胜野闻》。

④ 《明史》卷一百二十六，《汤和传》。

⑤ 《明史》卷一百三十二，《李新传》；朱国桢：《大政记》。

另一面，官吏贪横，无止境的剥削，也就不能不迫使饥寒交迫的人民起而反抗，“官逼民反”，从进入封建社会以来，数以百次计的农民起义，官吏的贪污剥削是其原因之一。

为了缓和封建统治阶级和广大人民的矛盾，巩固统治基础。朱元璋对地方官贪污害民的，用极严厉的手段惩处，进行了长期的残酷的斗争。

对朝廷和地方的官僚奸贪舞弊，严重地损害了皇朝的利益的，朱元璋集中力量，全面地大规模地加以无情的打击，洪武十五年的空印案，十八年的郭桓案，两案连坐被杀的达七八万人，其中主要是各级官员，追赃牵连到各地许多大地主，都弄得破家荡产，旧地主阶级的力量更进一步地被削弱了。

按照规定，每年各布政使司和府、州、县都得派计吏到户部，报告地方财政收支账目，为了核算钱粮、军需等款项，必需府报布政司，布政司报部，一层层上报，一直到户部审核数目完全符合，准许报销，才算手续完备结了案。钱谷数字如有分、毫、升、合对不拢，整个报销册便被驳回，重新填造。布政使司离京师远的有六七千里，近的也是千里上下，重造册子还不要紧，问题是重造的册子必需盖上原衙门的印信才算合法，因为要盖这颗印，来回的时间就得用上个把月以至好几个月。为了避免户部挑剔，减省来回奔走的麻烦，上计吏照习惯都带有事先预备好的盖过官印的空白文册，遇有部驳，随时填用。这种方法本来是公开的秘密，谁都认为是合情合理，方便省事的。不料到了洪武十五年，朱元璋忽然发觉这秘密，大发雷霆，以为一定有严重弊病，非严办不可，就下令各地方衙门长官主印的一律处死，佐贰官杖一百充军边地。其实上计吏所带的空印文册盖的是骑缝印，不能作别的用途，预备了也不一定用得着。全国各地方衙门的人都明白这道理，连户部官员也是照例默认的，成为上下一致同意的通行办法。但是案发后，正当胡惟庸党案闹得很紧张，朝廷上谁也不敢分辩，有一个老百姓拼着死命上书把事情解释清楚，也不中用，还是把地方上的长吏一杀而空。当时最有名的好官方克勤（建文朝大臣方孝孺的父亲）也死在这案内，上书人也被罚作苦工。①

郭桓官户部侍郎。洪武十八年有人告发北平二司官吏和郭桓通同舞弊，从户部左右侍郎以下都处死刑。追赃粮七百万石，供词牵连到各布政使司官吏，被杀的又是几万人。追赃又牵连到全国各地的许多大地主，中产以上的地主破家的不计其数。宣布的罪状是：

> 户部官郭桓等收受浙西秋粮，合上仓四百五十万石。其郭桓等只收（交）六十万石上仓，钞八十万锭入库，以当时折算，可抵二百万石，余有一百九十万石未曾上仓。其桓等受要浙西等府钞五十万贯，致使府、州、县官黄文通等通同刁顽人吏边源等作弊，各分入己；
>
> 其应天等五府、州、县数十万没官田地夏税秋粮，官吏张钦等通同作弊，并无一粒上仓，与同户部官郭桓等尽行分受；
>
> 其所盗仓粮，以军卫言之，三年所积卖空。前者榜上若欲尽写，恐民不信，但略写七百万耳。若将其余仓分并十二布政司通同盗卖见在仓粮，及接受浙西等府钞五十万张卖米一百九十万不上仓，通算诸色课程鱼盐等项，及通同承运库官范朝宗偷盗金银，广惠库官张裕妄支钞六百万张，除盗库见在金银宝钞不算外，其卖在仓税粮及未上仓该收税粮及鱼盐诸色等项，共折米算，所废（吞没）者二千四百余万（石）精粮。②

等等。据一些同时人和地主子孙的记录，三吴一带、浙东西的故家巨室，不是“多以罪倾其宗”，便是“豪民巨族，刬削殆尽”。这些记载虽然有些夸大，但是反映了一部分旧地主阶级分子被消灭的情况，则是无可置疑的。这样严重的打击，当然会引起地主阶级和官僚的恐慌和不满，他们当然不敢申说买卖官粮这一严重犯法行为是合法的，应该的，只能指斥、攻击、告发处理这个案件的御史和法官，议论沸腾，情势严重。朱元璋也觉得这个矛盾如继续发展下去，

---

① 《明史》卷九十四《刑法志》，卷一百三十九《郑士利传》。

② 《明史》卷九十四，《刑法志》；《大诰》二十三《郭桓卖放浙西秋粮》，四十九《郭桓盗官粮》。

对自己的统治十分不利，便一面以手诏公布郭桓等人的罪状，分析是非，一面把原审法官也杀了，作为对地主阶级和官僚们的让步，结束了这件大案。①

除了空印案和郭桓案两次大屠杀以外，还有洪武四年录（甄别）天下官吏；十三年连坐胡党；十九年逮官吏积年为民害者；二十三年罪妄言者，四次有计划的诛杀。②

四十年中，据朱元璋的著作：《大诰》、《大诰续编》、《大诰三编》、《大诰武臣》的统计，所列凌迟、枭示、种诛有几千案，弃市（杀头）以下有一万多案。《三编》所定的案件算是最宽大的了，如"进士监生三百六十四人，愈见奸贪，终不从命，三犯四犯而至杀身者三人，三犯而诽谤杀身者三人，姑容戴斩、绞、徒流罪在职者三十人，一犯戴死罪、徒流罪办事者三百二十八人"③。戴死罪和徒流罪办事是元璋新创的办法，有御史戴死罪，带着脚镣坐堂审案的；有打了八十大棍仍回原衙门作官的。戴是判刑的意思。他创立这种办法的主要原因是把这些官都杀了就没有人替他办事了，又判刑，又让回去办事，封建法纪确立了，各种事务工作也不致于因为缺官而废弛。

凌迟是最野蛮最残酷的刑法。④ 枭示也叫枭令。种诛就是族诛，一人犯罪，就按家按族地杀。此外有刷洗；有秤竿；有抽肠；有剥皮，还有黥刺、刵、劓、阉割、挑膝盖、锡蛇游种种名目的非刑。⑤野蛮残暴的程度超过了历史上任何帝王。这种种酷刑，造成了朝官中的极度恐怖气氛，人人提心吊胆。据说在上朝时，朱元璋是否下决心大批杀人，很容易看出来。要是这天他揿玉带在肚皮底下，便是大风暴的信号，准有大批官员被杀，满朝官员都吓得脸无人色，个个发抖；要是这一天他的玉带高高帖在胸前，大概杀人就不会多。⑥ 朝官

① 《明史》卷九十四，《刑法志》。

② 《明史》卷一百三十九，《周敬心传》。

③ 《大诰三编》二，《进士监生戴罪办事》。

④ 邓之诚：《骨董琐记续记》卷二十，磔条，引《张文宁年谱》；计六奇：《明季北略·记郑鄤事》。

⑤ 吕毖：《明朝小史》卷一，《国初重刑》。

⑥ 徐祯卿：《翦胜野闻》。

按制度每天黎明就得上朝，天不亮起身梳洗穿戴。在几件大案发作以后，许多朝官在出门以前，就和妻子诀别，吩咐后事，要是居然活着回家，便阖家庆贺，算是又多活一天了。①

用重刑惩治违法官僚，尽管杀死了多少万人，效果还是不大。洪武十八年朱元璋慨叹说："朕自即位以来，法古命官，布列华、'夷'。岂期擢用之时，并效忠贞，任用既久，俱系奸贪。朕乃明以宪章，而刑责有不可恕。以至内外官僚，守职维艰，善能终是者寡，身家诛戮者多。"② 郭桓案发后，他又说："其贪婪之徒，闻桓之奸，如水之趋下，半年间弊若蜂起，杀身亡家者人不计其数。出五刑以治之，挑筋、剁指、刖足、髡发、文身，罪之甚者欤！"③ 他没有也不可能懂得封建专制的寡头独裁政治，地主阶级专政的残酷统治，官僚政治和贪污舞弊是分不开的，封建统治是以剥削人民为基础的，不推翻封建统治、封建制度，单纯地用严刑重罚，流血手段来根绝贪污，是根本不可能有任何效果的。

诛杀以外，较轻的犯罪官员，罚作苦工，洪武九年，单是官吏犯笞以下罪，谪发到凤阳屯田的便有一万多人。④

朝官被杀有记载可查的，有中书省左司都事张昶、礼部侍郎朱同、张衡、户部尚书赵勉、吏部尚书余忾、工部尚书薛祥、秦逵、刑部尚书李质、开济、户部尚书茹太素、春官王本、祭酒许存仁、左都御史杨靖、大理寺卿李仕鲁、少卿陈汶辉、御史王朴、员外郎张来硕、参议李饮冰、纪善白信蹈等。⑤ 外官有苏州知府魏观、济宁知府方克勤、番禺知县道同、训导叶伯巨、晋王府左相陶凯等。⑥ 茹太素性情刚直，爱说老实话，几次为了说话不投机被廷杖、降官，

① 《廿二史札记》卷三十二，《明祖晚年去严刑》条，引《草木子》。

② 《明朝小史》卷二。

③ 《大诰三编》，逃囚第十六。

④ 《明史》卷一百三十九，《韩宜可传》。

⑤ 《明史》卷一百三十六《朱升传》，卷一百三十七《刘三吾传》、《宋讷传》、《安然传》，卷一百三十八《陈修传》、《杨靖传》、《薛祥传》，卷一百三十九《茹太素传》、《李仕鲁传》、《周敬心传》。

⑥ 《明史》卷一百四《魏观传》，卷二百八十一《方克勤传》，卷一百四十《道同传》，卷一百三十九《叶伯巨传》，卷一百三十六《陶凯传》。

甚至镣足治事。一天，在便殿赐宴，元璋写诗说：“金杯同汝饮，白刃不相饶。”太素磕了头，续韵吟道：“丹诚图报国，不避圣心焦。”元璋听了倒也很感动。不多时还是因事被杀。李仕鲁是朱熹学派的学究，劝元璋不要太尊崇和尚道士，想学韩文公辟佛，发扬朱学。元璋不理会，仕鲁着急，闹起迂脾气，当面交还朝笏，要告休回家。元璋大怒，当时叫武士把他掼死在阶下。陶凯是御用文人，一时诏令封册歌颂碑志多是他写的，作过礼部尚书，参加制定军礼和科举制度。只因为起了一个别号叫“耐久道人”，元璋恨他：“自去爵禄之名，怪称曰耐久道人，是其自贱也。此无福之所催，如是不期年，罪犯不公。”又说他：“忘君爵而美山野……忘君爵而书耐久。”借题目把他杀了。[①] 员外郎张来硕谏止取已许配的少女作宫人，说“于理未当”，被碎肉而死。参议李饮冰被割乳而死。[②]

朱元璋对内外官僚的残酷诛杀和刑罚，引起官僚集团的反对，洪武七年便有人抗议，说是杀得太多了，太过分了，“才能之士，数年来幸存者百无一二”[③]。九年叶伯巨以星变上书，论用刑太苛说：

> 臣观历代开国之君，未有不以任德结民心，以任刑失民心者，国祚长短，悉由于此……议者曰宋、元中叶，专事姑息，赏罚无章，以致亡灭。主上痛惩其敝，故制不宥之刑，权神变之法，使人知惧而莫测其端也。臣又以为不然。开基之主，垂范百世，一动一静，必使子孙有所持守。况刑者，民之司命，可不惧欤！夫笞、杖、徒、流、死，今之五刑也。用此五刑，既无假贷，一出乎大公至正可也。而用刑之际，多裁自圣衷，遂使治狱之吏，务趋求意旨，深刻者多功，平反者得罪，欲求治狱之平，岂易得哉！近者特旨杂犯死罪，免死充军；又删定旧律诸则，减宥有差矣。然未闻有戒饬治狱者务从平恕之条，是以法司犹循故例，虽闻宽宥之名，未见宽宥之实。所谓实者，诚在主上，不在臣下也。故必有罪疑唯轻之意，而后好生之德

---

① 《明太祖文集》卷十六，《辩答禄异名洛上翁及谬赞》、《设大官卑职馆阁山林辩》。

② 刘辰：《国初事迹》。

③ 《明史》卷一百三十九，《茹太素传》。

> 洽于民心，此非可以浅浅期也。何以明其然也？古之为士者以登仕为荣，以罢职为辱，今之为士者以溷迹无闻为福，以受玷不录为幸，以屯田工役为必获之罪，以鞭笞捶楚为寻常之辱。其始也，朝廷取天下之士，网罗捃摭，务无余逸，有司敦迫上道，如捕重囚，比到京师，而除官多以貌选，所学或非所用，所用或非其所学。洎乎居官，一有差跌，苟免诛戮，则必在屯田工役之科，率是为常，不少顾惜。此岂陛下所乐为哉！诚欲人之惧而不敢犯也。窃见数年以来，诛杀亦可谓不少矣，而犯者相踵，良由激劝不明，善恶无别，议贤议能之法既废，人不自励而为善者怠也。有人于此，廉如夷、齐，知如良、平，少戾于法，上将录长弃短而用之乎？将舍其所长苛其所短而置之法乎？苟取其长而舍其短，则中庸之才争自奋于廉智，倘苛其短而弃其长，则为善之人皆曰某廉若是，某智若是，朝廷不少贷之，吾属何所容其身乎？致使朝不谋夕，弃其廉耻，或自掊克，以备屯田工役之资者，率皆是也。若是，非用刑之烦者乎？汉尝徙大族于山陵矣，未闻实之以罪人也，今凤阳皇陵所在，龙兴之地，而率以罪人居之，怨嗟愁苦之声，充斥园邑，殆非所以恭承宗庙意也。

元璋看了气极，连声音都发抖了，连声说这小子敢如此放肆！快逮来，我要亲手射死他！隔了些日子，中书省官趁他高兴的时候，奏请把叶伯巨下刑部狱，不久死在狱中。① 元璋晚年所最喜欢的青年才子解缙，奉命说老实话，上万言书，也说：

> 臣闻令数改则民疑，刑太繁则民玩。国初至今将二十载，无几时不变之法，无一日无过之人。尝闻陛下震怒，锄根翦蔓，诛其奸逆矣，未闻褒一大善，赏延于世，复及其乡，始终如一者也……陛下进人不择贤否，授职不量重轻，建“不为君用”之法，所谓取之尽锱铢；置“朋奸倚法”之条，所谓用之如泥沙。监生进士经明行修，而多屈于下僚；孝廉人材冥蹈瞢趋，

① 《明史》卷一百三十九，《叶伯巨传》。

而或布于朝省。椎埋嚣悍之夫，阘茸下愚之辈，朝捐刀镊，暮拥冠裳；左弃筐箧，右绾组符。是故贤者羞为之等列，庸人悉习其风流，以贪婪苟免为得计，以廉洁受刑为饰辞。出于吏部者无贤否之分，入于刑部者无枉直之判。天下皆谓陛下任喜怒为生杀，而不知皆臣下之乏忠良也……夫罪人不孥，罚弗及嗣，连坐起于秦法，孥戮本子伪书，今之为善者妻子未必蒙荣，有过者里胥必陷其罪，况律以人伦为重，而有给配妇女之条，听之于不义，则又何取夫节义哉！此风化之所由也。

话说得很露骨，分量很重，但是他把这一切都归咎于“臣下之乏忠良”，不是皇帝的本意，元璋读了很舒服，连说：“才子！才子！”①

在鞭笞、苦工、剥皮、挑筋以至抄家灭族的恐怖气氛中，凡是作官的，不论大官小官，近官远官，随时随地都会有不测之祸，人人在慌乱紧张，战战兢兢地过日子。有人实在受不了，只好辞官，回家作老百姓。可是这样一来，又刺着元璋的痛处了，说是这些人不肯帮朝廷作事：“奸贪无福小人，故行诽谤，皆说朝廷官难做。”大不敬，非杀不可。② 左也不是，右也不是，真弄得官僚们“知惧而莫测其端”了。

也有个别得罪的官僚、贵族以装疯幸免的，一个是御史袁凯。有一次朱元璋要杀许多人，叫袁凯把案卷送给皇太子复讯，皇太子主张从宽。袁凯回报，元璋问他：“我要杀人，皇太子却要宽减，你看谁对？”袁凯不好说谁不对，只好回答：“陛下要杀是守法，皇太子要赦免是慈心。”元璋大怒，认为袁凯两面讨好，要滑头，要不得。袁凯吓得要死，怕被杀害，便假装疯癫。元璋说疯子是不怕痛的，叫人拿木钻刺他的皮肤，袁凯咬紧牙齿，忍住不喊痛。回家后，自己用铁链子锁了脖子，蓬头垢面，满嘴疯话。元璋还是不相信，派使者召他作官，袁凯瞪着眼对使者唱月儿高的曲子，爬在篱笆边

---

① 《明史》卷一百四十七，《解缙传》。

② 《大诰》，奸贪诽谤第六十四。

吃狗矢，使者回报果然疯了，才不追究。这一回元璋却受了骗，原来袁凯知道皇帝要派人来侦察，预先叫人用炒面拌糖稀，捏成段段，散在篱笆下，大口吃了，救了一条命，朱元璋哪里会知道。① 另一个例子是外戚郭德成，郭宁妃的哥哥。一天他陪元璋在后苑喝酒，醉了爬在地上去冠磕头谢恩，露出稀稀的几根头发，元璋笑着说："醉疯汉，头发秃到这样，可不是酒喝多了？"德成说："这几根还嫌多呢，剃光了才痛快。"元璋拉长脸，一声不响。德成酒醒后，知道闯了大祸，索性装疯，剃光了头，穿了和尚衣，成天念佛。元璋信以为真，告诉宁妃说："原以为你哥哥说笑话，如今真个如此，真是疯汉。"不再在意。党案起后，德成居然漏网。②

吴人严德珉由御史升左佥都御史，因病辞官，犯了元璋的忌讳，被黥面充军南丹（今广西），遇赦放还，到宣德时还很健朗。一天因事被御史所逮，跪在堂下，供说也曾在台勾当公事，颇晓三尺法度来。御史问是何官，回说洪武中台长严德珉便是老夫。御史大惊谢罪。第二天去拜访，却早已挑着铺盖走了。有一个教授和他喝酒，见他脸上刺字，头戴破帽，问老人家犯了什么罪过，德珉说了详情，并说先时国法极严，作官的多半保不住脑袋，说时还北面拱手，嘴里连说："圣恩！圣恩！"③

民间流行着一个传说，说是朱元璋有一天出去私访，到一破寺，里边没有一个人，墙上画一布袋和尚，有诗一首："大千世界浩茫茫，收拾都将一袋藏，毕竟有收还有放，放宽些子又何妨！"墨迹还新鲜。立刻派人搜索作画题诗的人，已经不见了。④ 这个传说当然是虚构的，却真实地反映了洪武朝官僚们对现实政治斗争的不满情绪。

朱元璋以猛治国，以严刑处理统治阶级的内部斗争，他深信自己是正确的。但是他却不许后人学他的榜样，洪武二十八年五月下令："朕自起兵至今四十余年，亲理天下庶务，人情善恶真伪，无不

---

① 《明史》卷二百八十三，《袁凯传》；徐祯卿：《翦胜野闻》；陆深：《金台纪闻》。

② 《明史》卷一百三十一，《郭兴传》。

③ 《明史》卷一百三十八，《杨靖传》。

④ 徐祯卿：《翦胜野闻》。

涉历。其中奸顽刁诈之徒，情犯深重，灼然无疑者，特令法外加刑，意在使人知所警惧，不敢轻易犯法。然此特权时措置，顿挫奸顽，非守成之君所用长法。以后嗣君统理天下，止守《律》与《大诰》，并不许用黥刺剕劓阉割之刑。臣下敢有奏用此刑者，文武群臣即时劾奏，处以重刑。”①

三、文字狱

统治阶级内部矛盾的另一方面，是一部分旧地主阶级的文人对新兴皇朝臣属关系的斗争。他们的阶级立场很坚定，认为造反的穷苦农民怎能作皇帝，对地主进行统治，因而拒绝和新朝合作。

这些文人对由红军发迹的朱皇帝，怀有深刻的憎恨。典型的例子如贵溪儒士夏伯启叔侄，斩断手指，立誓不作官，被逮捕到京师。元璋问他们：“昔世乱居何处？”回答说：“红寇乱时，避居于福建、江西两界间。”元璋大怒：“朕知伯启心怀忿怒，将以为朕取天下非其道也。”特谓伯启曰：“尔伯启言红寇乱时，意有他忿。今去指不为朕用，宜枭令籍没其家，以绝狂愚夫仿效之风。”特派人把他们押回原籍处死。② 苏州人姚润、王谟也拒绝作新朝的官，都被处死刑，全家籍没。③

有的文人怕元璋的严刑重法，动辄挨打以至杀头，谢绝新朝的征召，实在推脱不了，勉强到了南京，还是拒绝作官。例如浙江山阴人杨维桢，号铁崖，诗名擅一时，号铁崖体。洪武二年被征，婉辞不去。三年又被地方官敦促上路，赋《老客妇谣》明志，大意说快死的老太婆不能再嫁人了，皇帝如不见谅，只好跳海自杀。元璋因他名望很大，不好过分勉强。维桢在南京住了几个月，便请求回家。宋濂赠诗说：“不受君王五色诏，白衣宣至白衣还。”④ 江阴王

---

① 《明太祖实录》卷二百三十九。

② 《大诰三编》，秀才剁指第十；《明史》卷九十四，《刑法志》。

③ 《明史》卷九十四，《刑法志》。

④ 《明史》卷二百八十五，《杨维桢传》。

逢自号席帽山人，张士诚据吴，其弟士德用逢计劝士诚北降于元以拒西吴。士诚亡，逢隐居乌泾。洪武十五年以文学被征，亏得他儿子在朝廷作官，向皇帝磕头哭求，才放回去。① 也有抗拒不了，被迫非作官不可的，如大名秦裕伯避乱居上海，两次被征不出，最后元璋写了亲笔信说："海滨民好斗，裕伯智谋之士而居此地，坚守不起，恐有后悔！"情势严重，秦裕伯只好入朝。②

也有另外一些文人曾经作过元朝或东吴的官，坚决不作新朝官吏的。例如回族诗人丁鹤年自以家世仕元，逃避征召，晚年学佛法，到永乐时才死。③ 长乐陈亮自以为曾是元朝儒生，明初屡征不出，终身不仕。④ 山阴张宪学诗于杨维桢，仕东吴为枢密院都事，东吴亡，宪改名换姓，寄食杭州报国寺以死。⑤ 庐陵张昱在杨完者镇浙江时，作过左右司员外郎行枢密院判官，张士诚要他作官，辞谢不肯。朱元璋要他出来，一看太老了，说："可闲矣。"放回去，自号为可闲老人。小心怕事，绝口不谈时政，有一首诗说明他的处境：

> 洪武初年自日边，诏许还家老贫贱，池馆尽付当时人，惟存笔砚伴闲身，刘伶斗内葡萄酒，西子湖头杨柳春，见人斲轮只袖手，听人谈天只钳口。⑥

总之，在明初，除了一部分大地主出身的文人如刘基等人已经参加了新兴的统治集团以外，中小地主出身的文人可以分作两类：一类是倚靠新朝保护，得到了新朝统治的好处，决心和新朝合作，有官便做，甚至想尽办法钻营，要升官发财，改换门庭，光宗耀祖的，这类人占极大多数，是朱元璋统治所依靠的主要力量，各级政府官员的主要来源；另一类便是对红军抱有深刻仇恨，对新朝当然也抱着抗拒态度，不肯合作的。这一类人人数虽不甚多，但对当时

---

① 《明史》卷二百八十五，《戴良传》附《王逢传》。

② 《明史》卷二百八十五，《张以宁传》附《秦裕伯传》。

③ 《明史》卷二百八十五，《戴良传》附《丁鹤年传》。

④ 《明史》卷二百八十六，《林鸿传》附《陈亮传》。

⑤ 《明史》卷二百八十五，《陶宗仪传》附《张宪传》。

⑥ 张昱：《可闲老人集》卷一，《寄河南卫镇抚赵克家叙旧》。

的社会和政治却有相当影响。

朱元璋对付这些不肯合作的封建文人，采用严峻的刑罚，特别制定一条法律："率土之滨，莫非王臣。寰中士大夫不为君用，是自外其教者，诛其身而没其家，不为之过。"① 寰中士大夫不为君用，办法是杀。

一部分士大夫不肯为元璋所用，元璋便用特殊法律、监狱、死刑以至抄家灭族一套武器，强迫他们出来作官。一方面一部分人不肯合作，另一方面新朝又非强迫他们出来合作不可，这样便展开了统治阶级内部另一方面的长期流血斗争。

一部分封建文人不满意朱元璋的统治，朱元璋也痛恨这些人胆敢抗拒，用尽一切方法镇压，这种对立形势越来越显著了。在斗争的过程中，朱元璋特别注意文字细节和他自己出身经历的禁忌，吹毛求疵，造成了洪武时代的文字狱。

所谓禁忌，含义是非常广泛的。例如朱元璋从小过穷苦的生活，当过和尚。和尚的特征是光头，剃掉头发，因之，不但"光"、"秃"这类字对他是犯忌讳的，就连"僧"这个字也很刺眼，推而广之，连和"僧"同音的"生"字，也不喜欢了。又如他早年是红军的小兵，红军在当时元朝政府和地主官僚的口头上、文字上，是被叫作"红贼"、"红寇"的，曾经在韩林儿部下打过仗的人，最恨人骂他是"贼"，是"寇"，推而广之，连和"贼"字形音相像的"则"字，看着也有气了。

对文字的许多禁忌，是朱元璋自卑心理的一面。相反的一面却表现为卖弄出身。历代开国帝王照例要拉扯古代同姓的有名人物作祖先，朱元璋的父亲、祖父都是佃农，外祖父是巫师，在封建社会里都是卑微的人物，没有什么可以夸耀的。据说，当他和文臣们商量修玉牒（家谱）的时候，原来打算拉宋朝著名的学者朱熹作祖先的。恰好一个徽州人姓朱的典史来朝见，他打算拉本家，就问："你是朱文公的后人吗？"这小官不明底细，怕撒谎闯祸，只好直说不

---

① 《大诰三编》，苏州人才第十三；《明史》卷九十四，《刑法志》。

是。他一想区区的典史小官尚且不肯冒认别人作祖宗，而且几代以来也从没听说和徽州朱家有过瓜葛，万一硬认上，白给人作子孙倒也罢了，被识破落人笑话，如何使得？① 只好打消了这念头，不作名儒的后代，却向他的同乡皇帝汉高祖去看齐，索性强调自己是没有根基的，不是靠先人基业起家的，在口头上，文字上，一开口，一动笔，总要插进“朕本淮右布衣”，或者“江左布衣”，以及“匹夫”，“起自田亩”，“出身寒微”一类的话，强烈的自卑感一反而表现为自尊，自尊为同符汉高祖，不断地数说，卖弄他赤手空拳，没一寸土地却打出来天下，把红军大起义的功绩一古脑儿算在自己名下。这两种不同心理，看来是矛盾的，其实质却又是一致的。可是，尽管他自己这样经常卖弄，却又忌讳别人如此说，一说又以为是挖他的根基了，结果又会是一场血案。

地方三司官和知府、知县、卫所官员，逢年过节和皇帝生日以及皇家有喜庆时所上的表笺，照例由学校教官代作，虽然都是陈辞滥调，因为说的都是颂扬话，朱元璋很喜欢阅读。他原来不是使小心眼的人，也不会挑剔文字。从渡江以后，大量收用了地主阶级的文人，替他办了不少事。建国以后，朝仪、军卫、户籍、学校等制度规程又多出于文人之手，使他越发看重文人，以为治国非用文人不可。文人得势了，百战功高的淮西集团的公侯们不服气，以为武将流血打的天下，却让这班瘟书生来当家，多少次向皇帝诉说，都不理会。公侯们商量了个主意，一天又向朱元璋告文人的状，元璋还是老一套，世乱用武，世治宜文，马上可以得天下，不能治天下，总之治天下是非用文人不可的。有人就说：“您说得对。不过文人也不能过于相信，否则是会上当的。一般的文人好挖苦毁谤，拿话讽刺人。例如张九四一辈子宠待文人，好第宅，高薪水，三日一小宴，五日一大宴，把文人捧上天。作了王爷后，要起一个官名，文人替他起名士诚。”元璋说。“好啊，这名字不错。”那人说：“不然。上大当了！《孟子》书上有：‘士，诚小人也。’这句也可以破读成：

① 《明朝小史》卷一。

‘士诚，小人也。’骂张士诚是小人，他哪里懂得。给人叫了半辈子小人，到死还不明白，真是可怜。”① 元璋听了这番话，查了《孟子》，果然有这句话。从此更加注意臣下所上表笺，只从坏处琢磨，果然许多地方都有和尚贼盗，都像是存心骂他的，越疑心就越像，有的成语，转弯抹角一揣摩，好像也是损他的。武将和文官争权斗争的发展，使他在和一部分不合作的地主文人对立的基础上，更增加了对一般文人运用文字动机的怀疑，用他自己的政治尺度、文化水平来读各种体裁的文字，盛怒之下，叫把作这些文字的文人，一概拿来杀了。

文字狱的著名例子，如浙江府学教授林元亮替海门卫官作《谢增俸表》，中有“作则垂宪”一句话；北平府学训导赵伯宁为都司作《贺万寿表》，中有“垂子孙而作则”一语；福州府学训导林伯璟为按察使撰《贺冬至表》的“仪则天下”；桂林府学训导蒋质为布按二使作《正旦贺表》的“建中作则”；澧州学正孟清为本府作《贺冬至表》的“圣德作则”，元璋把所有的“则”都念成“贼”。常州府学训导蒋镇为本府作《正旦贺表》，内有“睿性生知”，“生”字被读作“僧”；怀庆府学训导吕睿为本府作《谢赐马表》，有“遥瞻帝扉”，“帝扉”被读成“帝非”；祥符县学教谕贾翥为本县作《正旦贺表》的“取法象魏”，“取法”被读作“去发”；亳州训导林云为本州作《谢东宫赐宴笺》，有“式君父以班爵禄”一语，“式君父”被念成“失君父”，说是咒诅；尉氏县教谕许元为本府作《万寿贺表》，有“体乾法坤，藻饰太平”八字，就更严重了，“法坤”是“发髡”，“藻饰太平”是“早失太平”；德安府训导吴宪为本府作《贺立太孙表》，中有“天下有道，望拜青门”两句，“有道”说是“有盗”，“青门”当然是和尚庙了。下令把作表笺的人一概处死。甚至陈州州学训导为本州作《贺万寿表》的“寿域千秋”，念不出花样来，还是被杀。②

象山县教谕蒋景高以表笺误被逮赴京师斩于市。③ 杭州府学教

---

① 黄溥：《闲中今古录》。

② 赵翼：《廿二史札记》卷三十二，《明初文字之祸》，引《朝野异闻录》。

③ 黄溥：《闲中今古录》。

授徐一夔《贺表》有“光天之下，天生圣人，为世作则”。元璋读了大怒说：“生者僧也，骂我当过和尚。光是剃发，说我是秃子。则音近贼，骂我作过贼。”把礼部官吓得要死，求皇帝降一道表式，使臣民有所遵守。① 洪武二十九年特命翰林院学士刘三吾、左春坊右赞善王俊华撰庆贺谢恩表式，颁布天下诸司，以后凡过庆贺谢恩，如式录进。② 照规定表式抄录，只填官衔姓名，文人的性命才算有了保障。

文字狱的时间从洪武十七年到二十九年，前后达十三年。③ 唯一幸免的文人是翰林院编修张某，此人在翰林院时说话出了毛病，被贬作山西蒲州学正。照例作庆贺表，元璋记得他的名字，看表文里有“天下有道”、“万寿无疆”两句话，发怒说：“这老儿还骂我是强盗呢！”差人逮来当面审讯，说：“把你送法司，更有何话可说？”张某说：“只有一句话，说了再死也不迟。陛下不是说过，表文不许杜撰，都要出自经典，有根有据的话吗？天下有道是孔子说的，万寿无疆出自《诗经》，说臣诽谤，不过如此。”元璋被顶住了，无话可说，想了半天，才说：“这老儿还这般嘴强，放掉罢。”左右侍臣私下议论：“几年来才见容了这一个人！”④

苏州知府魏观把知府衙门修在张士诚的宫殿遗址上，犯了忌讳，被人告发。元璋查看新房子的《上梁文》有“龙蟠虎踞”四字，大怒，把魏观腰斩。⑤ 佥事陈养浩作诗：“城南有嫠妇，夜夜哭征夫。”元璋恨他动摇士气，取到湖广，投在水里淹死。⑥ 翰林院编修高启作题宫女图诗：“小犬隔花空吠影，夜深宫禁有谁来？”元璋以为是讽刺他的，记在心里。高启退休后住在苏州，魏观案发，元璋知道《上梁文》又是高启的手笔，旧恨新罪一并算，把高启腰斩。⑦ 有一

---

① 徐祯卿：《翦胜野闻》。

② 《明太祖实录》卷二百四十六。

③ 黄溥：《闲中今古录》。

④ 李贤：《古穰杂录》。

⑤ 黄玮：《蓬窗类纪·国初纪》；顾公燮：《消夏闲记摘钞》下，高青丘。

⑥ 刘辰：《国初事迹》。

⑦ 李贤：《古穰杂录》；朱彝尊：《静志居诗话》；《明史》卷二百八十五，《高启传》；高启：《高太史大全集》卷十七，《宫女图》。

个和尚叫来复，讨好皇帝，作了一首谢恩诗，有“金盘苏合来殊域”和“自惭无德颂陶唐”两句，元璋大为生气，以为殊字分为歹朱，明明是骂我。又说“无德颂陶唐”，是说我无德，虽欲以陶唐颂我而不能，又把这乱巴结的和尚斩首。①

地方官就本身职务，有所建议，一字之嫌，也会送命。卢熊作兖州知州，上奏本说州印兖字误类衮字，请求改正。元璋极不高兴，说：“秀才无理，便道我衮哩！”原来又把衮字缠作滚字了。不久，卢熊便以党案被杀。②

从个人的禁忌进一步便发展为广义的禁忌了。洪武三年禁止小民取名用天、国、君、臣、圣、神、尧、舜、禹、汤、文、武、周、秦、汉、晋等字。二十六年出榜文禁止百姓取名太祖、圣孙、龙孙、黄孙、王孙、太叔、太兄、太弟、太师、太傅、太保、大夫、待诏、博士、太医、太监、大官、郎中字样，并禁止民间久已习惯的称呼，如医生止许称医士、医人、医者，不许称太医、大夫、郎中，梳头人止许称梳篦人或称整容，不许称待诏，官员之家火者，止许称阍者，不许称太监，违者都处重刑。③

其他地主文人被杀的，如处州教授苏伯衡以表笺论死；太常卿张羽坐事投江死；河南左布政使徐贲下狱死；苏州经历孙蕡曾为蓝玉题画，泰安州知州王蒙尝谒胡惟庸，在胡家看画，王行曾作过蓝玉家馆客，都以党案被杀；郭奎曾参朱文正军事，文正被杀，奎也论死；王彝坐魏观案死；同修《元史》的山东副使张孟兼、博野知县傅恕、福建佥事谢肃都坐事死；曾在何真幕府的赵介，死在被逮途中；曾在张士诚处作客、打算投奔扩廓帖木儿的戴良，得罪自杀。不死的，如曾修《元史》的张宣，谪徙濠州；杨基罚作苦工；乌斯道谪役定远；顾德辉父子在张士诚亡后，并徙濠梁，都算是十分侥幸的了。④

---

① 顾公燮：《消夏闲记摘钞》下，《冤杀诗僧》；《廿二史札记》卷三十二，《明初文字之祸》。

② 叶盛：《水东日记摘钞》卷二。

③ 《明太祖实录》卷五十二；顾起元：《客座赘语》卷十，《国初榜文》。

④ 《明史》卷二百八十五，《苏伯衡传》、《高启传》、《王冕》附《郭奎传》、《孙蕡传》、《赵壎传》、《陶宗仪传》附《顾德辉传》；《廿二史札记》卷三十二，《明初文人多不仕》。

明初的著名诗人吴中四杰：高启、杨基、张羽、徐贲，都曾和张士诚来往，杨基、徐贲还作过张士诚的官，四人先后被杀、谪徙，看来不是巧合，而是有意识的打击。只有临海陈基是例外，陈基曾参张士诚军事，明初被召修《元史》，洪武三年卒。他在张士诚幕府时，所起草的书檄骂朱元璋的很多，不是死得早，他也是免不了的。①

朱元璋用严刑重罚，杀了十几万人，杀的人主要的是国公、列侯、大将；宰相、部院大臣、诸司官吏，州县胥役；进士、监生、经生、儒士、文人、学者；僧、道；富人、地主等等，总之，都是封建统治阶级内部的成员，他心目中的敌人。他用流血手段进行长期的内部清洗工作，贯彻了"以猛治国"的方针，巩固了朱家皇朝的统治。

另一面，他又坚决反对社会上长期以来的政治上的地域、乡土之见。他认为作皇帝是作全国的皇帝，不是作某一地方的皇帝，选用的人才也应该是全国性的，淮西集团李善长、胡惟庸死抱住只有淮人才能掌权作大官的阶级、小集团偏见，是他和淮西集团内部矛盾焦点之一。正因为他有这样的看法，洪武三十年发生了南北榜的案件。事情是这样的，这一年的会试，由翰林学士湖南茶陵人刘三吾和纪善白信蹈等主考，榜发，江西泰和人宋琮考了第一，全榜没有一个北方人，举人们纷纷议论，不服气，难道北方人连一个够格的也没有，向皇帝告状说主考官刘三吾等都是南方人，偏袒南人。元璋大怒，命侍讲张信等检查考卷，北方人还是没有及格的，元璋大不高兴。又有人告发张信等受了刘三吾等人的嘱托，故意拿不合格的卷子评阅。元璋大怒，把白信蹈等杀了，刘三吾这年已经八十五岁了，以其太老，免死充军边境，会元宋琮也充了军。元璋亲自出题目重考，考取了六十一人，全是北方人，当时叫这次会试为南北榜，也叫春夏榜。②

其实当时的实际情况是，北方经过长期战争破坏，生产水平低

---

① 《明史》卷二百八十五，《赵壎传》附《陈基传》。

② 《明史》卷一百三十七，《刘三吾传》。

于南方，就教育、文化的发展说，南方是高于北方的。考卷照旧例弥封，考官并不能知道考生是南人是北人。刘三吾等只凭考卷文字决定去取，尽管所取全是南人，倒不定存有南北之见。经过北方考生几次抗议，引起了朱元璋的密切注意，他为了争取笼络北方的地主知识分子，重考的结果，一榜及第的全是北人，南人一个也没有，他是从政治出发的，从大一统国家的前提出发的，而不是单纯从考卷的优劣出发的。白信蹈等考官的被杀，宋琮的充军是冤枉的。

统治阶级的内部矛盾，也表现在地域关系上，淮西集团和非淮西集团，南人和北人之间都有极其激烈的斗争。前者的矛盾随着淮西集团的消灭，解决了。但是南方人和北方人的矛盾，却并未解决，后来国都迁到北方了，皇帝成为北人，朝廷上当权的也是北方人逐渐占优势，洪武以后两百多年间，随着朝廷上当权的是北方人还是南方人的不同情况，各自庇护本阶层本地区的利益，互相排挤，有若干次政治斗争，都和南人和北人的阶级内部利益矛盾有关。

第八章　家庭生活

一、多妻多子孙

元璋的妻子马氏，原来是红军元帅郭子兴的养女，后来元璋作了镇抚、总管、元帅、丞相、吴国公、吴王，一直到了作皇帝，马氏妻以夫贵，从夫人成为皇后。但是，在元璋刚结婚时，情形相反，是夫以妻贵的，作了元帅养婿以后，军中才称为朱公子。①

马皇后的父亲马公的名字无人知道。② 马皇后的名字也是一样。在历史文献上记她嫁人后的称呼是马夫人，丈夫称帝后的名号是马皇后，死后被谥为孝慈高皇后。

两人结婚时的年龄，男的二十五岁，女的二十一岁，照那时候的习俗说，都已经过了结婚的年龄了。

马皇后虽然没有上过学，长得也不很好看，由于是元帅的养女，对朱元璋的早期事业起了不少的作用。

郭子兴性情暴躁，忌才护短，不能容人；又好听闲话；作事迟疑少决断，朱元璋精细耐心，有魄力有担当，作事果决，说话有分量，翁婿两人性格、作风都不对头。子兴和同僚、部下都伤了和气，互相猜忌；元璋却处事周到，上上下下都夸他，人缘很好。也正因为元璋的人缘好，子兴越发不喜欢。又有人在他们中间播弄是非，郭子兴对这干女婿更加不放心，成天挑错处，呼来喝去，没有好脸色。军情紧急的时候，子兴摆布不开，元璋就一刻也离不得身，比亲儿子还亲。到了情势好转，子兴的脸孔又拉长了，

---

① 谈迁：《国榷》。

② 《明史》卷三百，《外戚传·马公传》。

干女婿也就变成童养媳，成天得挨骂、受气。元璋身边几个能干亲信的将校和幕僚，一个接一个被调走，带的部队也另派了指挥官。元璋知道子兴犯了疑心病，越发小心谨慎，加意侍候，逆来顺受。马夫人出主意巴结小张夫人，把私房钱帛拿出来孝敬，求她在子兴面前替她丈夫分解、说好话。① 一天，子兴发怒禁闭元璋在空屋里，不许送茶饭进去，马夫人背着人偷刚出炉的炊饼给他，揣在怀里，把胸口都烫红了。平时总准备些干粮腌肉，宁愿自己挨饿，想法子让丈夫吃饱。② 渡江时领着将士家眷留守和州，长江交通线被元军切断，和州孤立，她鼓励将士，抚慰眷属，稳定后方。打下集庆以后，带着妇女们替战士缝战衣，作鞋子。陈友谅兵临城下，应天的官员居民有的人打算逃难，有的人忙着窖藏金宝，有的人在囤积粮食，她毫不惊慌，拿出宫中金玉布帛，犒劳有功将士。③

在军中她见有文书就求人教认字，暗地里照样子描写。作了皇后，要女官每天教读书，记得许多历史上有名妇女的故事。元璋有写札记的习惯，每天随时随地，甚至在吃饭的时候，想起什么事该办的，什么事该怎样办，用小纸片记录下来，省得忘掉，到了晚上，马皇后替他细心整理，等查问时，立刻检出，省了元璋许多精力。④ 元璋尝时对臣下说皇后的贤德，提起当年的炊饼，比之为芜蒌豆粥，滹沱麦饭。又比之为唐太宗的长孙皇后。回宫后当家常话提起，她说："我怎能比长孙皇后。但是，常听说夫妇相保易，君臣相保难。陛下不忘和我贫贱时过的日子，也愿不忘和群臣过的艰难日子，常时这样想，有始有终，才是好事呢！"⑤

元璋亲侄朱文正被猜忌得罪，幕僚多人被杀，部下随从行事头目五十多人割断脚筋，元璋当面审讯，要杀文正，她苦劝说："这孩

---

① 《明太祖实录》卷一；《皇朝本纪》。
② 《明史》卷一百十三，《孝慈高皇后传》。
③ 《明太祖实录》卷一百四十七。
④ 《明太祖实录》卷一百四十七；徐祯卿：《翦胜野闻》。
⑤ 《明太祖实录》卷一百四十七。

儿纵然骄惯坏了，也该看在渡江以来，取太平、破陈野先、下集庆，有多少功劳的份上；也亏他坚守洪都，挡住陈友谅的兵锋；况且只有这一个亲骨肉，纵然作了些错事，也该看他年轻，饶他一次。”文正虽然免死囚禁，禁不住发牢骚，又被告发，她又劝说：“文正只是性子刚直，说话不检点，造反是决不会的。”① 李文忠守严州，杨宪告发他有不法的行为，元璋要立时召回。马皇后以为严州和敌人接境，轻易掉换守将，于军事不便。况且文忠向来小心谨慎，杨宪的话也不可轻信。学士宋濂的孙子宋慎被告发是胡党，宋濂连坐要处死刑。她又求情说：“百姓家替子弟请先生，对待极恭敬，好来好去，何况是皇家的师傅？而且宋濂一向住在原籍，一定不知情。”元璋不许。到用餐时，发觉皇后不喝酒，也不吃肉，惊问是不舒适还是不对口味？回说是心里难过，替宋先生修福。元璋也伤感了，放下筷子。第二天特赦宋濂，免死安置茂州。吴兴财主沈万三（秀）多年来在海外作买卖，是全国第一富户，被迫捐献家财助修南京城墙三分之一，城修好了，检校们还是不时寻事。又忍痛出钱犒劳军队，不料反而触犯忌讳，元璋大怒，以为平民要犒赏皇帝的军队，是何居心？这般乱民不杀，还杀谁来？经马皇后劝解，沈万三才免死充军云南，家产籍没。② 诸王傅李希颜脾气古怪，教乡下孩子惯了，诸小王有顽皮不听话的，常用体罚惩治。一天，把一个小王的额角打了一下，小王哭着到父亲处告状，元璋一面用手抚摸孩子，变了脸要发作，她又劝解：“师傅拿圣人的道理管教孩子，怎么可以生气呢？”元璋才释然，不把这事放在心上。③

洪武十五年八月，马皇后病死，年五十一岁。病时怕连累医生得罪，不肯服药。元璋恸哭，不再立皇后。

多妻是封建统治阶级特权之一，元璋的妃嫔很多，生有二十六个儿子，十六个女儿。

---

① 刘辰：《国初事迹》。

② 《明史》卷一百十三，《高皇后传》；《吴江县志》。

③ 《明史》卷一百三十七，《桂彦良传》附《李希颜传》。

妃嫔中有高丽人①，蒙古人。② 来源有陈友谅的妃子，有从元宫接收来的，有从民间征选的。内中胡妃是濠州人，守寡在家，元璋要娶她，胡妃的母亲不肯。隔一些时，知道胡家避兵在淮安，元璋写信给平章赵君用，叫把母女二人一起送来。龙凤元年娶青军马元帅的义女孙妃。③ 关于陈友谅的妃子，他在《大诰》中曾经自白：

> 朕当未定之时，攻城略地，与群雄并驱十有四年余，军中未尝妄将一妇人女子。惟亲下武昌，怒陈友谅擅以兵入境，既破武昌，故有伊妾而归。朕忽然自疑，于斯之为，果色乎？豪乎？知者监之。④

这一件不光彩的事情，后来衍变成一个故事。说是陈友谅妻阇氏入宫后不久，生遗腹子潭王。到成年就国时，阇氏哭着吩咐："儿父是陈友谅，儿父被杀，国被灭，我被俘辱，忍死待儿成年。儿他日当为父报仇，为母雪耻。"后来潭王果然起兵造反，元璋派徐达之子统兵征讨，潭王紧闭城门，在铜牌上写着："宁见阎王，不见贼王！"掷于城外，阖宫举火自焚，抱着小儿子投隍堑而死。其实这故事是捏造的，因为第一潭王是达定妃所生，和齐王同胞，生母并非阇氏；第二陈友谅死于龙凤九年，潭王生于洪武二年，前后相隔六年；第三潭王因妃父於显攀入胡党被杀，奉诏入朝，疑惧自杀，和陈友谅全不相干。⑤ 另一关于代王生母的故事，说代王母亲是邳人，元璋有一次战败，逃到民家躲避，这家的女人问："你是朱某人吗？人家说你要作皇帝呢！"留住了一晚。第二天临别时说："将来有孩子怎样办？"元璋留下一个旧梳子作凭证，她也拿首饰赠行。到元璋作皇帝后，这女人带着长成的孩子和木梳来认夫认父，元璋叫工部替她盖一座木头房子居住，不让进宫。代王出封后，和生母一同就

---

① 《明史》卷一百二十一《公主传》："含山公主，母高丽妃韩氏。"严从简《殊域周咨录》一朝鲜："初元主尝索女子于高丽，得周谊女，纳之宫中，后为我朝中使携归。时宫中美人有号高丽妃者。"

② 吴晗：《明成祖生母考》，载《清华学报》十卷三期。

③ 刘辰：《国初事迹》。

④ 《大诰》，论官无作非为四十三。

⑤ 皇甫录：《近峰闻略》；王世贞：《史乘考误》卷一；《明史》卷一百十六，《诸王传》。

国。这故事也是假的，因为代王的生母是郭子兴的女儿郭惠妃，代王生于洪武七年，这时元璋已经作了七年皇帝了，从何战败落荒逃走？①

诸妃中蒙古妃和高丽妃都生有子女，传说明成祖即蒙古妃所生。② 元璋子孙中有蒙古、高丽血统，是毫无问题的。

元璋深恨自己年轻时没有机会上学，因此，他对诸子的教育特别重视。在宫中特建大本堂，贮藏古今图籍，征聘四方名儒教育太子和诸王，轮班讲课，挑选才俊青年伴读。常时赐宴赋诗，谈古说今，讨论文字。师傅中最著名的人物是宋濂，前后十几年，专负教育皇太子的责任。一言一动都以封建礼法讽劝，讲到有关政教和前代兴亡事迹，拱手剀切说明，指出某事该这样作，不该那样，皇太子也尽心受教，言必称师父。③ 博士孔克仁奉命为诸王讲授经书，功臣子弟也奉诏入学。④ 元璋特地对儒臣指出对皇子们的教育方针说："有一块精金，得找高手匠人打造，有一块美玉，也要有好玉匠才能成器。人家有好子弟，不求明师，岂不是爱子弟反不如爱金玉？好师傅要作出好榜样，因材施教，培养出人才来。我的孩子们将来是要治国管事的，诸功臣子弟也要作官办事。教的方法，要紧的是正心，心一正万事都办得了，心不正，诸欲交攻，大大的要不得。你每要用实学教导，用不着学一般文士，光是记诵辞章，一无好处。"⑤

学问要紧，德性尤其要紧。皇太子的教育，除了儒生经师而外，又选了一批有封建德行的端人正士，作太子宾客和太子谕德，任务是把"帝王之道，礼乐之教，和往古成败之迹，民间稼穑之事，朝夕讲说"⑥。

到皇太子成年后，温文儒雅，俨然是个儒生。接着第三步的教育是政事实习。洪武十年令自今政事，并启太子处分，然后奏闻。面谕太子："从古开基创业的君主，经历艰难，通达人情，明白世

---

① 徐祯卿：《翦胜野闻》；王世贞：《史乘考误》卷一；《明史·诸王传》。
② 吴晗：《明成祖生母考》，载《清华学报》十卷三期。
③ 《明史》卷一百二十八，《宋濂传》。
④ 《明史》卷一百三十五，《孔克仁传》。
⑤ 《明太祖实录》卷四十；黄佐：《南廱志》卷一。
⑥ 《明太祖实录》卷三十一。

故，办事自然妥当。守成的君主，生长于富贵，锦衣肉食，如非平时学习练达，办事怎能不出毛病？我所以要你每日和群臣见面，听断和批阅各衙门报告，学习办事，要记住几个原则：一是仁，能仁才不会失于疏暴；一是明，能明才不会惑于奸佞；一是勤，只有勤勤恳恳，才不会溺于安逸；一是断，有决断，便不致牵于文法。这四个字的运用，决于一心。我从作皇帝以来，从没偷过懒，一切事务，惟恐处理得有毫发不妥当，有负上天付托。天不亮就起床，到半夜才得安息，这是你天天看见的。你能够学我，照着办，才能保得住天下。”①

为了元代前期不立太子，引起多次宫廷政变，元璋在吴王时代，便立长子标为世子，即皇帝位后立为太子。为了前代太子的东宫臣僚自成系统，和朝廷大臣容易闹意见，甚至宫廷对立，便以朝廷重臣兼任东宫臣僚。② 一心一意，用尽一切办法，要训练出理想的继承人，能干的第二代皇帝，维持和巩固大一统的政权。

洪武二十五年四月，太子标病死。九月立太子嫡子允炆为皇太孙。对太孙的教育还是老办法，学问和德性并重，批阅章奏，平决政事，学习如何做皇帝。

诸子中除长子立为太子，第九子和第二十六子早死，其他二十三个儿子都封王建国。由于平时注意家庭教育，诸子成年以后都很能干，会办事。洪武二十六年以后，开国的元勋宿将都杀完了，北边对付蒙古的军事任务，就不能不交给第二子秦王、第三子晋王、第四子燕王指挥。其他封在边疆的几个小王也领兵跟随兄长巡逻斥堠，校猎沙漠。③ 在文学方面有成就的，如第五子周王好学能词赋，著《元宫词》百章，又研究草类，选其可以救饥的四百多种，画为图谱，加以疏解，著成《救荒本草》一书，对植物学有所贡献。④ 十七子宁王，撰《通鉴博论》、《汉唐秘史》、《史断》、《文谱》、《诗谱》等著

---

① 《明史》卷一百十五，《兴宗孝康皇帝传》。

② 宋濂：《洪武圣政记》，定大本第二。

③ 《明史》卷一百十九，《晋王棡传》。

④ 《明史》卷一百十九，《周王橚传》。

作数十种，对音乐戏曲也很爱好。八子潭王、十子鲁王、十一子蜀王、十六子庆王都好学礼士，对文学有兴趣。十二子湘王文武全才，读书常到半夜；膂力过人，善弓马刀槊，驰马若飞；在藩开景元阁，招纳文士，校雠图籍，行军时还带着大批图书阅读，到山水胜处，往往徘徊终日；喜欢道家那一套，自号紫虚子，风度襟怀，俨然是个名士。不争气的也有两个，一个是十三子代王，早年作了许多蠢事不必说了，到了头发花白的年纪，还带着几个肖子，窄衣秃帽，游行市中，袖锤斧杀伤人，尽干些犯法害理的勾当；末子伊王封在洛阳，喜欢使棒弄刀，成天挟弹露剑，怒马驰逐郊外，人民逃避不及的亲自斫击。又喜欢把平民男女剥光衣服，看人家的窘样子，以为笑乐。

元璋对诸子期望大，管教严，从不姑息。二子秦王多过失，屡次训责，皇太子多方救解，才免废黜。死后亲自定谥为“愍”，谥册文说：“哀痛者父子之情，追谥者天下之公。朕封建诸子，以尔年长，首封于秦，期永绥禄位，以藩屏帝室。夫何不良于德，竟殒厥身，其谥曰愍。”十子鲁王服金石药求长生，毒发伤目，元璋很不喜欢。死后追谥为“荒”。①

皇族的禄饷一律由朝廷支给。洪武九年定诸王公主年俸：亲王米五万石，钞二万五千贯，锦四十匹，纻丝三百匹，纱罗各百匹，绢五百匹，冬夏布各千匹，绵二千两，盐二百引，茶千斤，马料草月支五十匹；公主已受封，赐庄田一所，每年收粮一千五百石，并给钞二千贯；郡王米六千石；郡主米千石，以下按比例递减。② 亲王嫡长子年及十岁，立为王世子，长孙立为世孙，世代承袭；诸子封郡王；郡王嫡长子承袭，诸子封镇国将军，孙封辅国将军，曾孙奉国将军；帝女封公主，亲王女封郡主，郡王女封县主。公主婿号驸马，郡主县主婿号仪宾。凡皇族出生，由礼部命名，成人后由皇家主婚，一生的生活到死后的丧葬全由朝廷负担。③ 到洪武二十八年时，皇族人口日益增加，原定的禄饷数量太大，如照数支出，朝

---

① 以上并据《明史·诸王传》。

② 《明史》卷八十二，《食货志·俸饷》。

③ 《明史》卷一百十六，《诸王传序》。

廷财政负担不了，又改定为亲王年俸万石，郡王二千石，镇国将军千石；公主和驸马二千石；郡主和仪宾八百石，以下依次递减。尽管皇族的俸饷减了好几倍，但是皇族的孳生人口却增加了百千倍，一百多年后，皇族的人口达到五万多人，明世宗嘉靖二十九年（公元1550年）皇族近十万人。① 嘉靖四十一年统计，全国每年供应京师粮四百万石，诸王府禄米则为八百五十三万石，比供应京师的多出一倍多。以洪武后期岁收粮米最多时的数字作基数，诸王府禄米竟占全国收入的四分之一以上。以山西为例，存留地方的粮食一百五十二万石，可是当地皇族的禄米就要二百十二万石；河南地方存留只有八十四万三千石，当地皇族禄米却要一百九十二万石，即使把地方存留粮食全数都拿来养活皇族，也还缺少一半，只好打折扣和欠支。郡王以上的底数大，还可以过日子，郡王以下就不免啼饥号寒了。即使如此，朝廷财政还是无法应付，又就原数裁减，疏远的皇族就越发不能过活了。② 这一大群皇族，法律规定既不能考科举，作官吏，又不许务农、经商、作工，只许白吃人民的粮食，作不劳而食的寄生虫。地位高的亲王郡王在地方上多数为非作恶，不但凌虐平民，也侵暴官吏；疏远卑下的皇族有的穷极无聊，对老百姓欺骗敲诈，无恶不作，扰乱破坏社会秩序。③ 而且，人数实在太多了，朝廷照顾不过来，礼部命名怕重复，用金木水火土作偏旁，随便配上一些怪字，作为赐名，叫人哭笑不得。④ 皇族没钱贿赂礼部官吏的，不但一辈子没有名字，甚至到头发白了还不能婚嫁。⑤ 一直到明朝末年，才感到这样不是办法，把政治和科举的封锁开放了，皇族可以参加考试，可以作官。⑥ 但是，

---

① 郑晓《今言》："今宗室凡五万余。"陆楫《蒹葭堂杂著》："我太祖高皇帝二十四子，传至今百八十年矣。除以事削籍外，尚有十五府及列圣所封，亲支星布海内，共三十三府，今玉牒几十万口。"

② 《明史》卷八十二，《食货志·俸饷》。

③ 沈德符：《野获编》卷四，《废齐之横》、《辽王贵焓罪恶》；《明史》卷一百十八，《韩王松传》；赵翼：《廿二史札记》卷三十二，《明分封宗藩之制》。

④ 《野获编》卷四，《宗室名》。

⑤ 《明史》卷二百五十一，《何如宠传》。

⑥ 《野获编》卷四，《郡王建白》、《宗室通四民业》；《明史》卷一百十九，《郑王传》；《廿二史札记》卷三十二，《明分封宗藩之制》。

不久朱明政权就被推翻了。

二、思想和生活

朱元璋出身贫苦农民，作过游方和尚，到处要饭叫化。从军以后有了权力、地位，作了韩林儿号令下的右副元帅直到丞相，红军起义的目的是为了推翻蒙汉封建地主的联合统治，但是所建立的官僚机构却是继承他们所反对的敌人的，是封建制度的。朱元璋作了封建制度的官僚，又大量地收用了地主阶级的儒生，他的思想日益转变，从背叛地主阶级转变为维护地主阶级的利益。他在左右儒生们的影响下，努力学习文化，经常谈古论今，接受历史上的经验、教训，作为行军、处事的指南。自以为出身贫贱，怕被人轻视，便故作神奇，神道设教，吓唬老百姓，和道士和尚们串通，假造许多神迹。这本来也是过去封建帝王习以为常的伎俩，朱元璋不过变本加厉罢了。三十多年中，儒生、道士、和尚，三教九流都被充分利用，作为他抬高自己、巩固统治的工具。

先从儒家的作用说起。

从渡江到称帝，他和幕府中的儒生，如范常、陶安、夏煜、孙炎、杨宪、秦从龙、陈遇、孔克仁、范祖干、叶仪、吴沈、叶瓒玉、胡翰、汪仲山、李公常、戴良、刘基、宋濂诸人，朝夕讨论，讲述经史。经过十几年封建文化的学习，中年以后，元璋不但知道一些儒家的经义，能写通俗的口语文字，并且还能作诗，作有韵的文字，能够欣赏、批评文学作品的好坏了。

在称帝以前，一有功夫就和儒生们列坐赋诗，范常总是交头卷，元璋笑说："老范诗质朴，极像他的为人。"① 初下徽州时，朱升请题字，元璋亲写"梅花初月楼"匾额②，和陶安论学术，亲制"国

① 《明史》卷一百三十五，《范常传》。

② 黄瑜：《双槐岁抄》。

朝谋略无双士，翰苑文章第一家”门帖子给他。[①] 出征陈友谅时，路过长沙王吴芮祠，见胡闰所题诗，大为爱好，即时召见。到洪武四年胡闰以府举秀才来见，元璋还记得清楚，说：“这书生是那年题诗鄱阳庙墙上的。”授官都督府都事。[②] 鄱阳湖打了大胜仗，和夏煜等草檄赋诗。[③] 宋濂不会喝酒，勉强灌醉了，作《楚词》给他，又送以良马，作《白马歌》。[④]

做了皇帝以后，更加喜欢弄笔墨，毛骐、陶安、安然死，亲写祭文。[⑤] 桂彦良出作晋王傅，撰文送行。[⑥] 宋讷读书时烤火不小心，烧了衣服伤胁，作文劝戒。张九韶告老还乡，又作文送行。[⑦]

他会写通俗的口语文，主张文章应该写得明白清楚，通道术、达时务，也就是要达到政治上的要求。[⑧] 读了曾鲁的文章，很喜欢，说：“读陶凯文后，已起人意。鲁又如此，文运其昌乎！”[⑨] 喜欢研究音韵，元末《阴氏韵府》手头常用，以旧韵出江左，命乐韶凤参考中原音韵订定，名《洪武正韵》。[⑩] 时常作诗。[⑪] 如《菊花诗》：

> 百花发时我不发，我若发时都吓杀！要与西风战一场，遍身穿就黄金甲。

《不惹庵示僧》：

> 杀尽江南百万兵，腰间宝剑血犹腥，山僧不识英雄汉，只

---

① 《明史》卷一百三十六，《陶安传》。

② 《明史》卷一百四十一，《胡闰传》。

③ 《明史》卷一百三十五，《宋思颜传》附《夏煜传》。

④ 《明史》卷一百二十八，《宋濂传》。

⑤ 《明史》卷一百三十五《郭景祥传》附《毛骐传》，卷一百三十六《陶安传》，卷一百三十七《安然传》。

⑥ 《明史》卷一百三十七，《桂彦良传》。

⑦ 《明史》，《宋讷传》附《张美和传》。

⑧ 《明史》卷一百三十六，《詹同传》。

⑨ 《明史》，《曾鲁传》。

⑩ 《明史》卷一百四十七《解缙传》，卷一百三十六《乐韶凤传》。

⑪ 《明史》卷一百三十七《刘三吾传》、《桂彦良传》，卷一百三十八《周祯传》附《李质传》。

凭哓哓问姓名。

《征东至潇湘》：

马渡沙头苜蓿香，片云片雨过潇湘，东风吹醒英雄梦，不是咸阳是洛阳。①

又粗豪，又有些风韵，和他的性格是一致的。还会作赋，和儒臣欢宴大本堂，自作《时雪赋》。② 亲撰《凤阳皇陵碑》，口语直说，而又通篇用韵。又会作骈体文，徐达初封信国公，亲作诰文："从予起兵于濠上，先存捧日之心，来兹定鼎于江南，遂作擎天之柱。"又说："太公韬略，当宏一统之规，邓禹功名，特立诸侯之上。"居然是个四六作家了。③

对历史特别爱好，《汉书》、《宋史》都是常读的书。吴元年十一月和侍臣讨论："汉高祖以追逐狡兔比武臣，发踪指示比文臣，譬谕虽切，语意毕竟太偏。我以为建基立业，犹之盖大房子，剪伐斲削，要用武臣，藻绘粉饰，就非文臣不可。用文而不用武，譬如连墙壁都未砌好，如何粉刷？用武而不用文，正如只有空间架，粗粗糙糙，不加粉刷彩画，很不像样。偏了都不对。治天下要文武相资，才不会坏事。"④ 读《宋史》到宋太宗改封桩库为内藏库，批评宋太宗："作皇帝的以四海为家，用全国的财富，供全国之用。何必分公私？太宗算是宋朝的贤君，还这样小家子气，看不开！至如汉灵帝的西园，唐德宗的琼林大盈库，括人民的钱作私人的蓄积，更不值得责备了。"⑤ 告诉张信以翰林的职务，引唐陆贽、崔群、李绛作榜样。⑥ 教官吴从权不知民间事务，驳以宋胡瑗教学生，特别着重时事的例子。⑦ 远在龙凤十一年六月，他便任命儒士滕毅、杨训文为起居注，

---

① 《明太祖文集》卷二十。

② 《明史》卷一百十五，《兴宗孝康皇帝传》。

③ 《廿二史札记》卷三十二，《明祖文义》条，引《稗史汇编》。

④ 《明太祖实录》卷二十二。

⑤ 《明史》卷一百七十九。

⑥ 《明史》卷二百四十九。

⑦ 《明史》卷一百三十九，《萧岐传》。

命编集古无道之君如夏桀、商纣、秦始皇、隋炀帝所作之事以进曰："吾观此者，正欲知其丧乱之由，以为鉴戒耳。"① 他学习历史的目的，是为了吸取古人成败的经验，作为自己行事的根据。

也研究经学，跟宋濂读《春秋》、《左传》，陈南宾读《洪范》、《九畴》。读《蔡氏书传》时，发现所说象纬运行和朱子书传不同，特地征召儒生订正。著有《御注洪范》，多用陈南宾说。②

他是和尚出身的，做皇帝以后，自然要崇敬佛教。他诏征东南戒德名僧，在南京蒋山大开法会，亲自和群臣一起顶礼膜拜。僧徒中有应对称意的，颁赐金襕袈裟衣，召入禁中，赐坐讲论。吴印、华克勤等和尚都还俗作了大官，元璋以为和尚和世俗绝缘，无所牵涉，寄以心腹，用作耳目，使其检校官民动静，随时告密，因之僧徒得意横行，元璋所不快意的文武大臣，多被中伤得罪。僧徒倚仗告发的功劳，请为佛教创立职官，改善世院为僧录司，设左右善世、左右阐教、左右讲经、觉义等官，高其品秩。道教也照样设置。③他自己还著有《集注金刚经》一卷。④

道士替元璋做工作的著名的有周颠和铁冠子。周颠的事迹据元璋所写的《周颠仙人传》说：

> 周颠十四岁时得了颠病，在南昌市上讨饭。三十多岁时，正当元朝末年，凡新官上任，一定去求见，说是"告太平"。元璋取南昌，周颠又疯疯癫癫来告太平，元璋被告得烦了，叫人灌以烧酒不醉，又叫人拿缸把他盖住，用芦薪围住放火烧，烧了三次，只出一点汗。叫到蒋山庙里去寄食，和尚来告状，周颠和小沙弥抢饭吃，闹脾气有半个月不吃东西了，元璋亲自去看，摆一桌筵席，请周颠大吃一顿。又给关在空屋里，一个月不给饭吃，他也不在乎。这故事传扬开了，诸军将士抢着作主人请他吃酒饭，他却随吃随吐，只有跟元璋吃饭时，才规规矩

① 《明通鉴前编》卷三。

② 《明史》,《宋濂》、《桂彦良传》附《陈南宾传》、《赵俶传》附《钱宰传》。

③ 《明史》卷一百三十九,《李仕鲁传》。

④ 《明史》卷九十八,《艺文志》三,《释家》。

矩。大家都信服了，以为确是仙人。

周颠去看元璋，唱歌："山东只好立一个省。"用手画地成图，指着对元璋说："你打破个桶（统），做一个桶。"

元璋西征九江，行前问周颠："此行可乎?"应声说："可!"又问："友谅已称帝，消灭他怕不容易?"周颠仰首看天，稽首正容说。"上面无他的。"到安庆舟师出发，碰上没有风，他又说："只管行，只管有风，无胆不行便无风。"果然一会儿起了大风，一气直驶到小孤山。

十多年后，元璋害了热病，几乎要死，赤脚僧觉显送了药来，说是天眼尊者和周颠仙人送的，服了当晚病就好了。①

以上这些神迹都是元璋自己说出和写出的。说的全是鬼话，没一句人话。铁冠子姓张名中，好戴铁冠。平章邵荣参政赵继祖被杀，有人说就是他告发的。征陈友谅时也在军中，据说是他算定南昌解围和大捷的时日，用洞元法祭风，舟师直达鄱阳湖。和周颠同是元璋神道设教，抬高自己，愚弄臣民的工具。②

元璋常读的道教经典是《道德经》，著有《御注道德经》二卷。③他对《道德经》的看法，以为："斯经乃万物之至根，王者之上师，臣民之极宝，非金丹术也。"当作政治的理论经典。在所撰《道德经序》上说："自即位以来，罔知前代哲王之道，宵昼遑遑，虑苍穹之切鉴，于是问道诸人，人皆我见，未达先贤。一日，试览群书，检间有《道德经》一册。见本经云：'民不畏死，奈何以死惧之。'当是时天下初定，民顽吏弊，虽朝有十人弃市（杀头），暮有百人而仍为之，如此者岂不应经之所云，朕乃罢极刑而囚役之。"④由此可见，明初处罚得罪官吏到淮、泗一带屯田工役的办法和《道德经》的关系。

元璋利用僧道的秘密，当时即已被人指出。洪武二十一年解缙

① 《纪录汇编》卷六。

② 《明史》卷二百九十九，《方伎传·张中传》。

③ 《明史》卷一百四十七，《解缙传》；卷九十八，《艺文志》三，《道家》。

④ 《明太祖文集》卷十五。

上万言书中有一段说：

> 陛下天资至高，合于道微，神道诞妄，臣知陛下洞瞩之矣。然犹不免所谓神道设教者，臣谓必不然也。一统之舆图已定矣，一时之人心已服矣，一切之奸雄已慑矣，天无变灾，民无患害，圣躬康宁，圣子圣孙，继继绳绳，所谓得真符者矣。何必兴师以取宝为名，谕众以神仙为征应者哉！①

“兴师以取宝为名”，指的是不断地发军向北打蒙古。元璋在元顺帝北走后，挂在心头的三件事之一是少传国玺。② 取宝的宝就是历史上相传的秦始皇传国玺，由此可见洪武初年和蒙古的战争是以取传国玺为名的。“谕众以神仙为征应”，指的就是元璋向臣民宣扬周颠、铁冠子的神迹。其实元璋又何尝不懂得，正因为他很懂得，他才用神仙征应来进一步服人心，慑奸雄，定一统，证明他确是受命于天，任何人也违反、抗拒不了的。他在《心经序》上说得很清楚：

> 所以相空有六……其六空之相，又非真相之空，乃妄想之相为之空相，是空相愚及世人，祸及今古，往往愈堕愈深，不知其几。前代帝王被所惑而几丧天下者：周之穆王、汉之武帝、唐之玄宗、萧梁武帝、元魏主焘、李后主、宋徽宗，此数帝废国怠政，惟萧梁武帝、宋徽宗以及杀身，皆由妄想飞升及入佛天之地。其佛天之地未尝渺茫，此等快乐，世尝有之，为人性贪而不觉，而又取其乐。人世有之者何？且佛天之地，为国君及王侯者，若不作非为善，能保守此境，非佛天者何？如不能保守而伪为，用妄想之心，即入空虚之境，故有如是。③

他是从实际斗争中成长的人，也是脚踏实地的人。他认为佛天之境就是现实的美好生活（当然是封建帝王的美好生活），能保守现实生活，就是到了佛天之境。离开现实，妄想飞升，用妄想之心，入空虚之境，不是几丧天下，就是杀身。在这一点上，他比过去的

---

① 《明史》卷一百四十七，《解缙传》。

② 《草木子·余录》；《庚申外史》。

③ 《明太祖文集》卷十三。

许多帝王，包括他所没有提到的唐太宗（他是服印度方士的长生药丧命的）在内都高明一些。他还曾和宋濂说过："秦始皇、汉武帝好神仙，宠方士，妄想长生，末了一场空。他们假使能用这份心思来治国，国怎会不治？依我看来，人君能够清心寡欲，做到百姓安于田里，有饭吃，有衣穿，快快活活过日子，也就是神仙了。"① 有道士来献长生的法子，他不肯接受。② 又有人学宋朝大中祥符年间的办法献天书，证明"上位"确是真命天子，反而被杀。③ 总之，他一面对臣民侈谈神仙，一面又不许别人对他谈神异，讲长生，献天书。他的头脑是很清醒的，"谕众以神仙为征应"，只是为了达到政治上欺骗人民的效果。虽然如此，从解缙揭露以后，他也就不大再利用佛道两教，也不再侈谈神异征应了。

经过洪武初年的长期侈谈神仙，宣扬征应，民间流传着许多神异故事，以为朱元璋是真命天子。传说中主要的一个是：天上有二十八宿，轮流下凡作人间君主。元天历元年，元璋生的那一年，天上的娄宿不见了，到洪武三十一年元璋死，娄宿复明。洪武帝是娄宿下凡的。④ 当时不在市场流通的洪武钱，后世的乡下人却很重视，给孩子们佩在身上，以为可以辟邪。乡间豆棚瓜下，老祖父祖母们对孩子讲的故事，也多半说的是洪武爷放牛时的种种神话。

元璋生长于农村，经过穷苦日子，深知物力艰难，生活比较朴素，讲究节俭。不喜饮酒。⑤ 有回回商人送给他番香阿剌吉，华言蔷薇露，说可以治心疾，也可以调粉为妇女容饰。元璋说："中国药物可以治病的很多，这玩意儿只是装饰品，把人打扮得好看些，养成侈靡的习惯，没有好处。"拒绝不受。⑥ 龙凤十二年营建宫室，管工程的人打好图样，他把雕琢考究的部分都去掉了。⑦ 完工以后，

① 《明太祖实录》卷二十九。
② 《明太祖实录》卷二百三十。
③ 《明太祖实录》卷四十。
④ 王文禄：《龙兴慈记》。
⑤ 《明太祖实录》卷十二、卷九十一。
⑥ 《明太祖实录》卷七十九。
⑦ 《明太祖实录》卷十二。

朴素无装饰，只画了许多触目惊心的历史故事，和宋儒的《大学衍义》。有个官儿巴结他，说某处出产一种很好看的石头，可以铺地，被痛切教训了一顿。① 车舆服用诸物该用金饰的，用铜代替。司天监把元顺帝费尽心机作成的自动宫漏（计时器）进献，他说："不管政务，专干这个，叫作以无益害有益。"陈友谅有一张镂金床，极为考究，江西行省送给皇帝，元璋说："这和孟昶的七宝溺器有何区别?"都叫打碎。② 他不但自己节俭，对人也是如此。有一天，看见一个内侍穿着新靴在雨中走路，另一舍人穿一套值五百贯的新衣，都着着实实骂了一顿。③ 屏风上写着唐人李山甫《上元怀古》诗：

南朝天子爱风流，尽守江山不到头，总为战争收拾得，却因歌舞破除休，尧将道德终无敌，秦把金汤可自由？试问繁华何处在，雨花烟草石城秋。

这首诗写得并不好，他却朝夕吟诵，引起自己的警惕。④

生活朴素节俭的原则也应用在外交上。龙凤十二年派参政蔡哲到蜀报聘，临行前特别指示说："蜀使者来，多饰浮辞，夸其大国，取人不信。你到后，千万不要学他们，有问题提出，只可说老实话。"⑤ 也不讲祥瑞，洪武二年，有献瑞麦一茎三穗和五穗的，群臣称贺，他说："我作皇帝，只要修德行，致太平，寒暑适时，就算国家之瑞，倒不在乎以物为瑞。记得汉武帝获一角兽，产九茎芝，好功生事，使海内空虚。后来宣帝时又有神爵甘露之瑞，却闹得山崩地裂，汉德于是乎衰。由此看来，祥瑞是靠不住的，灾异却是不可不当心的。"命令今后如有灾异，无论大小，地方官都要即时报告。⑥

执法极严，令出必行，连亲属也不宽容。洪武末年驸马都尉欧阳伦出使，贩带私茶，虽然是亲女婿，也依法处死刑。⑦

---

① 《明太祖实录》卷二十。

② 《明太祖实录》卷二百二十五、卷三十一、卷十四。

③ 《明太祖实录》卷二百二十五。

④ 《明太祖实录》卷十七、卷八十五；祝允明：《野记》。

⑤ 《明太祖初录》卷十六。

⑥ 《明太祖实录》卷四十。

⑦ 《明太祖实录》卷二百五十三。

三、辛勤的一生

朱元璋用全部精力、时间，管理他所手创的朱家皇朝。

全国大大小小的政务，都要亲自处理。交给别人办，当然可以节省精力、时间，但是第一他不放心，不只怕别人不如他的尽心，也怕别人徇私舞弊；第二更重要的，这样做就慢慢会大权旁落，而他这个人不只是要大权独揽，连小权也要独揽的。以此，每天天不亮就起床办公，批阅公文，一直到深夜，没有休息，没有假期，也从不讲究调剂精神的文化娱乐。照习惯，一切政务处理，臣僚建议，报告，都用书面的文件——奏、疏等等，他成天成月成年看文件，有时也难免感觉厌倦。尤其是有些卖弄学问经济，冗长而又不中肯，说了一大堆而又不知所云的报告，看了半天还是莫名其妙，怎能使人不发火、恼怒？洪武九年刑部主事茹太素上万言书，他叫人读了六千三百七十字以后，还没有听到具体意见，说的全是空话，大发脾气，把太素叫来，打了一顿。第二天晚上，又叫人读一遍，读到一万六千五百字以后，才涉及本题，建议五件事情，其中有四件事情是可取的，可行的，元璋即刻命令主管部门施行。同时指出这五件事情有五百多字就可以讲清楚了，却罗罗嗦嗦说了一万七千字，这是繁文之过；自己厌听繁文，打了人，承认这是过失；并表扬茹太素为忠臣。为了教育全国官民，他把这件事情的经过亲自写成文章公布，规定了建言格式，文章说：

> 洪武九年，朕见灾异万端，余无措手，于是特布告臣民，许言朕过……是以近臣刑部主事茹太素以五事上言，其书一万七千字，朕命中书郎王敏立而诵之，至字六千三百七十，乃云才能之士，数年以来，幸存者百无一二，不过应答办集。又云所任者多半迂儒俗吏。言及至斯，未睹五事实迹，意其妄言，故召问之：尔为刑部之官，彼刑部官吏二百有余，尔可细分迂儒俗吏乎？使分之而又无知其人者，于是扑之。

> 次日深夜中，朕卧榻上，令人诵其言，直至一万六千五百字后，方有五事实迹，共五事之字止是五百有零。朕听至斯，知五事之中，四事可行。当日早朝，敕中书都府御史台著迹以行。吁，难哉！……今朕厌听繁文而驳问忠臣，是朕之过。有臣如此，可谓忠矣。
>
> 因如是，故立上书陈言之法，以示天下。若官民有言者，许陈实事，不许繁文，若过式者问之。①

经过这番整顿以后，奏章只陈实事，从此他读文件就省了不少精力、时间，工作效率提高了。到废中书省以后，六部府院直接对皇帝负责，政务越发繁忙，以洪武十七年九月间的收文为例，从十四日到二十一日，八天内，内外诸司奏札凡一千六百六十件，计三千三百九十一事。② 平均他每天要看或听两百多件报告，要处理四百多件事。

他早年过的是缺衣少食的穷苦日子，中年在军队里，在兵火喧天、白刃相接的戎马生活中度过，四十岁以后，把全副精力处理国事，过分紧张疲劳，五十岁以后，体力便支持不住了，害了心跳很快的病症，宋濂劝他清心寡欲。③ 他又时发高热，好幻想，作怪梦，在梦中还看到了天上神仙宫阙。④ 有时喜怒不常，暴怒到失去常态。⑤ 特别使他感觉痛苦，影响精神体力的是家庭之间，父子之间的矛盾。

元璋的大儿子皇太子标，生性忠厚，长期接受儒家教育，被教养成儒生型的人物。老皇帝过了五十岁以后，精力有点不济事了，就要皇太子帮着处理一般政务。一来是分劳，二来也趁此训练这下一代皇帝办事的能力，指望他儿子是汉文帝，不是汉惠帝。但是，父子俩出身不同。所受教育不同，生活实践不同，一个是从艰苦斗

---

① 《明太祖文集》卷十五，《建言格式序》。

② 《明太祖实录》卷一百六十五。

③ 《明史》卷一百二十九，《宋濂传》。

④ 《御制周颠仙人传》，《纪梦》。

⑤ 姚福：《青溪暇笔》。

争中成长的，一个是在太平环境中成长的，思想作风也就自然不同。老皇帝主张以猛治国，运用法庭监狱特务和死刑镇慑官民，使人知惧而莫测其端，皇太子却大讲其周公、孔子之道，讲仁政，讲慈爱，杀人愈少愈好；老皇帝要用全力消灭内部的敌对力量，巩固皇家统治，皇太子却要照顾将相过去的汗马功劳，照顾亲戚情谊，兄弟友爱，向父亲说情争执，一个严酷，一个宽大；一个从现实政治斗争出发，一个从私人情感出发，父子俩的分歧日渐扩大，有时也不免发生冲突。明朝的野史家传说，宋濂得罪，皇太子为他的老师哭救，元璋发怒说："等你作皇帝赦他！"皇太子惶惧投水自杀，左右赴救得免。又说皇太子谏元璋："陛下杀人过滥，恐伤和气。"元璋不作声。第二天故意把一条棘杖放在地下，叫皇太子拿起，皇太子面有难色，元璋说："你怕有刺不敢拿，我把这些刺都给去掉了，再交给你，岂不是好。我所杀的都是天下的坏人，内部整理清楚了，你才能当这个家。"皇太子说："上有尧舜之君，下有尧舜之民。"意思是说有怎么样的皇帝，就有怎么样的臣民，元璋大怒，拿起椅子就朝他掼，皇太子只好逃走。① 这两个故事虽然不一定是真实的，但是却反映了一部分他们父子之间矛盾情况。

元璋费尽心机，制造了多次大血案，把棘杖的刺都弄干净了，却又发生意外，皇太子于洪武二十五年病死。六十五岁的老皇帝受了这严重的打击，伤心之至，身体一天天软弱下去，头发胡子全变白了。

皇太子死后，立允炆为皇太孙，才十六岁。

皇太孙的性格极像他的父亲，元璋担心他应付不了这个局面，诸将大臣将来会不服他的调度。只好再一次斩除荆棘，傅友德、冯胜这几个仅存的元勋宿将，也给杀光了。

元璋学习了元朝的历史教训，认定皇位继承是维持皇朝安全的根本制度，必须规定严密的法则，才不会引起家族间的纷争，造成宫廷政变。最好的办法是封建宗法制度下的嫡长承袭制。在立了皇

---

①　徐祯卿：《翦胜野闻》。

太子以后，为了要使诸王安分，保护和维持大宗，洪武五年命群臣采汉、唐以来藩王善恶事迹可为劝戒的，编作一书，名为《昭鉴录》，颁赐诸王，进行宗法教育。立皇太孙后，又编了一部书，叫作《永鉴录》。二十八年又颁布《皇明祖训》条章，把一切皇帝、藩王和臣下所应遵守的，不该做的事，都详细列举。并定制后代有人要更改祖训的，以奸臣论，杀无赦。① 希望用政治教育的方法，用制度、法律的约束，使藩王大臣都能忠心服从这未来的小皇帝，朱家皇朝的族长。

但是，元璋失败了，他的安排和苦心的教育并不能发生作用，权力的争夺引起兄弟之间和父子之间更深刻的矛盾。第二子秦王在藩多过失，“不良于德”，二十四年召还京师。第三子晋王为人多智数，性骄，在国多不法，有人告发他有异谋，元璋大怒，皇太子力救，二人才得免罪。二王都靠不住，元璋才特派皇太子到关、陕巡视，带晋王回朝，痛加训戒以后，二王答应改过，才许回藩。② 太子死后，二十八年秦王死，三十一年晋王死，都死在元璋之前。皇太孙即皇帝位后不久，用种种方法削减藩王的权力，展开了皇朝和藩王之间的斗争，元璋第四子燕王棣就起兵南下，援引祖训，以靖难为名，建文四年（公元1402年）占领南京自立为皇帝，是为明成祖。离老皇帝之死，还不到五年。

洪武三十一年，元璋已经七十一岁了。五月间病倒，躺了三十天，离开他手创的皇朝，安静地死去。葬在南京城外钟山山下，名曰孝陵，谥曰高皇帝，庙号太祖。

遗嘱里有一段话：“朕膺天命三十一年，忧危积心，日勤不怠，务有益于民。奈起自寒微，无古人之博知，好善恶恶，不及远矣。”③ “忧危积心，日勤不怠”这八个字写出了他辛勤的一生，也写出他在统治阶级内部激烈斗争中的心境。

元璋的相貌不很体面，曾经找了许多画工，画像十分逼真，愈

---

① 《明史·太祖本纪》。

② 《明史》卷一百十六，《诸王传》。

③ 《明史·太祖本纪》。

是逼真，他就愈不满意。后来有一个聪明的画家，画的面貌轮廓有点像，却是一脸和气，看着很仁慈，这才传写了很多本子，分赐给诸王。① 这两种不同的画像，到现在都有传本（见下图）。

朱元璋 像

和历史上所有的封建帝王比较，朱元璋是一个卓越的人物。他的功绩在于统一全国，结束了元末二十年战乱的局面，使人民能够过和平安定的生活；在于能够接受历史教训，对农民作了一些让步，大力鼓励农业生产，兴修水利，推广棉花和桑枣果木的种植，在北方地多人少地区，允许农民尽力开垦，即为己业，大大地增加了自耕农的数量；在于解放奴隶，改变了元朝贵族官僚大量拥有奴隶的落后局面，增加了农业生产的劳动力；在于大力清丈田亩，制成图册，相应地减少了一些赋税负担不均的情况；在于保护商业，取消了书籍和田器的征税，繁荣了市场；在于规定了对外政策，吸取元朝对外战争失败的教训，总结为一面必须抗击外国侵犯，一面也不许可轻易犯人；在于严惩贪官污吏，改变了元朝后期的恶劣政治风气；在于改变元朝匠户制度，住坐、轮班的匠户有大部分时间可以自由生产，部分地解放了匠户的劳动力，推进了民间手工业的生产；在于不信符瑞，不求长生，

① 陆容：《菽园杂记》。

讲究节俭，不搞一些像秦始皇、汉武帝、宋真宗搞过的糊涂事；在于限制僧道的数量，减少了不劳而食的寄生虫，也相应地增加农、工业的劳动力，这些措施都是有利于农业生产的发展的，有利于社会的前进的，是为明朝前期的繁荣安定局面打了基础的，是应该肯定的。

但是，他的缺点也很多，首先他原来是农民革命的领袖，参加革命的目的是为了推翻蒙汉地主的联合统治，是反对地主阶级统治的，但是，由于旧社会的传统势力，由于接收、改编了大量的地主军队、地主军官，由于地主阶级的儒生的大量参加，由于不自觉地继承了元朝的统治机构，使他逐步变质，最后叛变了农民革命，攫取了农民革命胜利的果实，从反对地主阶级统治到自己成为地主阶级的头子，地主阶级利益的保护人，反过来镇压农民革命，这个严重的罪恶，是无论如何也不能替他开脱的。

其次，他的以猛治国的方针，过分地运用特务组织，制造了许多血案，野蛮惨酷的刑罚，大量的屠杀，弄到“贤否不分，善恶不辨”的地步。许多卓著勋劳的大将和文人，毫无理由地被野蛮杀害；锦衣卫和廷杖两桩敝政，在明朝整个统治时期发生了极其恶劣的作用，都是他开的头，立的制度。

第三，政治上的措施是必需随社会、时代的变化而改变的。朱元璋却定下《皇明祖训》，替他一二百年后的子孙统治定下了许多办法，并且不许改变，这就束缚了限制了此后政治上的任何革新，阻碍了时代的前进。

第四，他所规定的八股文制度，只许鹦鹉学舌，今人说古人的话，却不许知识分子有自己的思想、看法，严重地起了压制新思想、摧残科学、文化进步的有害作用。

第五，他自己虽然不信神仙、报应，却为了使臣民信服，大肆宣扬许多荒诞的神迹，欺骗、毒害人民，这种方法也是很恶劣的。

如上所说，朱元璋有许多功绩，也有许多缺点，就他的功绩和缺点比较起来看，还是功大于过的。他是对社会生产的发展，社会的前进起了推动作用的，是应该肯定的历史人物。在历代封建帝王中，他是一个比较突出、卓越的人物。

此外，他还是一个优秀的军事家，他的军事指挥才能是从战争实践中锻炼出来的。比较突出的两次战役：一次是对陈友谅和张士诚的战争，他先打陈友谅，后打张士诚，从被动变成主动，避免了两线作战的军事危机，各个击破；一次是北伐战争，先取鲁、豫，封锁关、陕，剪其枝叶，然后直取大都，不战而下。在军事史写下了辉煌的一页。

他在军事上的成功，也可以总结成几条经验，第一是他有比较严格的军事纪律；第二是有盛产粮食的根据地；第三是采用屯田政策，保证军食供应；第四对敌人的调查研究，情报工作做得很好，知己知彼，所以能够百战百胜，能够巩固、扩大胜利。这也就是他的同时代的群雄都先后失败了，他之所以成功的原因。

一九六四年二月一日重写，四月二日写完